CW01597548

# Philosophies de notre temps

**Ouvrages parus chez le même éditeur**

Jean-François Dortier, *Les Sciences humaines. Panorama des connaissances*, 1998

Jean-Claude Ruano-Borbalan (sous la direction de), *Eduquer et Former. Les connaissances et les débats en éducation et en formation*, 1998

Jean-Claude Ruano-Borbalan (coordonné par), *L'Identité. L'individu, le groupe, la société*, 1998

Philippe Cabin (coordonné par), *La Communication : état des savoirs*, 1998

Jean-François Dortier (coordonné par), *Le Cerveau et la Pensée. La révolution des sciences cognitives*, 1999

Philippe Cabin (coordonné par), *Les Organisations : état des savoirs*, 1999

Jean-Claude Ruano-Borbalan (coordonné par), *L'Histoire aujourd'hui*, 1999

Si vous désirez être informé(e) des parutions de Sciences Humaines Éditions
et de la revue mensuelle *Sciences Humaines* :
Sciences Humaines, 38, rue Rantheaume,
BP 256, 89004 Auxerre Cedex.
Tél. : 03 86 72 07 00/Fax : 03 86 52 53 26.
http://www.scienceshumaines.fr

# Philosophies de notre temps

- Penseurs d'aujourd'hui
- La postmodernité
- L'éthique
- La politique
- Les sciences
- L'esprit et la pensée

Coordonné par
Jean-François Dortier

Éditions
Sciences Humaines

## Réalisation et diffusion de l'ouvrage

Cet ouvrage reprend des articles parus dans le mensuel *Sciences Humaines* enrichis et actualisés, ainsi que quelques textes inédits. L'appareillage pédagogique (bibliographie, mots clés, encadrés) a été également actualisé.

Conception : Jean-François Dortier

Coordination : Philippe Cabin, Jean-François Dortier

Conception maquette, mise en pages intérieures et fabrication : PolyPAO, Anne Leprince et Marc-Philippe Saligue, 89420 Saint-André-en-Terre-Plaine

Conception maquette couverture : Gilbert Franchi

Secrétariat : Laurence Blanc

Diffusion : Nadia Léal

Promotion : Estelle Dorey

**Diffusion Presses universitaires de France**

En application de la Loi du 11 mars 1957, il est interdit de reproduire intégralement ou partiellement, par photocopie ou tout autre moyen, le présent ouvrage sans autorisation de l'éditeur ou du Centre français du droit de copie.

© Sciences Humaines Éditions, 2000,

38, rue Rantheaume,
BP 256, 89004 Auxerre Cedex

ISBN 2-912601-07-X

## Liste des auteurs

**Sylvain Allemand,** Journaliste scientifique au magazine *Sciences Humaines*

**Jean-Michel Besnier,** Professeur à l'université de Compiègne

**Monique Canto-Sperber,** Directrice de recherche au CNRS

**André Comte-Sponville,** Professeur de philosophie à l'université Paris-I Sorbonne

**Jean-François Dortier,** Rédacteur en chef du magazine *Sciences Humaines*

**Jean-Pierre Dupuy,** Professeur de philosophie sociale et politique à l'Ecole polytechnique et à l'université de Stanford

**Luc Ferry,** Professeur à l'université Paris-VII, Président du Conseil national des programmes

**Pierre Jacob,** Directeur de recherche au CNRS

**Yves Jeanneret,** Professeur de sciences de l'information et de la communication à l'université Lille-3

**Nicolas Journet,** Journaliste scientifique au magazine *Sciences Humaines*

**Michel Lallement,** Professeur de sociologie à l'université de Rouen

**Jacques Lecomte,** Journaliste scientifique

**Claude Lefort,** Philosophe, Directeur d'études à l'EHESS, collaborateur aux *Temps Modernes*

**Robert Misrahi,** Philosophe, Professeur émérite à l'université Paris-I

**Edgar Morin,** Directeur de recherche émérite au CNRS

**Marc Neuberg,** Chercheur en philosophie

**Zora Petreski,** Journaliste

**Paul Ricœur,** Professeur émérite de philosophie dans plusieurs universités, notamment à Vincennes et à Chicago, Directeur de la *Revue de métaphysique et de morale*

**Jean-Claude Ruano-Borbalan,** Directeur de publication du magazine *Sciences Humaines*

**Jacqueline Russ,** Agrégée de philosophie, Directrice de collection aux éditions Armand Colin

**Charles Taylor,** Professeur à l'université McGill de Montréal

**Tzvetan Todorov,** Directeur de recherche au CNRS

**Philippe Van den Bosch,** Professeur agrégé de philosophie à l'Institution Sainte-Geneviève à Meaux

# AVANT-PROPOS

LA PHILOSOPHIE est éternelle. Mais les philosophies sont filles de leur temps. Les questions relatives à la connaissance, à la vérité, à l'action, à la morale, à la politique, à l'art de vivre, etc., se sont toujours posées. Mais elles prennent, à notre époque, un visage bien déterminé. Le but de cet ouvrage est de présenter les grands thèmes qui hantent la philosophie contemporaine.

• De l'école de Francfort à Jürgen Habermas, de Michel Foucault à Jacques Derrida, nous verrons comment les penseurs contemporains se sont attelés à la critique de la modernité (dominée par les idées de Progrès, de Raison, de liberté, d'individu). Nous verrons aussi comment est née l'idée de « postmodernité », vision d'un monde privé de grands mythes mobilisateurs, monde dans lequel, selon Jean-François Lyotard, nous vivons désormais.

• La philosophie politique a dû affronter un double défi. D'abord, penser le totalitarisme, triste héritage du XX^e siècle, qui hantera encore longtemps l'histoire humaine. Mais il lui faut aussi penser la démocratie et ses dilemmes : comment concilier la liberté et la justice, l'individu et la communauté. De Hannah Arendt à Claude Lefort, de John Rawls à Charles Taylor ou à Cornélius Castoriadis, quelques œuvres majeures nous offrent des clés d'interprétation pour comprendre la nature des régimes politiques contemporains.

• Les questions traditionnelles de la morale ne portent plus simplement sur l'art d'accorder nos conduites avec celles d'autrui. De nouveaux enjeux se posent avec la bioéthique, la protection de l'environnement, les nouvelles technologies, ou l'humanitaire. Hans Jonas et son « principe de responsabilité », J. Habermas et la « morale de la communication », Michael Walzer et les « sphères de justice » nous offrent quelques pistes pour affronter les défis moraux de notre temps.

• L'épistémologie, autre grand domaine de la philosophie contemporaine, a contribué à renouveler le visage de la science. Karl Popper, Gaston Bachelard, Thomas Kuhn ou Paul Feyerabend ont aidé à mieux comprendre les démarches et les représentations propres à la science, mais aussi les forces et les limites des connaissances scientifiques.

• La théorie de la connaissance fut toujours un thème de prédilection des philosophes. Elle s'occupe de savoir comment fonctionne l'esprit humain et à quelles conditions une connaissance fiable est possible. Cette interrogation a été profondément renouvelée avec Charles S. Peirce et le pragmatisme, Ludwig Wittgenstein et la philosophie analytique, et plus récemment avec la philosophie de l'esprit issue des sciences cognitives ou la théorie de la complexité forgée par Edgar Morin.

• La philosophie se veut aussi un art de vivre. Le « retour » de la philosophie depuis quelques années doit beaucoup à la redécouverte de questions relatives au bonheur, à la liberté et au sens à donner à sa vie. Paul Ricœur, Tzvetan Todorov, André Comte-Sponville, Robert Mishrahi, Luc Ferry sont quelques-unes des figures marquantes de ce renouveau.

Le XXe siècle avait débuté avec l'annonce de la « mort de la philosophie ». Il s'est terminé avec le constat de son « retour ». Avec le recul, le diagnostic du décès était prématuré ; car tant que l'homme s'interrogera sur sa destinée, la philosophie trouvera sa place dans l'esprit humain.

# SOMMAIRE

## Chapitre V : La philosophie des sciences



## Chapitre VI : L'esprit et la pensée

## Chapitre VII : En quête de sens



## Annexes

**Jean-François Dortier***

## *INTRODUCTION*

# UN TOUR D'HORIZON PHILOSOPHIQUE EN 1 HEURE 12

Dans son *Cours de philosophie en six heures un quart*, l'écrivain polonais Witold Gombrowicz a présenté toute l'histoire de la philosophie moderne, de Kant à Sartre, en quelques exposés qu'il fit au printemps 1969 à un public très restreint : sa femme et Dominique Le Roux, l'un de ses amis. L'énergie mise dans la préparation de cet exposé aurait permis à W. Gombrowicz, atteint d'une grave maladie des poumons, de lutter contre le suicide et le désespoir (1).

La philosophie en six heures un quart ? Cette introduction vise à battre le record mythique de W. Gombrowicz et à établir une nouvelle performance. Il s'agira donc ici de présenter une vue panoramique de la philosophie, de ses grandes interrogations, de ses ambitions et de ses limites, des débats contemporains en une trentaine de pages, soit environ une heure de lecture.

Ce projet de record choquera. N'est-il pas contraire à l'esprit même de la philosophie qui suppose la patience et la sagesse, le temps de la réflexion, le tempo lent de la méditation ? Avec raison, les esprits scrupuleux, exigeants, ou tout simplement raisonnables seront heurtés. Cette introduction ne les concerne pas. Elle s'adresse simplement aux novices, aux

---

* Rédacteur en chef du magazine *Sciences Humaines*.

1. C'est Dominique Le Roux qui rapporte le fait. Alors que W. Gombrowicz envisageait de mettre fin à ses jours, son ami eut l'idée de lui proposer ce *Cours*, voyant que *« seule la philosophie parvenait à le distraire de sa maladie »* (W. Gombrowicz, *Cours de philosophie en six heures un quart*, Rivages Poche, 1995).

gens pressés, aux curieux et aux amateurs de records.
Dans un premier temps, on verra comment on peut répondre à la question *«Qu'est-ce que la philosophie?»*, non par la seule spéculation, mais à partir d'une mise en relief de son histoire. Puis on se demandera quel type de savoir produit la philosophie en la comparant à la science. Enfin, on verra comment la philosophie contemporaine tente d'éclairer notre époque agitée.
En cours de route, nous rencontrerons des penseurs célèbres comme Platon, Spinoza ou Kierkegaard, mais aussi d'autres moins connus comme Ibn Tufayl et son «philosophe autodidacte» ou Alphonso Lingis, le penseur homme-grenouille, ou encore Daniel Parrochia, philosophe de la pluie, du vent et des nuages… On traitera bien sûr de la connaissance, du bonheur et de la morale, mais on parlera aussi d'un coup de poignard que reçut un jour Spinoza, des vertus respectives du vin et de la bière selon Kant, de cinéma, de gourmandise et d'ordures ménagères…
Mais il est temps de débuter…

## I. Qu'est-ce que la philosophie ?

Immanquablement, la loi du genre veut que l'on débute par la question la plus autoréférente, narcissique et masochiste qui soit : *«Qu'est-ce que la philosophie?»*, suivie de la question subsidiaire : *«Et à quoi sert-elle?»*
A ces questions il existe à peu près autant de réponses que de philosophes. Un regard en perspective sur l'histoire de la pensée permet cependant de repérer trois «postures» qui ont toujours coexisté au fil du temps : la première envisage la philosophie comme «pensée critique», la deuxième lui assigne l'ambition de trouver la Vérité ultime, la troisième nous dit que son but est d'apprendre à bien vivre.

### L'école du doute

La première façon d'envisager la philosophie est d'en faire une école du doute. S'il est un personnage qui représente au mieux cette conception, c'est Socrate, le sage et le sceptique, qui fut condamné à mort pour «délit d'opinion», comme on dirait aujourd'hui.
Rappelons l'histoire. L'affaire se passe à Athènes en l'an 400

# L'éclipse et la naissance de la philosophie

On connaît la date de naissance de la philosophie grâce à une éclipse.

Un jour de l'an 585 av. J.-C., en Asie mineure, sur un champ de bataille, Perses et Mèdes sont en train de combattre. Tout à coup, la nuit tombe. Les hommes lèvent les yeux vers le ciel et découvrent un spectacle effarant : le soleil a disparu !

Un signe des dieux ? Les hommes cessent le combat et se dispersent. Or, il se trouve qu'un homme avait prévu cette éclipse. Il s'agit de Thalès de Milet. C'est un savant, ingénieur et mathématicien. Tous les écoliers connaissent encore son nom : on lui doit le fameux théorème de géométrie qui porte son nom. On rapporte qu'il réussit à calculer en quelques minutes la hauteur de la Grande Pyramide d'Egypte grâce à une solution ingénieuse (1).

Thalès était aussi philosophe. Il fut également le premier à ouvrir une école philosophique : l'école de Milet, qui accueillit des penseurs de renom comme Anaximandre et Anaximène.

**A la recherche des causes premières**

Thalès voulait comprendre les principes premiers qui gouvernent le monde. D'où vient la vie ? D'où vient l'esprit ? D'où vient le mouvement ?

Cette façon de questionner les origines du monde sans recourir à des mythes affirmait une nouvelle façon de penser. Recherche des causes premières, usage de la raison, refus des explications mythiques, souci d'unification des connaissances : telles étaient les exigences de cette nouvelle façon de pensée en train de naître.

On peut raisonnablement supposer que la fondation de l'école de Milet par Thalès eut lieu au moment de sa plus grande renommée, juste après sa prédiction de l'éclipse. Les astronomes contemporains ont réussi à en calculer la date rétrospectivement : elle s'est déroulée en l'an 585 av. J.-C. C'est donc autour de cette date que l'on peut situer approximativement la naissance de la philosophie.

---

1. Thalès planta un bâton dans le sable et mesura son ombre. Elle était la moitié de celle du bâton. Il fit mesurer au même moment l'ombre de la pyramide. Il n'eut alors qu'à en doubler la longueur pour trouver la taille de la Pyramide.

av. J.-C. A l'époque, la cité grecque vient de retrouver la démocratie après une période de tyrannie. Fragile, instable, miné par des querelles intestines, le régime démocratique et populaire cherche à établir son autorité. Or, Socrate, depuis plusieurs années, fait figure de trublion. On l'accuse d'impiété, et surtout, par son enseignement, de «corrompre la jeunesse». Derrière ces accusations, on lui reproche en fait de saper les bases de la Constitution. Socrate ne s'était-il pas attaqué au principe du tirage au sort des magistrats, jugeant qu'il s'agissait là d'une sottise ? Discuter du bien-fondé de la religion, de l'Etat... c'est risquer de mettre en péril l'autorité de la jeune démocratie. Paradoxe : ce fut donc un régime démocratique, à peine rétabli après une période de tyrannie, qui condamna à mort le philosophe !

La méthode de Socrate, telle que Platon nous l'a rapportée dans les *Dialogues*, ne consistait pas à délivrer des vérités, ou même à contester de front les thèses de ses interlocuteurs. La démarche consistait à mettre en doute les certitudes établies en posant une série de questions troublantes. Devant la jeunesse cultivée athénienne, il aimait provoquer ses contradicteurs. Il demande, par exemple, à Protagoras : qu'est-ce que la vertu ? Est-elle «une» ou bien y en a-t-il plusieurs formes ? Peut-elle s'enseigner ? Par un questionnement faussement naïf, il pousse ainsi son interlocuteur à des contradictions (appelées «apories»), puis à un aveu d'ignorance, enfin à une formulation nouvelle du problème. Socrate était le fils d'une sage-femme. Sa méthode maïeutique vise à faire accoucher son interlocuteur des vérités qu'il a en lui.

Socrate ne se départit pas de sa méthode lors de son procès. Au lieu d'adopter une ligne de défense modeste, il chercha à déstabiliser ses jurés par ses remises en cause incessantes. Ultime provocation : lorsqu'on lui demanda quelle peine il méritait – comme c'était alors la coutume –, il réclama une pension à vie en récompense de son enseignement !

Une telle ironie ne pouvait qu'irriter un tribunal populaire, composé d'*héliastes*, c'est-à-dire de citoyens tirés au sort. Et c'est ainsi qu'il fut condamné à la peine de mort. Dans son *Apologie de Socrate*, Platon rapporte qu'en quittant son procès, juste après sa condamnation, Socrate se serait tourné vers ses juges en leur déclarant : *«Il est temps de nous séparer, moi pour mourir, vous pour vivre. Qui de nous a le meilleur partage ? Personne ne le sait excepté Dieu.»*

Au regard de la postérité, la réponse ne fait aucun doute. Socrate a perdu la vie, mais il a gagné la renommée universelle. Il est devenu le symbole, l'emblème de la liberté de pensée. Il est ainsi devenu le héros tutélaire de la philosophie conçue comme pensée libre et critique.

Socrate inaugure en fait une longue tradition dans l'histoire de la pensée : celle de la méthode du doute. Le vrai philosophe n'est pas celui qui sait mais au contraire celui qui s'interroge sur son savoir, qui sait affronter l'incertitude là où l'esprit dogmatique croit détenir la vérité.

Montaigne et son *« que sais-je ? »*, Descartes et son *« doute méthodique »* s'inscrivent dans cette tradition. Dans le *Discours de la méthode* (1637), René Descartes soutient qu'une pensée authentique doit débuter par le doute. Comment ne pas céder au scepticisme, se demande-t-il, devant la diversité des opinions qui règnent en ce monde à propos de toute chose ? Pour penser juste, nous dit Descartes, il convient donc de se défaire de ses connaissances préalables pour ensuite reconstruire un savoir solide à partir de quelques principes simples et assurés (2). Ce doute méthodique, qui nous semble aujourd'hui un signe de sagesse élémentaire, est, à l'époque à laquelle Descartes le formule, un acte révolutionnaire. Il affirme une émancipation par rapport à l'esprit scolastique qui avait régné sur la pensée durant tout le Moyen Age (3).

Emmanuel Kant (1724-1804), à sa manière, affirmera aussi que la tâche de la philosophie est « critique ». En témoigne le titre de son ouvrage majeur : *Critique de la raison pure* (1781). Dans ce grand monument de la pensée occidentale, Kant soutient qu'avant de s'interroger sur le monde on doit d'abord s'interroger sur ses capacités à connaître. On a parlé d'une « révolution copernicienne » en philosophie à propos de ce recentrage : avant de penser le réel, il faut penser la pensée. Quelles sont les forces et limites de l'esprit humain ? Tel est l'objet de la *Critique*. La solution de Kant tient en quelques points : nous ne connaissons pas le monde tel qu'il est, mais tel que notre esprit peut le concevoir. Notre jugement est borné

2. En fait, le doute s'exprime à deux niveaux chez Descartes : le premier porte sur les opinions et connaissances établies ; le second est plus radical, il porte sur la perception sensible des choses que je vois ou que je crois voir. Le doute n'est cependant, chez Descartes, qu'un premier temps de la démarche. Il vise à se dépouiller des opinions et connaissances préconçues pour ensuite reconstruire les connaissances par une méthode déductive, à partir d'idées simples et assurées.

3. Qui fonde le savoir sur les textes des Anciens.

par nos cadres mentaux (il parle de « catégories »). Il ne sert à rien de vouloir l'extraire de son domaine limité de compétence. Pas plus qu'il n'est possible à un aveugle de comprendre ce qu'est une couleur, il ne faut demander à la raison plus qu'elle ne le peut. Tel est l'esprit du « criticisme kantien ».

Cette tradition de la philosophie, comme pensée critique, on la retrouve au XXe siècle sous plusieurs variantes. Ludwig Wittgenstein puis l'école de Vienne (4) assigneront à la philosophie la tâche de contrôle du bon usage du langage : son rôle n'est pas de dire la vérité mais de départager entre les propositions métaphysiques – creuses et vides de sens – et les propositions scientifiques, qui portent sur le réel (5). Dans un autre (dés)ordre d'idées, le travail de « déconstruction » proposé par Jacques Derrida (6) relève du même esprit : s'attaquer à tous les systèmes théoriques qui prétendent à l'universalité, montrer la faiblesse des savoirs que l'on croit les mieux assurés.

## En quête du savoir ultime

Détruire les mythes, dissoudre les certitudes, pointer le doigt sur nos illusions : telle serait donc la première figure du métier de philosophe. Tous ne se reconnaissent pas cependant dans ce projet. Une autre version plus ambitieuse et grandiose est envisageable : celle du maître de Vérité. Par sa posture intellectuelle, le philosophe n'est-il pas celui qui peut accéder à une « connaissance parfaite », inaccessible au commun des mortels, un savoir absolu où le Vrai, le Beau et le Bien se confondent ? Comme un sorcier ou un chaman, le philosophe pourrait détenir quelques secrets ultimes sur le monde et les hommes.

Platon nous offre un tel portrait du penseur en grand prêtre laïque. Il faut dire que Platon était issu d'une grande famille d'Athènes. Ne voyant autour de lui qu'esclaves, que « barbares » ou citoyens ordinaires, cet aristocrate doué d'une intelligence supérieure a sans doute songé qu'il faisait partie d'une race à part. Et il y a un point commun entre sa théorie de la politique et sa « doctrine des Idées ». Dans *La République*, ce farouche opposant de la démocratie nous explique que le peuple ne peut se gouverner lui-même. Il a besoin d'un chef

4. Voir mots clés en fin d'ouvrage.
5. Voir l'article « Ludwig Wittgenstein : le philosophe radical » dans cet ouvrage.
6. Voir mots clés en fin d'ouvrage.

qui sache distinguer le Juste de l'Injuste, le Bien du Mal, le Vrai du Faux. La condamnation de Socrate par un tribunal populaire lui avait montré combien le peuple peut s'égarer. Pour Platon, seul un « roi-philosophe », ou un « philosophe-roi » peut gouverner la Cité, car il est le seul à pouvoir déterminer la Vérité (7). Voilà ce que l'on nommerait aujourd'hui un dictateur éclairé.

Cette conception aristocratique de la politique trouve un parallèle dans la théorie des idées de Platon. Les citoyens ordinaires sont voués à croire aux mythes, à céder aux croyances et aux opinions courantes (la *doxa*). Le philosophe, comme le musicien, le géomètre ou le mathématicien, a accès aux idées les plus abstraites et les plus pures. Car ce que l'on croit être le monde réel – tout ce qui nous entoure – est imparfait, corruptible, éphémère. Tout cela n'est que l'ombre, l'image déformée et vacillante d'une seule vraie réalité – intangible, pure, éternelle – qui se trouve dans le monde céleste des Idées.

Une autre version de la philosophie entendue comme quête d'une vérité absolue et supérieure est présente chez un auteur comme Baruch Spinoza (1632-1677). La vie de ce philosophe hollandais, contemporain de Pascal (1623-1662) et de Descartes (1596-1650), fut d'abord marquée par la rupture. Rupture avec la religion juive – ce qui lui valut un coup de poignard d'un fanatique, scandalisé que l'on puisse renier la religion du peuple élu –, rupture avec Amsterdam, sa ville natale dont il s'était exilé, rupture avec les autorités politiques de l'époque. A la lumière de ces conflits successifs, on comprend peut-être mieux la formule *« determinatio es negatio »* (la détermination est la négation) tirée de son *Ethique*, qui peut vouloir dire que l'on s'affirme en s'opposant...

Pour Spinoza, la connaissance philosophique est un savoir très particulier, qu'il nomme « connaissance du troisième genre ». Les connaissances se répartissent en trois catégories. Celles du premier genre correspondent à la perception sensible (je vois, j'entends, je ressens), aux opinions courantes (connaissances acquises par « ouï-dire », nous dit Spinoza) et à l'expérience. Ces types de connaissance sont partiels et douteux car nos sens nous trompent parfois, les opinions sont diverses et

7. Rappelons qu'à l'époque de la Grèce antique, l'une des fonctions des philosophes était de former et de conseiller les chefs d'Etat. Aristote fut, par exemple, le précepteur d'Alexandre le Grand.

## Havy Ben Yaszân, Robinson philosophe sur son île déserte

*Le Philosophe autodidacte* a été écrit par le penseur arabe Ibn Tufayl (1100-1181). Le livre raconte l'histoire d'un personnage imaginaire, Havy Ben Yaszân, un Robinson philosophe qui a passé sa vie seul sur une île déserte, quelque part au large des Indes.

I. Tufayl nous dit que Havy est peut-être né *« sans père ni mère »*, c'est-à-dire par génération spontanée, sur une île au climat tempéré. Selon une seconde version, Havy aurait été abandonné par la sœur d'un roi d'une île voisine qui voulait cacher à son frère jaloux l'existence de cet enfant illégitime.

Havy fut recueilli par une gazelle qui venait de perdre son faon et le considéra comme son petit. De sa naissance à l'âge de 7 ans, il vit donc avec sa mère gazelle. Havy découvre alors le monde qui l'entoure, les plantes, les animaux, les étoiles, les roches, etc. : c'est le stade de la connaissance sensible.

Puis, lorsqu'il est âgé de 7 ans, la gazelle meurt. Désespéré devant son cadavre, Havy cherche à lui redonner vie. Ne trouvant pas de blessures apparentes, il ouvre le corps et en extrait le cœur. Voyant que l'un des ventricules est vide, il en déduit que la vie était nichée là, et que cette vie est sans doute partie ailleurs. Il en déduit alors l'existence de l'âme.

De 7 à 14 ans, Havy conquiert son autonomie. Il se fabrique des vêtements, des armes. Il a inventé la technique. Les sept années suivantes seront alors consacrées à la science, puis les suivantes à la recherche philosophique. L'auteur nous fait partager les réflexions de Havy sur les forces qui animent la nature, sur la beauté et la perfection de l'existence. Au fil de ses découvertes, Havy en vient à l'idée de Dieu, dont il découvre l'idée *« vers l'âge de 35 ans »*. Il décide alors de se consacrer entièrement à la réflexion spirituelle. Au bout de longues années de méditations, il connaît une illumination : *« un état extatique (…), une étape extraordinaire que ni la langue ni toutes les ressources du discours ne pourraient rendre compte »*.

Mais Havy doit redescendre vers le « monde sensible ». C'est alors qu'arrive sur l'île un second personnage, Açâl, venu d'une île voisine pour rencontrer Havy. Ils réussissent à se comprendre et deviennent amis. Açâl convainc alors Havy de l'accompagner chez lui, espérant faire partager au peuple sa foi et ses connaissances. Le voyage aura lieu, mais sera un échec. Mis à part quelques adeptes, la population ne pourra pas comprendre le message de Havy. Déçus, Havy et Açâl retourneront donc tous les deux sur l'île déserte et l'histoire se termine ainsi : *« Havy s'efforça de revenir à sa station sublime et ne tarda pas à y réussir, et Açâl l'imita si bien qu'il atteignit presque le même niveau. Et ils adorèrent Dieu tous les deux dans cette île jusqu'à leur mort. »*

*Le Philosophe autodidacte* est un conte philosophique et initiatique fascinant. Il a inauguré le roman philosophique bien avant l'invention du genre en Occident. I. Tufayl a imaginé de nous faire découvrir sous forme d'un récit d'apprentissage les 7 étapes de la connaissance qui mènent, selon l'auteur, de la perception sensible à la *« suprême Illumination »* (1).

1. I. Tufayl, *Le Philosophe autodidacte,* Mille et Une Nuits, 1999.

contradictoires, et l'expérience de la vie est relative à chacun. La connaissance du deuxième genre nous est donnée par la raison. Elle s'exerce en mathématique, par exemple. Ce savoir est objectif, universel et affranchi des passions. Mais il ne nous donne qu'une connaissance abstraite et désincarnée du monde, telle qu'on la trouve dans la physique galiléenne de l'époque.

Reste la connaissance du troisième genre que seul peut acquérir le philosophe. C'est une sorte de perception globale et intuitive, obtenue au terme d'un long cheminement intellectuel. Elle permet de percevoir les choses dans leurs relations, leur développement, leur unité. Cette vision synthétique ou « holiste » du monde est censée procurer sérénité et béatitude. A ce moment, le philosophe vit une sorte de communion avec Dieu et la nature (pour Spinoza, *« Deus, sive natura »* : Dieu et la Nature sont une et même chose).

Evidemment, on aimerait pouvoir suivre Spinoza sur ce chemin de la béatitude philosophique. Le problème est que cette vérité supérieure est impossible à exprimer par écrit. La « connaissance du troisième genre » s'éprouve plus qu'elle ne se prouve. On l'atteint au terme d'un long cheminement et elle relève de l'expérience spirituelle personnelle. Ce nirvana philosophique, sorte d'orgasme de la pensée, ne se traduit pas en mots, pas plus qu'un orgasme sexuel ne peut s'expliquer à qui ne l'a pas vécu. Spinoza exprime sous une forme laïcisée la démarche des mystiques *(voir l'encadré précédent).*

Hegel (1770-1831) (8) propose une autre voie que l'extase spirituelle pour atteindre la Vérité ultime. Le penseur allemand vit à une époque marquée par l'esprit historique et évolutionniste. Pour lui, la pensée doit passer par un long et tortueux itinéraire pour atteindre le «Savoir absolu», quête du Graal du philosophe. La vision hégélienne de la démarche philosophique est donc évolutionniste, encyclopédique et marquée par la dialectique (c'est-à-dire la lutte des contraires). La pensée se hisse à l'Universel, au terme d'un patient cheminement qui est celui de toute l'histoire humaine. Elle doit récapituler toutes ses expériences, ses erreurs, ses découvertes et ses impasses au sein d'une sorte d'odyssée de la connaissance qui nous mène vers la solution de l'énigme finale. Les deux volumes de la *Phénoménologie de l'esprit*, que Hegel publie en 1806-1807, sont une vaste fresque de l'histoire de la pensée qui récapitule plusieurs étapes : perception sensible, conscience de soi, Raison, Esprit et enfin «savoir absolu» *(voir l'encadré ci-contre).*

L'entreprise de Hegel a quelque chose de démentiel : inscrire toute l'histoire humaine dans le cadre d'un scénario cohérent qui débute aux prémisses de la pensée et aboutit au Savoir absolu, c'est-à-dire, on l'aura compris… à la pensée de Hegel. Le plus incroyable est que l'auteur a réussi à donner à son récit, à défaut d'être vrai, une cohérence certaine !

Si l'on ne peut plus souscrire vraiment à la lettre à la philosophie de Hegel, la *Phénoménologie de l'esprit* offre encore aujourd'hui quelque intérêt. Elle nous aide d'abord à comprendre que la pensée est un produit collectif, tributaire d'une époque et de ses problèmes. On pense toujours dans le cadre mental de son temps, c'est une première leçon. Un autre intérêt de la *Phénoménologie* réside dans la peinture des «visions du monde» que Hegel a su décrire : les forces et limites de la sagesse antique, la conscience malheureuse du christianisme, l'esprit conquérant des Lumières, la démarche rationnelle de la science… *(voir l'encadré).*

Récapitulons : dans leur quête de la vérité, les philosophes ont emprunté différentes voies : Platon, Spinoza, Hegel nous offrent quelques portraits typiques du penseur en «chercheur

8. Hegel, Georg Wilhem Friedrich de son prénom, est né à Stuttgart dans une famille modeste. Il exercera le métier de journaliste et de précepteur avant de devenir un grand universitaire, installé à un poste prestigieux à l'Université de Berlin. Il est mort du choléra en 1831.

## *Phénoménologie de l'esprit* : une odyssée de la connaissance

« *J'ai suivi, dans* Phénoménologie de l'esprit, *l'évolution de la conscience, sa marche progressive, depuis la première opposition immédiate entre elle et l'objet jusqu'au savoir absolu* » (Logique, 1, 34).

La phénoménologie de l'esprit de Hegel se présente comme une odyssée de la pensée à travers les âges. De la perception sensible au Savoir absolu, Hegel raconte le cheminement de l'esprit : l'éveil de la conscience de soi chez les premiers hommes, les mythes des primitifs, la raison chez les Grecs, la religion chrétienne, la science.

**La dialectique du maître et de l'esclave**

L'un des plus fameux passages concerne la « dialectique du maître et de l'esclave ». Pour parvenir au statut d'homme libre, l'homme doit mettre en jeu sa propre vie. Car les humains mènent entre eux une lutte à mort pour la « reconnaissance de soi ». Dans ce combat, celui qui va céder le premier, qui abdique par crainte de mettre sa vie en péril, devient un esclave. Celui qui sortira vainqueur est celui qui a osé affronter la mort, qui n'a pas courbé l'échine. Il devient le maître ; il obtient le pouvoir, les honneurs, la gloire, bref, la « reconnaissance » (1).

Hegel a ici en tête le modèle de la Cité grecque divisée entre citoyens libres et esclaves. Les maîtres, hommes libres, ne sont pas astreints au travail. Ils peuvent jouir de leur temps, s'adonner aux arts ou à la politique, à la pensée. Les esclaves sont condamnés au dur labeur. Par le travail, ils contribuent à changer le monde. D'un côté, donc, une part de l'humanité qui pense mais est coupée de la nature. De l'autre, des hommes qui la transforment mais ne peuvent pas la penser. C'est, selon Hegel, la contradiction de la pensée antique. Mais les contradictions font avancer l'histoire : tel est l'esprit de la dialectique.

**La conscience malheureuse**

Dans la cité antique, l'esclave pense d'abord s'échapper de sa condition par l'évasion spirituelle. Mais cette attitude professée par le stoïcisme n'est qu'une libération illusoire, pense Hegel. Le stoïcisme, simple négation de la réalité et repli sur soi, ne peut aboutir à la vraie liberté.

Le christianisme, qui vient historiquement remplacer le stoïcisme grec et romain, est également, selon lui, une idéologie d'esclave. Car ici l'homme asservi ne cherche par à oublier sa condition.

Simplement, il imagine, pour supporter son malheur, une libération dans l'au-delà, hors du monde réel. Le paradis viendra demain, dans un autre monde. En attendant, il faut souffrir, prier et suivre la voie du Seigneur. Pour Hegel, le christianisme est une « conscience malheureuse ». C'est la conscience religieuse où Dieu est le maître et l'homme, l'esclave.

1. Ce scénario ressemble à la lutte des mâles entre mammifères où le dominant est celui qui réussit à battre ses rivaux.

d'absolu». Aujourd'hui, peu de penseurs oseraient afficher les mêmes ambitions. Les maîtres de pensée, les bâtisseurs de systèmes ne font plus recette. Aucun ne peut prétendre, sans faire sourire, détenir «la pierre philosophale».

Les tentatives du passé nous offrent cependant un témoignage précieux. Elles décrivent quelques voies par lesquelles les penseurs pensent atteindre la connaissance ultime. La soif d'absolu étant ancrée dans l'esprit des hommes, il y a fort à parier que des tentatives nouvelles viendront. Platon et l'idéalisme, Spinoza et sa démarche mystique, Hegel et l'esprit de système… telles sont quelques-unes des postures possibles par lesquelles la pensée peut s'engager et s'égarer. On peut les lire comme une sorte de galerie de portraits de l'esprit en quête de vérité.

## Un art de vivre

A ceux que l'espoir d'atteindre une connaissance ultime laisse sceptiques, reste une troisième voie offerte : la philosophie entendue comme art de vivre. Cette quête a débuté avec les grands philosophes comme les épicuriens, les stoïciens (9), les philosophies orientales et les mysticismes antiques qui enseignent des règles de vie et des exercices spirituels pour guider leur existence. La recette du bonheur se décline, chez les philosophes, en plusieurs formules.

Epicure (341-270 av. J.-C.), que l'on confond à tort avec un partisan de la débauche (traître postérité du mot «épicu-

9. Voir mots clés en fin d'ouvrage.

risme»), soutient que, pour atteindre le bonheur personnel, il faut tempérer ses besoins, repousser les plaisirs futiles et factices comme le luxe, le pouvoir, la gloire, et fuir les passions. La passion amoureuse elle-même est pour lui une source de plus de souffrance que de satisfaction. Le bonheur se trouve donc dans la vertu et la vertu dans la sagesse. C'est en tout cas sur ce modèle qu'Epicure a copié sa vie. A Athènes où il s'était établi, il est resté en marge de l'agitation de son temps. Ayant acheté un bout de terrain, il y fonde une école philosophique : «l'école du jardin». A l'écart de la vie agitée de la Cité, de ses ambitions démesurées, de ses troubles, il a mené une existence simple, cultivant l'amitié, l'art et les sciences. Son école fut une sorte de confrérie, ouverte à tous, hommes et femmes, jeunes ou vieux, athéniens ou étrangers.

L'épicurisme est un refus de la course effrénée des plaisirs. Mais il se démarque de l'ascétisme et du renoncement. Etre heureux, pour Epicure et les siens, c'est choisir entre l'essentiel et l'accessoire, entre les ambitions futiles et celles qui comptent vraiment.

Chez les stoïciens, la maîtrise des passions se voudra plus rigoureuse. Le stoïcisme suggère d'accepter ce qui nous arrive. La quête de biens inaccessibles ne peut qu'engendrer notre malheur. Plus radicale encore est la formule de l'ascèse. Elle prône le renoncement total aux biens de ce monde. Il faut se dépouiller, atteindre le dénuement pour accéder au Bien suprême. On trouve des accents «bouddhistes» dans cette morale du renoncement et du «gouvernement de soi» par l'abolition de ses désirs.

Une autre formule du bonheur se trouve dans l'idée de «réalisation de soi». Aristote affirme dans son *Ethique à Nicomaque* que c'est dans l'accomplissement de sa fonction propre que l'homme peut atteindre le bonheur. Aujourd'hui, nous dirions que l'homme ne s'accomplit que lorsqu'il a trouvé «sa voie». *«Deviens ce que tu es», «Réalise-toi», «Prends ta vie en charge»* : tel est le message plus actif que nous livrent certains penseurs. Mais comment savoir ce que l'on est ? Ce pour quoi on est fait ? La question fut un jour posée à Epictète (v. 50-125 apr. J.-C.) par l'un de ses disciples : *«Comment chacun de nous saura-t-il ce qui répond à son rôle ?»*

*«Comment le taureau*, répond alors Epictète, *quand survient un lion, connaît-il tout seul ses propres aptitudes ? Quiconque parmi nous possédera des aptitudes de ce genre le saura bien.»*

## *« On devient philosophe comme on devient athlète »* (Epictète)

Epictète est né vers 50 à Hériapolis en Phrygie (Asie mineure). Né esclave, il était au service d'un certain Epaphrodite qui, bien que parfois brutal à son égard, lui donna une éducation philosophique et l'affranchit à l'âge adulte.

Devenu homme libre, Epictète partit pour Rome et y ouvrit son école philosophique. On pouvait à l'époque « s'installer » comme philosophe, en créant une école, spécialisée dans l'enseignement du stoïcisme par exemple, ou en devenant conseiller du prince.

Menacé par la chasse aux sorcières antiphilosophique qui toucha Rome en 93, au temps de Domitien, Epictète se réfugia à Nicopolis et y refit sa vie à l'âge de 43 ans.

***« Des choses qui dépendent de nous... »***
D'Epictète, on a surtout retenu la distinction célèbre entre *« les choses qui dépendent de nous et celles qui n'en dépendent pas »*. Les choses qui dépendent de nous – la pensée, le désir, les amours et haines –, nous pouvons les contrôler, les diriger par la volonté. Là est notre liberté et nous devons l'employer pleinement.

Les choses qui ne dépendent pas de nous – la reconnaissance, la maladie, la mort, etc. –, il faut les prendre comme elles viennent puisque *« elles ne sont pas notre œuvre propre »*. Pourquoi s'émouvoir de ce qui est inévitable ? Pourquoi s'attrister de ce que l'on ne peut changer ?

En d'autres termes, on ne peut savoir par avance ce qu'est sa vraie nature. C'est en se lançant dans la bataille, en entrant dans l'action que nos aptitudes, nos goûts réels, notre « nature profonde » se révèlent.

La plupart des philosophes ont donc rejeté l'image régressive d'un bonheur « hédoniste » qui résulterait des seuls plaisirs personnels. Pour la plupart, ils considèrent que la course effrénée aux plaisirs égoïstes ne mènera à terme qu'à l'insatisfaction. Le bonheur est donc peut-être dans la tempérance, peut-être dans l'extase mystique. Il peut encore résider dans le don de soi, comme le professera l'éthique chrétienne. Le paradoxe est alors que le bonheur personnel ne peut se trouver que si l'on décide de s'oublier un peu.

De ce point de vue, la doctrine d'Epictète appartient au stoïcisme. Il enseigne qu'il faut apprendre à renoncer aux désirs factices.

Mais c'est aussi une philosophie de la liberté intérieure et de la volonté. On peut changer son regard sur le monde et par là conquérir sa liberté. On peut apprendre, par étapes, à maîtriser ses afflictions.

Il ne s'agit pas de devenir insensible à l'égard d'autrui, mais de pouvoir gouverner ses propres impulsions, ses souffrances, ses envies, ses idées. Cette maîtrise de soi, on ne peut, nous dit Epictète, y parvenir d'un seul coup. Cela suppose un apprentissage, un entraînement régulier. *« On devient philosophe comme on devient athlète »*, en commençant par des « petites choses », des petites épreuves personnelles.

Reconsidérer le monde sous un nouvel angle, maîtriser ses angoisses, des peurs, ses désirs : on reconnaît là des préceptes enseignés aujourd'hui dans les thérapies comportementales et cognitives (pour lutter contre les phobies, la dépression, la boulimie, etc.). Epictète est un auteur moderne qui « nous parle » encore aujourd'hui.

*« Souviens-toi de ceci : si tu crois soumis à ta volonté, ce qui par nature dépend d'autrui, (...) tu te sentiras entravé, tu gémiras, tu auras l'âme inquiète, tu t'en prendras aux dieux et aux hommes. Mais si tu penses que seul dépend de toi ce qui dépend de toi, (...) tu ne te sentiras jamais contraint à agir, jamais entravé dans ton action, tu n'accuseras personne, tu ne feras aucun acte qui ne soit volontaire. »*

## L'illusion du bonheur

Restent ceux pour qui la recherche du bonheur n'est pas vraiment digne d'un philosophe. Pour Kant, l'idée du bonheur est un produit de l'imagination, un espoir illusoire, un mirage de la pensée. De toute façon, l'homme tire sa dignité des devoirs qu'il doit accomplir et non de la recherche des plaisirs personnels.

Plus sombres et désespérés encore sont ceux qui ne croient pas du tout à la possibilité du bonheur. C'est le cas d'Arthur Schopenhauer (1788-1860), le suicidaire, le pessimiste, l'atrabilaire. Dans son grand livre *Le Monde comme volonté et comme représentation* (1818), il note brutalement : *« La per-*

*pétuité des souffrances est l'essence même de la vie (...). La vie est une mer pleine d'écueils et de gouffres; l'homme, à force de prudence et de soin, les évite et sait pourtant (...) qu'il ne fait que s'avancer peu à peu vers le grand, le total, l'inévitable et l'irrémédiable naufrage, qu'il a le cap sur le lieu de sa perte, sur sa mort.»*

Friedrich Nietzsche (1844-1900) professera à l'égard de la quête du bonheur le même pessimisme et le même mépris. Emile Michel Cioran (1911-1995), notre contemporain, poussera à l'extrême l'ironie sur l'illusion du bonheur. Sa vision désabusée et désespérée de la condition humaine s'affiche dans les titres de ses livres : *Précis de décomposition, Syllogismes de l'amertume* et même *: De l'inconvénient d'être né.*

## II. La philosophie face à la science

Un boulanger sert à faire du pain, un bûcheron à couper du bois, un médecin à soigner, un garagiste à réparer une voiture. Mais à quoi peut bien servir le philosophe? Soucieux de justifier sa raison d'être – mais aussi celles de son poste, de son salaire –, le penseur est invité à répondre à la question *«La philosophie, à quoi ça sert?»*

Il y a les réponses conventionnelles : philosopher, c'est former l'esprit critique, c'est apprendre à juger par soi-même... On peut aussi rétorquer que la philosophie n'a pas besoin d'être utile pour exister. Demande-t-on à la musique, à la littérature ou à l'astronomie d'être utiles? Un défenseur des mathématiques pures disait qu'elles avaient été conçues *«pour l'honneur de l'esprit humain»* (10).

On peut également s'en sortir avec la réponse ingénieuse qu'Aristote fit en son temps. A la question *«Faut-il philosopher?»*, dit-il en substance, on peut répondre par l'affirmative et, dans ce cas, on s'autorise à philosopher. Mais si la réponse est qu'*«il ne faut pas philosopher»*, une telle affirmation appelle une justification. Et pour le justifier, il faut déjà faire de la philosophie! Conséquence : on ne peut pas ne pas faire de philosophie! L'argument est malicieux : une pirouette intellectuelle qui est de bonne guerre pour le penseur rompu aux subtilités du raisonnement qu'était Aristote.

10. J. Dieudonné, *Pour l'honneur de l'esprit humain*, Hachette, 1987.

Il reste qu'il faut bien répondre sans trop d'arguties à l'interpellation : que nous apprend vraiment la philosophie ? Quel est son véritable apport ? Que nous apprend-elle sur le monde, sur l'histoire, sur les hommes ? Et, tout d'abord, en quoi se distingue-t-elle de la science ?

## De la fusion au divorce

Pendant longtemps, philosophie et science furent liées de façon organique. Thalès, Pythagore, Aristote étaient autant philosophes et moralistes que naturalistes, mathématiciens, logiciens. « *Que nul n'entre ici s'il n'est géomètre* », est-il écrit sur le fronton des écoles philosophiques. A l'époque, les distinctions entre métaphysique, physique, mathématiques, logique sont d'ailleurs difficiles à établir parce que ces modes de connaissance sont proches et très imbriqués.

Jusqu'au XVII^e siècle, la figure du philosophe-savant restera dominante. Gottfried Leibniz (1646-1716), qui fut à la fois historien, diplomate et mathématicien, est aussi le créateur, avec Newton, du calcul infinitésimal. Un peu plus tôt, Descartes a créé la géométrie analytique et a établi pour la première fois les lois de réfraction lumineuse en optique. Pascal est un mathématicien de génie à qui l'on doit des découvertes majeures dans le calcul des probabilités, l'invention de la machine à calculer, etc.

Mais, à partir du XVII^e siècle, les liens vont se distendre entre science et philosophie. Kant est peut-être l'un des derniers philosophes-savants à l'ancienne manière. Il enseigna la physique, les mathématiques et les sciences naturelles. Il fut l'un des précurseurs de la géographie physique ; sa *Théorie du ciel* (1755) est considérée par les physiciens actuels comme une préfiguration de la cosmologie moderne : il fut le premier à émettre l'hypothèse de l'existence des galaxies.

Mais, par la suite, leurs routes divergent. Les savants se désintéressent de la philosophie, et les philosophes vont, pour la plupart, ignorer la science et ne plus la comprendre.

**• Contre la philosophie**

Au XIX^e siècle, après que le divorce entre science et philosophie est consommé, l'incompréhension voire l'hostilité réciproque s'installent. Désormais la science poursuit son chemin de façon autonome. « *Elle se lance à la conquête de la nature pour s'emparer progressivement de tous les secteurs de la réa-*

*lité, en privant peu à peu la philosophie de son objet et même de sa légitimité.* » (11) De son côté, la philosophie poursuit sa route indépendamment en portant sur la science un regard sceptique ou hostile.

Durant la seconde moitié du XIXe siècle, le discours positiviste mène la charge contre le discours métaphysique, jugé creux et inutile. Pour les positivistes, la science doit se préoccuper des faits et des relations qui unissent les faits entre eux. Sa méthode repose sur l'observation et l'expérimentation ; la science n'a donc que faire de questions oiseuses sur « l'Etre » et de spéculations sur des concepts creux. Auguste Comte parle de « maladie chronique » à propos de l'esprit métaphysique (12).

Poussant plus loin la critique, au début du XXe siècle, un groupe de savants viennois réunis autour de Moritz Schlick va publier un manifeste antimétaphysique. L'école de Vienne (13) était née avec un objectif explicite : tracer une ligne de démarcation précise entre les discours métaphysiques, spéculatifs, vides et inutiles, et les énoncés scientifiques, qui portent sur le monde réel et sont, à ce titre, susceptibles d'être validés ou infirmés par les faits.

Cette posture antiphilosophique va se prolonger tout au long du siècle. Récemment, dans *Le Rêve d'une théorie ultime* (14), Steven Weinberg, Prix Nobel de physique, écrit un chapitre vengeur « contre la philosophie ». Il affirme que les philosophes n'ont apporté aucune connaissance, ni même aucune aide à la connaissance scientifique, de façon directe ou indirecte, durant tout le XXe siècle. La philosophie est donc un exercice inutile, voir nuisible à la pensée.

**• Contre la science**

Si les scientifiques répudient la philosophie, en retour certains philosophes s'écartent sans remords de la science. Des penseurs commencent à s'inquiéter de l'arrogance scientifique, de la « rationalité instrumentale » (les techniques) qui conduisent au « désenchantement du monde ».

En 1935-1936, au moment où l'Europe est plongée dans une

11. A. Boutot, « La philosophie, la science et les mathématiques », in *Le Discours philosophique*, vol. IV de *L'Encyclopédie philosophique universelle*, Puf, 1998.
12. G. Gusdorf, *Introduction aux sciences humaines*, Orphys, 1974.
13. Voir mots clés en fin d'ouvrage.
14. O. Jacob, 1997.

grande crise économique et morale, Edmund Husserl (1859-1938), le père de la phénoménologie, publie *La Crise des sciences européennes* (15). Dans cet essai, il affirme que la «crise de conscience» que vit alors l'Europe est due en grande partie à un développement aveugle de la raison scientifique. Les sciences proposent en effet une vision purement mathématique et objectiviste de la nature. Ce faisant, elles vident le monde, la nature, la vie de toute signification. Face à *«la détresse de notre vie, cette science n'a rien à nous dire»*. Et il ajoute que les questions que la science exclut sont précisément les plus brûlantes car *«ce sont les questions qui portent sur le sens ou sur l'absence de sens de toute existence humaine»*.

Quelques années plus tard, Martin Heidegger, son élève, renchérit sur E. Husserl. Dans ses premiers cours donnés après la Seconde Guerre mondiale et publiés sous le titre *Qu'appelle-t-on penser ?*, il soutient brutalement que *«la science ne pense pas, et ne peut pas penser»*. La pensée authentique qu'il revendique est écrasée par des sciences et techniques occupées par des questions pratiques. Et M. Heidegger de prendre l'exemple de la physique : *«La physique se meut dans l'espace, le temps et le mouvement.»* Mais *«la science en tant que science ne peut décider de ce qu'est le mouvement, l'espace, le temps. La science ne pense donc pas, elle ne peut même pas penser dans ce sens avec ses méthodes.»* (16)

Ce discours antiscientifique et antitechnique, on va le retrouver tout au long du XXe siècle chez nombre de philosophes. Dans une perspective différente, les auteurs de l'école de Francfort dessinent également de la science une vision dominatrice, asservissante et déshumanisante (17).

Ces propos nous donnent toute la mesure de la rupture qui s'est opérée entre philosophie et science au cours du siècle. En analysant plus précisément la teneur des discours «antiscientifiques» tenus, on peut dégager trois postures critiques assez différentes :

15. Le titre complet est *La Crise des sciences européennes et la phénoménologie transcendantale* (trad. coll. Tel Gallimard, 1989).
16. On pourrait rétorquer à Heidegger qu'il est faux de dire que la science ne «pense» pas le temps et l'espace. La relativité d'Einstein propose une conception du temps et de l'espace contraire aux intuitions sensibles (l'espace est courbe, le temps est relatif à la vitesse). Inversement, lorsque Heidegger propose sa vision du temps, ce n'est pas du tout le temps des physiciens de la nature qu'il évoque, mais le temps subjectif de l'être humain face à l'avenir et face à sa mort. Sur le thème de l'espace des mathématiciens, voir G.G. Granger, *Penser l'espace*, O. Jacob, 1999.
17. Voir l'article sur l'école de Francfort dans cet ouvrage.

– la première consiste à reprocher à la science une vision « déshumanisée », « abstraite », « désincarnée » du monde. La science est assimilée à la physique théorique (mathématique) et l'on attribue à cette science la volonté d'enfermer le monde dans une sorte de cage de verre mathématique. La subjectivité disparaît au profit du calcul, de la froide démonstration ;
– la deuxième critique porte sur le fait que la science est aveugle aux valeurs. Ne portant que sur les faits, les démonstrations, les expériences, les calculs, les résultats empiriques, elle est incapable de juger des valeurs. S'en remettre à la science (ou à la technique) pour les choix ultimes qui guident nos destinées, c'est abdiquer notre devoir : *« science sans conscience n'est que ruine de l'âme »* ;
– la troisième posture porte sur l'incapacité de la science à se penser elle-même, de réfléchir à ses méthodes. La connaissance scientifique, comme tout savoir, a une démarche spécifique, une histoire, des soubassements intellectuels qu'il faut mettre au jour…
C'est à partir de cette dernière analyse que certains vont tenter de renouer les ponts entre science et philosophie. La science a besoin d'une philosophie pour se penser elle-même : tel est le rôle de la philosophie des sciences.

**• L'épistémologie : un nouveau dialogue entre science et philosophie**

Au début du XXe siècle, les liens entre science et philosophie sont-ils définitivement rompus ? Pas tout à fait : certains voudraient renouer le dialogue sur des bases différentes. A défaut de pouvoir *faire* de la science, les philosophes ne pourraient-ils pas analyser ses méthodes, décrypter ses forces et limites ? Telle est l'ambition d'une nouvelle discipline : la philosophie des sciences ou épistémologie.
Karl Popper (1902-1994) en sera l'un des représentants les plus illustres. Il s'est rendu célèbre avec son principe de « réfutabilité » qui cherche à établir la nature de la démarche scientifique et à la distinguer des autres formes de discours sur le monde. Un énoncé scientifique, nous dit K. Popper, est une hypothèse (ou « conjecture ») que l'on soumet à l'épreuve. Lorsqu'Albert Einstein invente la théorie de la relativité, ce n'est encore qu'un modèle théorique, une hypothèse d'école. Pour en vérifier la valeur, il propose des expériences décisives

qui doivent confirmer ou non son modèle. Einstein ose soumettre son modèle à une expérience cruciale, à une mise à l'épreuve qui pourrait le ruiner... en attendant qu'un autre modèle, plus performant, vienne le supplanter. Car, en science, toute vérité n'est qu'une erreur en sursis. Tel est le principe de réfutabilité qui distingue la science des autres formes de discours (idéologie, religion, métaphysique) qui peuvent se déployer sans fin, sans jamais courir le risque de la réfutation, de la sanction du réel.

L'épistémologie va devenir l'un des champs les plus fertiles de la philosophie contemporaine. De Karl Popper à Gaston Bachelard, de Thomas Kuhn à Imre Lakatos, la philosophie des sciences se préoccupera de mettre au jour la nature de la démarche scientifique. Son but est aussi de dévoiler l'« impensée » de la science, les schémas mentaux, les « paradigmes », qui guident implicitement la recherche. G. Bachelard parlera de « psychanalyse de la connaissance scientifique ».

## La philosophie et les sciences humaines

Après les sciences de la nature au XVII^e^ siècle, ce fut aux sciences de l'homme, deux siècles plus tard, de partir à la conquête de leur autonomie. Et, une nouvelle fois, le scénario du divorce avec la philosophie allait se rejouer.

Pendant deux mille cinq cents ans, toutes les questions qui portent sur l'esprit, les passions, les émotions, le langage, le travail, l'histoire, relevaient explicitement de la philosophie. On trouve chez Platon, Aristote ou Descartes une théorie de la nature humaine, de la vie en société, de l'esprit (ou de « l'âme » comme on disait alors). Ainsi dans *De l'âme* (*De Anima*), Aristote propose une sorte de psychologie générale : les forces vitales, les sensations, la raison, l'imagination sont tour à tour étudiées. L'exercice qui consiste à décrire les différentes facultés intellectuelles sera le passage obligé pour les philosophes dignes de ce nom : Locke, Hume, Descartes, Condillac, Kant... Tous s'y sont essayés.

Mais, à partir du XVIII^e^ siècle, les penseurs sentent bien l'insuffisance d'une méthode purement spéculative et déductive pour étudier l'humain. Cette démarche s'avère trop partielle, trop subjective, trop imprécise. Alors que les sciences de la nature – la physique, la chimie, la géologie, la botanique – connaissent un développement impétueux, on se dit qu'il est temps d'appliquer aux humains, aux cultures, aux sociétés, les méthodes qui font le succès des sciences de la nature : observation systématique, classement, mesure, expérimentation. Bref, il faut abandonner la spéculation en chambre pour passer à l'édification d'une véritable « science de l'homme » : quitter la bibliothèque pour aller explorer les modes de vie des peuples sauvages, étudier la sensation, la douleur, l'imagination en laboratoire, comprendre la folie en allant observer les aliénés dans les asiles, etc.

Ce projet de constitution d'une véritable « science de l'homme », des auteurs comme Vico (la *scienza nueva*), Hume, Condorcet, Kant l'appelleront de leurs vœux. Kant déclare à la fin de sa vie que toutes les grandes interrogations de la philosophie (Que puis-je connaître ? Que dois-je faire ? Que m'est-il permis d'espérer ?) se résument finalement à une seule question : qu'est-ce que l'homme ? Et c'est à une « anthropologie » d'y répondre.

## L'émancipation des sciences humaines

Au cours du XIXe siècle, les sciences humaines vont conquérir leur indépendance (18). La psychologie expérimentale voit le jour à la fin du XXe siècle ; la sociologie, l'anthropologie se lancent dans les recherches de terrain. Des chaires universitaires se créent. Auparavant, la linguistique, l'histoire, l'économie avaient déjà développé leurs propres méthodes. Chacune affirme son autonomie et cherche à rompre les liens avec la discipline mère.

Car la rupture des sciences humaines avec la philosophie prend parfois l'allure d'un véritable rejet. Dans *Tristes Tropiques* (1955), l'anthropologue Claude Lévi-Strauss raconte comment, jeune agrégé de philosophie, il s'est vite lassé des *« exercices intellectuels gratuits de philosophie »*. Il découvre l'ethnographie vers 1933, notamment à travers la lecture du livre *Primitive Society* de l'Américain Robert H. Lowie. On y trouvait la description minutieuse des sociétés primitives – en Afrique, en Amazonie, en Amérique –, des modes de vie, des règles de mariage, des croyances religieuses, des techniques, etc. Pour C. Lévi-Strauss, c'est une « révélation » : une façon concrète et vivante de découvrir l'homme. *« Ma pensée échappait à cette sudation en vase clos à laquelle la pratique de*

18. G. Gusdorf, *op. cit.*

*la réflexion philosophique la réduisait. Conduite au grand air, elle se sentait rafraîchie d'un souffle nouveau. Comme un citadin lâché dans les montagnes, je m'enivrais d'espace tandis que mon œil ébloui mesurait la richesse et la variété des objets.»* C'est ainsi que débute sa carrière d'ethnologue et qu'il s'embarque pour le Brésil découvrir ses premières tribus.

Avec l'émancipation des sciences humaines, de nouvelles branches étaient coupées à l'arbre de la connaissance philosophique. Avec le recul, on voit que, depuis la Renaissance, la philosophie qui embrassait tout le champ des connaissances avait perdu beaucoup de terrain. Au début du XXe siècle, la philosophie connut une crise d'identité. La théologie n'intéressait plus grand monde, la métaphysique ne faisait plus recette, la connaissance de la nature ou de l'homme n'était plus de son ressort… Que lui restait-il en propre : la morale ? l'histoire de la pensée ? l'étude des classiques ?

La mort de la philosophie était annoncée…

## III. Grandes et petites questions de notre temps

Malgré la restriction successive de ses territoires, la philosophie n'est pas morte au XXe siècle. Ludwig Wittgenstein l'avait annoncé : *« De l'ancienne culture il ne restera qu'un tas de décombres, et pour finir un tas de cendres, mais il y aura toujours des esprits qui flotteront sur ces cendres.»* (19) La philosophie devait donc poursuivre son chemin « sur les cendres » de l'ancienne culture.

Mais à quoi allait-elle donc penser ? Allait-elle devoir se replier sur l'enseignement ? Ne risquait-elle pas de s'enfermer dans la relecture et l'exégèse des auteurs classiques ? Pour survivre comme discipline vivante, il lui fallait trouver de nouvelles pistes, dégager de nouveaux territoires, explorer de nouveaux horizons de la connaissance. Certains, on va le voir, ont réussi à sortir la philosophie de l'impasse dans laquelle elle était enfermée et à relancer cette machine à produire des concepts qu'est la philosophie (20).

19. L. Wittgenstein, *Remarques mêlées*, TER, 1990.
20. « Produire des concepts », c'est ainsi que G. Deleuze et F. Guattari définissent le rôle de la philosophie dans *Qu'est-ce que la philosophie ?*, Minuit, 1991.

## Cartographie de la pensée contemporaine

Le XX^e siècle étant désormais terminé, on peut rétrospectivement cerner quels furent les grands courants philosophiques qui l'ont animé. Six zones d'influence majeures sont aisément repérables : la phénoménologie, la philosophie analytique, la philosophie des sciences, la critique de la modernité, la philosophie morale et politique. Telles furent quelques-unes des voies du renouveau (21). Chacune à sa manière a redonné vie à l'entreprise philosophique.

### • Les chemins de la phénoménologie

Pour son inventeur, E. Husserl, la phénoménologie proposait une nouvelle voie se démarquant à la fois de la science et des sciences humaines. L'approche phénoménologique récuse le clivage sujet/objet. Elle s'intéresse aux « intentions », aux « significations » que nous donnons aux choses. Les « phénomènes » que nous voyons, ressentons, pensons – un air de musique, une statue, le temps qui passe – ne sont ni purement objectifs, ni purement subjectifs, nous dit E. Husserl. Ces phénomènes existent dans les relations que l'homme noue avec le monde. E. Husserl parlera d'« intentionnalité » pour exprimer ce rapport finalisé que l'homme entretient avec les choses. La phénoménologie se veut donc une démarche qui renouvelle la pensée philosophique.
On a dit que le grand projet d'E. Husserl avait avorté. En tout cas, il a entraîné dans son sillage une grande partie de la pensée européenne. Martin Heidegger, Hans-Georg Gadamer, Maurice Merleau-Ponty, Jean-Paul Sartre, Emmanuel Levinas, Paul Ricœur, Jean-Toussaint Desanti… tous sont issus de l'héritage phénoménologique, même si chacun a poursuivi son propre chemin.

### • La philosophie analytique anglo-saxonne

Elle fut le deuxième centre d'impulsion de la philosophie du XX^e siècle. Partant du Cercle de Vienne, dans les années 30, elle se développera surtout en Angleterre et aux Etats-Unis par l'intermédiaire de Rudolf Carnap et Ludwig Wittgenstein (22). L'esprit qui anime ce courant de pensée est la critique de la métaphysique. La science repose sur la vérification

21. Voir la bibliographie en fin d'ouvrage.
22. Voir l'article sur L. Wittgenstein dans cet ouvrage.

des faits et la rigueur des énoncés. La philosophie, si elle a un rôle à jouer, est celui de gardienne de la pensée. Elle doit veiller à la rigueur de l'argumentation, à la bonne utilisation du langage pour éviter les formules vides de sens. Si l'on parle de « philosophie analytique » et de « tournant linguistique » (*linguistic turn*) pour désigner une grande partie de la pensée anglo-saxonne, c'est pour indiquer son orientation globale vers l'analyse du langage. Des auteurs comme Willard V. Quine, John Searle, Hilary Putnam, Alfred Ayer, Gilbert Ryle... peuvent être rattachés à ce courant.

**• La critique de la Modernité**

« Déconstruction », « postmodernisme », « philosophie du soupçon »... les qualificatifs ne manquent pas pour désigner ce qui aura été l'un des autres axes de la pensée au XXe siècle : la « critique de la Raison moderne ». L'Occident, depuis les Lumières, s'était identifié à l'idée de Raison, à la science triomphante, au Progrès, à la liberté et à l'épanouissement de l'individu. Le XXe siècle va, sur le plan philosophique, montrer les mirages de ce discours progressiste. L'école de Francfort avait ouvert la voie par sa critique de l'idéologie moderne. Michel Foucault s'échinera à montrer que Raison peut rimer avec domination, savoir avec pouvoir. Jacques Derrida va s'employer à déconstruire les discours à prétention universaliste. Jean-François Lyotard annoncera enfin la fin du « grand récit » de la Modernité, marquant l'entrée dans une nouvelle époque : la postmodernité. Le mot fera fortune aux Etats-Unis et servira à désigner, pêle-mêle, des auteurs comme J.-F. Lyotard, Gilles Deleuze, Richard Rorty, J. Derrida ou M. Foucault qui refusent de croire en l'illusion d'une Raison universelle et s'attachent à en montrer les failles et impasses (*voir l'encadré « La crise de la Raison au XXe siècle » page suivante*).

**• La philosophie des sciences**

Elle va se déployer durant le XXe siècle et devenir l'un des secteurs les plus fertiles de la philosophie contemporaine. Son projet : comprendre comment se construisent les sciences, quels sont leurs présupposés, leurs cadres mentaux, leurs méthodes, leurs règles du jeu. Dans le sillage de K. Popper et son principe de réfutabilité (*voir plus haut*), quelques grands noms vont jalonner cette entreprise : Thomas Kuhn (1922-1996) et sa théorie des révolutions scientifiques, Imre Lakatos

# La crise de la Raison au XXe siècle

La « crise de la raison » : leitmotiv philosophique du XXe siècle ? L'idéal des Lumières – celui d'une Raison triomphante, porteuse de progrès et d'émancipation – s'est effondré. A partir d'horizons théoriques très différents, plusieurs courants de pensée ont participé à cette remise en cause

**L'introuvable fondement des mathématiques.** A la fin du XIXe siècle, des mathématiciens (Gottlob Frege, David Hilbert) avaient voulu créer un langage formel, reposant sur les seuls principes de logique, et qui aurait permis d'unifier tous les savoirs. Cet espoir a échoué. Le « théorème d'incomplétude » de Kurt Gödel (1931) va démontrer l'impossibilité de bâtir un édifice logique totalement cohérent. Il énonce que, dans tout système formel, il existe au moins une proposition dont on ne peut démontrer qu'elle est vraie ou fausse (on dit qu'elle est indécidable). C'en était fini de l'espoir d'une logique parfaite et autosuffisante, ayant servi de fondement à la science.

**Dans *La Crise des sciences européennes* (1935-1936),** Edmund Husserl énonce au même moment que le projet (*télos*) occidental des sciences physiques et mathématiques abstraites nous donne une vision déshumanisée du réel, où le « monde de la vie » est absent. La science « désenchante » le monde au moment où l'Europe, menacée par le péril fasciste, a besoin d'un souffle nouveau et doit s'interroger sur « le sens de la vie ». La critique phénoménologie de la science sera reprise par Martin Heidegger, et par bien d'autres auteurs par la suite.

**La philosophie et la sociologie des sciences** vont changer l'image de la science. Après que Karl Popper a montré que la science ne dit jamais le vrai (elle ne fait que confronter des hypothèses à la réalité), les auteurs qui lui succèdent sont plus radicaux. Peu à peu, la science n'apparaît plus comme un savoir pur, rigoureux, dégagé de tout présupposé. Elle est toujours soumise aux poids des représentations, des paradigmes, des enjeux de pouvoir ; l'argumentation y prime sur la raison.

**Les penseurs de l'école de Francfort** s'attaqueront à la Raison des Lumières comme idéologie dominante. Dans *Eclipse de la raison* (1947) et *La Dialectique de la raison* (1947), Max Horkheimer et Theodor Adorno donnent une forme philosophique à la critique de la société industrielle, de la gestion technocratique de l'économie.

**Les penseurs de la déconstruction** s'en prennent à la Raison des Lumières et à la pensée occidentale. Le terme « déconstruction »

forgé par Martin Heidegger indique la tâche nouvelle de la pensée philosophique : non pas établir de nouveaux systèmes, mais « déconstruire » (montrer les logiques implicites et les failles) des discours qui se présentent comme ceux de la Vérité et de la Raison. Jacques Derrida et Michel Foucault sont cités comme les principaux penseurs de la déconstruction.

De toutes parts, la vision d'une Raison triomphante, aux sources du progrès scientifique et technique, est donc remise en cause. Les critiques pessimistes sur les progrès de l'humanité se sont édifiées, rappelons-le, sur un fond historique précis : deux guerres mondiales, Auschwitz et Hiroshima.

Mais, paradoxalement, la science et les techniques ne cessaient aussi de se développer alors que l'on s'employait à en saper les « fondements ». Les développements mathématiques suscités par le théorème de Gödel vont ainsi conduire Alan Turing à jeter les bases théoriques d'une « machine universelle » – l'ordinateur –, la plus prodigieuse invention du siècle.

**A lire sur le sujet...**

- B. Saint-Sernin, *La Raison au xx<sup>e</sup> siècle*, Seuil, 1995.
- M.M. Carrilho, *Rationalités. Les avatars de la raison dans la philosophie contemporaine*, Hatier, 1997.

(1922-1974), théoricien des « programmes de recherches », Paul Feyerabend (1924-1994), auteur d'une théorie anarchiste de la connaissance. En France, toute une tradition nationale se développe à la suite d'auteurs comme Alexandre Koyré (1882-1964), Gaston Bachelard (1884-1962) et de leurs émules : Georges Canguilhem (1904-1995), Jean Cavaillès (1903-1944), Gilles Gaston Granger, Jean-Toussaint Desanti, François Dagognet, Michel Serres, Bruno Latour, Daniel Parrochia, Dominique Lecourt.

**• La philosophie politique**

Au XXe siècle, la philosophie politique a été longtemps évincée par le marxisme. Car le marxisme se voulait une philosophie sociale globale qui réduisait à néant l'idée d'une autonomie du politique. Sartre le proclama dans les années 50 la *« pensée indépassable de notre temps »*. C'est donc en marge d'un courant dominant que des auteurs comme Léo Strauss

(1889-1973), Carl Schmitt (1888-1985), Eric Weil (1904-1977), Hannah Arendt (1906-1975) ou Raymond Aron (1905-1983) ont mené leur réflexion sur la politique.
Au cours des années 80, avec l'effondrement du communisme et la disparition du marxisme de la scène intellectuelle, la philosophie politique va reprendre de la vigueur. Les thèmes du totalitarisme, de l'engagement, de la Révolution, de l'Etat vont décliner. Les sujets relatifs à la démocratie, à la conciliation entre l'individu et la communauté, à la liberté et à la justice deviennent dominants. De nouvelles figures montent sur le devant de la scène : John Rawls, Jürgen Habermas, Claude Lefort, les communautariens (Charles Taylor, Michael Sandel, Alisdair MacIntyre, Michael Walzer), etc.

**• La philosophie morale**

Délaissée par une bonne partie des penseurs depuis l'entre-deux-guerres, la philosophie morale fait sa réapparition dans les années 80 sous le nom rajeuni d'« éthique » (23). Ce n'est pas à un retour de l'ordre moral qu'il faut attribuer cette résurgence, mais plutôt à plusieurs autres phénomènes de société tels que le déclin des idéologies et des utopies, le discrédit du politique, l'essor de l'individualisme, les bouleversements de la famille, le droit d'ingérence dans les pays en guerre civile, la procréation artificielle, les manipulations génétiques, la défense de l'environnement, etc. Du coup, la morale n'est plus envisagée sous l'angle répressif et inhibiteur, mais elle repose la question des conditions de la vie en commun : Hans Jonas avance le « principe de responsabilité », J. Habermas défend l'idée d'une « éthique de la discussion », M. Walzer avance l'idée d'une pluralité des « sphères de justice », d'autres professent un humanisme déchiré (24) qui ne croit plus aux idéaux suprêmes (Dieu, la Révolution, le Progrès, le Bien) mais refusent pour autant de céder au nihilisme (Luc Ferry, André Comte-Sponville, Tzvetan Todorov).

**• Et les autres…**

La pensée philosophique du XX^e^ siècle ne s'est évidemment pas résumée à des grands courants. Aux côtés des bas-

23. Encore que la distinction sémantique recouvre aussi des différences de contenus : voir V. Descombes, « Il y a plusieurs morales et plusieurs éthiques », *Le Magazine Littéraire*, janvier 1998.
24. J.-M. Besnier, *L'Humanisme déchiré*, Descartes et Cie, 1993.

sins d'attraction où se sont bousculées les idées, d'autres zones conceptuelles ont produit des œuvres remarquables, bien que souvent isolées. Ce fut le cas de la philosophie de l'histoire (25) ou de l'esthétique (26).
A l'écart des grands centres névralgiques de la pensée, restent enfin ceux qui se sont aventurés sur des voies originales et inattendues.

## Le cinéma, les nuages, la gourmandise… et la philosophie

En marge des «grandes questions» de la philosophie – le sens de la vie, la vérité, la justice, etc. – certains penseurs se consacrent à des sujets infiniment plus concrets : le cinéma, la météorologie, la gourmandise ou la plongée sous-marine.
Sujets futiles et prosaïques, indignes d'un penseur ? Après tout, ils ont été précédés par des références prestigieuses. Aristote se préoccupe dans son *Histoire des animaux* de «l'accouplement des quadrupèdes» et des «maladies de l'âne et de l'éléphant» (27). Kant a disserté sur la mode, le luxe, et a écrit sur «le cochon musqué mexicain» (28). Dans *Ecce Homo*, Nietzsche soutient même que les questions relatives à Dieu, au salut, à l'au-delà, etc., ne sont rien à côté de questions plus cruciales à ses yeux comme la nutrition et le climat ; ce qui le conduit à disserter longuement dans le chapitre intitulé «Pourquoi je suis si malin» sur les mauvais effets de l'alcool ou de la «cuisine allemande» sur son humeur.
Puisqu'il est légitime de s'interroger sur de tels sujets, pensons donc hors des sentiers battus et suivons les traces de quelques penseurs d'aujourd'hui qui explorent des thèmes philosophiques originaux. Et commençons par le cinéma.

### • Hollywood et la philosophie

En 1981, l'Américain Stanley Cavell publie *A la recherche du bonheur ; Hollywood et la comédie du remariage* (29). Le livre est consacré à l'analyse philosophique de films tournés à Hol-

25. Qui n'a guère attiré les grands esprits de ce siècle mis à part Benedetto Croce, Raymond Aron ou Jan Patocka.
26. Après avoir connu une heure de gloire durant les années 30-60 avec Erwin Panofsky, André Malraux, Georg Lukács, Walter Benjamin, Theodor Adorno, elle a fortement décliné avant de renaître récemment autour du débat sur la crise de l'art moderne.
27. Trad. et présentation de Janine Bertier, Gallimard, Folio Essai.
28. *Anthropologie du point de vue pragmatique* (Vrin, 1991) et *Géographie* (Aubier, 1999).
29. Cahiers du cinéma Essais, 1993.

lywood dans les années 30-40 qui ont pour thème récurrent : après une séparation, un couple se reforme et les amants décident de se remarier.

Pourquoi s'intéresser au cinéma, qui plus est à un genre assez mineur – la comédie de mœurs – quand on est philosophe ? Dans un livre précédent, *La Projection du monde* (1971), S. Cavell s'en était déjà expliqué. Le cinéma est, selon lui, un « monde projeté » *(a world viewed)*. Un film est la mise en scène d'une expérience humaine – fictive mais réaliste – dans laquelle le spectateur « expérimente mentalement » des moments de la vie. L'amour, la vie domestique, le travail, la guerre… le spectateur est confronté à des intrigues et à des drames humains. Il éprouve ainsi les émotions, partage des expériences d'un sujet aux prises avec la jalousie, l'injustice, l'amour impossible, le conflit, la séparation, etc.

Les films étudiés par S. Cavell se situent dans une période charnière du mouvement féministe aux Etats-Unis : les années 30-40. Le modèle du couple traditionnel, fondé sur l'inégalité de pouvoir, où l'homme domine et la femme est soumise, est en train de se fissurer. Dans *Un cœur pris au piège (The Lady Eve)* de Preston Struges (1941), une « arnaqueuse » professionnelle (Barbara Stanwick) abuse de la crédulité d'un pigeon (joué par Henry Fonda). L'homme et la femme se redécouvrent sous un nouveau jour. La femme reprend possession de sa vie. *« On peut dire*, note S. Cavell, *que le genre annonce la création d'une nouvelle femme, ou la nouvelle création d'une femme, ce que j'appelle une recréation de l'humain.* »

Autre thème exploré : la difficulté de faire durer l'amour dans le mariage, de résister à la banalité du quotidien. Dans *His Girl Friday* de Howard Hawks (1940), Cary Grant rejoint son ancienne épouse qui s'apprête à se remarier avec un agent d'assurances (symbole de sécurité, de confort). Cary Grant joue un personnage louche, aventurier et escroc. Sa femme est donc soumise à un dilemme : le confort et la sécurité ou le risque et l'aventure ? Finalement, elle ajourne son mariage et repart avec son ex-mari. L'une des leçons est sans doute que le mariage – qui est souvent *« la fin du romanesque »* – ne peut survivre, se ressourcer, que s'il contient une part d'aventure, de danger, de projet commun. Et que l'amour peut se perdre dans le confort, cette *« contrefaçon de bonheur »* selon S. Cavell.

On le voit : si les films, fussent-ils frivoles, explorent les conditions du bonheur, alors il est du devoir d'un philosophe de s'y intéresser (30).

**• Réflexions sur les nuages et les arcs-en-ciel**

Après le cinéma, venons-en à un autre sujet inattendu de la part d'un philosophe : la météorologie. Dans *Météores. Essai sur le ciel et la Cité* (31), Daniel Parrochia s'est interrogé sur la façon dont les savants ont expliqué les phénomènes atmosphériques – la pluie, l'orage et les éclairs – au cours du temps. La belle étude de D. Parrochia nous apprend tout d'abord comment peut se constituer une science relative à des phénomènes aussi furtifs, instables, changeants et impalpables que les vents ou les nuages. Descartes, par exemple, grâce aux lois optiques, a pu donner une explication de la formation de l'arc-en-ciel (par le recours aux lois de la réfraction). Mais les mêmes lois de la physique-mécanique de son époque lui interdisaient de comprendre le mouvement des vents. Il faut attendre le XIX^e siècle et la thermodynamique pour enfin pouvoir expliquer les déplacements d'air chaud et froid à l'origine des vents. Mais la prédiction du climat était encore impossible à l'époque. Ce sont la théorie des systèmes dynamiques et la théorie du chaos qui ont offert les premiers outils de modélisation de l'évolution du climat à la fin des années 60.

D. Parrochia décrit également l'évolution des connaissances sur les nuages : de la première classification par l'Anglais Howard en 1803 (qui propose la distinction en stratus, cumulus, cirrus) aux classifications actuelles (en dix catégories). On voit ainsi comment la pensée a réussi à dompter le désordre en forgeant une typologie stable et précise pour décrire des phénomènes hautement brouillés et changeants.

L'auteur nous conduit ainsi de la Grèce à la Renaissance, puis à l'époque moderne, pour nous montrer comment les modèles scientifiques permettent de penser certains phénomènes, tout en interdisant d'en comprendre d'autres. En reconstituant l'histoire de la science des météores, c'est aussi la dynamique de la pensée scientifique que D. Parrochia décortique. La

30. S. Cavell ne fut pas le seul philosophe à étudier le cinéma. Il y a aussi les ouvrages de Gilles Deleuze : *L'Image-mouvement* et *L'Image temps* (Minuit, 1983 et 1985) et, dans une veine plus anthropologique, *Le Cinéma ou l'homme imaginaire*, d'Edgar Morin (Minuit, 1956).
31. Champs Vallon, 1997.

science des vents, des nuages, des tempêtes et des typhons pourrait enfin, nous suggère l'auteur, servir de modèle pour comprendre les situations humaines où les phénomènes de turbulence, d'instabilité et de dépression sont légion.

**• Eloge de la vitesse**

De la foudre et des nuages, il en est question dans le *Journal hédoniste* de Michel Onfray. Mais c'est dans un tout autre sens. Le titre du deuxième volume, *Les Vertus de la foudre* (32), pourrait laisser entendre que la météorologie est décidément un nouveau centre d'intérêt des penseurs. En fait, l'auteur s'empare de l'image de la foudre pour proposer une éthique de la vitesse et de l'éclair. *«J'aime la vitesse – celle de la foudre et des éclairs, des éruptions volcaniques et des raz de marée, celle des fulgurances et des ravissements (…). Tous les fous de vitesse sont fanatiques de la brûlure et de la consumation de leur existence.»* M. Onfray, en penseur iconoclaste, hédoniste, nietzschéen, fait ici l'éloge de l'antisagesse. Alors que notre époque est minée et dominée par la vitesse, que nos vies sont emportées à un rythme de plus et plus effréné, ainsi que l'analyse Paul Virilio, les philosophes auraient plutôt tendance à vanter les mérites de la lenteur. Calmons le jeu et réapprenons à vivre à un rythme plus doux, nous dit par exemple Pierre Sansot dans son «éloge de la lenteur» (33). Si la sagesse suppose la lenteur, le calme, la maîtrise de soi, la tempérance… M. Onfray prend le contrepied de cette attitude. Lui vante les mérites de la «fureur de vivre» et de la vitesse. La sagesse est une morale de vieillard. La jeunesse, la vie réclament le feu de la passion, le bouillonnement, l'enthousiasme, la folie, quitte à se brûler les ailes. Ses livres sont des plaidoyers pour l'abus, l'usage immodéré des plaisirs du corps. Son sujet de prédilection : la bonne cuisine. Dans son *Journal hédoniste*, il propose quelques «considérations sur les rognons du philosophe».

Auparavant, il avait rédigé un essai sur la «raison gourmande»; puis un autre sur le «ventre des philosophes», sous-titré malicieusement *Critiques de la raison diététique* (clin d'œil à Kant et à Sartre) (34). M. Onfray fait partie de la race des

32. *Les Vertus de la foudre, Journal hédoniste*, t. 2, Grasset, 1998.

33. *Du bon usage de la lenteur*, Payot, 1998.

34. *La Raison gourmande. Philosophie du goût*, Grasset, 1995 et le «Ventre des philosophes» in *Critiques de la raison diététique*, Grasset, 1989. Rappelons que Kant est l'auteur de la *Critique de la raison pure* et Sartre d'une *Critique de la raison dialectique*.

penseurs hédonistes, provocateurs, bons vivants, qui aiment à choquer, à aller à l'encontre de la morale dominante. Cette antisagesse, évidemment, n'appelle nul argument solide ou démonstration. La philosophie qu'il pratique est une « philosophie de comptoir » assumée comme telle : « philosophie » au sens de vision du monde et d'art de vivre ; « de comptoir » parce qu'on y vante les mérites du bon vin, du gros cigare et de la fête. Mais, pour faire de cela une véritable philosophie, il faut bien sûr y ajouter le style.

**• Portrait de philosophe en homme-grenouille**

L'ivresse, les excès et les plaisirs du corps, Alphonso Lingis, un philosophe-explorateur américain, les expérimente aussi, mais d'une tout autre manière. Dans *L'Ivresse des profondeurs et autres excès* (35), le penseur renoue avec un genre oublié : le voyage philosophique. A. Lingis a visité des régions inexplorées, se promène au Kenya, en Inde, à Bali, en Nouvelle-Guinée, dans la jungle de l'Irian Jaya, plonge dans les mers tropicales, et tient ses carnets de voyage. En quoi ses observations, ses impressions sont-elles « philosophiques » ? Pourquoi ne pas simplement parler de tourisme littéraire ? Peut-être une façon d'aborder et de s'interroger sur les choses… Voyons comment.

A. Lingis, praticien du tourisme de l'extrême, raconte notamment une séance de plongée sous-marine sur les côtes d'une mer tropicale. Sur les raisons de son goût pour la plongée, A. Lingis s'interroge : *« Qu'est-ce qui pousse les hommes vers les profondeurs ? »* Question simple, banale, mais qui invite justement à la réflexion. L'intérêt pratique est nul. La préparation est longue et coûteuse. La peur est souvent présente car le danger est réel. Qu'est-ce qui peut donc attirer vers les fonds marins ?

Une première hypothèse est celle du « complexe de Thalassa », théorisé par Sandor Ferenczi, le disciple de Freud. Le complexe de Thalassa révélerait d'une pulsion archaïque : la volonté de régresser vers le stade intra-utérin, lorsque l'enfant baigne dans le liquide amniotique, bercé par les mouvements de sa mère.

Mais A. Lingis évoque aussi une autre raison : l'attirance pour le spectacle éblouissant des fonds marins. Les reflets de

35. Belin, 1997.

lumière, les coraux, les coloris des poissons : la beauté pure. *«Je coulais à travers des rets de lumière, le soleil équatorial maintenant suspendu dans les profondeurs. Dans ces espaces bleus, ces réseaux de lumière n'illuminent rien, n'esquissent ni contour ni figure ; ils sont pure jouissance. Les falaises de corail tremblent de leurs milliers d'antiennes. Les poissons se matérialisent en rayures et reflets de couleurs.»*

L'œil devient, pour A. Lingis, une «zone érogène». Son regard n'a aucune fonction. C'est un regard étranger qu'il porte sur un monde qui lui apparaît donc comme étrange. *«Cet œil voluptueux ne cherche pas à saisir l'unité dans la dispersion superficielle des formes, (...) à comprendre les relations et les fonctions : il caresse, est caressé par les effets de surface d'un univers étranger. (...) : c'est le regard étranger.»*

Le regard de philosophe homme-grenouille est artificiel. Il ne participe pas au monde qu'il observe. A la différence des observations du savant qui cherche à comprendre, du pêcheur qui guette une proie, de l'explorateur en quête d'un trophée, etc., le regard que nous fait partager A. Lingis est un regard purement contemplatif.

A. Lingis veut nous faire saisir ici ce qu'est une «expérience existentielle» : ici, la contemplation inutile. Dans d'autres voyages, ce sera la peur, le dégoût, le sentiment de l'étrange, l'éblouissement, l'étonnement... autant d'états de conscience et d'émotions, autant d'expressions du rapport que l'homme entretient avec le monde extérieur. A. Lingis, le philosophe homme-grenouille, est aussi le traducteur américain de Maurice Merleau-Ponty. Il a écrit d'autres livres sur la phénoménologie, les expériences subjectives, l'existentialisme (36). Voyager, rapporter ses expériences, c'est sa façon à lui de s'interroger sur la condition de l'humain, «plongé dans le monde», en l'occurrence, ici, à quelques brassées sous la surface de l'océan.

De la phénoménologie du touriste, on pourrait passer à celle du sportif de haut niveau ou à celle du meurtrier, comme nous le propose Alexis Philonenko (37). On pourrait égale-

36. A. Lingis est l'auteur de *Phenomenological Explanations* (Kulwer Academic Publishers, 1987), *Deathbound Subjectivity* (India University Press, 1989), *The Community of Those Who have Nothing in Common* (Indiana University Press, 1994) et *Sensation : Intelligibility Insensibility* (Humanities Press, 1996).

37. A. Philonenko, *Du sport et des hommes*, Michalon, 1999 et *Tueurs, Figures du Meurtre*, Bartillat, 1999.

ment réfléchir sur la fascination du jeu de go avec Colas Duflo (38), ou même encore tenter de philosopher sur les déchets, immondices et ordures, avec Cyrille Harpet et François Dagognet (39).

Sur ces questions de philosophes, et bien d'autres moins incongrues, on pourrait disserter encore longtemps. Mais le temps presse et il faut suspendre ici la pensée : car le record de Gombrowicz est à portée de main…

38. C. Duflo, *Jouer et philosopher*, Puf, 1997.

39. C. Harpet, *Du déchet : philosophie des immondices. Corps, ville, industrie*, L'Harmattan, 1999 ; F. Dagognet, *Des détritus, des déchets, de l'abject : une philosophie écologique*, Synthélabo, 1997.

# LES COURANTS DE LA PHILOSOPHIE

**1925**

## Positivisme logique

Appelé parfois « néopositivisme », ou encore « empirisme logique », le positivisme logique désigne le groupe de philosophes et logiciens rassemblés dans les années 30 autour du « Cercle de Vienne ». Ils dénoncent la métaphysique spéculative. Pour eux, seul est rigoureux un discours fondé soit sur la raison, soit sur les faits positifs.

**Ludwig Wittgenstein (1889-1951)**
**Rudolf Carnap (1881-1970)**

**1950**

## Philosophie analytique

Héritière à la fois du positivisme logique et de la pensée de **Bertrand Russell (1872-1970)**.

Proche de la logique formelle et de la linguistique, la philosophie analytique rejette la prétention de la philosophie à connaître le monde (ce qui est le rôle de la science). Elle s'intéresse plutôt aux énoncés du langage.

L'Ecole anglaise d'Oxford est représentée par **Gilbert Ryle (1900-1976)** et **John Lee Austin (1911-1960).**

## Philosophie des sciences

**Karl Popper (1902-1994)** s'attache à établir la distinction entre la démarche de la science et celle du discours pseudo scientifique.

La science n'énonce pas des vérités mais des propositions réfutables. Une pléiade de phi

**1975**

## Philosophie de l'esprit

Elle est liée à l'essor des sciences cognitives. Les débats s'articulent autour de la question de l'intentionnalité et du rapport cerveau/esprit.

**John Searle (né en 1932)**
**Hilary Putnam (né en 1926)**
**Jerry Fodor (né en 1935)**
**Richard Rorty (né en 1931)**
**Daniel Dennett (né en 1942)**

# AU XXe SIÈCLE

## Phénoménologie

La conscience est un « rapport au monde » défini par l'« intentionnalité », c'est-à-dire par la signification donnée aux êtres, aux situations.

**Edmund Husserl (1859-1938)**

**Martin Heidegger (1889-1976)** propose dans *Etre et Temps* une réflexion sur la condition de l'homme face au temps et à la mort.

L'existentialisme est un dérivé de la phénoménologie.

**Karl Jaspers (1883-1969)**
**Maurice Merleau-Ponty (1908-1961)**
**Jean-Paul Sartre (1905-1980)**

## Ecole de Francfort

Ce courant de pensée développe une « théorie critique », inspirée du marxisme, qui s'attaque à la raison techno-scientifique comme instrument de domination et d'aliénation.

**Max Horkheimer (1895-1973)**
**Theodor Adorno (1903-1969)**
**Herbert Marcuse (1898-1979)**

**Jürgen Habermas (né en 1929)** est un héritier de l'école de Francfort.

ɔsophes des sciences se sont ›ar ailleurs attachés à déceler ɜs logiques implicites du dis- ·ours scientifique :

**;homas S. Kuhn (1922-1996)**
**;aston Bachelard (1884-1962)**
**'aul Feyerabend (1924-1994)**
**nre Lakatos (1922-1974)**

## Structuralisme et déconstruction

Le « structuralisme », courant de pensée spécifiquement français, désigne des auteurs comme :
**Jacques Lacan (1901-1981),**
**Claude Lévi-Strauss (né en 1908)**

ou encore les philosophes
**Michel Foucault (1926-1984)**
et **Louis Althusser (1918-1990)**

Aux Etats-Unis, on parle de déconstructionnisme pour désigner **Jacques Derrida (né en 1930)** et les structuralistes français.

## Philosophie morale

La fin de siècle a vu la réapparition et la redécouverte de la philosophie morale, issue souvent de la tradition phénoménologique.

**Vladimir Jankélévitch (1903-1985)**
**Emmanuel Levinas (1905-1995)**
**Hans Jonas (1903-1993)**
**Paul Ricœur (né en 1913)**

**Chapitre I**

# Regards sur la philosophie contemporaine

Jean-Michel Besnier*

# LES IDÉES DE LA PHILOSOPHIE CONTEMPORAINE**

**Ces vingt-cinq dernières années se sont ouvertes sur une crise des philosophies de l'histoire et une remise en cause de la raison moderne. La recherche d'une sagesse, celle d'un humanisme ancré dans la nature sont devenues des thèmes centraux de la réflexion contemporaine. Importants, mais pas forcément convergents : toute sagesse ne mène pas à l'humanisme, et la nature peut être le support d'une pensée métaphysique.**

Longtemps on a cru que les idées philosophiques dessinaient une histoire homogène. La philosophie hégélienne a systématisé cette croyance, qui constitue aujourd'hui encore le socle de la culture universitaire. Selon Hegel, les idées se trouvent engagées dans un processus unique menant au dévoilement de la logique qui les anime et les réunit. Tout se déroule comme si l'humanité n'avait jamais rien pensé qui ne serve la cause de son émancipation, puisque l'Idée exprime avant tout l'arrachement aux déterminismes naturels et l'accession à la conscience de soi. Le marxisme réfutera le caractère autonome de cette histoire des idées, en réduisant la vie intellectuelle au reflet des conditions matérielles de l'existence des hommes. Mais, même après cela, la croyance dans les progrès de l'esprit restera présente. Après Marx, les idées ne mènent peut-être plus le monde mais elles l'éclairent pourtant d'un jour propice à l'action. La théorie marxiste leur doit d'avoir révélé au prolétariat le sens de sa mission historique.

La démoralisation qui a résulté des désastres de l'histoire du XXe siècle a porté un coup dur à la confiance des philosophes dans la force des idées. Aussi, la philosophie contemporaine s'est trouvée mise en demeure de justifier sa tradition idéaliste et, pour cela,

* Professeur à l'université de Compiègne, il a publié une *Histoire de la philosophie moderne et contemporaine*, Grasset, 1993 ; *Les Théories de la connaissance*, Flammarion, 1996 ; *Réflexions sur la sagesse*, Le Pommier, 1999.

** *Sciences Humaines*, hors série n° 21, juin/juillet 1998.

de réexaminer ses fondements. Dans les années de l'après-guerre mondiale, Hegel a attiré sur lui l'essentiel des griefs et des questionnements. D'Alexandre Kojève à Paul Ricœur et Michel Foucault, c'est avec lui qu'on en découd. La crise du sens que les philosophes s'efforcent encore de gérer aujourd'hui reste liée au commentaire de son œuvre, qui revêt diverses formes : A. Kojève invite à répéter Hegel, M. Foucault à le refuser à l'instar de Nietzsche, P. Ricœur tout simplement à l'oublier. Les disciples de Kant ou de Husserl proclament qu'il faut retrouver la conscience commune et élucider son pouvoir de connaître les choses. Ceux de Heidegger s'efforcent de découvrir une nouvelle manière d'appréhender l'Etre et d'exister dans le monde. D'autres encore, autour de Maurice Blanchot ou de Philippe Sollers, ambitionnent de dépasser la philosophie par l'écriture littéraire ou bien par l'engagement révolutionnaire. Enfin, Jacques Derrida et l'empirisme logique déclarent l'heure venue de « déconstruire » le discours de la métaphysique ou bien de le soumettre à l'analyse logique et aux contraintes de la science. Telles ont été les principales orientations de la philosophie contemporaine.

### Une critique de la Raison

Cette philosophie s'est d'abord placée sous le signe de la critique de la Raison. La philosophie de Hegel s'est voulue l'apothéose de la Raison et endosse donc la responsabilité des effets pervers de la rationalité. Nombre de penseurs formés au système du savoir absolu de Hegel ont fini par affronter cette paradoxale vérité : le Tout de la Raison est aussi bien le triomphe de la déraison. Il n'a pas manqué, au cours du siècle, de spécialistes pour le montrer. Certains sociologues, comme Michel Crozier, ont décrit, par exemple, les méfaits des administrations trop bien organisées. D'autres, comme Raymond Boudon, ont épinglé les nuisances causées par les psychologues partisans d'une éducation trop réglementée. Sommairement reprochée à l'hégélianisme, la thèse selon laquelle le plus grand mal pourrait résulter de la rationalité la plus haute s'est en tout cas trouvée établie de diverses manières. Aussi, les philosophes d'aujourd'hui éprouvent le besoin de s'expliquer sur les raisons qu'ils ont de croire encore dans la Raison : d'où vient qu'on doive opter pour un traitement rationnel des valeurs visant à orienter l'action ? D'où vient qu'il faille encore faire le choix de la Raison ?

La réfutation de l'universalisme est également apparue comme un programme pour bon nombre de penseurs d'aujourd'hui. Le verdict de Theodor Adorno, l'un des représentants les plus illustres de l'école de Francfort, reste en effet vivace dans l'esprit de nos contemporains : « *Le Tout est le non-vrai.* » Autrement dit, on ne saurait produire de représentation englobante qui ne lèse pas l'individu. L'idéalisme hégélien qui prétendait enclore toute réalité dans un système témoignerait en fait d'une sorte de « rage » – rage de détruire l'« autre » en le ramenant au « même », en le pliant aux cadres du concept, rage d'abolir toute différence en faisant prévaloir à tout prix l'universel. Après l'explosion de violence de la Seconde Guerre mondiale, face à l'horreur des camps d'extermination nazis et devant la folie des régimes totalitaires, on conçoit que la Raison des philosophes soit soumise à une critique impitoyable. C'est peut-être là le trait le plus saillant de la période qui s'achève aujourd'hui. Un autre penseur que les philosophes français n'ont jamais tout à fait admis comme l'un des leurs, Georges Bataille, livre une expérience analogue : selon lui, le savoir absolu auquel s'attache l'œuvre de Hegel verse finalement dans le non-savoir absolu. Prétendre avoir dévoilé la totalité du sens, avoir exprimé tout ce qui est pensable, c'est en fait, selon lui, se contraindre au silence et plonger dans une « nuit où tous les chats sont gris », c'est-à-dire où il n'y a plus de différences, puisque tout est ramené à l'unité.

On comprend ainsi qu'à partir des années 60 certains penseurs comme Raymond Aron ou André Glucksmann, en passant par Alexis Philonenko, érigent Hegel en penseur de la violence et désignent son système comme l'anticipation intellectuelle des totalitarismes. Ce thème est certainement caricatural. Il est cependant symptomatique de la manière dont les philosophes de ce siècle s'imputent désormais une responsabilité dans l'histoire du monde. Le système philosophique consacre à leurs yeux le triomphe de l'Un, tout comme le totalitarisme impose la réduction violente des différences au sein d'une organisation systématique jusqu'à l'obsession, voire la terreur. C'est ainsi qu'on n'hésitait plus, parmi ceux qui se laissèrent nommer, au milieu des années 70, « les nouveaux philosophes », à présenter les totalitarismes (qu'ils soient rouges, bruns ou noirs) comme « le devenir-monde » du système philosophique dont Hegel et l'idéalisme allemand firent leur unique objet.

Aujourd'hui, on rend toutefois justice à Hegel en lui concédant qu'il n'a jamais songé à étouffer l'individu dans un Etat supposé rationnel, et qu'il soutenait, au contraire, la nécessité d'une société civile émancipée. On relit également Marx et on refuse de l'apparenter, sans plus d'examen, à Staline ou à Mao Tsé Toung. Du coup, nombre de débats philosophiques ayant animé la vie intellectuelle pendant la guerre froide reprennent toute leur densité : celui qui a opposé, par exemple, Raymond Aron et Maurice Merleau-Ponty à Jean-Paul Sartre, à propos de la violence induite par une conception dialectique de l'histoire ; ou bien le débat qu'ont orchestré Claude Lefort et Cornélius Castoriadis, au sein du mouvement et de la revue *Socialisme ou Barbarie*, dont le projet excluait la diabolisation de la raison hégélienne. Même si Hegel et Marx ne sortent pas totalement blanchis de cette relecture de l'histoire du siècle, du moins la part d'incompréhension et d'injustice dont ils furent victimes, dans les luttes idéologiques, est-elle enfin mise en pleine lumière.

### Pour une sagesse sans frontières

Classique depuis la décolonisation, le refus de l'ethnocentrisme occidental prend aujourd'hui des formes plus tranchées, qui en disent long sur la disqualification des idéaux universalistes.

## Le renouveau de la philosophie morale

*Le souci moral est une des préoccupations les plus anciennes des philosophes. L'action juste, le bonheur et la sagesse sont les trois aspects sous lesquels les penseurs anciens et modernes se sont figuré le problème moral.*

**Importante en France au début de ce siècle,** la philosophie morale a connu une relative éclipse au lendemain de la Seconde Guerre mondiale. Son renouveau actuel est attribuable au repli des philosophies de l'histoire, et des pensées fondées sur les déterminismes sociaux ouvrent une place plus importante à l'examen du problème de la liberté humaine, de ses fins et des moyens dont nous disposons pour évaluer nos actions. Le positivisme kantien, l'existentialisme et l'humanisme chrétiens, ainsi que les doctrines plus anciennes conservées par l'enseignement académique représentaient, jusqu'à il y a peu, les principales sources d'inspiration de la réflexion morale en France. Toutefois, l'ambition de constituer une philosophie morale à la fois autonome et présente dans tous les domaines de la réflexion et de l'action s'accompagne aujourd'hui d'une ouverture à des traditions développées dans les pays anglo-saxons. Leur style de réflexion diffère en ce qu'elles puisent à des sources d'inspiration peu pratiquées par les philosophes français (utilitarisme, empirisme, pragmatisme, positivisme logique et philosophie du langage).

Trois questions, parmi celles qui préoccupent actuellement la philosophie morale, méritent d'être signalées.

**La première est celle du fondement des jugements moraux,** qu'il prenne ou non la forme de principes. Cette interrogation est avivée par le doute contemporain concernant la possibilité de concevoir une théorie morale transcendante, c'est-à-dire qui ne tienne pas compte des préférences des individus et du poids des cultures. Les solutions proposées couvrent un large spectre, allant de l'universalisme kantien (Luc Ferry, *L'Homme-dieu ou le sens de la vie*, 1996) au relativisme culturel (Charles Taylor, *Les Sources du moi*, 1998) et au pluralisme (Paul Ricœur, *Soi-même comme un autre*, 1990), en passant par l'utilitarisme (Derek Parfit, *Reasons and Persons*, 1984).

**La deuxième est la recherche de principes d'action** qui, dans le cadre des sociétés démocratiques, concilient la justice sociale avec le bien-être de l'individu. Les travaux de John Rawls (*Théorie de la justice*, 1987), de Thomas Nagel (*The Possibility of Altruism*, 1978), de Jürgen Habermas (*Théorie de l'agir communicationnel*, 1987) sont des références dans ce domaine.

**La troisième concerne la nécessité pour la réflexion morale** de trouver des applications dans des champs d'activité humaine qui exigent des décisions concrètes : la procréation, la santé, le travail, l'environnement. Ce souci d'éthique ne doit pas être confondu avec la formulation de règles de conduite : il consiste principalement à utiliser la philosophie comme une connaissance capable de clarifier les problèmes. Il s'exprime dans le champ de la biologie humaine, de l'éthique des affaires, du droit des assurances, de la recherche scientifique (voir, par exemple, Anne Fagot-Largeault, *L'Homme bioéthique, pour une déontologie de la recherche sur le vivant,* 1985).

NICOLAS JOURNET

C'est l'esprit même de la philosophie qui est critiqué, soumis à une relativisation historico-culturelle. L'accueil favorable fait aux travaux de François Jullien sur la pensée chinoise, ou à ceux de Louis Gardet sur la pensée islamique, en témoigne. Il faut en effet se rappeler la manière dont Hegel avait assigné à la philosophie une origine exclusivement occidentale : selon lui, elle était née en Grèce, au Vᵉ siècle avant Jésus-Christ, avec Socrate, avec la découverte de la subjectivité et de la liberté. Ni les Chinois, ni les Indous, ni les Perses, ni les Egyptiens ne pouvaient l'éprouver. Pourquoi ? Ils étaient, pensait-on, fascinés par l'unité, au point d'ignorer jusqu'au concept de sujet libre et détenteur de droits, ou bien encore, au contraire, cédaient au culte effréné des différences, s'abîmaient dans l'adoration de la nature et se révélaient par là inaptes à l'activité conceptuelle qui exige l'articulation de l'universel et du particulier. Ne parlons pas des Africains, dont Hegel doutait même du caractère humain.

L'un des faits marquants des débats philosophiques contemporains est la remise en question de cette évidence hégélienne. La philosophie telle que nous la connaissons est sans doute apparue avec la démocratie athénienne. Elle a peut-être culminé dans l'Allemagne du XIXᵉ siècle. Mais elle ne saurait exercer un monopole absolu sur la vie de l'esprit : la sagesse, à laquelle les héritiers de Socrate aspirent, ne peut plus être considérée comme une propriété exclusive de l'Occident. C'est pourquoi les enseignements du bouddhisme pénètrent plus que jamais nos frontières, tandis que la pensée chinoise suscite une curiosité croissante.

La redécouverte d'une sagesse sans frontières est un trait marquant de notre époque. Débarrassée de l'obsession du progrès, la philosophie se découvre contemporaine de ses origines, c'est-à-dire aux prises avec sa question première : comment faut-il vivre ? Tant que l'on a cru l'histoire capable de produire la réalisation des idéaux de l'humanité, le philosophe était fondé à offrir ses ressources en réflexion aux sciences et aux techniques modernes. Comme Condorcet, il pouvait imaginer que l'humanité s'arrachait toujours plus aux ténèbres grâce aux lumières de la Raison. Mais, au terme de ce siècle, revenu de bien des illusions, il aspire à la réconciliation avec le monde, dans l'ici et maintenant. Non pas en tournant le dos aux forces du progrès, mais en réinvestissant le questionnement ouvert par les maîtres de la tradition, questionnement auquel les sciences ne sauraient répondre.

Aussi, dans la lecture des œuvres classiques, l'accent se déplace : l'humanisme issu de Descartes et de Galilée paraît aujourd'hui naïf au regard de celui qu'ont incarné Montaigne et Machiavel, qui ne se donnaient pas pour objectif la domination de la nature. A l'arrogance prométhéenne, étayée sur une conception mécanique du monde, se substitue de plus en plus aujourd'hui une invitation à pactiser avec la nature, ou du moins à lui rendre justice. Il y a certes plusieurs façons de répondre à cette invitation. Elles sont illustrées par quelques-uns de nos penseurs contemporains. Ainsi, refuser l'illusion d'une extériorité de l'homme par rapport à la nature, afficher en conséquence un humanisme pénétré d'humilité et de consentement à l'ordre des choses, c'est la version de l'humanisme défendue par Claude Lévi-Strauss, qui se réclame volontiers du bouddhisme tibétain. Affronter le tragique de la condition humaine et le paradoxe d'une position où l'homme est naturellement et éternellement voué à s'arracher à la nature et à ses déterminismes, telle est la thèse de Jean-Paul Sartre et d'Albert Camus, déjà présente chez Rousseau. Enfin, s'efforcer d'élucider le caractère foncièrement conflictuel des relations entre les hommes ainsi que le mystère de la constitution de l'histoire, qui dessine pourtant entre eux un espace commun, c'est l'ambition de M. Merleau-Ponty, qui invoque l'exemple de Machiavel, chez qui il aperçoit les traits d'un humanisme sans illusions. Dans tous les cas, l'humanisme admet une manière de *« réintégration de l'homme dans la nature »*, selon l'expression de Nietzsche. A ce titre, le philosophe est contraint d'inclure le fait du mal radical, la nécessité ou la finitude. Loin de promettre la transparence, la vérité ou le triomphe du Bien, il encourage à la liberté de dire non à ce qui est inévitable, au point de paraître cautionner des entreprises qui confinent au « baroud d'honneur ». Bref, l'humanisme est déchiré, ou il n'est pas (1).

La « réintégration de l'homme dans la nature », à laquelle consent cet humanisme, pourrait bien résumer la visée des recherches philosophiques les plus remarquables aujourd'hui. Elle fondait déjà le programme structuraliste, lorsqu'il s'opposait à toute manière de privilégier l'homme et sa conscience, et donc à l'herméneutique (2) et au personnalisme. Il s'agissait de soutenir la cause des sciences humaines et sociales contre la philosophie soucieuse, par tradition, de s'opposer aux explications causales inspirées des sciences de la nature.

1. Voir J.-M. Besnier, *L'Humanisme déchiré*, Descartes et Cie, 1993.
2. Voir mots clés en fin d'ouvrage.

De nos jours, le projet de décrire les phénomènes humains avec les instruments de ces sciences est réaffirmé avec force par des philosophes souvent formés aux traditions anglo-saxonnes, mais qui pourraient aussi bien se reconnaître une filiation avec la sagesse de Spinoza, tant est présent chez eux le refus de l'anthropocentrisme. On peut prendre l'exemple de la « philosophie de l'esprit » dont les travaux sont de mieux en mieux connus en France, notamment ceux de Daniel Dennett, de Donald Davidson et de Thomas Nagel (3). La philosophie de l'esprit semble bien s'attacher à dissoudre son objet. L'analyse qu'elle mène des fonctions mentales est animée de l'intention d'en finir avec la thèse dualiste cartésienne d'une substance immatérielle censée piloter le corps de l'homme. Ce projet rejoint celui des matérialistes du XVIII$^{e}$ siècle, qui espéraient bien démontrer l'inexistence de l'âme. Elle mobilise des savoirs scientifiques et techniques autour de l'étude, jadis cantonnée à la philosophie, des sources et des moyens concrets de la connaissance. La prudence critique lui fait pourtant quelquefois défaut, comme nous allons le voir.

### Les pièges du réductionnisme

Il y a, en effet, une ambiguïté inhérente à la démarche visant à identifier les mécanismes à l'œuvre derrière les compétences cognitives de toutes sortes, depuis les perceptions élémentaires jusqu'aux raisonnements mathématiques les plus élaborés. Les sciences cognitives sont évidemment fortes, du fait de leur aptitude à recourir aux découvertes les mieux validées de la biologie moléculaire et de la neurophysiologie, celles de la psychologie animale et de l'ethnologie comparée. Mais elles sont aussi vulnérables, car elles ne se donnent aucune limite : visant la totalité du savoir possible, elles prêtent le flanc aux fantasmes et aux illusions diagnostiquées par Kant lorsqu'il pointait les apories de la raison, quand elles ne font pas le lit de systèmes métaphysiques plutôt irrationnels. L'exemple le plus édifiant est celui des chercheurs qui identifient, à juste titre, le mécanisme neuronal comme étant au principe de toute activité cognitive. Mais ils échafaudent sur cette base des théories explicatives du fonctionnement de l'esprit et, sans beaucoup plus de transition, ramènent les comportements éthiques et esthétiques aux performances cognitives, prétendant ainsi en dégager le fondement biologique. D'autres, s'avisant de rapprocher les manifestations de l'intelligence individuelle et celles de l'intelligence collective, « naturalisent » les fonctionnements sociaux ainsi que les productions culturelles. Ainsi, les recherches des sociobiologistes comme Edward O. Wilson et Richard Dawkins ont acquis un grand crédit, et un anthropologue comme Dan Sperber a pu trouver chez eux les éléments de base d'une « épidémiologie des représentations ». En réduisant notre fonctionnement mental à celui d'une assemblée de neurones, ces théories tentent de surmonter l'irritant dualisme traditionnel du corps et de l'esprit. Bref, la conclusion s'impose vite : la biologie

3. Voir le texte de J.-F. Dortier p. 227.

moléculaire et les théories de l'évolution, la psychologie, la linguistique et la logique sont appelées à coopérer dans le sens d'une représentation totalisante du monde, telle que les métaphysiciens l'ont toujours rêvée et telle que les spiritualités orientales continuent de l'enseigner.

Ainsi, la philosophie de l'esprit est insensiblement conduite là même où le positivisme logique prétendait borner l'activité scientifique : dans l'invérifiable, l'indicible et le dogmatisme. A nos yeux, l'esprit critique de Kant doit retrouver dès lors sa place avec pour mission d'évaluer la portée de la démarche réductionniste à l'œuvre dans les sciences de la cognition. Il s'agit non seulement d'en limiter les effets, mais aussi de conjurer les extrapolations idéologiques qui s'en réclament indûment.

Sur le terrain prospecté par ces sciences en devenir, cette conception de la connaissance n'apparaît plus guère comparable à celle que privilégiaient les philosophes des Lumières. Elle n'est plus le produit du sujet cartésien, conscient de soi et maître de son environnement. Elle se révèle au contraire empathique et mystérieuse, religieuse et mystique, aussi chargée d'irrationnel que celle visée par les hommes de la Renaissance. Elle promet la réconciliation avec la nature et l'intégration dans le Grand Tout. On peut citer la reprise des travaux du biologiste Francisco Varela sur l'autopoïèse, ou bien ceux d'Edgar Morin sur la complexité (4). Voilà comment les idéaux de sagesse peuvent recevoir aussi leur satisfaction de la part de philosophes dont les recherches sont *a priori* étrangères au souci éthique. Ce n'est pas un mince paradoxe, pour l'observateur des idées d'aujourd'hui, que cette convergence non préméditée entre des questionnements disparates : comment faut-il vivre ? Jusqu'où doit-on se confier à la Raison ? Qu'est-ce que connaître ? Quel modèle de l'homme faut-il incarner ?

4. Voir J.-M. Besnier, *Les Théories de la connaissance*, Flammarion, 1996.

# LES TÂCHES ACTUELLES DE LA PHILOSOPHIE

## ENTRETIEN AVEC LUC FERRY*

*Plus aucun penseur ne se risquerait aujourd'hui à forger un « système » philosophique. La tâche actuelle du penseur est double : théorique, elle consiste à comprendre notre époque ; éthique, maintenant que nous sommes réconciliés avec la démocratie, il reste à en faire une critique interne et à en repenser les fondements.*

***Sciences Humaines* : Selon vous, quelle est la tâche du philosophe dans la société contemporaine ?**

**Luc Ferry :** Aucun philosophe professionnel d'aujourd'hui ne pourrait se comparer sans prêter immédiatement à rire aux grands philosophes du passé. Il y a certes là un vrai problème. Personne ne peut prétendre écrire un livre équivalent à *La République* de Platon ou aux *Méditations* de Descartes.

On pourrait interpréter ce phénomène comme la marque du déclin de l'Occident. Mais l'hypothèse d'une mutation génétique qui rendrait les intellectuels contemporains moins intelligents qu'autrefois est peu plausible. L'épuisement des projets et des grands desseins n'est pas non plus une explication satisfaisante.

Je crois plutôt que la philosophie, et d'une façon générale le travail intellectuel, a changé de statut depuis la fin du XIXe siècle. La philosophie moderne – de Descartes à Nietzsche – a vu de grands auteurs produire de grands systèmes de pensée laissant une large place pour une éthique, une esthétique, une philosophie de la science, et éventuellement une philosophie politique.

Ces systèmes, qui prennent en compte tous les aspects de la philosophie théorique et pratique, essayent de concurrencer la religion sur un point précis : ils touchent en effet les questions ultimes, celles qui relèvent du sens de l'existence. Marx lui-même élabore une vision globale du monde, où tous les aspects de l'intelligence et de la culture cohabitent. Il résout également le problème du sens de l'existence en affirmant que le salut sur Terre serait l'avènement de la société sans classes.

* Professeur à l'université Paris-VII et président du Conseil national des programmes. Parmi ses publications récentes : Philosopher à 18 ans (avec A. Renaut), Grasset, 1999 ; L'Homme-dieu ou le sens de la vie, Grasset, 1996 ; Le Nouvel Ordre écologique, Grasset, 1992.

A des degrés divers, je pense qu'on retrouve ce phénomène dans toute la philosophie moderne, et en particulier dans ce qu'on appelle l'idéalisme allemand. Or nous constatons aujourd'hui que plus aucun philosophe ne prétend produire quelque chose de semblable à ces grands systèmes.

***SH :* Les philosophes contemporains ne s'attachent-ils pas plutôt à critiquer ou à commenter sans fin les systèmes de leurs aînés ?**

**L.F. :** Depuis Nietzsche jusqu'aux philosophes français des années 60, la philosophie contemporaine a été pour l'essentiel une déconstruction de l'idéalisme allemand, de la philosophie de la subjectivité telle que Descartes l'avait mise en place et que Leibniz, Hegel et peut-être encore Marx l'avaient développée. C'est la remise en cause du caractère religieux des grands systèmes, de tout ce qu'on appelle « les illusions de la métaphysique ».

Le travail du philosophe devient donc, comme disait Nietzsche, un travail de généalogie : déterminer l'origine de ces illusions constitutives de la philosophie moderne. Cette pensée est extrêmement historienne. Nietzsche est philologue ; Heidegger est un très grand historien de la philosophie. Il n'y a plus production de système, mais la philosophie devient historienne en déconstruisant les grandes thèses du passé.

Aujourd'hui, la tâche de déconstruction est très largement achevée. On peut bien sûr appliquer Nietzsche à d'autres champs, comme l'a fait Foucault dans le domaine de l'histoire des institutions modernes – l'asile, l'école ou la prison –, ou transporter les critiques que Heidegger a faites de la métaphysique moderne, comme Arendt dans sa critique du totalitarisme, mais ce travail de transposition n'est pas indéfini. Il est aujourd'hui moins producteur qu'il ne l'a été.

***SH :* Alors que reste-t-il comme ambition au philosophe des années 90 ?**

**L.F. :** Je pense que la philosophie contemporaine a une double tâche. La première est théorique. C'est un rôle de compréhension non seulement de ce qui est, mais de ce qui a été. Il s'agit de retracer l'histoire des visions du monde qui ont traversé et animé notre parcours démocratique. Ce travail n'est absolument pas achevé. Il reste indispensable si l'on veut réfléchir à des concepts comme l'immigration, la citoyenneté, ou la nationalité.

La seconde tâche est éthique : c'est la critique du temps présent. Les générations précédentes l'ont exercée essentiellement au nom de deux modèles. Les intellectuels de droite et d'extrême droite critiquaient les sociétés démocratiques au nom d'un passé perdu. Les intellectuels progressistes et très souvent marxistes le faisaient au nom d'un avenir radieux. Or nous sommes en quelque sorte aujourd'hui réconciliés avec les sociétés démocratiques. La tâche de la pensée qui s'impose aujourd'hui est alors d'essayer d'opérer une critique interne : analyser la réalité de ces sociétés au nom de leur propre principe, au nom des promesses qu'elles font mais qu'elles ne tiennent pas.

Je considère que la critique interne est infiniment plus subversive que celle qui s'est exercée au nom d'idéaux radicalement extérieurs aux sociétés démocratiques, que ce soit dans le cadre du fascisme ou celui du marxisme.

***SH :* Notre société ne s'appuie plus sur des caractères religieux. Comment la philosophie d'aujourd'hui peut-elle penser ce régime démocratique sans fondement extérieur ?**

**L.F. :** Les sociétés prémodernes ou prédémocratiques se pensent dirigées de l'extérieur par ce qu'on appelle la tradition. Ces sociétés traditionnelles sont régies par une loi qui trouve sa source et sa légitimité hors des êtres humains. C'est une loi que l'on pourrait appeler religieuse au sens le plus général du terme. La justice s'enracine dans un passé immémorial représenté par une divinité. Les sociétés modernes se caractérisent au contraire par le projet d'auto-institution : faire en sorte que les êtres humains soient la source de la loi. Celle-ci est élaborée à partir de la volonté et de la raison – ou des intérêts. C'est la fin du théologico-politique et donc l'apparition de l'arbitraire.

Comment éviter que les lois soient empreintes de la subjectivité des hommes qui les inventent ? Je crois qu'il y a deux réponses à ce problème. La première est celle des libéraux, dont la thèse fondamentale est que les êtres humains n'ont pas besoin, pour coexister, d'une règle extérieure à eux comme la religion. Il leur suffit de poursuivre chacun leurs intérêts individuels pour entrer dans des liens solides, dont le commerce est le résultat le plus probant. La recherche du profit particulier concourt à la réalisation de l'ensemble, le marché. Mandeville résume l'idée en un slogan : *« Vice privé, vertu publique »*.

Cette réponse a l'inconvénient de ne pas s'attaquer aux problèmes éthiques. La loi est, pour parodier Montesquieu, simplement la codification des rapports qui existent déjà entre les hommes. Dans le cas de la légitimation de l'avortement, l'argumentation était la suivante : étant donné qu'il est pratiqué, et souvent dans des circonstances inacceptables aussi bien sur le plan moral que médical, il faut le dépénaliser. Cela consistait donc simplement à entériner un état de fait sans porter un jugement de valeur sur l'avortement.

***SH :* N'y avait-il pas la dimension du libre choix de son corps ?**

**L.F. :** C'est un argument que Mme Veil n'a jamais utilisé. Les libéraux s'en tenaient simplement à la dépénalisation, sans prendre parti au niveau éthique. Très probablement, certains d'entre eux ont voté cette loi tout en jugeant que l'avortement n'était pas moral.

Or aujourd'hui, nous avons affaire à bon nombre de questions éthiques qui justement entrent dans le domaine du droit. A ces problèmes, nous serons obligés d'apporter des réponses collectives, en intervenant sur le plan législatif. La législation de la bioéthique est d'ailleurs en train d'être mise en place. Quel va être le mode de fixation des limites ? Qui va les fixer ? Selon quelles procédures, et d'après quels critères ? Si l'on refuse les réponses de type religieux et la réponse du simple laissez-passer libéral, nous devrons recourir à un autre type de solution.

C'est mon second point. Je pense que nous devons aborder une phase dans laquelle l'argumentation publique devienne un élément primordial de la législation. Pourquoi l'argumentation ? Argumenter, ça n'est pas simplement exprimer une opinion comme on exprimerait un jugement de goût, c'est aussi chercher en soi-même des raisons qui vaillent aussi pour les autres. Il s'agit de convaincre autrui. Cette opération ne peut donc être que publique.

***SH :* N'est-ce pas un retour à la tradition grecque qui donne la priorité à l'argumentation sur la place publique ?**

**L.F. :** Je n'en suis pas certain. Il faudrait distinguer très nettement les théories de l'argumentation telles qu'elles sont élaborées dans la philosophie grecque et les théories modernes. Dans la pensée grecque, pratiquement toute argumentation commence par une topique, c'est-à-dire l'énumération des opi-

nions connues sur le sujet traité. L'argumentation moderne cherche au contraire à n'exister que par elle-même.
La démocratie grecque prétendait être une démocratie directe. C'est à mon avis le fantasme de l'autogestion. Les assemblées générales deviennent vite le règne de la démagogie et du terrorisme intellectuel. C'est un modèle désuet et proprement catastrophique. Ce dont nous avons besoin aujourd'hui, c'est d'institutions qui initialisent le débat public et qui soient capables de l'organiser. Cela n'existe pas encore. La délibération sur la question du code de la nationalité permet cependant d'illustrer la pertinence de cette thèse. Durant la retransmission des discussions à la télévision, on a pu voir l'effet de l'argumentation publique. Les individus qui composaient la commission des sages étaient contraints d'argumenter sérieusement, c'est-à-dire de donner des raisons, et non d'affirmer. Pratiquement toutes les personnes du comité sont revenues sur leur opinion initiale.

***SH :* L'argumentation suppose une certaine part de subjectivité.**

**L.F. :** Les critiques de la subjectivité ont pour modèle la généalogie nietzschéenne, mais aussi la psychanalyse. Le sujet est dominé par des forces inconscientes qui le traversent. C'est ce que Lacan évoquait par sa formule *«ça parle en moi»*. Le sujet est déterminé par quelque chose d'extérieur, par une règle qui lui échappe. Ainsi, cette critique des systèmes prônant la maîtrise consciente de soi-même contient un retour à la tradition. Or, on ne peut énoncer une argumentation sans se l'imputer à soi-même, sans penser que nous sommes responsables de cette argumentation. Au moment même où je dis «je ne suis pas d'accord» je suis bien obligé de dire «je», et par conséquent de mobiliser une idée de la subjectivité fondatrice de l'argumentation développée. Il est impossible de prétendre argumenter tout en déconstruisant le concept de subjectivité. Les philosophes de la déconstruction sont donc tous hostiles à l'argumentation, et d'une certaine façon préfèrent le principe de légitimité traditionnelle au principe de légitimité démocratique. Certes, il faut largement prendre en compte les découvertes criantes de vérité de la psychanalyse, de la sociologie et de la généalogie nietzschéenne, mais il faut conserver quelque chose de l'idée de subjectivité, puisqu'elle est un principe de référence indispensable à toute procédure d'argumentation.

***SH :* Quelques mots sur la thèse de Fukuyama qui soutient que notre système démocratique représentatif représenterait la fin de l'histoire ?**

**L.F. :** Je pense qu'il pose une vraie question en parlant du triomphe du libéralisme. Le premier jugement possible sur le livre de Francis Fukuyama (1) est de rétorquer que l'histoire est loin d'être achevée, qu'au contraire elle n'a jamais été plus incertaine qu'aujourd'hui, l'effondrement du bloc communiste rendant la vie politique internationale totalement imprévisible. Mais cette objection passe à côté de la question qu'il pose, qui est de savoir dans quelle mesure on peut imaginer autre chose que le système représentatif dans le cadre des régimes démocratiques. Peut-on penser à autre chose qu'une simple réforme du système libéral ? Réforme qui conduirait éventuellement à plus de participation des citoyens, notamment sur le mode délibératif. Je pense que c'est en effet la seule évolution prévisible de notre système. Indéfiniment perfectible, mais à l'intérieur d'un cadre dont les règles sont déjà données, la démocratie semble comme arrêtée. Le système représentatif est probablement la dernière figure possible de l'univers démocratique. On peut critiquer le système libéral à l'infini, mais dès que l'on touche au sujet de savoir par quoi le remplacer, j'ai le sentiment que ne se présentent à nous que des absurdités qui par ailleurs ne sont pas nouvelles non plus. Dans ce sens, la thèse de Fukuyama sur la fin de l'histoire est intéressante.

***SH :* Vous vous êtes d'ailleurs fait le héraut du combat contre la politique écologiste qui voudrait fonder la société sur une loi extérieure à elle-même : la nature.**

**L.F. :** L'écologie est partagée entre trois courants extrêmement différents. Ce mouvement contient, de toute façon, une critique de la modernité. Il n'y a pas de sensibilité écologique sans qu'il y ait parallèlement une dimension critique à l'égard du monde moderne et en particulier de la civilisation occidentale. Le monde industriel est censé être polluant et uniquement animé par le désir de consommation donc de production ; il menace toujours de mener à la destruction de la Terre.
Ce constat mène aux thèses qui prônent un retour vers le passé. L'écologie du régime nazi critiquait le monde industriel moderne au nom de la nostalgie d'une germanité pure dans laquelle le paysage allemand était indissolublement naturel et culturel. C'est une dimension romantique, avec la volonté d'arrêter la croissance pour revenir à des formes de vie de type traditionnel.

Le deuxième courant se situe dans la pensée d'extrême gauche. Il défend l'idée du dépassement de la société industrielle par la planification. L'idéal n'est pas un retour en arrière, mais un contrôle du développement de la technique, considérée comme la créature qui échappe à son créateur.
Ces deux grands mouvements de l'écologie s'appuient sur des modèles politiques qui se sont effondrés, le néo-conservatisme et l'autogestion.

***SH :* Mais cette critique, fondée sur le plan intellectuel, n'a pas vraiment de pertinence politique : il n'existe ni *führer*, ni ayatollah, ni bolchevik de l'écologie…**

**L.F. :** D'où justement mon troisième point. On ne peut en effet pas réduire l'écologie à ces deux courants. Le débat « écolo-facho, écolo-gaucho » est le prototype du faux débat. Il existe une troisième forme d'écologie qui représente d'ailleurs la sensibilité dominante. C'est une revendication individualiste. Lutter contre la pollution, protéger la Méditerranée, les espèces animales, c'est assurer la qualité de la vie.
Ce désir est tout à fait lié aux passions démocratiques les plus communes des sociétés modernes. Voilà pourquoi, contrairement aux fantasmes des écologistes, les sociétés industrielles regroupent le taux le plus élevé de présence d'écologistes et recèlent le plus faible taux de pollution. C'est en effet paradoxalement dans les pays les plus industrialisés et les plus modernes que la pollution est la plus limitée. Le souci écologique, c'est au fond la revendication de sa propre santé. Mais ce réflexe démocratique, et tout à fait commun – nous sommes tous des écologistes –, est constamment menacé d'être repris par les deux discours durs qui n'ont pourtant eux-mêmes plus de modèle. Les théoriciens du mouvement appartiennent à des idéologies très marquées de droite ou de gauche ; les sympathisants, eux, ne se reconnaissent absolument pas dans le retour en arrière ni dans le projet autogestionnaire. L'écologie doit encore trouver l'expression politique et intellectuelle qui lui convient.

***SH :* Terminons avec votre étude sur la reconstruction de l'histoire du sujet à travers l'histoire de la philosophie de l'art.**

**L.F. :** On rencontre dans le champ de l'esthétique tous les problèmes que nous venons d'évoquer. L'histoire de la philosophie de l'art montre que, dans toutes les sociétés prémodernes, l'art est fondamentalement sacré. L'œuvre d'art doit être le reflet de symboles religieux appartenant à un univers extérieur aux hommes. L'art est un petit monde reflétant une harmonie macrocosmique, harmonie qui ne dépend pas de la subjectivité humaine. L'artiste est un intermédiaire entre l'harmonie du cosmos ou du monde religieux et l'harmonie de l'œuvre qu'il fabrique ; il demeure entre le monde divin et le monde des hommes. Il n'est pas un personnage central dans l'art. Son nom n'a d'ailleurs pas grande importance.

Avec la naissance du monde démocratique apparaît un bouleversement complet de cette représentation de l'art. L'artiste devient à proprement parler un créateur. L'œuvre cesse d'être le reflet d'un univers extérieur aux hommes pour devenir l'expression de la personnalité d'un individu exceptionnel. L'originalité devient à ce moment un impératif. Dans les sociétés traditionnelles, l'innovation n'est pas valorisée, mais au contraire quasi interdite ; il faut imiter. Dans les sociétés modernes, on entre dans la sphère de l'innovation perpétuelle, de la mobilité qui caractérise les sociétés démocratiques. L'art abstrait est l'apogée de ce mouvement. Kandinsky, dans ses œuvres écrites, explique qu'il faut abandonner la figuration pour parvenir à la subjectivité pure de la vie intérieure, qui était encore occultée par la représentation de l'extériorité. Nous sommes là au cœur de l'histoire de la subjectivité. Le problème central de l'esthétique moderne à partir du XVIIe siècle sera celui des critères du goût. La philosophie ancienne n'y était pas confrontée, le beau était objectif, puisqu'il reflétait quelque chose d'extérieur aux hommes.

L'esthétique est au centre du problème de l'articulation entre la subjectivité et le collectif. De la même façon qu'il faut réfléchir à la valeur universelle de la loi dès lors qu'elle est fabriquée par des êtres humains, la pensée moderne est en butte à répondre à cette question : comment penser le consensus autour des œuvres culturelles quand elles sont conçues par un seul individu pour un public qui fait appel à sa propre subjectivité en faisant intervenir le goût ?

***SH :* Comme le philosophe, l'artiste ou même le politicien ne peut-il plus prétendre à être comparé à ses prédécesseurs ?**

**L.F. :** Non, mais cette fois encore, ce n'est probablement pas la preuve d'un déclin, mais la conséquence de la séparation de notre société d'avec la religion. Dans l'ordre politique, par exemple, un dirigeant se disait être un grand homme parce

qu'on le considérait comme l'incarnation d'une entité extérieure à la subjectivité, une entité quasi religieuse. De Gaulle était un grand homme parce qu'il représentait à lui seul la nation française.
Aujourd'hui, chacun ne peut plus que montrer sa personnalité. Exprimer sa propre subjectivité peut être certes génial, mais cela ne peut jamais inspirer cette espèce de terreur ou de respect religieux que nous pouvions avoir autrefois face à l'incarnation sensible de quelque chose de sacré.

Propos recueillis par
ANNA ZISMAN
(*Sciences Humaines*, n° 18, juin 1992)

1. F. Fukuyama, *The End of History and the Last Man*, Avon Books, 1993 (trad. française *La Fin de l'histoire et le dernier homme*, Flammarion, 1994). Voir aussi la revue *Commentaire*, n° 47, 1989.

# CONNAISSANCE DE SOI ET ÉTHIQUE DE L'ACTION

## ENTRETIEN AVEC PAUL RICŒUR*

*Paul Ricœur est considéré comme l'un des philosophes contemporains les plus importants. Parfois difficile d'accès, son œuvre consiste essentiellement en une réflexion sur le sujet et touche à des thèmes aussi divers que l'historiographie, la narratologie, l'éthique, l'exégèse biblique, la psychanalyse, le politique, la justice.*

***Sciences Humaines :*** **Une de vos premières réflexions existentielles trouve son origine dans un drame familial, lors de la Première Guerre mondiale.**

**Paul Ricœur :** Effectivement, je suis né en 1913, et mon père a été tué sur le front deux ans plus tard. Chez nous, la victoire de 1918 n'a pas été ressentie comme telle, mais comme une période de deuil. Par la suite, j'ai été très sensible aux critiques qui ont été faites du traité de Versailles, beaucoup trop sévère à l'égard de l'Allemagne et finalement responsable de l'effondrement politique de ce pays, puisqu'on avait exigé une capitulation, et de ce que j'ai perçu plus tard comme un suicide de l'Europe.

A l'adolescence, j'étais très tenté par le pacifisme chrétien, en particulier sous l'influence du mouvement du Sillon de Marc Sangnier, qui m'avait vraiment convaincu que la France était responsable de la Première Guerre mondiale. Je suis resté attaché très tardivement à ces positions pacifistes, ce qui a fait que j'ai vécu la défaite de 1940 comme une sorte de sanction de mon erreur. J'ai alors pensé que, face à Hitler, il n'aurait pas fallu désarmer la France.

Cependant, mon débat intérieur avec le pacifisme a ressurgi dans des circonstances imprévues, à mon retour de captivité, en 1945. J'ai en effet été nommé professeur dans un petit collège protestant, le Collège cévenol, situé au Chambon-sur-Lignon, qui s'était illustré pendant la guerre pour avoir caché de nombreux enfants juifs sous l'influence de deux pasteurs résistants non violents. Cela m'a conduit à écrire en 1949 un texte intitulé *L'Homme non violent et sa présence à l'histoire* (1). C'est la guerre froide qui m'a de nouveau conduit à rééquilibrer ma position.

** Professeur émérite dans diverses universités (en particulier à Vincennes et à Chicago). Directeur de la* Revue de métaphysique et de morale. *Parmi ses récents ouvrages :* La Critique et la Conviction, *Calmann-Lévy, 1995;* Du texte à l'action, *Points Seuil, 1988;* Autour du politique, *Points Seuil, 1999 (voir l'encadré page suivante).*

## Une vie, une œuvre...

Paul Ricœur est né à Valence en 1913 et se trouve très jeune orphelin de ses deux parents. Il fait ses études à Rennes où il obtient l'agrégation de philosophie en 1935, discipline qu'il enseignera aux lycées de Saint-Brieuc, Colmar et Lorient. Il est prisonnier en Allemagne de 1940 à 1945. Après avoir enseigné dans un collège protestant, il est, en 1948, attaché de recherches au CNRS et enseigne la philosophie à l'université de Strasbourg. Il est nommé professeur de philosophie à la Sorbonne en 1956, puis participe, en 1966, à la création de la faculté de Nanterre. En mai 1968, il prend la défense des étudiants contestataires, mais donne sa démission en 1970 suite à des actes de vandalisme. Il réalise ensuite une carrière internationale en Belgique, en Suisse, au Canada, et surtout aux Etats-Unis.
L'œuvre de P. Ricœur est fort abondante. Nous présentons ici trois ouvrages récents, puis quelques livres qui ont particulièrement marqué la réflexion philosophique.

***La Critique et la Conviction*, Calmann-Lévy, 1995.**
Probablement la meilleure introduction à l'œuvre de P. Ricœur, puisque l'auteur, en répondant à des questions, est amené à revisiter son parcours personnel et intellectuel, en termes aisément accessibles à chacun. Le découpage thématique, plutôt que chronologique, est particulièrement judicieux.

***Réflexion faite ; autobiographie intellectuelle*, Esprit, 1995.**
P. Ricœur fait un bilan de plus de soixante ans de réflexion philosophique. Religion, politique, éthique, justice, psychanalyse, structuralisme... sont réexaminés. Une connaissance minimale de ces domaines est nécessaire pour comprendre les propos de l'auteur.

***Le Juste*, Esprit, 1995.**
Recueil de textes divers sur la justice sociale et sur le système juridique. P. Ricœur montre, par exemple, que si la finalité courte de l'acte de juger est de résoudre un conflit, sa finalité longue est de contribuer à la paix sociale, ce qui peut se faire par des mesures de réhabilitation. Il dialogue également avec des philosophes américains, en particulier John Rawls et Ronald Dworkin.

***Temps et Récit* (3 vol.), Seuil, 1983-1985.**
Ce livre, probablement le plus connu de P. Ricœur, présente deux grands types de discours narratif : la fiction littéraire et le texte historique. P. Ricœur bouleverse des idées reçues en affirmant qu'il y a identité de structure entre la fiction littéraire et l'historiographie.

***Soi-même comme un autre*, Seuil, 1990.**
P. Ricœur oppose le « moi égoïste » au soi relationnel, le premier devant s'effacer pour que le second apparaisse. Le soi ne constitue son identité que dans une structure qui fait prévaloir le dialogue sur le monologue. La constitution morale de l'action trouve son origine dans le souhait d'une vie accomplie avec et pour les autres dans des institutions justes.

***De l'interprétation. Essai sur Freud*, Seuil, 1965.**
« Qu'est-ce qu'interpréter en psychanalyse ? », tel est le point de départ de ce travail. Selon P. Ricœur, la psychanalyse se présente tour à tour sous deux aspects : une « énergétique », c'est-à-dire une interprétation des phénomènes psychiques par des conflits de force ; une « herméneutique », c'est-à-dire une exégèse du sens apparent par un sens latent.

***Le Conflit des interprétations. Essais d'herméneutique*, Seuil, 1969.**
Recueil d'articles sur des thèmes divers, autour d'une problématique centrale : notre regard n'est jamais neutre et totalement libre d'*a priori*. Diverses interprétations peuvent donc être faites d'une même œuvre.

***SH :* La violence politique est précisément un thème que vous avez abordé dans votre œuvre. Vous soulignez le paradoxe de la politique à la fois monstrueuse et utile.**

**P.R. :** J'établis une distinction entre *le* politique, comme structure de l'action en commun, et *la* politique, comme activité gravitant autour du pouvoir, de sa conquête et de son exercice. Le politique repose sur une tension forte entre une recherche de rationalité historique, qui s'exprime essentiellement par la construction de l'Etat de droit, et l'usage limité de la violence au service du pouvoir.

En affirmant que la violence politique est structurelle, je n'énonce rien d'original. Il y a déjà plusieurs siècles, Thomas Hobbes déclarait même que la violence participe à la construction des grandes civilisations, et qu'on ne peut donc pas avoir un jugement simplement moral sur la violence, il faut également voir sa redoutable productivité. Mais plus que Hobbes ou Machiavel, les deux auteurs qui m'ont le plus éclairé sur le rapport du politique et de la violence sont le sociologue Max Weber et le philosophe Eric Weil.

M. Weber adoptait une vue pessimiste du politique, en affirmant que la relation de domination est constitutive du politique. Selon lui, le pouvoir est resté fondamentalement un phénomène de violence, même s'il n'a cessé de se rationaliser et de se civiliser par la bureaucratisation. Les démocraties de type occidental constituent précisément un effort pour réduire l'usage de la violence à ce que M. Weber appelait l'usage légitime de la violence.

Quant à E. Weil, ce n'était pas tellement la violence politique qu'il soulignait comme telle, mais le fait que le politique est la structure qui permet à une communauté historique de prendre une décision.

Ces deux auteurs m'ont permis d'intégrer de façon moins dichotomique le problème de la violence et de la rationalité du politique. Plus tard, Hannah Arendt m'a aidé à mieux articuler le « vouloir vivre ensemble », l'autorité et la violence.

***SH :* Cette réflexion sur le paradoxe politique me semble bien illustrer une démarche habituelle chez vous qui consiste à associer des positions apparemment contradictoires plutôt qu'à les opposer.**

**P.R. :** C'est effectivement une approche que l'on peut retrouver dans d'autres aspects de mon travail philosophique. Je considère comme une chance d'avoir toujours été soumis à des influences fortement opposées. Par exemple, lors de mes débuts en philosophie, j'ai été très marqué par l'existentialisme chrétien, d'une part, en particulier avec Gabriel Marcel et Emmanuel Mounier, et par la tradition du rationalisme français, d'autre part, surtout avec Jules Lagneau et Jules Lachelier, puis, plus tard, Jean Nabert.

De même, par la suite j'ai dû trouver péniblement ma voie entre le structuralisme et la philosophie du sujet. En fait, j'ai peut-être une attirance pour la contradiction. Le problème est de ne pas être écrasé, de trouver une voie moyenne qui ne soit pas un compromis faible mais une position forte, mais seuls mes lecteurs peuvent dire si j'y suis parvenu.

***SH :* Cette tension est particulièrement sensible lorsque vous abordez de front philosophie et religion.**

**P.R. :** Voilà un exemple majeur de cette double allégeance, qui peut se manifester relativement sereinement chez le protestant que je suis, qui n'a pas les contraintes dogmatiques que peut ressentir un catholique. Les positions protestantes comportent peu d'obstacles à l'égard du rationalisme français, qui est assez favorable à une certaine philosophie du sujet. C'est donc dans cet intérêt pour le sujet que je pouvais opérer une articulation. Je dis bien articulation, et non accord, et encore moins fusion. C'est plutôt une situation conflictuelle qui s'est d'ailleurs nettement apaisée avec l'âge.

***SH :* Mais votre posture n'est pas banale, puisque vous vous présentez simultanément comme croyant sur le plan personnel et agnostique sur le plan philosophique.**

**P.R. :** Je crois en Dieu, mais vous ne trouverez pas dans l'ensemble de mon œuvre l'ombre d'une tentative de preuve de l'existence de Dieu. C'est surtout lorsque j'ai à trancher sur ce qui constitue le plus intime de l'être humain, c'est-à-dire le problème de la conscience morale, que je me dis agnostique en philosophie. Il y a la voix de la conscience qui me dit : *« Tu ne tueras pas, tu ne voleras pas »*, etc. Mais qui me dit cela ? Sur le plan philosophique, on peut laisser un point d'interrogation, ou plutôt un point de suspension, mais qui n'est pas un point d'orgue.

Parallèlement, en tant que croyant, je reçois le *Décalogue* ou le *Sermon sur la montagne*, qui me renvoient à une parole qui vient de plus loin que moi. Tout cela est épistémologiquement discordant, mais existentiellement convergent.

***SH :* On a souvent l'impression que vous construisez votre œuvre en réponse aux œuvres des autres.**

**P.R. :** C'est exact, c'est une sorte de grande conversation avec ceux qui pensent autrement que moi. Cela est d'autant plus vrai que j'ai enseigné pendant vingt-trois ans aux Etats-Unis et j'ai donc eu la chance de découvrir beaucoup d'œuvres inconnues en France. La France a été terriblement refermée sur elle-même. Ainsi, *Théorie de la justice*, l'ouvrage fondamental du philosophe politique John Rawls, a été traduit en français vingt ans après avoir été publié. Les livres du théoricien du droit Ronald Dworkin commencent à peine à être traduits. Ce dialogue auquel vous faites allusion m'a ainsi permis de contribuer à faire connaître ces auteurs au public français. D'autres courants philosophiques ont joué chez moi ce même rôle de mise à l'épreuve par l'extériorité ; c'est particulièrement le cas de la philosophie analytique. Ayant toujours eu une sorte de fascination pour la contradiction, je me sens tout à fait à l'aise avec les pensées adverses, car je me dis alors : *« Quelles* *questions cela me pose ? Qu'est-ce que ça me force à changer ?»* Mais j'admets très bien qu'on puisse faire autrement. Un cas totalement opposé est celui de mon très bon ami, le philosophe Michel Henry, qui ne cite jamais personne dans ses livres. Il dit : *«J'avance sur mon chemin.»*

***SH :* Freud fait partie des auteurs auxquels vous vous êtes affronté. Vous manifestez votre intérêt à l'égard de son œuvre tout en marquant votre différence.**

**P.R. :** Freud a radicalement mis en question la croyance en la maîtrise du sujet sur lui-même. Il parlait notamment des trois blessures du narcissisme humain : avec Galilée, l'homme a découvert qu'il n'est pas au centre du monde ; avec Darwin, qu'il n'est pas au centre de la vie ; avec Freud, qu'il n'est pas au centre de son propre psychisme. Je me rapproche de Freud en ce sens que je me suis opposé très tôt à l'idée que l'homme se connaît lui-même, d'une façon immédiate et transparente. Je me suis cependant fortement confronté avec la psychanalyse, afin de reconquérir une vision du sujet qui aurait traversé cette épreuve de la non-connaissance véritable de lui-même.

Cela m'a d'ailleurs conduit à un changement de vocabulaire, puisque j'emploie aujourd'hui le mot «soi» plutôt que «moi» ou «sujet». J'ai choisi ce mot «soi» parce qu'il est naturellement en position de complément, comme le montrent les expressions : «souci de soi», «connaissance de soi». Le soi est toujours réfléchi, il se situe toujours au deuxième degré, le premier degré étant précisément le passage par le dehors.

***SH :* Votre rencontre avec la psychanalyse ne s'est pas faite à travers l'expérience de la cure ou la lecture des écrits cliniques, mais uniquement à travers les textes théoriques de Freud. Cela amène à une question plus générale concernant votre réflexion sur l'être humain. Celui-ci constitue l'un de vos thèmes de prédilection, mais vous semblez vous cantonner dans une analyse très abstraite.**

**P.R. :** Vous avez certainement raison en ce qui concerne la psychanalyse. J'ai d'ailleurs reconnu que j'ai accordé trop d'attention aux textes théoriques de Freud et que, n'étant pas passé par l'expérience du transfert, je suis resté à la bordure de la psychanalyse.

Mais je voudrais répondre à votre critique plus générale, de deux façons. D'abord, je conçois le travail philosophique comme un travail de conceptualisation, ce que vous appelez abstraction. Pour moi, le mot conceptualisation n'est pas négatif, au contraire, puisque je suis convaincu qu'un service essentiel que le philosophe peut rendre, c'est justement d'aider des spécialistes dans leur discipline à mieux conceptualiser, à mieux structurer leurs arguments. Ainsi, lorsqu'un mot a plusieurs sens, il faut veiller à ne pas faire de glissement conceptuel, à préciser dans quel sens on le prend dans le contexte présent. C'est ce que je montre dans mes tout derniers écrits, en particulier mon livre sur la justice (2), dans lequel j'analyse, entre autres, le trajet du concept de responsabilité.

Ma seconde réponse à votre reproche d'abstraction sera de souligner que mes travaux sur l'éthique sont essentiellement orientés vers l'idée de sagesse pratique, c'est-à-dire de décision dans des situations singulières. C'est tout le trajet allant de la norme à la décision singulière, par l'intermédiaire de la délibération. Je donne des exemples de ce que j'appelle « le tragique de l'action » où je prends au sérieux le fait que le conflit soit une dimension irréductible de l'action humaine.

Prenons l'exemple du bon patron, à la mode d'autrefois, qui essaie d'entretenir des relations paternalistes avec ses employés, mais qui les empêche de se syndiquer. Alors que la présence d'un syndicat peut favoriser l'émergence d'un conflit créateur, par exemple sur la compatibilité entre les horaires de travail des femmes et leur vie de famille, il peut en résulter un compromis intéressant, qu'il ne faut précisément pas confondre avec une compromission. C'est le résultat d'une négociation.

Remarquons au passage que, très souvent, en France, la négociation n'apparaît qu'après une confrontation : *« Je vous force à négocier. »* A l'inverse, les Allemands sont habitués à négocier dès le départ, par exemple entre le patronat et les syndicats, ou entre l'Etat et la société civile.

Je viens de parler de conflits d'intérêts, mais le caractère irréductible du conflit dans l'action humaine se constate aussi dans les conflits de croyances, de convictions, et même dans les conflits de devoir (3).

***SH :* Quel peut être l'apport spécifique du philosophe face au tragique de l'action auquel vous venez de faire allusion ?**

**P.R. :** Il y a plusieurs niveaux d'intervention des philosophes, et j'admets parfaitement que la philosophie se fasse dans des cafés à Paris et ailleurs. Si des gens en retirent quelque chose, c'est très bien. C'est finalement un peu ce que faisait Socrate. Mais, pour ma part, je suis plus soucieux de l'argumentation maîtrisée. Je pense de plus en plus que le temps est terminé des philosophes tribuns, dont Sartre fut le dernier. Nous sommes beaucoup plus utiles en participant à la réflexion dans des équipes pluridisciplinaires. Ces dernières années, j'ai eu la chance de travailler avec trois groupes de professionnels : des magistrats, des médecins et des historiens, chez lesquels je trouve des problématiques semblables. En effet, la justice – en particulier pénale –, la médecine et l'histoire sont trois domaines qui obligent à user d'une délibération régie par une logique du probable, et non par une logique de la preuve, pour aboutir à une décision concrète.

***SH :* Pouvez-vous développer cet aspect de votre travail ?**

**P.R. :** Dans le domaine judiciaire, je me suis penché sur ce que les juristes américains appellent les cas difficiles *(hard cases)*, les situations inédites pour lesquelles il faut inventer une solution, mais à partir d'une délibération raisonnable. C'est, par exemple, le cas du sang contaminé ou, aujourd'hui, de la vache folle.

En ce qui concerne le domaine médical, je travaille avec des professeurs de médecine et des médecins dans le cadre de la recherche et dans celui de la clinique sur la façon dont peut s'effectuer le passage d'une déontologie à une décision concrète prise en conscience. A l'occasion de cas limites, tels que les personnes en fin de vie, nous réfléchissons ensemble sur la manière de gérer cela en conscience, et sans trahir l'éthique médicale. J'ai parfois été très frappé de voir comment on passe facilement d'une situation d'acharnement thérapeutique à une situation d'euthanasie passive.

Le tragique de l'action se manifeste particulièrement dans certaines situations où ce n'est pas entre le bien et le mal qu'on doit choisir, mais entre le mal et le pire. Prenons, par exemple, la législation sur l'avortement. Il vaut mieux, dans certaines circonstances, qu'une femme avorte plutôt que de briser sa vie et peut-être celle d'un enfant. La législation de Simone Veil reposait précisément sur le refus du pire qui était l'avortement clandestin. Les médecins qui pratiquent des IVG ne sont probablement pas ravis de le faire, ils préféreraient certainement accompagner des accouchements. Mais ne pas le faire pourrait conduire à des situations plus graves que la situation présente de détresse.

La troisième situation concrète dans laquelle je suis impliqué actuellement est le jugement historique, c'est-à-dire l'interprétation de grands phénomènes comme le totalitarisme. On peut, par exemple, s'interroger sur le fait qu'il y ait une singularité distincte du goulag et de la Shoah, ou s'il y a, au contraire, une grande catégorie qui serait le totalitarisme s'exprimant de diverses manières. Pour ma part, j'ai toujours soutenu que les irruptions du mal sont à chaque fois singulières. Il n'y a pas un système global du mal qu'on pourrait totaliser, mais des émergences du mal incomparables les unes avec les autres.

***SH :* Il y a aussi, depuis quelques années, un important débat chez les historiens allemands sur la genèse de la Shoah. Les partisans de la thèse « intentionnaliste » considèrent que le génocide était prémédité par Hitler dès le départ ; les représentants de la thèse « fonctionnaliste » pensent au contraire que le processus s'est progressivement mis en place, mais sans intention claire au départ.**

P.R. : Sur ce débat, je rejoins la position de l'historien Saül Friedlander qui défend une troisième position : la thèse « gradualiste ». Selon lui, Hitler était dès le début un paranoïaque, mais qui a réussi à masquer ce fait avec une incroyable habileté, ce qui lui a permis d'être élu. Mais à mesure qu'il a perdu la partie, sa paranoïa s'est manifestée au grand jour, et il est, en quelque sorte, graduellement devenu ce qu'il était. Bien que le crime d'Auschwitz soit incompréhensible sur le plan moral, un historien peut et doit en montrer la progressive formation.

***SH :* La réflexion sur le mal est très présente dans votre œuvre. Mais au fond, qu'est-ce que le mal, un instinct inscrit au fond de l'homme, des structures sociales d'oppression, ou encore autre chose ?**

P.R. : Je suis très kantien, à savoir que le mal est radical, certes, mais moins que la bonté de l'homme. Kant oppose la « destination au bien », qui est constitutive de l'homme, et le « penchant au mal », qui se manifeste comme une constitution acquise. Dès lors, on peut dire que le mal est radical, mais parce qu'on ne met jamais la main sur son commencement. Il est toujours déjà présent, et on en observe seulement des manifestations. Une grande découverte du XX^e^ siècle à ce sujet, c'est que la culture ne met pas à l'abri de la barbarie.

***SH :*** **Nous avons abordé plusieurs aspects de votre œuvre qui touchent à des domaines très divers : le langage, la politique, l'histoire, la justice, la religion, etc. Mais l'envergure de votre réflexion n'en fait-elle pas sa faiblesse ? En effet, la cohérence globale de votre œuvre n'est pas évidente. Y a-t-il un fil directeur ou chaque ouvrage a-t-il son autonomie propre ?**

**P.R. :** Effectivement, chaque œuvre porte sur un thème distinct. Mais, par ailleurs, chaque nouveau livre est venu à partir d'un résidu du précédent, c'était à chaque fois l'aménagement des restes en quelque sorte. Dans mon premier livre, *Du volontaire à l'involontaire*, je n'ai pas parlé de la volonté mauvaise. C'est donc devenu le thème du suivant, intitulé *La Symbolique du mal.* Cet ouvrage reposait sur l'usage du mythe et du symbole. Mais je me suis dit que Freud avait une théorie adverse sur le sujet. J'ai donc écrit un essai sur Freud, *De l'interprétation.* Mais le point de départ était l'emploi d'une méthode antagoniste à celle de Freud. D'où le livre suivant, *Le Conflit des interprétations*, qui mettait en parallèle ma confrontation avec Freud et ma confrontation avec le structuralisme. Ma réponse au structuralisme était de dire que le langage ne s'exprime pas seulement sous formes de codes structurés, mais peut également laisser place à la créativité. D'où *La Métaphore vive.* Mais la métaphore, c'est encore quelque chose de très codé, puisque cela fait partie de la rhétorique. Alors, je me suis demandé s'il n'y aurait pas une sorte de supercode de l'innovation elle-même, et s'il n'y aurait pas un domaine où l'on vérifierait cela mieux que dans la métaphore. C'est précisément ce qui se passe dans le récit, ce qui m'a conduit à écrire *Temps et Récit.* Or, il y a un parallèle entre l'innovation sémantique au niveau de structures de discours propres au récit, et l'innovation sémantique dans l'ordre prédicatif de la métaphore. Ce qui m'a amené à vouloir récapituler tout cela en me disant : *« Qu'est devenu le sujet ? »* Cette interrogation m'a poussé à écrire *Soi-même comme un autre*, où j'analyse les domaines du discours, de l'action, de la narrativité, avant de développer une « petite éthique » qui couronne l'exploration des pouvoirs qui font de l'homme un être « capable ». S'ouvre alors le champ ontologique de l'Etre comme agir et pâtir. Ce qui me permet de caractériser l'homme comme être agissant et souffrant.

Vous pouvez donc constater que si j'ai abordé des thèmes très différents dans mon œuvre, mes livres ont cependant été engendrés les uns par les autres.

***SH :* Vous venez de publier deux ouvrages qui constituent une innovation presque inattendue puisque, pour la première fois, vous dévoilez certains aspects de votre vie privée. Cela correspond-il à une évolution personnelle ?**

**P.R. :** En fait, je ne suis pas à l'origine de ces deux ouvrages, ils sont le fruit de propositions que l'on m'a faites. *Réflexion faite*, c'est la version française d'un livre de commande d'un éditeur américain dans une collection intitulée « La Bibliothèque des philosophes vivants » (*The Library of living philosophers*). Quant au long entretien qu'est *La Critique et la Conviction*, l'origine en est simple également. Je suis directeur de la *Revue de métaphysique et de morale*, et les deux rédacteurs en chef, François Azouvy et Marc de Launay, qui sont également des amis, m'ont proposé de réaliser des entretiens qui seraient un peu plus personnels que *Réflexion faite*. Même si je ne verse jamais dans la confidence, il y a eu cependant dans ma vie des choses d'une gravité telle que je ne pouvais pas ne pas en parler. Je pense en particulier au suicide d'un de mes fils, qui a constitué une grande blessure pour mon épouse et pour moi-même. Mais je n'en parle que dans la mesure où ces événements et le travail de deuil qu'ils ont suscité ont affecté ma réflexion philosophique et ma méditation religieuse.

Propos recueillis par
JACQUES LECOMTE
(*Sciences Humaines*, n° 63, juillet 1996)

1. Dans *Histoire et Vérité*, Seuil, 1955.
2. *Le Juste*, Esprit, 1995.
3. *Soi-même comme un autre*, Seuil, 1990.

## Comment interpréter nos actes et nos pensées ?

Dans *De l'interprétation. Essai sur Freud*, livre publié en 1965, Paul Ricœur confronte la philosophie du sujet à la psychanalyse freudienne. La philosophie du sujet – ou philosophie réflexive –, dont P. Ricœur est l'héritier, est une tradition philosophique qui envisage le sujet comme un être conscient, porteur de volonté, de projets et doué d'une conscience de soi. La connaissance de soi procède d'un travail réflexif d'auto-élucidation. Telle est la tâche la plus haute de la philosophie : l'auto-analyse de ses actes, de ses pensées, de sa volonté, de ses convictions morales, etc., afin de les rendre clair à soi-même. C'est ce mode d'analyse qu'a inauguré Descartes dans son *Discours de la méthode*. Comme l'écrit P. Ricœur : *« Les problèmes philosophiques qu'une philosophie réflexive tient pour les plus radicaux concernent la possibilité de la compréhension de soi comme le sujet des opérations de connaissance, de volition, d'estimation, etc. La réflexion est cet acte de retour sur soi par lequel un sujet ressaisit dans la clarté intellectuelle et la responsabilité morale, le principe unificateur des opérations entre lesquelles il se disperse et s'oublie comme sujet. »* (*Du texte à l'action, Essai d'herméneutique*, 1968).

**Psychanalyse et herméneutique**

Or, que vaut un tel projet de philosophie réflexive face à la théorie freudienne ? On sait que, pour Freud, les pensées conscientes sont l'expression d'une force inconsciente, le ça dont les motifs profonds, le plus souvent de nature sexuelle, sont cachés à l'individu. Freud avait créé une méthode pour décrypter l'inconscient par la lecture des rêves, mots d'esprit, actes manqués, associations verbales libres… Décoder le sens manifeste (la parole du sujet) pour en dégager le sens profond, tel est le rôle de l'analyse. Ce travail d'interprétation – qui consiste à retrouver derrière un mot, une phrase, un sens caché et plus profond – correspond à ce que les philosophes nomment une « herméneutique ». C'est la même activité à laquelle se livrent les théologiens qui recherchent, par l'exégèse, le sens profond des paroles et paraboles formulées dans les textes sacrés. *« Ainsi, dans la vaste sphère du langage, le lieu de la psychanalyse se précise : c'est à la fois le lieu des symboles ou du double sens et celui où s'affrontent les diverses manières d'interpréter. Cette circonscription (…), nous l'appellerons désormais le "champ herméneutique" ; nous entendrons toujours par herméneutique la théorie des règles qui président à une exégèse, c'est-à-dire à l'interprétation d'un texte singulier ou d'un ensemble de signes susceptible d'être considéré comme un texte […]. » (De l'interprétation. Essai sur Freud)*

**Un exemple : le symbolisme de la tache**

Le « champ herméneutique » est donc celui du décryptage des symboles qui sont habituellement à double sens. Ainsi, P. Ricœur prend à titre d'illustration l'expression du « mal », du péché, de la faute qui s'expriment souvent chez le sujet par une symbolique de la « tache », de la « souillure », de la « saleté ». La rédemption de ses fautes passe alors par une symbolique de la purification, du lavage... *« Ainsi, dans sa forme archaïque de l'aveu, l'image de la tache – que l'on enlève, qu'on lave, qu'on efface –, désigne analogiquement la souillure comme situation du pécheur dans le sacré. Qu'il s'agisse d'une expression symbolique, les expressions et les conduites correspondantes de la purification le confirment à l'envi ; aucune de ces conduites ne se réduit à un simple lavage physique : chacune renvoie à l'autre sans épuiser son sens dans un geste matériel ; brûler, cracher, enfouir, laver, expulser : autant de conduites qui s'équivalent ou se substituent, tout en désignant chaque fois autre chose, à savoir, la restauration de l'intégrité, de la pureté. »*

La question qui se pose alors est celle de la légitimité de telle ou telle interprétation. Si une formule, une expression linguistique, un geste, un symbole est toujours à double sens, qu'est-ce qui m'assure la validité de telle interprétation parmi d'autres possibles ?

**Le conflit des interprétations**

C'est toute la réflexion entreprise par P. Ricœur dans *De l'interprétation* (1965) puis *Le Conflit des interprétations. Essai d'herméneutique* I (1969) et, enfin, *Du texte à l'action. Essai d'herméneutique* II (1986). *« La discussion critique portera sur le droit de chercher ce critère sémantique du symbole dans la structure intentionnelle du double sens et sur le droit de tenir cette structure pour l'objet privilégié de l'interprétation. »* (*De l'interprétation*). La multiplicité des interprétations possibles, la multiplicité des sens cachés d'un discours, d'une parole en rendent illusoire la transparence. De ce fait, la connaissance de soi, qui passe toujours par des paroles, des signes, des textes ne sera jamais vraiment transparente, évidente et non équivoque : *« La conséquence la plus importante est qu'il est mis définitivement fin à l'idéal cartésien [...] d'une transparence du sujet à lui-même »* (*Du texte à l'action. Essai d'herméneutique* II).

Jean-François Dortier

Jean-Michel Besnier*

# LES FIGURES ACTUELLES DE LA PENSÉE**

**Si le temps des grands systèmes explicatifs est clos, les philosophes n'ont pas pour autant renoncé à penser. Les uns explorent les contours de la postmodernité, d'autres s'impliquent dans les affaires de la Cité, certains retrouvent les voies de la sagesse antique, d'autres encore accompagnent les interrogations de la science contemporaine...**

La fin du siècle sonne-t-elle l'heure de la sagesse triomphante ? En tout cas, le titre de philosophe se laisse facilement décerner de nos jours. Jadis, un agrégé était avant tout un professeur de philosophie et, quand il avait écrit quelques livres, on pouvait l'identifier comme un historien de la philosophie ou bien comme un essayiste. Mais on réservait la qualité de philosophe aux auteurs canonisés : Emmanuel Kant, Arthur Schopenhauer ou Jean-Paul Sartre et, à la rigueur, à ceux des penseurs contemporains dont l'œuvre appelait déjà le commentaire universitaire : Jacques Derrida, Michel Foucault ou Jürgen Habermas. Le temps n'est sans doute plus à la modestie et nul ne craint désormais de s'arroger le titre : un consultant en entreprise, spécialiste du management des relations humaines, interviendra en qualité de philosophe, de même qu'un ingénieur expert en techniques de l'information ou bien un homme d'Eglise investi dans la cause sociale. Osons le paradoxe : c'est encore à l'université et dans les facultés de lettres qu'on trouverait le moins de philosophes...

Avant de déplorer que soit ainsi bradé un titre qu'on ne pouvait autrefois briguer qu'au terme d'une carrière consacrée à la lecture et à la fréquentation des maîtres, il faut reconnaître qu'aujour-

* Professeur à l'université de Compiègne, il a publié une *Histoire de la philosophie moderne et contemporaine*, Grasset, 1993 ; *Les Théories de la connaissance*, Flammarion, 1996 ; *Réflexions sur la sagesse*, Le Pommier, 1999.

** *Sciences Humaines*, n° 69, février 1997.

d'hui « la philosophie professionnelle » – celle des professeurs d'université – a pris mille visages (*voir l'encadré ci-contre*), tant et si bien qu'elle a dilué son autorité et permis qu'on la déborde de toutes parts. En désignant J.-P. Sartre comme « le dernier philosophe » (1), Alain Renaut enregistrait la fin des magistères anciens, ceux de Friedrich Hegel, Edmund Husserl, Martin Heidegger, et des conceptions globales du monde. Cela pouvait signifier qu'en guise de philosophie on ferait désormais flèche de tout bois, glanant çà et là des occasions de penser ou des raisons d'espérer dans la cohérence de la condition humaine. La question se pose d'autant plus : que sont-ils donc, ceux que le public des gens cultivés célèbre de nos jours comme philosophes ? Sans prétendre faire ici un état des lieux et encore moins un *who's who*, on peut essayer de décrire quelques postures caractéristiques des penseurs contemporains.

### Les héritiers de 1968

Une première manière de philosopher consiste à penser dans le sillage de ceux qui ont façonné en France la « pensée 68 » (selon l'expression consacrée de Luc Ferry et Alain Renaut) et dont Michel Foucault, Louis Althusser, Gilles Deleuze, Jacques Derrida, Claude Lévi-Strauss furent quelques-unes des figures marquantes.
Certains philosophes d'aujourd'hui peuvent se reconnaître disciples de ces grands penseurs, tout en refusant le qualificatif d'épigones. Ils sont en ce cas philosophes pour avoir su recevoir la leçon d'un maître et s'en défaire sans déchirement ni acrimonie. C'est ainsi que L. Althusser est revendiqué par quelques-uns non pas parce qu'il leur aurait appris à débarrasser la science de l'idéologie mais parce qu'il leur a fait lire et méditer Spinoza, ce penseur d'une sagesse sans illusion qui invite à résister à l'imposture des pouvoirs. D'autres philosophent avec G. Deleuze et traquent les effets de « déterritorialisation » induits par les technologies de communication. La panoplie des concepts jadis forgée par G. Deleuze et Félix Guattari – l'abolition de l'espace et du temps liée à la vitesse acquise par les échanges d'informations, la multiplication des simulacres que les techniques de numérisation promettent, la constitution de la réalité virtuelle, etc. – confère aux technologies nouvelles une dimension philosophique inattendue.
J. Derrida lui-même, dans le contexte français, est parfois annexé à une pensée critique de la technique : la déconstruction de la subjectivité et la « différance » (2) sont à présent mises au service d'une description du processus sans sujet que traduit la technicisation régnante et dans lequel Heidegger voyait le dernier visage de la métaphysique.
De leur côté, les émules de Jean-François Lyotard déclinent sur tous les tons le thème du postmodernisme. Si la société postmoderne est marquée par la ruine des « grands récits », reste alors à s'adonner à la pensée stratégique qui prend acte de la dispersion des totalités anciennes pour s'ouvrir à la négociation toujours instable entre le même et l'autre, l'identique et le différent. L'éloge jubi-

1. Grasset, 1993.
2. Voir mots clés en fin d'ouvrage.

## La recherche en France

Si la figure du philosophe plane en principe, depuis Socrate, au-dessus des contraintes sociales et des nécessités partisanes, celle du « chercheur », elle, est étroitement liée au monde des universités et des organismes académiques. Aussi le rapport présenté par Pierre Magnard et Yves-Charles Zarka (1) permet-il de se faire une idée assez complète, au moins en quantité, de ce qu'est la recherche philosophique en France, soit environ quatre-vingt-dix structures d'enseignement avancé et de recherche universitaires, et cinq unités propres du CNRS, pour plus de mille deux cents enseignants et/ou chercheurs liés aux activités de ces centres. Evidemment, de tels chiffres n'ont de sens que si on en pose les limites : ici, le champ est ouvert, et couvre non seulement les zones les plus réservées de la philosophie (logique, métaphysique, morale et histoire de la philosophie), mais aussi quelques espaces limitrophes des sciences (histoire des sciences, épistémologie, sciences sociales). On salue l'arrivée, sans aucun doute récente, d'une « philosophie de la cognition » et d'une « philosophie analytique », qui ont chacune leur rubrique.

Comment se porte la discipline ? Inégalement, suggèrent les rapporteurs. Certains secteurs classiques de la philosophie sont « en déficit » : l'esthétique, la réflexion sur la religion et sur l'art. D'autres (métaphysique, philosophie politique) sont dominés par la passion universitaire du commentaire de texte. Cependant, les auteurs notent que des questionnements nouveaux issus des sciences humaines, des sciences de la vie et d'autres régions du savoir semblent stimuler la réflexion des philosophes. Ils sentent également chez ces derniers *« une tendance forte à revenir aux choses mêmes, à s'interroger sur le réel »*. A ces signes de relative santé intellectuelle, on pourrait ajouter que tous les contributeurs à ce rapport sont animés par le souci de défendre leur spécialité, mais puisent leurs raisons dans des registres différents. Les uns dans la solidité d'une tradition intellectuelle (histoire de la philosophie, métaphysique, épistémologie), les autres dans la nouveauté de leur programme (cognition, philosophie analytique, sciences humaines), d'autres enfin dans l'existence d'une demande accrue de la part de la société (philosophie morale et politique).

NICOLAS JOURNET

1. « La Recherche philosophique en France », rapport de la commission présidée par P. Magnard et Y.C. Zarka, ministère de l'Education nationale/CNRS, 1996. Mission scientifique et technique, 1, rue Descartes, 75231 Paris Cedex 05.

latoire de la perte généralisée du sens percera facilement dans l'exercice d'une telle pensée. Ou bien encore il s'agit de s'engager dans une réflexion sur une éthique dépourvue de fondements. Des dernières œuvres de J.-F. Lyotard, on retient souvent l'invitation à « témoigner du différend » pour comprendre ce qui constitue chacun en destinataire de la loi morale et pour envisager la constitution d'une communauté capable de résister aux litiges.

C'est là un trait commun à nombre de philosophes d'aujourd'hui : le refus des systèmes issus de la tradition qui a culminé avec Hegel, et l'ambition de faire droit à la différence et à l'altérité. La découverte d'Emmanuel Levinas et la référence à un modèle de philosophie fondé sur le primat de l'Autre (et non plus de l'Identité) ont pu, de cette manière, stimuler les esprits les plus divers. Pour certains d'entre eux, le thème heideggérien de « la fin de la philosophie » s'est soldé aussi bien par une implication dans l'écriture et l'espace littéraire que par un investissement dans l'éthique, sinon la théologie.

Enfin, quand un philosophe se réfère aujourd'hui à C. Lévi-Strauss, c'est plutôt pour souligner la force et l'actualité du projet consistant à identifier les universaux (les structures élémentaires) du fonctionnement social et humain. Quelques philosophes français, souvent formés à l'école de Noam Chomsky ou de Jerry Fodor, affichent ainsi une ambition de « naturaliser » l'esprit, c'est-à-dire de l'expliquer en termes biologiques. Largement héritiers du structuralisme (3) ainsi que de la philosophie analytique (4), ils sont tout près de concevoir les sciences de la cognition comme la relève de cette philosophie qui n'en finit pas de finir.

### La fin des grands modèles

Mais, refusant les systèmes, les philosophes devraient bientôt s'émanciper de ceux-là mêmes qui leur apprirent à le faire. De sorte que la référence aux « maîtres du soupçon » (Marx, Freud, Nietzsche) tend à se faire de plus en plus rare. S'il est malaisé de dessiner un portrait sans équivoque du philosophe français contemporain, c'est aussi qu'il est le produit d'une formation ponctuée de ruptures et de tournants où il a vu défiler des écoles et courants de pensée fermés, fonctionnant comme de véritables paradigmes. C'est la raison pour laquelle on le voit louvoyer, la maturité venue, entre des références et des modèles hétérogènes : avec Descartes ou bien Husserl, il s'en remettra à une philosophie qui fonde le pouvoir de connaître et d'agir sur une conscience susceptible d'être rendue transparente à elle-même. Ayant affronté avec Kant la difficulté d'accorder un contenu à cette conscience, il privilégiera peut-être une philosophie axée sur la description des activités conceptuelles, description qui pourra le conduire à adhérer à une méthode de type structuraliste. A moins que, séduit par la philosophie analytique, il ne souscrive à ce « tournant linguistique » (5) qui invite à dissoudre les problèmes de la métaphysique en les réduisant à de simples affaires de

3. Voir mots clés en fin d'ouvrage.
4. *Idem.*
5. *Idem.*

langage. Mais, en ce cas, il s'exposera à rencontrer les questions relatives aux états mentaux qui accompagnent nos comportements et croyances et qui invitent un nombre croissant de philosophes anglo-américains à engager le programme d'une philosophie de l'esprit. Ce faisant, il n'évitera pas une incursion chez les théoriciens de la communication qui s'attachent à débrouiller les conditions de l'action individuelle et collective. Du *cogito* à la pragmatique des relations intersubjectives en passant par le structuralisme et les sciences de la cognition, l'itinéraire est sinueux et rarement emprunté dans sa totalité par le même philosophe. Mais, en l'absence de doctrine unifiante, l'acte de philosopher impose désormais qu'on sache au moins situer la position théorique des interlocuteurs et, à l'occasion, l'endosser pour mieux la critiquer. Situation un peu vertigineuse qui menace le néophyte de sombrer dans le scepticisme ou qui encourage le plus aguerri à militer pour une sorte de perspectivisme généralisé. Aucune doctrine n'étant absolument vraie, tout n'étant en définitive qu'interprétation, comme l'a conclu Nietzsche, le bon philosophe sera ainsi celui qui s'attache aux contingences et non pas à quelques idées éternelles, celui qui inscrit son intervention dans des contextes précis et qui vise à réunir sur ses positions le consensus de ses semblables, grâce à la vertu de l'argumentation.

### Le philosophe dans la cité

Plus il s'éloigne des orthodoxies qui enferment et stérilisent, plus le philosophe paraît aujourd'hui décidé à donner de la voix dans la cité. Là où certains verraient peut-être un renoncement à la rigueur académique, il est aussi permis d'apercevoir la décision d'éprouver la pertinence de la pensée sur le terrain des réalités humaines. Précipitée dans le monde, la philosophie ne se diluerait pas ; elle répondrait à une vocation toute cartésienne : celle de participer à la divulgation du savoir, en témoignant des ressources émancipatrices d'une pensée méthodiquement conduite. La polémique oppose parfois, dans la communauté scientifique, les tenants d'une pratique universitaire de la philosophie aux intellectuels réputés médiatiques : qui ne voit pourtant combien le débat est biaisé si l'on croit opposer par là le concept pur à la démagogie la plus dépravée ? Nombre de philosophes actuellement sollicités pour intervenir dans l'espace public ont tout simplement acquis la conviction que, outre la logique, il n'est de meilleur test pour la pensée que l'interlocution et la confrontation avec un public exempt des préjugés ou des frilosités des nantis du savoir. Certains philosophes peuvent à la fois publier dans la *Revue de métaphysique et de morale*, participer aux travaux de la Société française de philosophie, diriger des thèses et s'exprimer dans les quotidiens ou à la télévision, animer les débats d'un festival ou ceux d'un comité d'éthique. L'avenir dira s'ils sauveront leur âme mais à tout le moins renouent-ils avec l'image du philosophe qui prévalut jusqu'à la fin du XVIIIe siècle : celle de l'éducateur du genre humain, tout entier dévoué aux idéaux d'émancipation et d'autonomie. C'est donc sur le terrain des réalités humaines et sociales que la génération montante des philosophes entend s'illustrer. Les plus militants semblent avoir assimilé la leçon de leurs aînés, les «nouveaux philosophes» des années 70 : halte à l'ambition hégélienne de vouloir instaurer l'Etat rationnel, place aux révolutions minuscules – celles qui prennent en charge les multiples aspects de la vie ! Ainsi rencontre-t-on parfois des philosophes investis dans la réflexion sur l'architecture et l'urbanisme ou bien impliqués dans la vie associative et les causes humanitaires. Ce qui distingue leur engagement et leurs travaux de ceux des sociologues, c'est en général une tonalité utopiste et critique : la dimension du «devoir-être» reste pour eux la marque du philosophe, par définition irréconcilié avec l'ordre établi.

L'œuvre de Leo Strauss a largement contribué au réveil d'une philosophie politique en polémique ouverte avec l'hégémonie des sciences de l'homme. Les critiques du totalitarisme développées par Claude Lefort, Cornélius Castoriadis ou Hannah Arendt ont fait le reste : l'actuelle vitalité de la philosophie tient pour l'essentiel au crédit retrouvé d'une démarche critique qui refuse de s'inféoder au positivisme et à toute scientificisation du social et du politique. La figure du philosophe dépassé par son temps parce qu'il aurait raté le train de la sociologie ou de la mathématique sociale n'a plus cours. Le culte du fait cède désormais la place à l'interrogation sur les valeurs. On se méfie à présent des abstractions creuses, tout en ménageant à l'activité conceptuelle un rôle essentiel.

Que l'on considère, à cet égard, la façon dont se trouve aujourd'hui posé le problème de la compatibilité entre l'universalisme des valeurs hérité du siècle des Lumières et le relativisme auquel paraît contraindre la diversité des cultures. Nombre de philosophes se sont en effet révélés au public en prenant position dans les débats sur le multiculturalisme. Ils ont ainsi prouvé qu'il ne suffit pas d'avoir consacré à Platon le plus clair de ses années d'études pour être qualifié de philosophe. Encore faut-il tâcher de débrouiller les conditions d'une sauvegarde de l'Idée dans le *melting pot* de la société française. Que l'affaire des foulards islamiques mobilise les spécialistes de Wilhelm Dilthey, de Max Weber ou de J. Habermas, et c'est la philosophie tout entière qui gagne l'estime de nos contemporains. Que de houleux débats sur l'école libre conduisent des disciples de Kant ou de H. Arendt à reformuler les idéaux de laïcité, et c'est la philosophie tout entière qui s'attire la confiance d'un public déconcerté. Il vaut sans doute toujours mieux philosopher dangereusement sur la place publique qu'impunément dans son cabinet de travail.

L'alternative est toutefois abstraite. Il est en effet remarquable de constater à quel point l'implication de certains philosophes dans les combats du temps présent peut s'accompagner d'un regain d'intérêt tout théorique pour des œuvres que l'Université avait désertées. De ce point de vue, l'engagement politico-philosophique serait loin de desservir les recherches qui se mènent dans le silence des bibliothèques : on a exhumé

# Interrogations contemporaines

*La pensée contemporaine est hantée par l'absence d'absolu. Comment définir des fondements à la science, la morale, la politique, le droit, la justice... si l'on ne dispose pas d'un principe premier qui permet de les justifier?*

**La crise de la raison**

En philosophie, le XXe siècle peut être qualifié comme celui de la crise de la Raison (1). Après que le mathématicien Kurt Gödel et son théorème d'incomplétude ont ruiné l'idée de construire un langage logique totalement clos, Karl Popper nous a convaincu qu'une théorie scientifique n'est pas celle qui dit une vérité définitive, mais celle qui accepte au contraire d'être soumise au principe de réfutation.

Parallèlement, les philosophes de la déconstruction (2) – Michel Foucault ou Jacques Derrida – se sont employés à montrer la vanité des grands discours et des modèles qui prétendent à l'universalité.

Dès lors, fallait-il céder au relativisme, au scepticisme, au nihilisme, au vagabondage intellectuel? Ce n'est pas la voie qu'empruntent la plupart des auteurs contemporains. Un des défis majeurs de la pensée actuelle consiste pour l'essentiel à essayer de surmonter la « crise des fondements » sans céder à l'irrationalisme.

**Pragmatisme, communication et complexité**

S'il faut prendre acte de la crise de la raison absolue, il reste à trouver, selon Jürgen Habermas (*Théorie de l'agir communicationnel*), les conditions d'un dialogue commun entre les hommes, fondé sur des principes communs d'argumentation. Pour Richard Rorty, c'est la libre discussion critique qui doit prendre le pas sur la recherche de la vérité ultime (*L'Espoir au lieu du savoir*). Pour Edgar Morin (*La Méthode*), la pensée de la complexité ouvre la voie à une pensée authentique, affranchie du dogme de la vérité absolue.

Bref, c'est la voie d'un nouveau rationalisme, à la fois ouvert et critique, que beaucoup de penseurs actuels s'attachent à tracer. La pensée y gagne en ouverture, elle y perd en assurance.

**A la recherche d'un nouvel humanisme**

Sur le plan moral, là encore, les philosophes sont soumis à ce défi : donner les assises d'une éthique, d'une justice, d'un droit, qui n'ait plus de fondements absolus. En effet, on ne peut trouver ni en Dieu, ni dans la nature ou la raison, les sources ultimes de la morale sur quoi justifier l'humanisme, les droits de l'homme, la justice. Mais on trouve chez des auteurs aussi différents que

Hans Jonas (*Le Principe responsabilité*), André Comte-Sponville (*Traité du désespoir et de la béatitude*), Jean-Michel Besnier (*L'Humanisme déchiré*)... une même quête : celle d'un espoir raisonnable qui aurait fait le deuil d'un idéal utopique.

**Des sciences de l'esprit à la philosophie du droit...**
La question des fondements de la pensée ou de la morale est loin d'épuiser la réflexion philosophique contemporaine. Les débats sont riches et sans cesse renouvelés autour des sciences de l'esprit, par exemple. Stimulée par l'essor des sciences cognitives, une réflexion nouvelle autour du « *mind/body problem* » réactive le vieux problème philosophique du lien entre le corps et l'esprit, du cerveau et de la pensée (3). Si le temps des grands systèmes est clos, les philosophes n'ont pas pour autant renoncé à penser. La postmodernité, la bioéthique, les droits de l'homme, la démocratie, le bonheur, la quête de sens ou les développements de la science contemporaine offrent encore des thèmes de réflexion pour une pensée en plein renouvellement.

JEAN-FRANÇOIS DORTIER

1. B. Saint Sernin, *La Raison au xxe siècle*, Seuil, 1995.
2. Voir mots clés en fin d'ouvrage.
3. Voir le texte de J.-F. Dortier « Du cerveau à l'esprit », p. 227.

les analyses de Charles Alexis de Tocqueville, dans le temps même où l'Etat providence et l'individualisme démocratique appelaient la critique. On s'est mis à relire et à commenter Machiavel, pour mieux se déprendre de la confusion entre la politique et la morale qui a nourri certains Etats totalitaires. On entreprend de traduire enfin les œuvres de Thomas Hobbes, chez qui l'on découvre des arguments pour justifier une politique libérale. Le renouveau des études académiques est donc, pour une part, redevable à l'exigence de penser le temps présent, incarnée dans ces philosophes sans magistère et réputés sans autorité universitaire.

**Le renouveau de l'éthique**

Le reflux des idéaux révolutionnaires, la prise de conscience des problèmes générés par l'extension de la maîtrise que nous avons acquise sur la nature ainsi que la perte de confiance dans les perspectives scientifiques ont conduit les philosophes à renouer avec l'une de leurs vocations traditionnelles, surtout exprimée dans les époques d'incertitude : désormais, la réflexion sur l'éthique constitue en effet chez eux une spécialité qui s'applique tous azimuts. Comment formuler les limites de la responsabilité qui nous incombe dans un monde chaotique – responsabilité à l'égard des déshérités ou des générations à venir, de la jeunesse à qui l'on devra confier le monde ou des vieillards qui deviendront toujours plus nombreux ? Comment restaurer une autorité en l'absence des transcendances ou des traditions qui structuraient jadis les comportements ? Comment « maîtriser notre maîtrise », comme dit Michel Serres ? L'œuvre de Paul Ricœur suscite un intérêt grandissant auprès de ces jeunes philosophes qui voudraient « appliquer » leur savoir pour affronter les problèmes suscités par la modernité (6). La bioéthique et la réflexion sur les risques technologiques tendent à devenir l'affaire des enfants de Socrate. Mais la référence à P. Ricœur, à Hans Jonas ou à E. Levinas est loin d'y être hégémonique. Dans le champ d'une philosophie morale en voie de constitution, on exploite de plus en plus les travaux menés dans les universités américaines. C'est qu'en effet la philosophie analytique a su, outre-Atlantique, privilégier la formulation des problèmes par rapport au commentaire des œuvres surtout pratiqué en Europe. L'actuelle ambition de développer une « philosophie appliquée » puise naturellement ses mobiles et ses méthodes au pays de William James, le théoricien du pragmatisme (7). D'autant qu'on trouve également auprès des chercheurs américains une propension à l'analyse des limites des principes rationnels qui sous-tendent nos décisions et nos actions. C'est pourquoi nombre de jeunes spécialistes en sciences cognitives font appel aux théoriciens des jeux ou aux philosophes de l'action, nourris de Ludwig Wittgenstein (8) ou de Herbert A. Simon, pour tâcher de comprendre l'émergence des conventions et des règles, ou bien les logiques qui justifient les attitudes morales et politiques.

### La philosophie comme art de vivre

Avant d'achever l'évocation des développements d'une philosophie morale en France, il convient de souligner le rôle essentiel que jouent actuellement ces penseurs qui osent assumer en public des convictions refoulées de longue date : philosopher, c'est avant tout apprendre à vivre dans l'ici-maintenant et, pour cela, c'est renoncer aux espoirs qui situent le meilleur de l'existence dans un ailleurs ou un au-delà. Après Clément Rosset ou Marcel Conche, André Comte-Sponville livre au public, depuis presque quinze ans, une œuvre qui mise sur Montaigne plutôt que sur Descartes, qui joue Epicure contre Hegel. Le philosophe s'est chez lui réconcilié avec son ancestrale image : il aime la sagesse par-dessus tout et il aspire à définir un art de vivre qui l'en rende digne. Du coup, des questions qu'on n'osait plus formuler du temps des maîtres du soupçon rejaillissent et touchent un public en mal de certitudes et de repères : la vie a-t-elle donc un sens ? Si oui, où le trouver, sans qu'il faille régresser dans les superstitions religieuses ni renoncer aux idéaux modernes d'autonomie ? Si non, comment s'accommoder de l'absurdité de la condition humaine ? Apprendre à vivre, et donc aussi à mourir – à jouir,

6. Voir l'entretien avec Paul Ricœur dans cet ouvrage.
7. Voir le texte de J.-F. Dortier sur le pragmatisme p. 249.
8. Voir le texte de J.-F. Dortier sur L. Wittgenstein p. 263.

et donc aussi à souffrir : le philosophe est appelé à témoigner, dans la cité, de cette conquête de soi qu'un temps de crise rend tellement désirable.

### Penser avec la science

La demande de sens est par définition dépourvue de limite : un monde absurde pourrait-il être cohérent ? Le tableau ne serait pas complet si l'on n'évoquait, parmi les facteurs de la réapparition du philosophe dans la société française, la soif de réflexion épistémologique manifestée par les scientifiques eux-mêmes qui consentent à reconnaître les limites de leurs théories. Gardons-nous cependant de croire que ces scientifiques se seraient jetés dans la philosophie comme dans un asile d'ignorance. C'est plutôt vers une source de savoir trop longtemps refoulée par le scientisme et ayant la vertu de mettre en perspective leurs propres recherches qu'ils se tournent à présent. D'excellents scientifiques ont pris l'initiative de se mettre à l'école d'Aristote ou de Henri Bergson, de Kant ou de Gaston Bachelard – non en vue de changer de métier, mais pour tenter d'identifier la nature et les causes de leurs impasses. Par là même, ces scientifiques ont imposé aux philosophes un mode d'emploi de leur discipline qui va au-delà de la simple histoire critique des sciences à quoi s'est longtemps résumée l'épistémologie française. Désormais se profile une collaboration qu'on croyait impossible entre, par exemple, le spécialiste de neurobiologie du cerveau et le philosophe de l'esprit, entre le physicien des particules et le penseur du hasard, entre le mathématicien des systèmes dynamiques et le phénoménologue. Nombre de colloques et publications signalent cette collaboration dont l'enjeu n'est rien moins que la résolution des grandes questions qui hantent la métaphysique depuis toujours et qui concernent aussi la cohérence du monde dans lequel nous vivons. Cette acculturation réciproque des philosophes et des hommes de science ne peut décidément qu'accroître le caractère atypique du paysage philosophique français. Mais l'enjeu est suffisamment prometteur pour justifier un éventuel brouillage des appartenances disciplinaires, quitte à satisfaire l'injonction de Pascal dans *Les Pensées* : *« Puisqu'on ne peut être universel en sachant tout ce qui se peut savoir sur tout, il faut savoir un peu de tout. Car il est bien plus beau de savoir quelque chose de tout que de savoir tout d'une chose : cette universalité est la plus belle. »*

**Chapitre II**

# De la modernité à la postmodernité

MICHEL LALLEMENT*

# MICHEL FOUCAULT : LE SAVOIR EST LE POUVOIR**

**Folie, pouvoir, médecine, sexualité, sciences de l'homme... les thèmes explorés par Michel Foucault sont multiples. Cependant, une problématique constante parcourt cette œuvre : montrer que chaque époque produit un discours dominant censé dire la vérité sur le monde et imposer ses normes.**

IL EST DIFFICILE de classer les travaux de Michel Foucault dans le cadre de nos catégories habituelles : faisait-il œuvre d'historien, de sociologue, de philosophe, de psychologue... voire de tout cela en même temps ? S'il investit des domaines habituellement réservés aux historiens, M. Foucault récuse cependant les étiquettes traditionnelles. Le chemin qu'il entend suivre est celui d'une vaste relecture des pratiques et des discours. A la différence de l'histoire des mentalités, cette relecture s'opère en mettant l'accent sur les grandes ruptures et discontinuités qui scandent l'action et la connaissance humaines. Contrairement à ce que certaines interprétations laissent penser, l'œuvre ne constitue pas un ensemble homogène cimenté par une problématique unique et constante. A l'image de leur auteur, ses travaux présentent de multiples facettes et abordent des thèmes fort divers (folie, culture européenne, politique, sexualité...) et des époques éloignées (de l'Antiquité au XIXe siècle). Certains domaines ont cependant été particulièrement explorés : la question de l'Autre, notamment avec *Histoire de la folie à l'âge classique* (1961) ; l'épistémologie, principalement dans *Les Mots et les Choses* (1966) et *Archéologie du savoir* (1969) ; le politique, dans *Surveiller et Punir* (1975) et *La Volonté de savoir* (1976) ; l'éthique, enfin, dans *L'Histoire de la sexualité* (1984) (1).

* Professeur de sociologie à l'université de Rouen. Il a publié *Histoire de la pensée sociologique*, Nathan, « Circa », 2 vol., 1994.

** *Sciences Humaines*, n° 44, novembre 1994.

1. Tous publiés chez Gallimard.

### L'histoire n'est pas un long fleuve tranquille

L'un des fils directeurs de l'œuvre de M. Foucault concerne les questions suivantes : comment un savoir peut-il se constituer à une époque et en un lieu déterminés ? Quels rapports pensée, vérité et histoire entretiennent-elles entre elles ?

M. Foucault répond d'abord à ces interrogations en s'opposant au point de vue de l'historiographie traditionnelle, qui voit en l'histoire un écoulement linéaire et cumulatif d'événements. M. Foucault prétend, à l'inverse, que *« les forces qui sont en jeu dans l'histoire n'obéissent ni à une destination ni à une mécanique, mais bien au hasard de la lutte »*. Cette thèse signifie que les fondements culturels d'une société ne sont pas l'addition éternelle de connaissances et de manières de penser, mais qu'il existe des ruptures radicales dans l'histoire des idées. Autrement dit, les objets que nous choisissons de connaître et le savoir que nous en retirons sont relatifs. Il n'existe pas de vérité qui transcenderait les diverses époques de notre histoire.

M. Foucault nomme *épistémè* les cadres de pensée qui forment le soubassement des discours sur le savoir au sein d'une communauté humaine à une période donnée. Dans *Les Mots et les Choses*, il repère, à partir du Moyen Age, trois grandes périodes dans l'histoire de la pensée occidentale. La première est celle de la Renaissance. Le savoir du XVIe siècle, notamment scientifique, est fondé sur le concept de ressemblance. La science de l'époque consiste à décrypter les signes inscrits sur les choses, et permet ainsi de retrouver les traces de la création divine. Par exemple, on considère que, puisque la noix ressemble à une tête, son écorce doit guérir les plaies du péricrâne, et son noyau les maux de tête intérieurs. L'âge classique (XVIIe et XVIIIe siècles) est le moment d'un premier basculement dans l'ordre du savoir, puisqu'apparaît un nouveau rapport entre les mots et les choses.

Désormais, on distingue le signe de ce qu'il représente. Autrement dit, les penseurs séparent le signifiant du signifié. C'est ainsi que l'âge classique inaugure un nouveau type de représentation : à partir des sciences de l'ordre calculable, des cartes et des tableaux sont réalisés pour rendre compte du monde environnant. De plus, la pensée classique repose sur l'ordre et le classement. C'est à cette époque que Linné élabore la première grande classification des animaux et des végétaux.

Au seuil du XIXe siècle émerge un nouveau socle épistémologique. En lieu et place du Discours, objet analysé par les sciences de l'âge classique, est érigé un nouvel objet de connaissance : l'Homme. Auparavant ignoré par la science, l'Homme en tant qu'entité travaillante, vivante et parlante, fait ainsi son apparition sur la scène de la connaissance. La philologie succède à la grammaire générale, l'économie politique prend la place de l'analyse des richesses, et la biologie humaine relaie l'histoire naturelle. C'est également à cette époque que s'emballe le rythme du changement social. Surgissent alors les notions d'évolution (dans l'étude des êtres vivants) et d'histoire (dans l'analyse des sociétés humaines). M. Foucault tire une conclusion majeure de ce mouvement de la pensée : les sciences humaines correspondent à un moment donné de l'histoire de notre savoir et il est fort possible que, dans l'avenir, l'homme s'effacera en tant qu'objet de connaissance, *«comme à la limite de la mer un visage de sable»* (*voir l'encadré page suivante*).

### Scruter les fondements du savoir

Il résulte de cette approche épistémologique une conséquence et une exigence méthodologique. La conséquence est lourde : toute forme de savoir est relative. M. Foucault soutient que les modes de pensée d'une époque – y compris scientifiques – sont précaires et destinés à périr un jour pour être remplacés par d'autres. Il tire de cela une exigence méthodologique : il faut travailler à une histoire de la pensée reposant sur la généalogie et l'archéologie.
La généalogie qu'il préconise fait référence à la méthode mise en œuvre par Nietzsche dans sa *Généalogie de la morale*. Le point de départ de toute démarche généalogique est le refus des recherches de l'origine et, à l'inverse, la volonté de rechercher avec patience les transformations, glissements qui affectent de manière incessante nos valeurs, conduites et systèmes de pensée. La généalogie s'abreuve, non de métaphysique, mais d'histoire : *«elle doit montrer le corps tout imprimé d'histoire, et l'histoire ruinant le corps»*.
Par analogie avec un travail de fouille de terrain, M. Foucault parle en second lieu d'archéologie du savoir pour désigner ce processus de désarticulation du discours produit, à une époque donnée, de multiples façons (par les textes scientifiques, les manuels, les règlements, les codes, etc.). Le but de l'archéologie n'est pas d'interpréter un tel discours mais de décrire les conditions de son apparition et de son fonctionnement. Par exemple, dans *Naissance de la clinique*, M. Foucault s'attache à cerner le contexte d'émergence du langage médical moderne à partir de la fin du XVIII<sup>e</sup> siècle. Selon lui, la rupture est liée aux travaux de Marie François Bichat qui font basculer l'expérience clinique vers l'expérience anatomique. Avant M.F. Bichat, l'observation ne portait que sur le vivant ; après lui, c'est le cadavre qu'on interroge pour mieux comprendre la vie. C'est donc, constate M. Foucault, en référence à une négation radicale (la mort) que la médecine moderne apparaît. M. Foucault met en œuvre cette méthode généalogique et archéologique tout au long de son travail.

### La raison comme dispositif de normalisation

En écrivant une *Histoire de la folie à l'âge classique*, M. Foucault a rapidement mis à l'épreuve le schéma généalogique qu'il hérite de Nietzsche. En effet, tout son effort consiste à démontrer que la folie n'est pas pensable avant le XVII<sup>e</sup> siècle, car elle est alors entièrement intégrée à l'existence des hommes. Ainsi, au Moyen Age, la folie est-elle conçue comme un *«surcroît démoniaque à l'œuvre de Dieu»*, ce qui la dote d'une réelle positivité dans la mesure où elle contient un savoir issu de l'au-delà

## Les trois époques de la pensée

Dans *Les Mots et les Choses* (1), Michel Foucault distingue trois grandes *épistémè* (cadres du savoir) qui se sont succédé depuis le Moyen Age :

• **âge préclassique (Moyen Age et Renaissance) : pensée de la ressemblance et de l'analogie.** L'étude du monde consiste à découvrir des analogies entre les choses : par exemple, entre les quatre éléments naturels (air, feu, eau, terre), les types de maladies ou de caractères humaines. Ainsi, la noix va soigner les maux de tête parce qu'elle ressemble à un cerveau ;

• **âge classique (milieu du XVIIe/début du XIXe siècle) : pensée de l'ordre et du classement.** La pensée scientifique s'intéresse aux transformations des êtres et à leur organicité. Par exemple, la science du langage s'intéresse à l'évolution des langues et à leur généalogie (philologie), les sciences de la nature découvrent l'évolution ;

• **époque de la modernité (à partir du XIXe siècle) : pensée de l'histoire.** Il s'agit de trouver un ordre logique (une Raison) caché dans le monde et de répartir les objets selon des classifications formelles. La *Grammaire* de Port Royal entend découvrir une grammaire universelle du langage, le système de Linné s'attache à classer les espèces animales et végétales.

**La fin prochaine de l'homme ?** C'est à la fin du même ouvrage, sous-titré *Une archéologie des sciences humaines*, que M. Foucault, soulignant que « *l'homme n'est pas le plus vieux ni le plus constant problème qui se soit posé au savoir humain* », en annonce la fin possible : « *Parmi toutes les mutations qui ont affecté le savoir des choses et de leur ordre (...) au milieu de tous les épisodes de cette profonde histoire du Même, un seul, celui qui a commencé il y a un siècle et demi et qui est peut-être en train de se clore, a laissé apparaître la figure de l'homme. (...) C'était l'effet d'un changement dans les dispositions fondamentales du savoir. L'homme est une invention dont l'archéologie de notre pensée montre aisément la date récente. Et peut-être la fin prochaine. Si ces dispositions venaient à disparaître comme elles sont apparues, si par quelque événement dont nous pouvons tout au plus pressentir la possibilité, mais dont nous ne connaissons pour l'instant encore ni la forme ni la promesse, elles basculaient, comme le fit au tournant du XVIIIe siècle le sol de la pensée classique – alors on peut bien parier que l'homme s'effacerait, comme à la limite de la mer un visage de sable.* »

1. Gallimard, 1966.

divin. A la Renaissance, une première ligne de partage se fait jour entre diverses interprétations de la folie. D'un côté, elle reste une figure énigmatique qui livre à l'homme quelques clés de connaissance et de révélation. Mais, d'un autre côté, ainsi que l'illustre l'*Eloge de la folie* d'Erasme, la folie est peu à peu mise à distance de la Raison. Même si le dialogue entre les deux pôles n'est pas rompu, une faille est ouverte.

C'est à l'âge classique (du milieu du XVIIe siècle au début du XIXe siècle) que la folie est résolument pensée comme l'envers de la Raison. L'«agression rationaliste» que subit l'âge classique se traduit par un net partage entre raison et déraison. Dans sa première *Méditation*, Descartes traduit ce nouveau partage en termes lapidaires : *«Mais quoi, ce sont des fous.»* Fort de cette interprétation – qui sera âprement discutée par Jacques Derrida (2) –, M. Foucault s'emploie à contester ce rationalisme en montrant à quel point le partage entre raison et déraison est aléatoire en tant que pur produit de son époque; la raison des Lumières n'est pas une raison universelle.

M. Foucault considère également que, contrairement à ce que proclament les Lumières, le rationalisme est facteur de souffrance et de servitude. Il se fonde, en effet, sur le principe de négation (la folie comme déraison) et produit, au nom même de la Raison, l'exclusion et l'enfermement. En effet, dans la seconde moitié du XVIIe siècle, le fou est séparé du reste des marginaux, il est enfermé dans un lieu particulier : l'asile. Là, soumis à la répression physique et morale, à l'infantilisation, il est condamné à l'enfermement dans ce qui est défini comme une maladie et qui donne les bases d'un nouveau discours : le discours psychiatrique. Désormais, sa voix ne résonne plus aux oreilles de la société.

### L'ère du grand renfermement

La mutation de la pensée opérée à l'âge classique entraîne le «grand renfermement» des fous, oisifs, mendiants, vagabonds, débauchés, vénériens, libertins et autres homosexuels. Selon M. Foucault, l'Hôpital général, ouvert en 1656, autorise le contrôle d'une population pauvre, qui n'est plus perçue comme la représentation de Dieu sur Terre mais plutôt comme un facteur de trouble. Cet enfermement répond donc à des facteurs politico-économiques : pendant les périodes de crise, les sans-travail et les vagabonds sont parqués dans les maisons de correction. En période de prospérité, l'enfermement assume une seconde fonction : fournir une main-d'œuvre bon marché.

Cette stratégie de l'enfermement n'est que l'amorce de ce que M. Foucault nomme la société disciplinaire. L'âge classique inaugure, en effet, ce moment historique où la discipline s'affine pour quadriller et travailler le corps social de manière microphysique. L'agression rationaliste se traduit par un nouveau mode de contrôle qui prend la forme d'un dressage et d'un redressage continu du corps des individus.

La traduction concrète en est la multiplication des institutions (ateliers, manufactures, hôpitaux, casernes, écoles et

2. J. Derrida, «Cogito et histoire de la folie», *L'Ecriture et la Différence*, Seuil, coll. «Points», 1979.

## Dix concepts majeurs dans l'œuvre de Michel Foucault

**Archéologie du savoir**
Cette approche vise à dégager les conditions d'apparition d'un discours, ses fondations. L'archive est ici le matériau privilégié de l'historien.

**Discipline**
Dans le sens commun, ce mot désigne soit un domaine scientifique, soit une expression de l'ordre social (« faire la discipline »). L'usage du même terme signifie bien que la mise en forme du savoir dans une discipline théorique suppose une certaine normalisation des formes de pensée.

**Discours**
Le « discours » sur la folie, la prison ou la sexualité, M. Foucault le trouve dans les ouvrages scientifiques, les manuels didactiques, les textes de loi qui régissent le domaine envisagé. Il ne s'agit pas forcément de l'opinion commune, ni d'une théorie propre à tel ou tel auteur, mais d'un corpus de textes à visée scientifique ou pédagogique qui s'insère dans des cadres de pensée propres à une époque (voir *L'Ordre du discours*).

***Epistémè***
Cadre de la pensée propre à une époque. La notion d'*épistémè* est proche de celle de « paradigme » (introduite par le philosophe des sciences Thomas Kuhn). Selon M. Foucault, l'*épistémè* d'une période succède brutalement à celle de la période précédente.

**Epoque classique/époque moderne**
L'époque classique correspond, chez M. Foucault, à la période qui s'étend du milieu du XVIIe siècle à la fin du XVIIIe. Cette phase succède à la période préclassique (de la Renaissance au milieu du XVIIIe siècle) et précède la période moderne.

**Généalogie**
Par référence à la *Généalogie de la morale* de Nietzsche, la démarche généalogique a pour but de mettre en évidence les transformations, glissements qui affectent les valeurs, conduites et systèmes de pensée.

**Pouvoir**
Ce terme n'est pas conçu par M. Foucault comme l'attribut exclusif d'un homme, d'un Etat ou d'une classe. Le pouvoir est, selon lui, diffus et non localisable en un lieu précis. La « micro-

physique du pouvoir» vise à analyser les méthodes de domination et non la nature ou les sources du pouvoir.

**Raison**
Il ne faut pas entendre ici la raison dans le sens étroit de logique mathématique. Il s'agit d'une notion beaucoup plus large qui désigne une forme de connaissance qui s'est déployée avec la pensée des philosophes des Lumières. La Raison est synonyme de pensée scientifique ou philosophique, et même de toute forme de conscience abstraite. On l'oppose aux croyances jugées irrationnelles, fondées sur les désirs et les passions.

**Savoir**
Le savoir dont se prévalent scientifiques ou experts (médicaux, juridiques, etc.) n'est pas, selon M. Foucault, une connaissance objective, neutre et universelle. La «volonté de savoir» implique un processus de domination sur les objets et sur les hommes.

**Technologies du pouvoir**
Ce sont des dispositifs matériels ou psychologiques de coercition et de normalisation : le châtiment corporel, le supplice sont des «technologies pénales» auxquelles ont succédé l'emprisonnement, la surveillance, la rééducation, le contrôle des corps.

prisons) qui ont pour fonction de dresser les individus pour les rendre «utiles et dociles». A l'aide de règlements, codes, manuels, etc., on s'évertue à exercer les corps, à noter et à hiérarchiser les individus, à introduire une surveillance réciproque au cœur des micro-communautés humaines.

## De l'art du gouvernement à l'art de se gouverner

La pensée de M. Foucault subit une nette inflexion à partir de 1976. Il passe progressivement d'une thématique du pouvoir et de la domination à une analyse du gouvernement (entendue comme conduite des autres et de soi). Les réflexions qu'il livre dans son *Histoire de la sexualité* sont très éloignées des descriptions minutieuses des procédures d'enfermement et d'exclusion qu'il avait établies dans ses ouvrages précédents. Il s'agit non plus d'une analyse des normes et règles de conduite qui sont imposées sous contrainte aux hommes, mais de la façon dont des individus libres se donnent à eux-mêmes, en fonction d'un art de vivre, des règles de conduite. Son problème est de savoir pourquoi et comment la société occidentale est passée d'une vérité sur le sexe relevant uniquement d'un «*ars erotica*» (expérience du plaisir qui n'est en rien liée à une utilité ou à une norme de permissivité, comme ce fut le cas en Chine, au Japon, en Inde…) à un savoir sur le sexe («*scientia sexualis*»). Pourquoi la question sexuelle est-elle devenue en Occident l'une des clés de la connaissance de nous-mêmes ?

Contrairement à ce que laisse penser une conception sommaire des sociétés bourgeoises, ce n'est pas à un étouffement répressif de toute parole sur le sexe que l'on assiste au XVIIe siècle, mais, au contraire, au déversement d'un flot de discours sur le sujet. *« La pastorale chrétienne,* note M. Foucault, *a inscrit comme devoir fondamental la tâche de faire passer tout ce qui a trait au sexe au moulin sans fin, de la parole. »* (3) Le pouvoir n'a pas peur du sexe, mais sait au contraire s'en servir comme mode d'exercice : par l'usage de la confession, de l'aveu et de la confidence, les sociétés chrétiennes organisent la *« mise en discours du sexe »*, et peuvent ainsi gérer un savoir et organiser un pouvoir qui sera le fondement d'un quadrillage des consciences et des conduites individuelles. Avec la publication, en 1984, de *L'Usage des plaisirs* et du *Souci de soi*, M. Foucault quitte l'étude de l'homme en tant qu'objet de pouvoir et de savoir pour se tourner vers l'analyse de l'homme se reconnaissant comme sujet de désir. L'enquête est menée dans l'Antiquité grecque et romaine. M. Foucault montre bien, à travers ce cas précis, que l'interdit n'est pas l'entrée pertinente pour comprendre l'émergence d'une science de la sexualité : en effet, dans l'Antiquité, c'est au sujet de rapports sexuels très libres et admis de tous (l'amour des garçons) que se posent le plus de questions et qu'abondent le plus de réflexions morales. Sexualité et morale sont fortement liées.

Dans l'Antiquité, désirs et plaisirs sexuels sont inséparables d'une éthique et d'une esthétique de l'existence. Cette préoccupation éthique s'exprime d'abord dans une maîtrise, une modération, une autonomie individuelle afin d'atteindre le gouvernement de soi.

Dans le domaine de la sexualité, cela implique de se conduire comme un homme digne et libre, fidèle à un certain art de vivre. Ainsi s'explique que l'Antiquité ne différencie pas le désir selon qu'il se porte sur les hommes ou sur les femmes : le désir porté sur un adolescent jeune et beau est considéré comme normal et légitime. Car c'est en référence à une construction personnelle et équilibrée de soi, à une pratique de la liberté que s'élabore la problématisation de la question sexuelle.

**Foucault, penseur de la modernité**

En résumé, l'œuvre de M. Foucault révèle un double souci. Il s'agit d'abord de déchiffrer des effets de vérité dont sont investis à un moment donné des discours (sur la folie, la médecine, la prison ou le sexe). Ce faisant, M. Foucault trace les limites de la Raison et en souligne le caractère relatif. Le second souci de M. Foucault est de porter un diagnostic sur notre modernité. En reformulant la question du pouvoir, il ébranle les certitudes établies depuis la philosophie des Lumières et montre clairement la nécessité de gratter le sous-sol de notre société « disciplinaire ».

Ce faisant, il converge avec toute une tradition critique allemande (de Max Weber à Jürgen Habermas) qui n'a

3. *La Volonté de savoir*, Gallimard, 1976.

cessé de s'interroger sur cet aspect central du processus de civilisation propre à l'Occident : l'agression rationaliste et la discipline des sujets.

Si ce double souci est bien permanent, l'œuvre de M. Foucault n'est ni une sentence définitive, ni le produit d'un maître à penser. En posant plus de questions qu'elle n'en résout, elle ouvre de nouveaux espaces d'interrogation et propose de nouveaux concepts et outils d'investigation. Ceux-ci ne demandent, ainsi que le souhaitait M. Foucault lui-même, qu'à être éprouvés dans les champs les plus divers des sciences humaines.

Jean-François Dortier*

# MICHEL FOUCAULT : SOUS LE REGARD DE LA CRITIQUE**

**Rançon du succès, les critiques portées à l'œuvre de Michel Foucault sont nombreuses et diverses. Elles font état de multiples fautes de détail, mais également de graves défaillances théoriques qui pourraient remettre en cause tout l'édifice intellectuel.**

*Histoire de la folie à l'âge classique* est aujourd'hui un livre incontournable pour qui s'intéresse à l'histoire de la psychiatrie (1). La thèse du « grand renfermement » qu'il contient a été largement popularisée. Selon cet ouvrage, après le Moyen Age, au cours duquel les fous sont relativement bien intégrés à la société et parfois traités comme des maîtres de vérité, s'ouvre, à partir du XVIIe siècle, une période de « grand renfermement ». Les malades mentaux, avec les infirmes et les vagabonds, sont alors isolés du reste de la population, dans des établissements spécialisés. La fondation de l'Hôpital général de Paris, en 1656, marque le début de ce processus. Cette logique de l'isolement correspond à une nouvelle façon de percevoir la folie. L'âge classique est celui de la raison triomphante, qui juge la déraison comme pathologique et cherche à éliminer le mal par l'isolement et la thérapie.

### Une erreur chronologique de deux siècles

Depuis ce travail, les historiens de la psychiatrie ont repris avec soin la question. Or, la plupart ont pris leurs distances avec les conclusions du philosophe. La vision d'un Moyen Age et d'une Renaissance où les fous sont bien admis et intégrés à la société ne reflète pas la réalité : on trouve de nombreux cas de persécutions à l'égard des fous

---

* Rédacteur en chef du magazine *Sciences Humaines*.
** *Sciences Humaines*, n° 44, novembre 1994.
1. M. Foucault, *Histoire de la folie à l'âge classique*, Gallimard, 1976 (1re éd. 1961).

au Moyen Age. De même, le mouvement thérapeutique a débuté bien avant le XVIIe siècle. Pierre Morel et Claude Quétel montrent, dans *Les Médecines de la folie*, que les humains ont toujours cherché à soigner les troubles mentaux (2). Il existait dès l'Antiquité tout un arsenal de soins. Cette volonté thérapeutique a pris, au Moyen Age, une forme magico-religieuse : exorcisme, pèlerinage et parfois chirurgie (saignée). Par ailleurs, le «grand renfermement» a bien eu lieu, mais au XIXe siècle et non au XVIIe, comme le montrent les statistiques. «*La proportion des fous internés pour 10000 habitants s'élève de 0,7 sous le règne de Louis XIV (période à laquelle Foucault situe le "grand renfermement" des fous à l'Hôpital général de Paris) à 1,9 à la veille de la Révolution, 3,6 à l'époque de la loi de 1838, pour dépasser le cap des 10 à la fin du Second Empire, puis des années 20 à la fin de la IIIe République, soit une multiplication, toujours en proportion, par près de 30 ! Si on doit parler de "grand renfermement", c'est bien plutôt à propos d'un long XIXe siècle se prolongeant pratiquement jusqu'au début de la Seconde Guerre mondiale. Le XIXe et non l'Ancien Régime institue les asiles d'aliénés, les construit et les remplit...*» (3)

Enfin, l'ouverture d'hôpitaux et d'asiles au XVIIe siècle ne concerne pas uniquement les malades mentaux, mais aussi toute une population délinquante et marginale. Certes, M. Foucault n'ignore pas ce phénomène, mais pourquoi traite-t il de la folie indépendamment des autres populations concernées ?

Et, surtout, pourquoi en vient-il à avancer de près de deux siècles la phase réelle d'enfermement ? On peut supposer que si M. Foucault doit situer à tout prix l'enfermement à l'âge classique, c'est pour confirmer la thèse centrale du livre : la nouvelle attitude à l'égard de la folie résulterait d'un nouveau cadre mental, celui des philosophes des Lumières qui veulent tracer une ligne de partage entre la Raison et la Folie, conçue comme «*l'irrationnel et la déraison*». Du coup, les critiques historiques exprimées à l'égard de son livre ne peuvent être tenues pour de simples mises au point d'historiens pointilleux qui n'auraient pas saisi la portée théorique du livre. En critiquant la date du processus d'enfermement présentée par M. Foucault, ses contradicteurs remettent en cause l'articulation générale qu'il effectue entre l'esprit des Lumières et le contrôle de la folie.

### L'asile, démocratique ou totalitaire ?

Une autre critique majeure a été formulée contre la thèse de M. Foucault par Marcel Gauchet et Gladys Swain (4). Selon ces auteurs, le développement des asiles et du traitement de la folie, loin d'être une conséquence normalisatrice du déploiement de la raison, est lié à l'avènement d'une société démocratique. Deux arguments soutiennent cette thèse :

– le processus d'enfermement ne vise pas à exclure l'Autre, le déviant, le dif-

2. P. Morel et C. Quétel, *Les Médecines de la folie*, Hachette, 1985.
3. *Ibid.*
4. M. Gauchet et G. Swain, *La Pratique de l'esprit humain ; l'institution asilaire et la révolution démocratique*, Gallimard, 1980.

férent, au nom de l'universalité de la raison triomphante, mais au contraire à l'intégrer dans la société, à prendre en charge les faibles et les démunis. L'essor de l'asile est parallèle à celui de l'Etat-protecteur;
– le traitement «moral» de la maladie mentale, inauguré par le psychiatre Philippe Pinel au XIXe siècle, accorde au fou le statut de malade (qui peut être guéri) et non d'insensé (qui doit être définitivement condamné). Le fou est d'abord un homme et doit être traité comme tel.

Certes, le projet d'intégration sociale des malades mentaux s'est traduit de fait par un enfermement, et le traitement a été un échec. Il n'en reste pas moins que ces mesures sont, selon M. Gauchet et G. Swain, un reflet de la démocratie et non l'expression d'un pouvoir répressif et normalisateur. Le principe premier de la démocratie est de mettre tous les hommes sur un pied d'égalité. Dès lors, les malades mentaux acquièrent le statut d'êtres humains à part entière et non celui de monstres ou d'enfants, comme ce fut le cas au Moyen Age. Il faut donc considérer les mesures d'internement et de thérapie comme un effet de l'égalisation des droits et statuts de tous les hommes. Si l'institution asilaire correspond à l'esprit de la démocratie, la thèse de M. Foucault est alors prise à contre-pied.

### Une épistémologie discutable

*Les Mots et les Choses*, cet autre livre phare de M. Foucault (5), se propose se mettre au jour les cadres du savoir, les *épistémè* avec lesquelles on a pensé la nature humaine depuis la Renaissance. M. Foucault s'y attache notamment à saisir les ruptures dans la façon de concevoir trois dimensions de l'être humain : le langage, l'économie, la biologie. L'histoire des idées sur l'homme depuis le Moyen Age est scandée en trois temps : l'époque préclassique (XVIe siècle), dominée par une pensée de l'analogie, l'époque classique (XVIIe et XVIIIe siècles), caractérisée par la préoccupation de l'ordre et du classement, et l'époque de la modernité (à partir de 1800), au cours de laquelle surgit la notion d'histoire. Les analyses de M. Foucault sur l'évolution des cadres mentaux sont stimulantes mais moins novatrices qu'on a pu le dire. Elles s'inscrivent dans la lignée de travaux d'historiens des idées et de philosophes des sciences comme Gaston Bachelard, Alexandre Koyré, Georges Canguilhem, Jean Cavaillès, auxquels M. Foucault a d'ailleurs exprimé sa dette. Toute la question est de savoir si sa contribution est décisive. Or, sur ce point encore, les critiques n'ont pas manqué.

Dans sa volonté de séparer de façon tranchante les époques et leurs *épistémè*, M. Foucault n'aurait-il pas déformé les faits historiques ? Ainsi, la Renaissance a connu, à côté d'une pensée magique et analogique, une pensée rationnelle et mathématique sans laquelle les lois de Kepler et le système de Copernic n'auraient pu être élaborés. Il n'y a pas de brutale discontinuité entre la pensée d'un Kepler et celle d'un Newton. Les *épistémè* de M. Foucault, ne valant donc que pour certains cou-

5. *Les Mots et les Choses ; une archéologie des sciences humaines*, Gallimard, «Tel», 1990 (1re éd. 1966).

rants de pensée, ne pourraient être généralisées qu'au prix de sérieux escamotages, comme celui de la physique et de l'astronomie. Pour faire entrer de force les *épistémè* dans le cadre de sa théorie, M. Foucault est conduit à commettre des anachronismes et des contresens. Les œuvres et auteurs parfois obscurs qu'il cite en renfort de ses thèses, comme la *Grammaire* de Petrus Ramus (1572), l'*Histoire de la nature des oiseaux* de Pierre Belon (1555), ont été interprétés à tort comme représentatifs d'une pensée analogique préscientifique, alors qu'ils marquent justement de nouveaux modes de raisonnement, en rupture avec la pensée de leur temps (6)... Bien d'autres décalages épistémologiques ont été signalés. Ainsi, la pensée nominaliste (7) qui fleurit à la Renaissance privilégie la logique et l'abstraction et ne peut donc être comprise dans le cadre rigide de l'épistémologie préclassique telle que l'a définie l'auteur des *Mots et les Choses* (8). Là encore, les critiques portées à M. Foucault ne peuvent être simplement tenues pour des mises au point scrupuleuses d'historiens sourcilleux du détail.

M. Foucault a bâti tout son système explicatif sur une notion d'*épistémè* abstraite, rigide et limitée par des frontières historiques étanches. Les erreurs sont la rançon de sa méthode. Pour le sociologue Raymond Boudon, les structures de pensée mises au jour par M. Foucault font *«bon marché de la complexité de l'histoire des sciences»* (9). Ces *épistémè* valent tout au plus comme typologie abstraite des formes de savoir, mais non comme reflet de l'évolution de la pensée occidentale.

### A quoi servent les prisons ?

M. Foucault étudie l'évolution des technologies du pouvoir, c'est-à-dire des formes de châtiment et de punition que la société inflige aux criminels et aux délinquants depuis plusieurs siècles (10). Là encore, c'est la période qui va de la Renaissance à l'époque de la modernité en passant par l'«âge classique» qui est surtout considérée.

Alors que le Moyen Age punissait les crimes par des châtiments corporels (pal, rouet, bûcher, etc.), l'avènement de l'âge classique voit le recours massif à la prison se substituer aux peines physiques. Ce passage du supplice physique à l'incarcération ne devrait pas être compris comme un adoucissement des mœurs mais comme une modification des formes de contrôle social ; la punition ne porte plus sur les corps mais sur les âmes. De là tout un arsenal de méthodes visant à surveiller, à contrôler, à redresser, à inculquer une discipline physique et morale. Pourtant, l'objectif de «redressement» et de «correction» des prisons n'atteindra pas son but : loin d'être un lieu de rédemption, la prison devient vite au contraire un vivier de la criminalité, un lieu de perversion. Pour M. Foucault, le maintien d'une forme carcérale qui ne supprime pas la délinquance, mais l'entretient, s'ex-

6. J.-G. Merquior, *Foucault ou le Nihilisme de la chaire*, Puf, 1986.
7. Voir mots clés en fin d'ouvrage.
8. P. Burgelin, «L'archéologie du savoir», *Esprit*, n° 360, mai 1967.
9. R. Boudon, *Dictionnaire critique de la sociologie*, article «Structuralisme», Puf, 1982.
10. M. Foucault, *Surveiller ou punir; naissance de la prison*, Gallimard, 1989 (1re éd. 1975).

plique par une fonction sociale précise. La prison isole et discrimine une certaine forme d'illégalité populaire (vol, agression, crimes...) pour rendre invisible l'illégalité des classes dominantes. M. Foucault va même plus loin en soutenant que les délinquants entretenus par la prison ont pu servir d'agents de l'ordre dominant en tant que provocateurs et indicateurs.

Selon R. Boudon, ce raisonnement fonctionnaliste n'est pas fondé sur des faits et est dépourvu de validité scientifique (11). Il affirme que la théorie part d'une hypothèse sans fondement (la prison augmente la criminalité de façon absolue). Cette hypothèse permet à M. Foucault de créer une pseudo-énigme scientifique (pourquoi la prison a-t-elle été maintenue alors qu'elle ne diminue pas la criminalité ?). Enfin, M. Foucault résout cette énigme en utilisant une méthode non scientifique qui consiste à expliquer une cause par ses effets non voulus : la prison est utile à la police, qui est utile à la classe dominante.

### Un pouvoir insaisissable

Pour M. Foucault, le pouvoir n'est pas une relation univoque de dominant à dominé qui serait restreinte à un lieu précis, l'Etat. Cette thèse prenait avec raison le contre-pied d'une vision trop machiavélique et unilatérale du pouvoir, véhiculée notamment par la théorie marxiste. Elle ne permet cependant guère de comprendre la réalité du phénomène. Sous la plume de M. Foucault, la notion de pouvoir est imprécise et diffuse. Elle désigne parfois un dispositif physique de contrainte (la prison, l'asile), parfois un cadre de pensée normatif (les disciplines scientifiques, dont une fonction est de définir les normes de la vérité), d'autres fois un mécanisme moral d'autocontrôle. Enfin, le philosophe semble réduire toutes les institutions modernes à des dispositifs omnipotents de contrôle et de normalisation des individus : l'école, l'entreprise, la prison, l'asile, etc., apparaissent seulement comme des institutions carcérales. Cette analyse unilatérale ne distingue pas entre systèmes totalitaires et institutions d'intégration sociale ni, plus largement, entre Etats totalitaires et démocraties. Les philosophes Luc Ferry et Alain Renaut se sont attaqués sans concession à une théorie qui, réduisant le pouvoir à un simple rapport de force, nie la réalité relativement autonome du droit et conteste ainsi l'existence des Etats de droit (12).

L'ensemble de ces critiques est-il de nature à remettre en cause tout l'édifice intellectuel bâti par l'auteur de *La Volonté de savoir* ? Faut-il *«oublier Foucault»*, comme l'a suggéré Jean Baudrillard (13) ? Au-delà des faiblesses de son œuvre, le philosophe n'a-t-il pas été à l'origine d'une nouvelle façon de concevoir l'histoire des modes de pensée et des dispositifs de normalisation de la société occidentale ? La question reste ouverte...

---

11. R. Boudon, *L'Idéologie ; l'origine des idées reçues*, Fayard, 1986.
12. L. Ferry et A. Renaut, *68-86, Itinéraires de l'individu*, Gallimard, 1987.
13. J. Baudrillard, *Oublier Foucault*, Galilée, 1977.

Yves Jeanneret*

# JÜRGEN HABERMAS : LA COMMUNICATION, FONDEMENT DU SOCIAL**

**Jürgen Habermas (né en 1929) fait partie de ces grandes figures de la philosophie dont la pensée – d'un accès difficile – s'inscrit dans la grande tradition allemande : penser la nature de la Raison moderne, et par là les fondements de nos sociétés.**

Prétendre résumer la pensée de Jürgen Habermas serait frivole : il ne peut s'agir ici que de formuler quelques-unes des questions que nous pose cette œuvre rigoureuse, mais complexe et protéiforme, en perpétuel approfondissement. Œuvre impossible à enfermer dans une discipline ou dans une école de pensée. On compte, à juste titre, J. Habermas parmi les héritiers de l'école de Francfort (*voir encadré page suivante*). Mais il est redevable d'autres influences : Max Weber, Kant, Hegel, Marx. Si J. Habermas est un auteur de sociologie politique, ses analyses puisent dans plusieurs disciplines : l'anthropologie (1), la psychanalyse (2), la théorie des actes de langage (3).

La façon même dont procède cette transdisciplinarité, systématique, réflexive, nourrie de préoccupations pratiques, évoque les hommes de large culture qui, au XVIIIe siècle, se sont employés à construire un parcours systématique, nommé *Encyclopédie*, au sein de la tradition scientifique. Homme des Lumières, J. Habermas l'est également à d'autres titres :

– d'abord, par son engagement résolu pour la raison, à la fois question centrale de sa philosophie et point de repère pour sa vision de l'histoire;

– ensuite, par son souci de lire l'actualité à la recherche de principes universels;

---

* Professeur de sciences de l'information et de la communication à l'université Lille-3.

** *Sciences Humaines*, n° 20, août/septembre 1992.

1. *Théorie de l'agir communicationnel*, Fayard, 1987.
2. *Connaissance et Intérêt*, Gallimard, 1976.
3. *Théorie de l'agir communicationnel*, *op. cit.*

## Les penseurs allemands et la Raison moderne

La Raison conçue comme modèle culturel de la modernité fait l'objet d'une analyse critique dans la pensée allemande depuis les Lumières.

Le grand projet d'**Emmanuel Kant (1724-1804)** est une recherche des fondements de la pensée rationnelle (*Critique de la raison pure*) et des fondements de la loi morale (*Critique de la raison pratique*).

**Friedrich Hegel (1770-1831)** voit l'histoire humaine comme le déploiement contradictoire d'une Raison universelle dont l'homme est à la fois le sujet et l'objet (*La Raison dans l'histoire, Science de la logique*).

Pour **Max Weber (1864-1920)**, la rationalisation de la vie sociale est la caractérisation fondamentale du monde moderne. La rationalisation, c'est l'introduction du critère de l'efficacité, du calcul dans toutes les actions humaines : science, économie, technique, pensée… M. Weber oppose ainsi les actions rationnelles aux actions traditionnelles ou affectives.

L'**école de Francfort**, dont Max Horkheimer (1895-1973), Theodor Adorno (1903-1969) et Herbert Marcuse (1898-1979) furent les représentants les plus notoires, est fortement inspirée par le marxisme et la psychanalyse (voir le texte de J.-F. Dortier p. 109). Leur « théorie critique » veut dévoiler, derrière l'illusion d'une Raison universelle, le discours dominateur de l'efficacité, de l'expertise, d'une idéologie aliénante. La Raison moderne dissimule en fait les intérêts de la technocratie, du capitalisme, de la bureaucratie totalitaire.

En s'inscrivant dans toute cette tradition, **Jürgen Habermas (né en 1929)** reprend un double projet : la critique d'une pseudo-raison universelle et la recherche d'un fondement légitime de l'ordre social. Toute son œuvre peut se lire comme une méditation autour du thème de l'universalité et de la relativité de la Raison moderne.

J.-F.D.

– enfin, par son obsession des fondements de la vie sociale, visant à la fois à repérer des origines, à mettre au jour des mécanismes cachés et à définir des principes de progrès.

Toutefois, la modernité de J. Habermas réside dans le fait qu'il ne réduit la raison ni à une logique, ni à une efficacité, mais reconnaît la diversité des intérêts humains, et que les fondements qu'il propose ne renvoient ni à une nature, ni à un héritage, mais au mouvement même des hommes pour se comprendre.

### Le statut de la sociologie

J. Habermas est sociologue en un double sens. En un sens empirique, il s'emploie à décrire le développement de la rationalité dans les sociétés modernes. Héritant de la critique weberienne de la bureaucratie, il l'élargit en une théorie des crises de notre système social. Mais cette enquête se double d'un travail réflexif, c'est-à-dire d'une étude portant sur le statut de la sociologie elle-même et sur les conditions de son exercice lucide et favorable à l'autonomie des hommes.

En effet, dans la tradition de Max Horkheimer, J. Habermas tient à mettre les disciplines scientifiques en rapport avec les intérêts qu'elles poursuivent. Ce n'est pas pour jeter sur elles le soupçon, mais pour expliciter ce qui peut fonder l'objectivité de chacune d'entre elles. La réflexion sur *Connaissance et Intérêt* conduit ainsi à distinguer entre les champs scientifiques.

• **Les sciences empirico-analytiques** produisent des informations et visent à expliquer les faits, par une démarche hypothético-déductive, selon le modèle de la physique : leur intérêt est de pouvoir disposer des choses grâce à la technique.

• **Les sciences historico-herméneutiques**, sciences de l'esprit, procèdent de l'interprétation et visent à la compréhension du sens, à la manière de la philologie : leur intérêt est pratique, il consiste à se comprendre par le biais du langage.

• Enfin, **les sciences praxéologiques et critiques** regardent les activités humaines organisées et ont pour objet, comme la psychanalyse, de dissiper les apparences mystifiantes : leur but est émancipatoire, il permet d'échapper à des formes de domination et d'illusion. En réalité, la sociologie connaît pour sa part ces trois moments de la connaissance et doit les distinguer pour en remplir le programme.

Le souci constant de J. Habermas est en effet de ne pas aplatir l'objet de ses analyses par une méthode simpliste qui réduirait la société à l'une de ses composantes. Une théorie de la société doit être à la fois objective et subjective ; elle doit tenir compte de la complexité du système de pouvoirs et de contraintes qui régit objectivement les rapports sociaux ; mais elle ne doit pas négliger la force des savoirs et des croyances sur lesquels s'appuient, spontanément ou explicitement, les hommes.

Le lien social doit être conçu à la fois :

– comme une intégration du système, c'est-à-dire comme un ensemble de régulations des comportements échappant à toute conscience critique ;

– comme une intégration sociale, c'est-à-dire comme un ensemble de points de vue sur le monde, la société.

A se placer du seul point de vue du système et de la complexité de ses effets de causalité, la sociologie se mue en technologie sociale ; à donner tout pouvoir à la perception que les acteurs ont du monde, elle bascule dans l'utopie.

### Le sociologue dans son objet d'étude

Mais pour comprendre le social dans sa spécificité, le sociologue rencontre deux questions symétriques :

– celle d'une praxéologie (théorie de l'action), capable d'expliquer en quel

sens les actions humaines sont susceptibles d'être rationnelles ;
– celle d'une épistémologie (théorie de la connaissance), déterminant dans quelles conditions le théoricien peut rendre compte scientifiquement de ces actions.
La praxéologie de J. Habermas est complexe : elle reconnaît plusieurs formes de rationalité de l'action (*voir l'encadré ci-contre*) et, parmi elles, l'existence d'un agir communicationnel qui ne peut se manifester que par le langage. Mais, du point de vue épistémologique, cette importance de la communication n'est pas sans conséquence pour le travail du sociologue : celui-ci ne peut se contenter d'observer de l'extérieur les comportements sociaux, qui ne peuvent être réellement compris qu'en considérant le sens que leur donnent les acteurs. Contre toute attitude positiviste, J. Habermas définit avant tout le sociologue comme un participant à la vie sociale, qui cherche en premier lieu à comprendre en quoi les actes des hommes peuvent prétendre à la validité. Dans cette sociologie performative (ancrée dans l'action), le but du sociologue consiste à reconnaître et à expliciter des principes que les acteurs ne font que mettre en œuvre spontanément.

### De la critique à la refondation

La sociologie habermasienne se veut une théorie des fondements du social. Comme M. Horkheimer ou Herbert Marcuse, J. Habermas reconnaît à la sociologie un rôle critique. Mais dénoncer une oppression n'est pas pour lui le dernier mot de l'analyse sociologique : l'idée d'une déformation des rapports sociaux lui paraît devoir être elle-même fondée sur la définition de rapports véritablement rationnels. C'est pourquoi, quand les acteurs sociaux revendiquent un sens pour leurs actions, le théoricien ne peut se contenter de décrire ce qui se passe ; il doit prendre en compte et expliciter ce qui peut rendre valides les comportements. Ainsi les principes universels formulés par J. Habermas prétendent-ils être autre chose qu'un outil de description à valeur méthodologique (« l'idéal-type » weberien) : ils sont l'explicitation d'une grammaire profonde des rapports humains, à la fois condition de possibilité de toute vie en société et point d'ancrage d'une émancipation.
La sociologie de J. Habermas rompt par là même avec l'association, traditionnelle dans le marxisme, entre l'attitude révolutionnaire et l'historicité : elle propose une émancipation fondée sur la reconnaissance de principes universels.

### Rationalité et modernité

C'est dans la perspective émancipatrice que J. Habermas reprend, au fil de ses œuvres, l'analyse de la rationalisation de la société héritée de M. Weber. Pour ce dernier, on le sait, la société moderne se définit par une tendance générale à l'action rationnelle, sur des plans aussi différents que l'économie, le droit ou l'éthique personnelle.
Reprenant cette discussion et en explicitant inlassablement les conséquences au fil de son œuvre (de *La Technique et la Science comme idéologie* à *Théorie de l'agir communicationnel*, en passant par

## Qu'est-ce qu'agir ? Les quatre modèles d'action

Toute sociologie repose sur un modèle plus ou moins explicite permettant de comprendre le comportement des acteurs. J. Habermas distingue quatre modèles d'action.

Selon le modèle traditionnel d'un agir **téléologique**, l'acteur poursuit un but défini à l'avance et utilise pour cela des moyens propres à lui assurer le succès. Le stratège militaire, l'entrepreneur ou le joueur d'échecs en sont des modèles types.

Une conception **axiologique** de l'action présente les comportements comme régis par des normes : les membres d'une même communauté obéissent à certaines attentes de comportement. Le prêtre, le professeur ou tout autre professionnel dans l'exercice de ses activités s'inscrit dans ce type d'action. On trouve une illustration de ce modèle dans la théorie des rôles sociaux ou dans l'étude des idéologies.

L'action peut aussi être représentée dans une logique **dramaturgique** : il s'agit alors de proposer de soi une certaine image à des interlocuteurs assimilés à un public. La théorie des faces d'Erving Goffman se situe dans cette perspective. Le demandeur d'emploi ou le courtisan doit se plier aux règles d'une telle logique d'action.

Le concept d'un agir **communicationnel** construit des consensus dans un dialogue de sujet à sujet, exempt de manipulation : la relation entre les acteurs se constitue dans le langage, elle ne lui préexiste pas. Le député à l'Assemblée ou le commercial qui négocie un contrat entre dans le cadre de l'agir communicationnel.

Dans la réalité, toute action est un mélange de ces quatre types purs.

*Raison et Légitimité*), J. Habermas est mû par deux soucis essentiels :
– d'une part, il défend une conception complexe de la rationalité, qui soit apte à rendre compte de la diversité des conduites humaines sans les réduire à l'efficacité opératoire ni à la poursuite calculée d'intérêts égoïstes : en cela, il est héritier de la philosophie et de la langue allemande qui attribuent à la raison (*Vernunft*) une signification plus large et plus éthique que celle de son équivalent français ;
– d'autre part, il entend échapper aux errements symétriques de l'absolutisme et du relativisme dans l'analyse des civilisations : l'absolutiste voit dans le modèle particulier de sa société le destin

universel de l'humanité, dans une attitude ethnocentrique ; le relativiste « jette le bébé avec l'eau du bain », s'interdisant de reconnaître ce que sa culture peut porter en elle d'universalité.

Nos sociétés se distinguent bien des sociétés traditionnelles par certaines conditions universelles de la rationalité, que la théorie s'emploie à expliciter :

– elles accèdent à la dimension réflexive de la culture, et rendent possible un retour critique sur les savoirs, croyances et habitudes, qui cessent ainsi d'être simplement vécus comme les seuls possibles ;

– elles distinguent explicitement un monde objectif, structuré par les lois de la nature, un monde social, régi par des normes partagées et un monde subjectif, relevant de la responsabilité personnelle ;

– elles permettent ainsi l'autonomie de formes d'activité orientées vers la connaissance, le succès ou l'établissement de normes juridiques.

Toutefois, la société capitaliste moderne a organisé peu à peu le primat d'un type de logique, celle qui vise le succès d'entreprises, une logique d'action cognitive-instrumentale. Il s'agit de connaître la nature pour pouvoir l'exploiter, éventuellement de manipuler dans ce but d'autres hommes, conçus, dans une perspective stratégique, comme des objets. La technoscience privilégie ainsi la logique de l'application, qui subit les contraintes de la technique, au détriment d'une logique de la pratique, qui consiste à faire des choix conscients et explicitement discutés. Là encore, J. Habermas combat deux positions symétriques : l'une qui consiste à s'en remettre aux sciences empiriques et formelles pour décider à notre place des problèmes qui nous concernent (la science comme idéologie) ; l'autre qui consiste à présenter la décision comme un acte irrationnel et purement subjectif.

Le sens des activités pratiques est susceptible de rationalité dès lors qu'il fait l'objet de prétentions à la validité explicitement discutée. Il y a une raison pratique, c'est la raison communicationnelle.

### Une éthique communicationnelle

La question de savoir si l'homme peut être sujet de son histoire est ainsi posée sur le terrain de l'intersubjectivité, de la reconnaissance mutuelle de deux sujets. Tenir l'autre pour un sujet et non pour un objet, c'est ce qui distingue l'agir communicationnel d'une simple manipulation.

J. Habermas combat les modèles utilitaristes en vigueur, par exemple, dans la théorie des jeux stratégiques, dans la sociologie des organisations ou dans les modèles économiques classiques. Le point de vue téléologique (la poursuite des buts égoïstes) n'est pas le dernier mot de l'action sociale ; au contraire, il postule, comme son propre fondement, une pratique d'intercompréhension authentique. Ce n'est d'ailleurs que parce qu'il existe un horizon de la discussion honnête que le stratège peut manipuler ses interlocuteurs.

La pragmatique formelle consiste à faire le pas de ce premier constat à l'élucidation des principes supposés par toute communication. Elle s'organise autour de l'idée d'une situation de parole idéale, dans laquelle les participants à une interaction expriment des prétentions à la validité soumises à la seule «contrainte non contraignante» de l'argument le meilleur. J. Habermas ne prétend pas ici rendre compte des situations de communication réelles, qui ont toutes les chances de s'éloigner de ce modèle idéal et d'être marquées par la dissymétrie et le pouvoir. Mais la nécessité de ce modèle tient à ce que chacun l'utilise comme un arrière-plan légitime par rapport auquel il se situe implicitement lorsqu'il communique : sans recourir à cette situation idéale, nous ne pouvons comprendre le sens des comportements. Le noyau de cette pragmatique est une théorie complexe de l'argumentation et de l'action langagière, qui est comme l'ossature du social. J. Habermas reconnaît donc diverses formes de prétention à la validité. Trois types de prétention majeurs traversent ces analyses, reproduisant à peu près la distinction des trois critiques kantiennes (4) : une prétention à la vérité des connaissances, une prétention à la justesse des actions, une prétention à l'expression authentique de soi. Chacun de ces types de prétention, nécessairement exprimé dans tout acte de communication, est justiciable de formes de reconnaissance et de contestation différentes.

Cet agir communicationnel serait donc le socle sur lequel se constitue l'intégration sociale. C'est dans cette relation intersubjective fondamentale que se constitue le sujet, à la fois comme sujet épistémique (porteur d'un ensemble culturel de connaissances et de représentations de la réalité), comme sujet éthique (adhérant à des normes sociales) et comme sujet pathique (se réalisant selon une certaine image de sa personnalité). A travers les consensus établis ou supposés par l'agir communicationnel, se constituent donc le monde vécu commun d'un groupe social, sa façon de voir le monde, d'interdire et de juger, de permettre la reconnaissance mutuelle des personnes.

Aussi l'agir communicationnel est-il un concept politique, un noyau autour duquel s'organise chez J. Habermas l'idée de démocratie. La démocratie ne se résume pour lui ni à un équilibre de pouvoirs, ni à la sauvegarde des libertés privées, ni à l'instauration de mécanismes de compromis d'intérêt. La démocratie est pour J. Habermas un changement de paradigme politique : c'est un état politique dont la légitimité est fondée par une discussion que ne marque pas la domination.

Corrélativement, l'action politique – à laquelle s'emploie J. Habermas – consiste, loin d'affirmer une quelconque fin de l'histoire, à imposer sans cesse le débat dans une société qui tend à se poser toujours la question «comment ?» et jamais la question «pourquoi ?»

## Le discours théorique comme agir communicationnel

La façon d'écrire de J. Habermas se veut la mise en œuvre de cette valorisation du débat. Elle se déploie comme un dialogue incessant avec les théoriciens passés et contemporains : Kant,

4. Respectivement : *Critique de la raison pure*, *Critique de la raison pratique*, *Critique du jugement*.

Hegel, Weber, Adorno, Nietzsche, Parsons, Piaget, Austin. Les théoriciens du social sont, d'une certaine façon, tous nos contemporains. Ils ont posé des questions qui, si elles sont prises au sérieux, peuvent connaître des développements et peuvent être rassemblées dans une pensée globale qui respecte plusieurs logiques parallèles. Par ailleurs, le sociologue se fait interprète de son monde social un peu à la façon dont Lucien Goldman définissait les grandes productions intellectuelles comme formulant le *«maximum de conscience possible»* de leur temps : le dialogue avec les théories est une façon de tester la pertinence d'une conception sociologique en la confrontant à une version condensée du social. *«S'adosser aux théories»*, c'est donc à la fois pour J. Habermas en formuler les problématiques plus explicitement et plus complètement que leurs auteurs ne l'ont fait, et tester la valeur propre de son modèle. On voit bien à quel type de critique peut s'exposer alors la sociologie de J. Habermas. On peut lui reprocher de trahir les auteurs qu'elle s'approprie, de diluer sa propre consistance dans un commentaire incessant, ou de substituer commodément à une enquête empirique sur la société le parcours au sein des théories de la société. Et aucune de ces critiques n'est dépourvue de fondement.

**Œuvres de Jürgen Habermas en français**

- *La Technique et la Science comme idéologie*, Gallimard, 1973, et Denoël, coll. «Médiations» (le texte le plus accessible).
- *Connaissance et Intérêt*, Gallimard, 1976.
- *Profils philosophiques et politiques*, Gallimard, 1974 (rééd. 1987).
- *L'Espace public archéologie de la publicité*, Payot, 1978.
- *Après Marx*, Fayard, 1985.
- *Morale et Communication*, Cerf, 1986.
- *Théorie de l'agir communicationnel*, 2 t., Fayard, 1987.
- *Le Discours philosophique de la modernité*, Gallimard, 1988.
- *Droit et Démocratie*, Gallimard, 1997.
- *Droit et Morale*, Seuil, 1997.
- *De l'éthique de la discussion*, Cerf, 1992.
- *L'Intégration républicaine*, Fayard, 1998.

**Ouvrages sur Jürgen Habermas**

- J.-M. Ferry, *Habermas, l'éthique de la communication*, Puf, 1987 (une présentation très complète de l'œuvre).

### Les limites d'une œuvre spéculative

Davantage encore que ses prédécesseurs de l'école de Francfort, J. Habermas s'est éloigné du travail empirique du sociologue qui enquête, recueille et interprète les données. Sans doute estce le risque des entreprises radicalement tournées vers la réflexion méthodologique que de rester toujours au stade programmatique. Toutefois, le point faible de la *Théorie de l'agir communicationnel* est à mon avis plus radicalement situé dans sa façon d'aborder les pratiques concrètes de communication qui en constituent le centre et, peut-être, le point aveugle. En effet, l'encyclopédisme de J. Habermas fait deux impasses majeures étonnantes : d'une part, sur l'analyse du discours et la rhétorique; d'autre part, sur la sociologie des médias de communication. Il ne voit le langage que sous les deux espèces les plus simples et les plus extrêmes de la manipulation instrumentale (l'agir stratégique) ou de la libre discussion comparable à un dialogue entre des philosophes (l'agir communicationnel).

**Jean-François Dortier***

# L'ÉCOLE DE FRANCFORT : UNE THÉORIE CRITIQUE DU MONDE MODERNE**

**Max Horkheimer (1895-1973), Theodor Adorno (1903-1969), Walter Benjamin (1892-1940), Herbert Marcuse (1898-1978), Erich Fromm (1900-1980), les noms de ces penseurs sont associés à un courant de pensée connu sous le nom d'« école de Francfort ».**

Des années 20 à la fin des années 70, ce groupe de philosophes (dont chacun suivra plus tard sa propre destinée) développe une « théorie critique » du monde moderne. L'idée de Raison universelle, dont l'Occident a fait l'un de ses fondements, dissimule en fait une idéologie aliénante : celle de la technoscience, de la rationalisation des tâches, de l'efficacité, de l'expertise, qui expriment en fait les intérêts de la technocratie, du capitalisme, de la bureaucratie totalitaire (1).

## Théorie traditionnelle contre théorie critique

« L'école de Francfort » apparaît en 1923, avec la création de l'Institut de recherches sociales, installé à Francfort. La Révolution allemande vient d'être écrasée, mais les idées révolutionnaires continuent de se propager et d'agiter une partie de l'intelligentsia. Felix Weil, un homme d'affaire juif rallié aux idéaux révolutionnaires, décide de financer un centre d'étude pour soutenir les intellectuels et artistes engagés. La direction de cet Institut de recherches sociales est confiée à Carl Grünberg de 1923 à 1931. Autour d'une revue, la *Zeitschrift für Sozialforschung* (*Revue de recherches sociales*), ce centre aide à la publication d'études sur le mouvement ouvrier, sur

* Rédacteur en chef du magazine *Sciences Humaines*.

** Texte inédit.

1. On ne peut manquer de souligner un certain parallélisme entre la critique de la technique de Heidegger et celle de l'école de Francfort. L'une est conservatrice, l'autre est révolutionnaire, mais toutes deux critiquent la face noire du capitalisme et de la société moderne.

la critique du capitalisme, édite Marx et Engels, etc.
En 1931, Max Horkheimer, jeune professeur de philosophie, prend la direction de l'Institut et lui impulse une orientation nouvelle. Il souhaite développer une analyse du monde contemporain destinée à en dévoiler les fondements et contradictions.
Pour cela, il faut se démarquer à la fois de la philosophie spéculative, qualifiée d'«idéaliste», et d'un marxisme sclérosé et dogmatique. Il s'agit de s'appuyer sur des recherches concrètes en psychologie, sociologie, économie, etc. – tout en dépassant des frontières disciplinaires trop étroites – pour revitaliser une pensée critique. En 1937, dans *Théorie traditionnelle et Théorie critique*, M. Horkheimer opposera la «théorie traditionnelle», dont le rôle est d'expliquer le monde existant, son fonctionnement et sa raison d'être, et la «théorie critique», dont le but est de mettre au jour les contradictions de la société et qui, à ce titre, est porteuse de transformation. Pour mener à bien ce programme, M. Horkheimer va s'entourer de jeunes et brillants esprits : Theodor Adorno, Walter Benjamin, Herbert Marcuse, Erich Fromm.
En 1933, l'Institut est fermé par les nazis qui viennent d'arriver au pouvoir. M. Horkheimer et ses compagnons se réfugient alors aux Etats-Unis, où l'Institut est hébergé à l'Université de Columbia (New York). L'Institut y séjournera jusqu'en 1949, date du retour de M. Horkheimer en Allemagne.
Durant cette période, l'Institut lance quelques grandes enquêtes. L'une porte sur l'autorité dans la famille; en fait, il s'agit de savoir si le fascisme peut s'expliquer uniquement par la logique économique capitaliste (thèse marxiste alors dominante). Le fascisme, l'antisémitisme ne trouveraient-ils pas aussi des racines dans la psychologie collective, notamment dans l'existence d'une «personnalité autoritaire», issue d'une forme d'éducation familiale spécifique ?

### La raison comme instrument d'oppression ?

Au lendemain de la guerre, M. Horkheimer publie coup sur coup *Eclipse de la Raison* (1947) et, avec T. Adorno, *Dialectik der Aufklärung* (*Dialectique de la Raison*, 1947) qui sont les deux livres phares de l'école de Francfort. La «Raison» dont parlent ici nos auteurs, c'est la raison occidentale, identifiée à la culture technoscientifique, à la gestion et à l'efficacité – ce que Max Weber nommait la raison instrumentale.
La Raison a perdu le caractère révolutionnaire et émancipateur qu'elle avait eu au temps des Lumières où elle était un instrument de libération contre la religion, la superstition et les croyances magiques. Elle est devenue un instrument de pouvoir et de soumission des masses, d'uniformisation des conduites.
*Eclipse de la Raison* et *Dialectique de la Raison*, inspirées de Hegel (la dialectique) et de Marx (critique du capitalisme), traduisent sous une forme philosophique une critique de la société industrielle, de la gestion technocratique de l'économie.
A partir de 1950, l'Institut se réinstalle en Allemagne et T. Adorno en prend la direction. Il le dirigera jusqu'en 1969.

### Theodor Adorno et la dialectique négative

L'œuvre de T. Adorno s'inscrit dans la continuité de celle de M. Horkheimer, mais lui donne une orientation nouvelle, peut-être plus radicale et pessimiste. Dans sa *Dialectique négative* (1966), il s'oppose à l'idée hégélienne d'une dialectique conduisant à la réconciliation finale des contraires. Pour T. Adorno, toute tentative de synthèse théorique, tout essai pour exprimer le monde sous forme d'une « totalité » sont le signe d'une uniformisation qui nie les différences et les individualités. *Dialectique négative* peut se lire comme une tentative théorique pour exprimer la résistance à un ordre social dominant, qui voudrait administrer la société par une loi unique, abolir les différences.

Une autre versant de l'œuvre de T. Adorno concerne l'esthétique musicale. Né dans une famille de musiciens, il avait songé à devenir compositeur avant d'embrasser la carrière de philosophe. Mais il écrira beaucoup sur l'art et la musique (*Philosophie de la nouvelle musique*, 1949 ; *Théorie esthétique*, 1970). L'intérêt pour l'esthétique et pour l'analyse des liens entre l'art contemporain et la société moderne est d'ailleurs un domaine de prédilection d'un autre membre éminent de l'école de Francfort : W. Benjamin.

Au lieu d'immigrer aux Etats-Unis, comme tous ses amis juifs, ce dernier choisit de s'établir à Paris, fasciné par la culture française. Mais en 1940, durant l'occupation nazie, il est arrêté. Plutôt que de subir le sort de la déportation, il se donne la mort à la veille de son transfert pour les camps.

### Herbert Marcuse, Eros et révolution

H. Marcuse est la figure emblématique de la révolte étudiante des années 60. Après ses études de philosophie à Fribourg-en-Brisgau – où il fut l'élève de Heidegger –, il collaborera à l'Institut de recherches sociales, au début des années 30. A l'arrivée au pouvoir du nazisme, il émigre aux Etats-Unis, comme une grande partie des intellectuels juifs allemands à l'époque. Il y mènera dès lors toute sa carrière – enseignant à New York, à Harvard, à San Diego. *Raison et Révolution* (1941), *Eros et civilisation. Contribution à Freud* (1955), *L'Homme unidimensionnel* (1964), *Vers la libération* (1969), ces quelques titres qui jalonnent une œuvre abondante en expriment bien l'esprit. Contre un marxisme dogmatique et asséché, il redonne à l'idée révolutionnaire un souffle romantique, teinté d'existentialisme.

Au thème de l'exploitation économique du prolétariat et de sa paupérisation, H. Marcuse substitue l'idée d'« aliénation », un asservissement économique et culturel de l'individu au capitalisme. Contre cette entreprise d'uniformisation de la vie quotidienne et de l'existence par le travail, la consommation, les médias – nous sommes dans les années 60, une période de croissance, de plein emploi et de consommation de masse aux Etats-Unis –, il en appelle à un nouveau souffle révolutionnaire. Changer la vie suppose une subversion totale de l'existence qui ne se limite pas à une révolution politique ou à une révolte économique. La libération de l'homme passe par une libération de toutes ses pulsions vitales – réprimées, inhibées par la société.

Ce discours entrait en résonance avec le mouvement de contre-culture des années 60 aux Etats-Unis, qui se diffuse ensuite en Europe. L'époque est alors marquée dans la jeunesse par une aspiration à la liberté, à l'expression du désir : contre l'autoritarisme patriarcal, contre l'Etat, contre la morale, contre la famille, contre le travail aliénant, contre le puritanisme sexuel.
Au fil de ses livres et de ses conférences, qui prennent de plus en plus l'allure de meetings, H. Marcuse en viendra à la formulation d'une dialectique assez simple : elle vante les vertus libératrices du désir, de l'amour, de la création, de l'art, de l'épanouissement contre les forces aliénantes et inhibantes, opprimantes de la division du travail, des pouvoirs et de tous les carcans de la vie moderne. H. Marcuse sera, avec Wilhelm Reich (1897-1957) et E. Fromm, l'un des représentants du «freudo-marxisme».

### Jürgen Habermas, dernier héritier de l'école de Francfort

Jürgen Habermas (né en 1929) est l'héritier de l'école de Francfort. Assistant de T. Adorno à la fin des années 50, il reprendra ensuite la chaire de M. Horkheimer à Francfort au milieu des années 60 (2). Ses premières études s'inscrivent dans l'esprit de Francfort : une critique de la pseudo-raison universelle de la modernité (*La Technique et la Science comme idéologie*).
A partir des années 80, sa pensée s'oriente plutôt vers une recherche d'un fondement légitime de l'ordre social. En effet, si l'on ne peut trouver de principe universel (celui de la Raison) pour gouverner la vie en société et définir les règles de l'action pratique (la morale, la politique), comment ne pas sombrer dans l'arbitraire ? J. Habermas pense trouver dans l'«agir communicationnel» – c'est-à-dire dans la communication, le dialogue – les fondements d'une morale commune.
J. Habermas est l'héritier de l'école de Francfort, mais il en est aussi d'une certaine façon le «liquidateur». En effet, à partir des années 80, son œuvre se détache de plus en plus de la théorie critique, elle-même ancrée dans le freudo-marxisme, et de la tradition dialectique allemande, pour s'orienter vers des thèmes plus proches de la philosophie anglo-saxonne : le langage, la morale, les fondements de la démocratie.

2. Voir le texte d'Yves Jeanneret, p. 101.

NICOLAS JOURNET*

# QU'EST-CE QUE LA POSTMODERNITÉ ?**

**L'idée de postmodernité, qui a fait fortune aux Etats-Unis à partir des années 80, renvoie à l'image d'un monde qui ne croit plus au progrès, à la science toute-puissante, aux lendemains qui chantent, à la Raison triomphante. Il ne s'agit plus de valoriser une culture (scientifique, occidentale) par rapport à une autre, mais de vanter les mérites du métissage, du multiculturel, de la différence.**

L'ADJECTIF «postmoderne» existait semble-t-il dans les années 60, chez des critiques littéraires américains, pour désigner certaines œuvres avant-gardistes. C'est sous la plume de Charles Jencks, critique d'art, qu'il prend en 1975 un sens proche de celui d'aujourd'hui. Il s'agit pour C. Jencks d'exprimer l'attitude d'un groupe d'architectes (Graves, Venturi, Rossi, Ungers, Bofill, Hollein) qui réclament le droit de tourner le dos à l'innovation systématique. D'où émerge un genre d'architecture composite et truffé de références au passé.

Le deuxième temps fort dans la carrière du terme est celui que lui imprime Jean-François Lyotard en 1979 : il qualifie de postmoderne la condition des sociétés déçues par les promesses du modernisme. Le mot prend une signification culturelle au sens large, au sens du dépassement des idéaux progressistes, liés à l'esprit des Lumières, de la raison, de la science. Il intègre les conséquences du modernisme : l'accélération du temps, la contraction de l'espace, ainsi que l'exigence de liberté individuelle.

### La postmodernité des philosophes

**Jean-François Lyotard** souligne, dans *La Condition postmoderne* (1), que l'homme postmoderne doit désormais vivre sans «métarécits». Les métarécits

* Journaliste scientifique au magazine *Sciences Humaines*.

** *Sciences Humaines*, n° 73, juin 1997.

1. Minuit, 1979.

(ou grands récits) sont les mythes, et plus tard, les doctrines historiques du progrès dont les sociétés se sont alimentées jusqu'à l'ère moderne. Mais, après les horreurs de la guerre et des régimes totalitaires, aucun « lendemain chantant » ne pouvait plus être attendu ni de la science ni des idéologies politiques. L'homme ne peut plus compter sur la vérité, le progrès ou la révolution pour atteindre la liberté et le bonheur. Il doit s'accommoder de la domination des techniques et des sciences sur son existence, sans toutefois pouvoir leur faire confiance pour ce qui est de son bien-être. Enfin, dans le monde postmoderne, chacun doit s'accommoder des différences culturelles de l'autre, sans attendre qu'elles se fondent dans un idéal de civilisation unique, car il n'y a pas d'arbitre suprême pour trancher ce qui est bien et ce qui est mal. La réflexion de J.-F. Lyotard se veut donc un bilan des changements récents intervenus dans la culture des pays développés. Mais le constat qu'il dresse place l'homme face à une situation absolument nouvelle dans l'histoire.

**Richard Rorty**, professeur à l'université de Virginie, grande figure de la philosophie américaine, a contribué à élaborer la notion de postmodernité. Toutefois, il se qualifie lui-même comme un continuateur du pragmatisme et un critique du rationalisme philosophique. Le pragmatisme en l'occurrence part du principe qu'il n'existe pas de point de vue qui exprime la vérité absolue des faits, ni permette de définir l'essence des choses. Le postmodernisme naît de la prise de conscience pleine et entière de ce fait.

Il en résulte, selon R. Rorty, que l'accord entre les hommes est préférable à la connaissance du vrai. De là découle un certain nombre de prises de position sur des sujets moraux et épistémologiques :

– la critique de la connaissance scientifique comme raison ultime et comme source de pouvoir ;

– le primat de la volonté et de la liberté humaines sur le savoir ;

– la primauté de la démocratie sur la compétence intellectuelle, de la « conversation » humaine sur les énoncés de savoir.

R. Rorty n'est nullement pessimiste : dans *L'Espoir au lieu du savoir* (2), il affirme précisément que l'amélioration du sort des hommes est préférable à toute autre exigence, et notamment à toute tentative d'établir des règles.

**Gilles Deleuze** peut être compté également parmi les philosophes de la postmodernité, par sa contribution à la critique de la modernité rationaliste. Dans *Mille Plateaux* (3), il préconise une pensée libérée de la nécessité d'aboutir à une proposition unique. Il propose la métaphore du rhizome (sorte de racine bulbeuse) qui prolifère dans tous les sens et n'a pas de centre. Pour lui, les différences entre les hommes sont toujours affirmatives, créatrices, et contribuent à l'accomplissement de la liberté humaine. Dans le domaine des sciences, Michel Serres pratique une philosophie interprétative par la métaphore qui a des affinités avec l'approche de G. Deleuze.

2. Albin Michel, 1995.
3. Minuit, 1980.

### La postmodernité aux Etats-Unis

Aux Etats-Unis, le postmodernisme tend à qualifier un vaste courant d'idées s'alimentant de la critique d'art, des philosophes de la déconstruction (Jacques Derrida, Gilles Deleuze, Michel Foucault), des penseurs relativistes de la science (Bruno Latour), de l'anthropologie interprétative (Clifford Geertz).
Réacclimaté avec ce sens dans les pays anglo-saxons, le mot investit le champ des sciences sociales dans les années 80 : sociologie, anthropologie, géographie même. On notera l'existence parallèle du mot « postindustriel », apparu à la fin des années 60 chez des sociologues comme Alain Touraine et Daniel Bell, qui qualifie l'évolution des sociétés modernes vers des activités de service, où l'information et les biens symboliques jouent un rôle prépondérant. Chez les sociologues, on verra converger l'analyse des aspects culturels de la postmodernité et les données structurelles du modèle postindustriel.
On trouve, chez les sociologues, plusieurs déclinaisons du terme. Ronald Inglehart parle du « postmatérialisme » qui caractérise le développement de valeurs morales, esthétiques et religieuses nouvelles après les années 70, se substituant à la recherche du bien-être matériel comme motivation principale des sociétés occidentales.

### Un nouveau courant en anthropologie

Deux figures, celle de Clifford Geertz et celle de James Clifford, peuvent être considérées comme représentatives d'un mouvement parfois qualifié de postmoderne. Ils ont en commun avec les penseurs postmodernistes la critique de l'objectivité scientifique et le refus de la hiérarchie des savoirs, qui se sont développés assez facilement sur la base d'un relativisme culturel présent chez les fondateurs du culturalisme aux Etats-Unis (Franz Boas, Alfred Kroeber).
**Clifford Geertz**, professeur à Princeton, spécialiste de la culture balinaise, part de l'idée que toute culture est une interprétation du monde : l'observateur ne fait qu'essayer de saisir le style propre à chaque culture (voir *Savoir local, savoir global* (4)).
Dans un deuxième temps, on admettra que le discours de l'anthropologue est lui-même une interprétation, contenue dans le style propre à l'auteur ou à son groupe de référence (voir *Ici et là-bas* (5)).
**James Clifford** a surtout développé la partie réflexive de ce programme, en montrant comment l'analyse des œuvres classiques de l'ethnologie révèle les stratégies de prise de pouvoir par le texte des cultures observées. Il a aussi analysé les rapports existant entre l'art et l'ethnologie, réduisant à portion congrue la scientificité du projet anthropologique (voir *Malaise dans la culture* (6)). Ce regard réflexif intervient au moment où les rapports entre les ethnologues et les peuples observés se transforment profondément partout dans le monde, et ce quel que soit le genre d'ethnologie pratiquée. En ce sens, il y aurait bien une condition postmoderne pour la discipline.

4. Puf, 1983.
5. Métailié, 1996.
6. Ens-bana, 1996.

## La société postmoderne vue de France

La question de la postmodernité n'a pas rencontré le même intérêt chez les sociologues français que chez leurs collègues des pays anglo-saxons. Mais les auteurs qui se sont prononcés à ce sujet ont développé des analyses originales pour tenter de caractériser globalement l'état ou les tendances des sociétés contemporaines développées.

**Jean Baudrillard**, professeur de sociologie à l'université de Nanterre, développe une réflexion héritant la posture critique radicale des années 70. Il part de l'idée que les rapports sociaux contemporains sont gouvernés par le marché des signes, et non par celui des biens matériels. La société est dominée par la production et l'échange de signes «flottants» : les signifiants n'y ont plus de rapport avec les signifiés. Deux facteurs entrent en jeu : l'excès de messages et l'ambiguïté de l'image, comme mode de représentation particulièrement ambigu. Les «images de masse», en particulier la télévision, ont, selon J. Baudrillard, construit un monde de simulacres, susceptible de prendre toutes sortes de significations et, au bout du compte, aucune. Cette diversité des significations n'est pas un facteur de liberté, mais plutôt un piège dans lequel les acteurs sociaux sont englués : dans un monde de simulacres, plus aucun pouvoir réel ne s'exerce. L'action sociale, politique, économique, est devenue impossible. Cette vision dominée par le rôle des mass médias est critique en ce qu'elle dénonce l'inconsistance de la culture contemporaine, et pessimiste dans la mesure où elle n'entrevoit pas de porte de sortie à cette situation vécue par l'auteur comme une sorte de déréliction (voir *Simulacres et Simulation* (7)).

**Gilles Lipovetsky**, professeur à l'université de Grenoble, a, dans *L'Ere du vide* (8), commenté la thématique de la postmodernité et développé sa propre caractérisation de la société contemporaine. Il décrit l'entrée dans l'âge «postmoderne» comme une conséquence de la modernité, en particulier en ce qu'elle a imposé l'individualisme. Il reprend à l'historien Daniel Bell l'idée que l'hédonisme, la diversification des styles de vie et l'accélération constante des besoins de satisfaction ont amené l'homme moderne à un état de narcissisme avancé, qui se traduit par plusieurs phénomènes : l'indifférence, la désertion du champ social, le traitement humoristique des faits, la pacification des rapports ordinaires et la montée de la violence de crise. Toute conviction y est remplacée par le besoin de plaire ou par une ironie distante. L'Ere du vide, œuvre d'un philosophe, a suscité de nombreux commentaires de la part de sociologues.

Enfin, l'œuvre de **Michel Maffesoli**, professeur à l'université de Paris-V, s'inscrit dans un courant de sociologie interprétative et subjectiviste. M. Maffesoli rejoint les réflexions des penseurs de la postmodernité par l'intérêt qu'il porte à la modification des liens sociaux dans le monde contemporain. Dans *Le Temps des tribus* (9), il montre comment les liens communautaires tendent

7. Galilée, 1981.
8. Gallimard, 1983.
9. Livre de poche, 1991.

à remplacer les liens contractuels. Cependant, il ne s'agit pas d'un retour aux communautés concrètes de la tradition, mais plutôt d'une inscription dans des groupes informels fondés sur le partage des goûts et des émotions, voire de réseaux virtuels, créés par les moyens télématiques. M. Maffesoli voit donc s'opérer une fragmentation des sociétés, sans recomposition stable : la société des « tribus » est un monde où l'individu cesse d'appartenir en totalité à un seul groupe, il est multiple et fragmenté. Cette vision de la société valorise le même éclectisme que l'on trouve chez les architectes postmodernes où la fonctionnalité, la rationalité, les grands principes cèdent la place à un « bricolage » confiant. Loin de dénoncer un âge décadent ou une évolution dépourvue de sens, M. Maffesoli y voit plutôt un reflet de l'hétérogénéité profonde de l'individu libre, un au-delà de l'individualisme.

# Derrida ou la pensée « destroy »

Le petit Jacques Derrida a vu le jour en 1930 en Algérie. Brillant élève, il entre à l'Ecole normale supérieure en 1952 où il prépare son agrégation de philosophie. On le reverra rue d'Ulm de 1964 à 1984 – où il deviendra enseignant (après avoir été professeur en Algérie, au lycée du Mans, et assistant à la Sorbonne). Admis en 1984 à l'Ecole des hautes études en sciences sociales, il mène parallèlement une carrière aux Etats-Unis où il acquiert une renommée internationale.

**L'effet Derrida**

Son œuvre est aussi abondante que déroutante, aussi irritante que fascinante :

• abondante : plus de 40 livres écrits dont *L'Ecriture et la Différence* (1967), *La Dissémination* (1972), *Psyché* (1987), *Politique de l'amitié* (1994), *Spectres de Marx* (1993) forment des étapes marquantes ;

• déroutante : des titres parfois énigmatiques (*Limited Inc*, 1990 ; *Glas*, 1981), des concepts mystérieux (la « différance », la « grammatologie »), une écriture « destroy » formée de textes parfois « éclatés » en paragraphes épars, sans plan ni ponctuation, parfois faits de collages... (voir *Glas*) ;

• irritante : J. Derrida est le symbole emblématique d'une intelligentsia « branchée », aux Etats-Unis comme en France. Si sa pensée est difficile à cerner, tout rejet ou scepticisme à son égard peut attirer des haussements d'épaules méprisants comme pour celui qui ose ne pas s'extasier devant une œuvre d'art contemporaine ;

• fascinante : comme tous les esprits forts qui ont su s'affranchir des contraintes d'un milieu académique, qui ont imposé leur propre style sur la pensée, l'œuvre de J. Derrida peut produire une véritable fascination (comme celle de J. Lacan ou de M. Foucault). Fascination que renforce le mystère d'une écriture souvent insaisissable...

Bref, avant même d'entrer dans sa pensée, on doit constater qu'il y a bien un « effet Derrida ».

**La déconstruction**

La philosophie de J. Derrida se résume à un mot : la « déconstruction ». Le projet « déconstructionniste » peut être comparé à un jeu de quilles conceptuel. Dans ses ouvrages successifs, il relit les philosophes (Platon, Hegel, Nietzsche, Husserl, Heidegger, Foucault), les auteurs des sciences humaines (Freud, Lévi-Strauss, Saussure), ou encore des écrivains comme Georges Bataille ou Antonin Artaud, et entreprend de « déconstruire », c'est-à-dire d'en repérer les ambivalences, les contradictions, les impasses qui sont à la source de tout travail de réflexion.

La pensée occidentale reste marquée par l'empreinte métaphysique ou « logocentrique ». Beaucoup de discours philosophiques et dans les sciences humaines sont, par exemple, fondés sur une dichotomie : nature/culture, corps/esprit, intelligible/sensible, réalité/apparence, masculin/féminin. Le travail de la déconstruction est un travail de remise en cause de ces oppositions. Nos façons de penser sont marquées par ces oppositions, ces dichotomies conceptuelles. La notion de « réalité » n'a de signification que dans son opposition à la notion d'« apparence ». J. Derrida appelle la « différance » ce principe d'opposition des termes qui produit les différences particulières entre deux ordres de réalité.

**Le déconstructionnisme américain**

La pensée de J. Derrida a une influence sur un courant de critique littéraire aux Etats-Unis. Paul de Mann (1919-1983), Geoffrey H. Hartman (né en 1929), professeurs à Yale, et J. Hillis Miller ont propagé les idées de Derrida dans les départements de littérature. Relayant le *New criticism*, ils sont les auteurs d'une véritable « éthique de la lecture » qui consiste à remettre en cause la présupposée cohérence de la pensée d'un auteur et les « effets de vérité » qu'il prétend produire.

J. Derrida est aussi un intellectuel engagé qui a pris position pour la défense des minorités, des réfugiés, des intellectuels opprimés. Il a par ailleurs participé à de nombreuses commissions pour la défense de l'enseignement de la philosophie. Il est l'un des fondateurs du Collège international de philosophie.

JEAN-FRANÇOIS DORTIER

# INDIVIDU ET MODERNITÉ

## ENTRETIEN AVEC CHARLES TAYLOR*

*L'individualisme moderne a été un formidable facteur d'émancipation. Il tend cependant à briser les liens qui unissent le sujet à autrui, sans lesquels on ne peut construire de véritable identité.*

***Sciences Humaines :*** **L'identité moderne se caractérise par ce que vous appelez « l'éthique de l'authenticité » et « l'affirmation de la vie ordinaire ». Quels en sont les enjeux philosophiques et les significations ?**

**Charles Taylor :** Dans l'éthique traditionnelle de l'existence, prônée par Aristote, la vie matérielle a seulement une importance infrastructurelle. Pour lui, une vie qui se consacrerait uniquement aux choses matérielles est une vie d'esclave ou d'animal. Dans *Le Politique*, Aristote soutient qu'une « vie bonne », proprement humaine, ne se réduit pas à la survie. Elle suppose la perfection morale, la contemplation et la participation du citoyen à la vie de la cité.

Avec le protestantisme apparaît une conception moderne de la vie. Inspirée par la culture chrétienne, elle valorise au contraire la vie ordinaire. Il faut vivre humblement, dans la piété et dans la crainte de Dieu. La vie doit s'accomplir dans le mariage et les devoirs sociaux. Je propose le terme technique de « vie ordinaire » pour désigner les aspects de l'existence humaine qui se rattachent à la production et à la reproduction, c'est-à-dire le travail, la fabrication des biens nécessaires à la vie, notre vie en tant qu'êtres sexuels – y compris le mariage, la famille, la vie sentimentale. A cet égard, la relation hommes/femmes a une importance capitale. Je crois que l'affirmation de la vie ordinaire est devenue l'une des idées les plus puissantes de la civilisation moderne. La vision « bourgeoise » de la vie, préoccupée du bien-être, tout comme la vision marxiste, qui valorise l'homme producteur, participent de cette valorisation de la vie ordinaire.

Un autre axe de la conception moderne de la vie est lié au thème de l'authenticité : chaque être humain a sa propre façon d'être, recherche une forme de vie qui soit la sienne. Je dois puiser à l'intérieur de moi-même les sources morales de mon existence. Quelque chose dans la nature de mon expérience à moi-même semble rendre presque irrésistible, incontestable, une telle localisation.

* *Professeur à l'université McGill, à Montréal. Parmi ses ouvrages traduits en français :* Hegel et la Société moderne, *Cerf, 1998 ;* Les Sources du moi ; La formation de l'identité moderne, *Seuil, 1998 ;* La Liberté des modernes, *Puf, 1997.*

***SH :* La laïcité, la désacralisation, le « désenchantement du monde » a, selon vous, changé le sens que l'individu donne à sa vie.**

**C.T. :** Nos ancêtres pensaient faire partie d'un ordre qui les dépassait. Il s'agissait parfois d'un ordre cosmique, d'une «grande chaîne des êtres» qui assignait à chacun une place dans la société. L'ordre divin assignait et justifiait aussi la place de chacun dans la société : son rôle, son statut, et le sens qu'il doit donner à sa vie (la recherche du salut dans l'au-delà, par exemple). La liberté moderne a fini par discréditer ces hiérarchies. Ce qui m'intéresse, c'est d'examiner les conséquences que la désacralisation a entraînées pour la vie humaine et pour son sens. L'individu contemporain s'est coupé des vastes horizons sociaux et cosmiques qui régentaient son existence. Pour l'éthique guerrière du cavalier ou l'éthique contemplative platonicienne, la vie ordinaire est vile et méprisable. L'affirmation de la vie ordinaire a impliqué, pour certains, la perte de toute dimension supérieure dans l'existence, la valorisation des *«petits et vulgaires plaisirs»*, comme le disait Tocqueville.

***SH :* Mais vous ne partagez pas le point de vue de ceux qui voient dans l'affirmation du sujet moderne un repli vers le narcissisme, l'égocentrisme ?**

**C.T. :** L'existence humaine n'a effectivement pas de sens hors de son caractère dialogique fondamental, c'est-à-dire hors du lien qui unit le sujet à autrui. Nous devenons des agents humains à part entière, capables de nous comprendre, et donc de définir une identité, par l'intermédiaire d'une relation à autrui. En effet, nous nous définissons toujours dans un dialogue, parfois par opposition, parfois par identité, avec «les autres qui comptent». Et même quand nous survivons à certains d'entre eux – nos parents, par exemple –, la conversation que nous entretenons avec eux se poursuit en nous, bien après leur disparition, aussi longtemps que nous vivons. Si certaines des choses auxquelles j'accorde le plus de valeur ne me sont accessibles qu'en relation avec la personne que j'aime, cette personne devient un élément de mon identité intérieure. De ce point de vue, les discours à la mode, qui prônent l'authenticité et l'épanouissement de soi indépendamment de nos liens aux autres, sont improductifs et détruisent les conditions mêmes de l'authenticité.

***SH :* Vous menez donc une double critique : contre le relativisme postmoderne qui nie l'existence de valeurs supérieures, et contre les théories plus**

**conservatrices d'auteurs qui remettent en cause toute forme de culture de l'authenticité.**

**C.T. :** L'idéal de l'authenticité affirme que l'existence humaine ne trouve son sens que dans l'affirmation de soi, de sa nature propre, de son autonomie. Certains aspects de cette philosophie de l'existence contribuent à sa propre dégradation. Je viens d'évoquer un premier dérapage de la culture populaire actuelle vers les modalités égocentriques de l'idéal de l'épanouissement de soi. Une seconde dérive est celle du nihilisme, qui sévit depuis un siècle et demi. Sa figure principale est Nietzsche. Plusieurs traits de ce nihilisme ont trouvé leur expression dans diverses tendances de la modernité, qui a resurgi chez les philosophes que l'on qualifie souvent aujourd'hui de « postmodernes », comme Jacques Derrida ou Michel Foucault.

Or, la recherche de la liberté et celle de l'authenticité ne vont pas ensemble. Pour beaucoup de jeunes, cette philosophie de la vie propose un scénario captivant dans lequel on peut essayer d'écrire sa vie. Il y a un certain penchant vers la rupture, contre la famille, le système, le capitalisme… *« J'ai raison, puisque je m'évade. »* C'est de là que naissent beaucoup de ces illusions autour de l'authenticité. C'est un discours très séducteur qui touche beaucoup de gens. Ce n'est rien d'autre qu'une recherche de loisirs, une aspiration que l'on a lorsqu'on est étudiant, placé entre l'enfance, d'une part, et la « vraie vie », d'autre part ; d'où l'extraordinaire popularité de ces auteurs. Dans un monde aplati, dont les horizons de signification reculent, l'idéal de liberté autodéterminée en vient à exercer une attraction de plus en plus forte.

Par ailleurs, d'autres penseurs adoptent un ton méprisant à l'égard de la culture qu'ils décrivent. Par exemple, Alan Bloom ne semble pas reconnaître l'idéal moderne d'authenticité, si dégradée et si travestie qu'en soit l'expression. La critique d'A. Bloom néglige la force morale de l'idéal de l'authenticité. Contrairement aux détracteurs de la culture contemporaine, je pense qu'on devrait considérer l'authenticité comme un véritable idéal moral.

***SH :*** **Dans *Le Malaise de la modernité*, vous observez la face sombre de la modernité : perte de sens, éclipse des fins, et perte de la liberté. Vous associez cela à trois causes : l'individualisme comme repli sur soi ; le progrès de la raison instrumentale, de la technique comme primauté des moyens sur les**

**fins humaines ; la crise de la citoyenneté et de la participation politique. Comment articulez-vous ces malaises de la modernité ?**

**C.T. :** Je crois que ces causes ont des sources différentes mais qu'elles se combinent de façon dangereuse. Commençons par la troisième : dans toutes les démocraties, des gens disent que la politique ne mène à rien, que la démocratie n'est pas véritable. Quiconque dit qu'il n'est plus intéressé par la politique parce que les politiciens sont tous des corrompus n'exprime pas seulement un dégoût personnel, mais aussi un acte de délégitimation de l'Etat. Par exemple, l'importance extraordinaire que prend dans notre civilisation la raison instrumentale – technologie, gestion, recherche de l'efficacité – veut dire que beaucoup de problèmes sont conçus nécessairement comme des problèmes techniques, avec des solutions trouvées par des experts ou par des systèmes dont on va garantir qu'ils vont donner les meilleurs rendements, comme le marché. Et on ne semble plus trouver le moyen d'en sortir. Et cela crée le cynisme et le sentiment d'impuissance. Tel est le défi contemporain : comment réimprimer des buts humains sur ces mécanismes qui gèrent notre vie.

***SH :*** **Vous accordez une grande place dans votre œuvre aux questions identitaires et à ce que vous appelez la « reconnaissance », qui doit prendre le pas sur les questions économiques et techniques. En quoi la politique de la reconnaissance et le multiculturalisme sont-ils des exigences de la politique moderne ?**

**C.T. :** Les questions identitaires vont surgir autant, sinon plus, que les questions socio-économiques. Les deux dimensions sont inévitables dans une démocratie. Déjà, au XIXe siècle, il en a un peu été de même : le mouvement ouvrier n'était pas seulement un mouvement visant certains buts concrets, il exprimait aussi un besoin de reconnaissance, d'être inclus dans la démocratie qu'il pouvait infléchir. Le développement d'un idéal d'identité engendré intérieurement donne une importance nouvelle à la reconnaissance. Celle-ci est aujourd'hui universellement reconnue sous une forme ou sous une autre, sur le plan personnel ou sur le plan social. A ce niveau, la conception selon laquelle les identités sont formées en dialogue ouvert rend la politique de reconnaissance égalitaire plus fondamentale et davantage chargée de tensions. La reconnaissance égalitaire n'est pas simplement le mode approprié pour une société démocratique en bonne santé. Son refus peut

# Aux « sources du moi » : quel sens donner à sa vie ?

La question du sens de la vie ne peut être posée que par un sujet ayant acquis une certaine autonomie, une intériorité, qui le place seul face à lui-même. Le sujet moderne s'est affranchi des liens qui l'enserraient autrefois dans le cadre de puissantes hiérarchies sociales, le liaient à des codes moraux contraignants, rivaient son destin à l'espoir de salut dans l'au-delà. L'individu moderne a conquis sa liberté, mais se retrouve seul face à sa destinée. Il a perdu ce que Charles Taylor nomme les *« horizons de sens »* ou *« horizons de signification »* qui gouvernaient la vie. C'est l'émergence de cette identité moderne, coupée de ses sources morales, dont C. Taylor a entrepris l'histoire et la généalogie dans *Les Sources du moi* (1).

Car on ne peut comprendre les idéaux, mais aussi les désarrois de l'identité moderne, sans en comprendre les conditions de formation. C. Taylor raconte comment, notamment, l'individualité moderne s'est édifiée autour de « l'affirmation de la vie ordinaire », c'est-à-dire la valorisation de la vie matérielle : le travail, le bien-être matériel. Il explore aussi l'émergence de « l'intériorité » qui se forme *« chez les élites sociales et spirituelles dans le nord de l'Europe »*. Philosophes et écrivains partent à la recherche d'un « moi intime » qui se situe en marge de la société. Pour C. Taylor, l'émergence de l'identité moderne, si émancipatrice, comporte un revers. Cette conception d'un moi autonome, coupé du monde, préexistant en quelque sorte à la société, est une illusion. Dans quelle mesure peut-on fonder une existence qui serait uniquement consacrée à soi (sans la « reconnaissance » d'autrui) ? Peut-on penser par soi-même (sans un dialogue critique avec autrui) ?

Le moi individuel est toujours enraciné et situé à l'intérieur d'un groupe. Une pensée se forme toujours dans un dialogue – parfois invisible – avec un interlocuteur. On ne peut fonder le sens de sa vie en dehors du lien à l'autre, car *« la liberté complète serait un vide où rien ne vaudrait la peine d'être accompli, rien ne mériterait de se voir attribuer une quelconque valeur. Le moi qui obtient sa liberté en écartant tous les obstacles et toutes les entraves extérieures est dénué de caractère, est donc privé de tout objectif défini »* (2).

J.-F.D.

1. *Les Sources du moi : la formation de l'identité*, Seuil, 1998.
2. *Hegel et la Société moderne*, 1979, trad. Cerf, 1998.

infliger un dommage à ceux à qui on la refuse. Non seulement le féminisme contemporain, mais aussi les discussions sur le multiculturalisme sont sous-tendus par l'idée que le déni de reconnaissance peut être une forme d'oppression.

***SH :* En quoi l'enjeu pratique du multiculturalisme au Canada et au Québec peut-il nous éclairer sur cette question du multiculturalisme et de la communication interculturelle ?**

**C.T. :** On a eu à en débattre depuis très longtemps au Canada et au Québec. On en est donc venu, peut-être plus rapidement que d'autres, à reconnaître cette dimension et à prendre certaines mesures. Dans certaines sociétés, on a le sentiment que les définitions publiques de ce sur quoi la société est fondée sont déjà closes. Aux Etats-Unis comme au Canada, les vagues successives d'immigrants ont effectivement changé la culture de référence de façon profonde. L'existence du Canada est menacée par un problème qui, jusqu'à un certain point, affecte toutes les collectivités. Nous devons essayer de permettre à divers groupes nationaux de coexister librement et volontairement à l'intérieur des frontières politiques existantes. Les empires multinationaux d'autrefois doivent être remplacés par les Etats démocratiques et multinationaux de demain. Toute nation qui se reconnaît comme telle, c'est-à-dire qui possède un sens poussé de son identité et qui désire diriger ses propres affaires, n'acceptera d'adhérer volontairement à un Etat multinational qu'à condition d'être reconnue par cet Etat d'une manière non équivoque. Or, la reconnaissance du Québec, nation minoritaire la plus visible du Canada, a jusqu'ici été des plus pénibles à obtenir. Certes, sur certains plans, nous avons enregistré des progrès spectaculaires.

***SH :* N'opposeriez-vous pas au modèle de la politique de la reconnaissance un contre-modèle français qui, au nom du républicanisme, continue d'opposer dans les discours reconnaissance et intégration ?**

**C.T. :** Je crois qu'il s'agit là d'une crispation inutile et très dangereuse à la longue. Mais je visite la France régulièrement et je constate cependant que les choses changent. Certains intellectuels commencent à contester ces vues. Mais comme vous le devinez, je n'ai aucune sympathie pour ceux qui tiennent ce discours rigide sur la République, comme si celle-ci était primordialement fondée sur un certain nombre de principes indépassables.

***SH :* Si vous vous inquiétez du poids de la « raison instrumentale », de la technologie dans nos sociétés, vous contestez cependant l'image de la « cage de fer », d'une humanité enfermée par la technologie ou la raison économique.**

**C.T. :** S'il était vrai que la société technologique nous enfermait dans une cage de fer, toute mon entreprise se réduirait à un aimable bavardage. Je crois qu'il y a une sorte de vérité dans cette image de la cage de fer, mais je crois que la vision de la société technologique comme une sorte de fatalité ne tient pas : elle oublie l'essentiel. Sans chercher à l'exagérer, je crois que notre marge de liberté existe, elle n'est pas nulle. Cela implique que comprendre les sources morales de notre civilisation peut contribuer à une nouvelle prise de conscience collective. J'ai analysé certaines des sources qui expliquent la force d'un idéal de liberté autodéterminée dans notre culture. Nous sommes libres quand nous pouvons redéfinir les conditions de notre propre existence, quand nous pouvons maîtriser ce qui nous domine. Nous pouvons comprendre ce qu'impliquerait une réflexion de ce genre en examinant l'exemple important des soins médicaux. La mise en œuvre abusive de la raison instrumentale, comme ces pratiques médicales qui oublient que le patient est une personne, ne tient aucun compte, dans l'administration des soins, de son histoire, et donc de ses motifs d'espérer ou de désespérer, néglige le rapport essentiel entre le pourvoyeur de soins et le patient qui les reçoit, etc. Si nous parvenions d'abord à comprendre pourquoi la technologie est importante, alors nous saurions lui assigner des limites et l'encadrer dans une éthique de soins.

Dans ce contexte, il importe de comprendre nos sources morales. C'est pourquoi un travail de ressourcement vaut d'être tenté. Mais il est également vrai que ce combat d'idées est inextricablement lié à des luttes politiques concernant les modes d'organisation sociale. En d'autres termes, la seule force qui peut faire reculer l'hégémonie galopante de la raison instrumentale est un vaste mouvement démocratique. Le danger ne réside pas tant dans un contrôle despotique que dans la fragmentation, c'est-à-dire dans l'inaptitude de plus en plus grande des gens à former un projet commun et à le mettre à exécution. Une société fragmentée est celle dont les membres éprouvent de plus en plus de mal à s'identifier à leur collectivité politique en tant que communauté. Des obstacles qui paraissent incontournables à un moment donné peuvent, par une lente éducation publique, devenir surmontables.

Actuellement, il y a une certaine perte de moral, voire de désespoir chez certains mouvements de gauche, parce que la marche vers la mondialisation, la pénétration des marchés partout au niveau supranational, semble avoir rendu caduques toutes les mesures qui avaient été prises dans le passé.
Les mouvements de gauche sont divisés entre ceux qui veulent revenir aux bonnes vieilles mesures d'antan, et qui n'ont pas de réel programme de rechange à proposer, et ceux qui prônent une reconstitution de mouvements de solidarité nécessairement plus larges, supranationaux. S'il n'y a pas eu préalablement une implication de la société civile dans des associations, dans les ONG, qui suscitent l'intérêt médiatique qui lui-même a un effet à rebours, les initiatives politiques ne sont pas possibles. A cet égard, l'arrestation de Pinochet représente un progrès possible de l'humanité.

Propos recueillis par
SERGE LELLOUCHE
(*Sciences Humaines*, n° 97, août/septembre 1999)

Chapitre III

# Philosophie et politique

**Nicolas Journet***

# LES DÉBATS AMÉRICAINS AUTOUR DE LA JUSTICE SOCIALE

## *À PROPOS DU LIVRE DE WILL KYMLICKA :* LES THÉORIES DE LA JUSTICE**

**La répartition équitable du bien-être au sein d'une société démocratique et libérale est la question centrale qui anime les débats de la philosophie politique américaine, autour notamment de John Rawls. Will Kymlicka fait un tour d'horizon des arguments en présence.**

COMMENT CONCILIER la justice et la liberté ? Will Kymlicka, professeur au Canada, auteur d'un livre remarqué sur le multiculturalisme (1), a fait de cette question le fil conducteur de cet ouvrage. C'est aussi l'un des problèmes les plus souvent débattus par les philosophes anglo-saxons qui, autour de John Rawls, de Ronald Dworkin, de Charles Taylor et d'autres encore, animent une discussion permanente sur la démocratie moderne et son devenir. W. Kymlicka appartient au cercle des intellectuels les plus au courant de la philosophie politique d'outre-Atlantique et fait avant tout, dans ce texte rédigé en 1992, un travail de présentation, d'éclaircissement et de critique des principaux courants impliqués dans cette discussion. Pour cette raison, et en dépit d'une certaine difficulté de lecture, son introduction aux théories de la justice est précieuse pour le lecteur français. Il est difficile actuellement de trouver un ouvrage qui présente les discussions sur la justice sociale autrement que sous la forme d'alternatives entre «la gauche» et «la droite», «le communautaire» et «l'individuel», le social et l'économique, etc.

---

* Journaliste scientifique au magazine *Sciences Humaines*.

** Compte rendu du livre de Will Kymlicka, *Les Théories de la justice*, La Découverte, 1999, paru dans *Sciences Humaines*, n° 98, octobre 1999. W. Kymlicka, formé à Oxford, est directeur scientifique du Centre canadien de philosophie et d'affaires publiques à l'université d'Ottawa. Il a publié plusieurs ouvrages importants dans le champ de la philosophie politique contemporaine, dont *Multicultural Citizenship*, Oxford University Press, 1995.

1. *Liberalism, Community and Culture*, Oxford University Press, 1989.

Pour W. Kymlicka, ces alternatives ont vécu et n'offrent aucune solution. En effet, elles s'opposent les unes aux autres, mais ne correspondent à aucune réflexion philosophique fondamentale. En philosophie morale américaine, la forme de pensée la plus courante est l'utilitarisme, selon lequel la justice se mesure à l'utilité d'une action ou d'une règle, et non à son intention.

### Dépasser l'utilitarisme

W. Kymlicka relève qu'en vingt ans l'utilitarisme a produit des conceptions si contrastées de la justice sociale qu'elles couvrent à peu près tout le spectre des positions politiques connues, de la gauche à la droite. En effet, si l'on mesure l'utilité collectivement, on se soucie peu de la détresse des pauvres, et on se félicitera de toutes les mesures qui favorisent les affaires. A l'inverse, si l'on est attaché au respect des droits de la personne humaine, on jugera utiles les mesures de redistribution qui empêchent les pauvres de souffrir trop cruellement.

Cette impuissance du raisonnement utilitariste à énoncer une théorie de la justice sociale est, selon W. Kymlicka, à l'origine d'un renouvellement de la philosophie politique aux Etats-Unis. Différents courants «libéraux» (c'est-à-dire plutôt sociaux-démocrates), «libertariens» (ultra-libéraux en Europe), marxistes, «communautariens», féministes, etc., s'expriment aujourd'hui dans le champ de la philosophie morale. Une telle éclosion de pensées si divergentes mène, à première vue, à l'impasse de la réflexion : si des valeurs aussi différentes que l'égalité, la liberté, le bien commun, l'androgynie doivent être satisfaites pour accéder à une société juste, alors les chances de les concilier sont minces. Pourtant, c'est bien ce que voudrait l'auteur. Il reprend à R. Dworkin l'idée que l'égalité de droit des êtres humains est en fait la condition implicite de toutes les théories modernes de la justice. Est-il possible d'en faire la synthèse ? Peut-être pas, mais, à défaut, W. Kymlicka nous entraîne à sa suite dans une présentation commentée des solutions libérales, libertariennes, communautariennes et féministes au problème de la justice sociale, sans nous proposer, par ailleurs, de théorie achevée.

Dépasser l'utilitarisme : tel est donc, selon W. Kymlicka, l'objectif des philosophes «libéraux», et en particulier de la théorie de la justice sociale de J. Rawls. La pensée de J. Rawls, telle que la résume W. Kymlicka, combine en effet utilité et égalité : les inégalités n'y sont acceptables que si elles augmentent le bien-être de tous (*voir l'article sur J. Rawls p. 135*). Par rapport à d'autres conceptions «libérales», l'égalité selon J. Rawls est exigeante : elle dépasse le principe de l'égalité des chances et ne laisse aucune place aux vertus de l'égoïsme. La justice sociale selon J. Rawls s'appuie sur des qualités de transparence et d'honnêteté. Bref, comme le souligne W. Kymlicka, une telle conception exigerait, pour être appliquée, des réformes radicales. Cependant ni J. Rawls ni R. Dworkin ne semblent conscients de cela et ils se soucient assez peu de la perpétuation d'inégalités foncières entre les classes, les ethnies et les sexes. C'est là leur faiblesse, selon l'auteur.

### Les courants radicaux

Inversement, il existe des courants de pensée radicaux dans leurs objectifs de réforme sociale, tels que les libertariens, les marxistes ou les communautariens. Cette fois, W. Kymlicka juge qu'ils ne tiennent pas assez compte des solutions libérales au problème de l'égalité. Les libertariens, par exemple, sont généralement classés à droite parce qu'ils mettent au-dessus de tout le modèle du marché et de la propriété privée. Pour Robert Nozick, par exemple, est juste toute distribution de ressources qui découle des libres transactions entre individus : les inégalités qui peuvent exister naturellement ne comptent pas. Aussi, l'auteur lui reproche d'être incapable de résoudre le paradoxe suivant : comment peut-on s'interdire de lutter contre les inégalités au nom de la liberté de chacun, alors que certains handicaps représentent de véritables atteintes à la liberté et à l'autonomie de soi ?

Le marxisme, à l'opposé, passe pour une théorie particulièrement égalitariste, n'accordant qu'une place tout à fait secondaire à la liberté de l'individu. Sa dimension de justice sociale apparaît clairement dans la dénonciation de l'exploitation et de l'aliénation dans le travail en régime capitaliste. Pourtant, l'auteur réserve à ces deux notions l'essentiel de ses critiques. Leurs interprétations politiques, en effet, sont loin d'être claires : en quoi un capitaliste serait-il plus un exploiteur qu'un handicapé en régime socialiste, puisque l'un comme l'autre sont censés vivre de l'excédent dégagé par le travailleur ? Ainsi, la lutte contre les inégalités peut tomber sous le coup de la critique marxiste parce que, souligne W. Kymlicka, *« la rhétorique marxiste de l'exploitation et de l'aliénation néglige les besoins spécifiques des non-travailleurs »*, à commencer par les femmes et les enfants... Dans la pratique, explique l'auteur, les marxistes ont opté pour une application simplifiée de l'égalité qui consiste à faire dépendre les droits de chacun du travail qu'il fournit, ce qui s'est révélé un échec social.

Le communautarisme est un courant de pensée plus récent, dont la couleur politique est ambiguë, mais qui, avec des auteurs comme C. Taylor ou Robert Sandel, aborde de front la question de la liberté et de la justice. Toutefois, les communautariens, plus que les autres, font dépendre l'exercice du choix de chacun de l'existence d'une communauté qui garantit cette liberté : en gros, l'individu est « sans qualité », c'est la communauté qui lui dicte ses préférences. Donc, l'attribution des ressources et des droits à chacun dépend plutôt d'un état de culture antérieur que d'une délibération libre des individus : à chaque communauté culturelle ses buts et ses usages. L'auteur ne cache pas la méfiance que lui inspirent ces modèles de morale politique : pour lui, il n'existe pas de tradition culturelle qui ne mène pas à l'oppression d'au moins une partie de ses membres. Le modèle de la société juste est donc à construire, il n'est là nulle part à portée de la main.

### Le féminisme : une philosophie politique ?

Sans doute est-ce pour cette raison que – de manière un peu surprenante – son livre s'achève sur un chapitre sur le féminisme. Le féminisme est-il une philosophie politique ? Aux Etats-Unis, oui. Les deux points examinés sont les suivants : d'abord, dans une société démocratique, a-t-on le droit de s'immiscer dans la sphère des rapports privés (la famille, par exemple) pour mettre fin aux injustices que subissent les femmes ? Ensuite, à supposer qu'une autonomie accrue leur soit allouée, la justice et la morale sociale des femmes seraient-elles différentes de celles des hommes ?

W. Kymlicka ne cache pas la sympathie que lui inspire la cause féministe : visiblement, pour lui, lutter pour mettre fin à la discrimination du sexe féminin, c'est aussi lutter pour une société plus juste. Mais, au bout du compte, il reste un tenant d'une forme universelle de morale : trop de sollicitude et d'empathie ont, selon lui, l'inconvénient de *« menacer le principe d'équité et le principe d'autonomie »* (de l'individu).

Bref, s'il fallait dégager des prises de positions de l'auteur une pensée qui lui serait propre, on retiendrait surtout qu'il se tient loin des positions radicales, par exemple en matière de culturalisme, de rationalisme, ou de féminisme. Sa posture est celle d'un « libéral », c'est-à-dire aux Etats-Unis d'un modéré, qui plaide pour rendre compatibles les différentes exigences de la démocratie, et se garde d'ériger une théorie sur la base d'un seul principe (la liberté, la communauté, la discrimination positive). C'est sans doute pourquoi il n'adresse à J. Rawls aucune critique sévère, et réserve ses objections importantes à chacune des autres écoles.

Quant à son idée selon laquelle toutes les théories politiques moralement soutenables aujourd'hui partagent la même plate-forme égalitariste, au fil de son commentaire, W. Kymlicka semble par moment la perdre de vue. Elle est cependant plus importante qu'il n'y paraît. C'est en montrant à chaque fois comment l'ensemble des doctrines examinées définissent au moins une valeur par rapport à laquelle tous les individus peuvent être dits « égaux en droits », ou devraient l'être, que l'auteur dégage leur contribution à la réflexion actuelle. Aussi, son espoir s'exprime ainsi : *« Si chaque théorie essaie de définir les conditions politiques, économiques et sociales sous lesquelles tous les membres de la collectivité sont traités sur un pied d'égalité, alors peut-être pouvons-nous démontrer que l'une d'entre elles réussit mieux que les autres à satisfaire le critère que toutes reconnaissent. »*

Jacques Lecomte*

# LIBERTÉ ET ÉGALITÉ

## *À PROPOS DU LIVRE DE JOHN RAWLS :* THÉORIE DE LA JUSTICE**

**L'ouvrage majeur de John Rawls tente d'associer deux concepts que beaucoup estiment inconciliables : la liberté individuelle et la justice sociale. De nombreuses critiques ont pourtant souligné le caractère artificiel de la théorie de J. Rawls.**

Le conflit entre égalité et liberté est un problème récurrent des sociétés modernes, et tout particulièrement aux Etats-Unis, pays où la liberté voisine avec de grandes inégalités. Préoccupé par ce conflit, John Rawls a voulu montrer que ces deux tendances, également légitimes à ses yeux, sont complémentaires plutôt que contradictoires. Il associe explicitement sa théorie à la social-démocratie : comment réconcilier liberté et justice sociale ?

J. Rawls voulait élaborer une conception de la justice sociale assez systématique pour pouvoir se substituer à l'utilitarisme, dont l'origine remonte essentiellement à Jeremy Bentham, au XVIIIe siècle, et qui a dominé la pensée politique anglo-saxonne. L'utilitarisme postule qu'une société est meilleure qu'une autre si elle offre plus de biens à l'ensemble des citoyens (*« le plus grand bonheur pour le plus grand nombre »).* Ce programme, apparemment séduisant, est cependant critiquable. En effet, il ne se préoccupe que de la somme des biens sans tenir compte de la manière dont ceux-ci se répartissent entre les individus. Autrement dit, seule importe la taille du gâteau, même si certains ne doivent en avoir qu'une toute petite part. Il faut donc être prêt à sacrifier quelques individus ou groupes défavorisés si cela est nécessaire pour le bien du plus grand nombre.

J. Rawls veut produire une théorie aussi

---

* Journaliste scientifique.

** Présentation du livre de John Rawls : *Théorie de la justice*, Seuil, 1987 (1re éd. 1971), parue dans *Sciences Humaines*, n° 83, mai 1998.

## Un retentissement considérable

Né à Baltimore en 1921, John Rawls a étudié puis enseigné aux universités de Princeton et de Cornell avant de rejoindre Harvard en 1959. Son œuvre se trouve sous l'influence intellectuelle de plusieurs approches : la philosophie morale de Kant, le contrat social de Locke et Rousseau, la théorie des jeux. Sa réflexion a également été alimentée par la lutte pour les droits civiques des Noirs américains, le combat contre la pauvreté et la guerre du Viêt-nam, sujets de multiples débats aux Etats-Unis lorsqu'il publie son ouvrage majeur, *Théorie de la justice*, en 1971. Cet ouvrage a suscité plusieurs centaines d'articles et plusieurs livres ainsi que de nombreux colloques dans le monde.

Il a également publié *Justice et démocratie*, Seuil, 1993 et *Libéralisme politique*, Puf, 1995. Dans ces deux ouvrages, J. Rawls maintient l'essentiel de ses propositions tout en affinant sa théorie initiale. Il affirme notamment que la théorie de la justice ne peut être appliquée que dans des régimes démocratiques et non pas dans toute société humaine comme il le pensait initialement.

**Ouvrages sur John Rawls**

- Collectif, *Individu et justice sociale ; autour de John Rawls, Seuil*, 1988.
- *Critique*, juin/juillet 1989, numéro consacré à « John Rawls, justice et libertés ».
- *Revue de métaphysique et de morale*, janvier/mars 1988 ; numéro consacré à « John Rawls, le politique ».
- J. Ladrière et P. Van Parijs (dir.), *Fondements d'une théorie de la justice ; essais critiques sur la philosophie politique de John Rawls*, Editions de l'Institut supérieur de philosophie de Louvain-la-Neuve, 1984.

efficace que l'utilitarisme, mais qui soit compatible avec les sentiments moraux. Il affirme que la justice procédurale pure est à la base de sa théorie, ce qui signifie que le résultat obtenu ne peut être juste que si la procédure elle-même est équitable.

### Le « voile d'ignorance »

J. Rawls est évidemment confronté au fait que chacun de nous est logiquement tenté de choisir un principe qui le favorise en fonction de sa situation personnelle. Par exemple, un homme riche peut estimer que les impôts ayant pour finalité la mise en place de mesures sociales sont injustes, tandis qu'un homme pauvre pensera le contraire. Dès lors, quelle procédure choisir qui permette d'éviter un tel biais ? J. Rawls imagine une situation hypothétique, une « expérience de pensée » qui fournisse les conditions nécessaires pour une procédure équitable. Cette situation correspond au « voile d'ignorance », concept le plus original de la pensée de J. Rawls. Sous ce voile d'ignorance, *« personne ne connaît sa propre situation dans la société ni ses atouts naturels, c'est pourquoi personne n'a la possibilité d'élaborer des principes pour son propre avantage »*. Dans cette situation hypothétique, les gens seraient chargés de définir les règles d'une société à construire sans connaître par avance le statut social qui sera le leur, ni leurs aptitudes personnelles (comme l'intelligence ou la force). Chacun ignore même ses traits de personnalité, sa propre conception du bien, ou encore son projet personnel de vie.

Pour J. Rawls, *« le voile d'ignorance rend possible un choix unanime d'une conception particulière de la justice »*, puisque des partenaires rationnels ignorant ce qui les différencie *« seront tous convaincus par la même argumentation »*. Si quelqu'un, après mûre réflexion, trouve qu'une conception de la justice est préférable à une autre, alors tous la préféreront et parviendront à un accord unanime. Ainsi, l'auteur, par sa théorie, *« généralise et porte à un plus haut niveau d'abstraction la théorie bien connue du contrat social »*.

Selon J. Rawls, ces personnes devraient nécessairement aboutir à deux principes. Le premier est un « principe d'égale liberté », le second se divise en un « principe de différence » et un « principe d'égalité des chances ».

Le premier principe, prioritaire sur les autres, vise à garantir des libertés et des droits égaux pour tous. Il postule que *« chaque personne doit avoir un droit égal au système total le plus étendu de libertés de base égales pour tous, compatible avec un même système pour tous »*. Les plus importantes libertés de base sont les libertés politiques (droit de vote et d'occuper un poste public), la liberté d'expression, de réunion, la liberté de pensée et de conscience, le respect de l'intégrité physique et psychologique de la personne, le droit de propriété personnelle et la protection à l'égard de l'arrestation et de l'emprisonnement arbitraires.

Le second principe vise à instaurer la justice sociale, mais tient compte du fait que, dans une société de totale égalité, la productivité risquerait d'être si basse que tout le monde, y compris les plus défavorisés, serait lésé. J. Rawls affirme donc que les inégalités socio-économiques sont justes si et seulement si elles produisent, en compensation, des avantages pour les membres les plus défavorisés (« principe de différence »). J. Rawls estime donc qu'il n'y a pas d'injustice dans le fait qu'un petit nombre obtienne des avantages supérieurs à la moyenne, dans la mesure où la situation des moins favorisés est par là même améliorée.

De plus, chacun doit bénéficier des mêmes chances que son voisin d'accéder à diverses fonctions et positions sociales (« principe d'égalité des chances »). Ce principe a priorité sur le principe de différence car on ne doit pas restreindre l'égalité des chances au profit d'une amélioration des conditions de vie de chacun.

Comme le souligne François Terré, la théorie de J. Rawls exclut deux sacrifices : le sacrifice des plus défavorisés au nom de l'efficacité économique, ce qui revient à la condamnation du « libéralisme sauvage » ; le sacrifice des plus favorisés au nom de la justice sociale, ce qui équivaut au rejet du « socialisme autoritaire » (1).

Cette théorie a d'ailleurs eu un grand retentissement auprès des économistes et des juristes, à tel point que des références à cette théorie sont apparues dans l'exposé des motifs de certaines décisions judiciaires. Cependant, de nombreux auteurs, tout en reconnaissant l'ampleur de la réflexion développée par J. Rawls, ont critiqué telle ou telle partie de sa théorie de la justice.

Le philosophe Paul Ricœur a ainsi relevé le caractère circulaire de l'argumentation de J. Rawls, en soulignant que, dans son livre, les principes de justice sont définis et développés avant l'examen des circonstances du choix, donc avant le voile d'ignorance (2).

Selon lui, la démonstration de J. Rawls fournit au mieux une rationalisation d'un sens de la justice qui est présupposé. Mais P. Ricœur reste indulgent car il estime que cet ordre circulaire est caractéristique de toute réflexion éthique.

Raymond Boudon, professeur de sociologie à la Sorbonne, estime que les principes adoptés par J. Rawls sont incompatibles avec les jugements du sens commun (3). Ainsi, selon J. Rawls, une société où il y aurait peu de différences entre les plus riches et les plus pauvres serait plus injuste qu'une société où il y aurait de très grandes différences entre eux, mais où les pauvres seraient légèrement plus favorisés que dans la société précédente.

R. Boudon cite une étude menée aux Etats-Unis et en Pologne dans laquelle on a demandé à des sujets d'examiner des distributions fictives de revenu et de choisir la distribution qui leur paraissait la plus juste parmi quatre possibilités. Le principe de différence de J. Rawls a été la formule la moins choisie, par seulement 1,23 % des sujets. En revanche, 77,8 % d'entre eux ont opté pour une formule qui permettrait le revenu moyen le plus élevé possible, mais dans la mesure où est garanti un minimum social pour les personnes bénéficiant du revenu le plus faible. Selon R. Boudon, ce choix repose sur des raisons fortes, le sens commun considérant que les inégalités sont acceptables tout en jugeant que l'exclusion est insupportable. Et, selon lui, un bon gouvernement doit justement maximiser la moyenne des revenus, tout en introduisant une contrainte de plancher, afin d'éviter l'exclusion sociale. Cet auteur estime donc que la théorie de J. Rawls se solde par un échec scientifique car elle ne parvient pas à rendre compte des sentiments de justice tels qu'on peut effectivement les observer.

### Critiqué à gauche et à droite

Aux Etats-Unis, divers auteurs appelés « communautariens » insistent sur le fait que toute pensée ou action est nécessairement enracinée dans un contexte spécifique. Ils estiment donc qu'il est impossible de définir la juste distribution pour une société donnée sans tenir compte de la culture et du mode de vie

1. F. Terré, « Préface », dans l'ouvrage collectif *Individu et justice sociale ; autour de John Rawls*, Seuil, 1988.
2. P. Ricœur, *Le Juste*, Esprit, 1995.
3. R. Boudon, « A propos des sentiments de justice : nouvelles remarques sur la théorie de Rawls », *L'Année sociologique*, 1995, vol. 45, n° 2.

de la société en question. Proche de ce courant de pensée, Michael Walzer, professeur de sciences politiques à l'Institute for Advanced Studies de Princeton, critique le caractère abstrait de la construction de J. Rawls et l'absence de lien entre celle-ci et la réalité effective d'un groupe humain (4). Il souligne qu'il ne peut pas y avoir un principe unique de justice, mais différents principes dont chacun serait applicable dans une sphère spécifique de la vie sociale.

Selon lui, les biens appartiennent à trois sphères : le marché, le mérite et le besoin, le critère du juste variant selon la sphère. Ainsi, le marché est dans son rôle quand il s'occupe de la distribution des biens de consommation, mais pas quand il tente de régler la vie politique, par exemple lorsqu'un homme politique cherche à monnayer des voix lors d'une élection. Il y a donc un pluralisme des principes de justice, et la tyrannie se manifeste lorsqu'il y a confusion des ordres, lorsqu'on utilise le pouvoir acquis dans une sphère pour l'imposer dans une autre.

J. Rawls a également essuyé des critiques provenant d'un tout autre bord idéologique, en l'occurrence des penseurs « libertariens », qui estiment inacceptable toute intervention de l'Etat dans la vie des individus, même en vue d'instaurer une plus grande justice sociale, au nom de la protection de la liberté. Un de ses adversaires les plus farouches, Robert Nozick, professeur à l'université de Harvard, reproche à J. Rawls de considérer que les mérites et l'effort d'une personne ne doivent pas modifier sa rétribution (5). Pour lui, *« dénigrer l'autonomie d'une personne et lui nier la responsabilité première de ses actions, c'est une voie douteuse pour une théorie qui souhaite par ailleurs conforter la dignité et le respect de soi des êtres humains »*. Les critiques que R. Nozick a adressées à J. Rawls ne l'ont cependant pas empêché de reconnaître que son livre *« est une source d'idées éblouissantes, qui s'intègrent dans un ensemble extrêmement élégant. Les philosophes de la politique doivent désormais ou bien travailler à l'intérieur de la théorie de Rawls, ou bien expliquer pourquoi ils ne le font pas. »*

### Rationnel et raisonnable

En dépit des critiques, J. Rawls a conservé l'essentiel de sa théorie, tout en la faisant évoluer sur certains points (6). L'une des principales inflexions concerne les limites qu'il fixe au champ d'application de sa théorie. Alors que, dans son ouvrage initial, il affirmait que celle-ci était valable pour toute société composée d'individus rationnels et pour les multiples aspects de l'existence, il a par la suite déclaré qu'elle ne pouvait s'appliquer qu'à une société démocratique.

De plus, alors qu'il avait surtout insisté dans son livre sur la rationalité des acteurs, il établit aujourd'hui une nette distinction entre rationnel et raisonnable. Le raisonnable, qui implique des considérations morales et un sens de la justice, lui apparaît antérieur au rationnel, ce qui conduit à la priorité du juste.

4. M. Walzer, *Sphères de justice*, Seuil, 1997 ; *Pluralisme et Démocratie*, Esprit, 1997.
5. R. Nozick, *Anarchie, Etat et Utopie*, Puf, 1988.
6. J. Rawls, *Justice et Démocratie*, Seuil, 1993 ; *Libéralisme politique*, Puf, 1995.

Quel bilan pouvons-nous aujourd'hui tirer de *Théorie de la justice* ? Bien que publié il y a moins de trente ans, cet ouvrage constitue une référence philosophique incontournable. Mais sous l'effet de multiples critiques, sa force de conviction s'est considérablement amenuisée au fil des ans. Aujourd'hui, son intérêt semble plus résider dans les réflexions qu'il suscite inévitablement chez ses lecteurs que dans sa validité intrinsèque.

# LA SOCIÉTÉ LIBÉRALE ET LA JUSTICE

**ENTRETIEN AVEC JEAN-PIERRE DUPUY***

*Les penseurs de la société libérale et marchande ont cherché à montrer en quoi elle était rationnelle et conforme aux aspirations des hommes. Certains ont même ajouté que cette société pouvait être juste. En commentant leurs œuvres, Jean-Pierre Dupuy montre comment tous ont buté sur le fait qu'elle ne garantissait nullement l'égalité du bonheur à tous.*

***Sciences Humaines :* La réflexion que vous développez depuis plusieurs années sur les questions de justice sociale s'inscrit dans le cadre de ce que l'on peut nommer l'individualisme méthodologique. Mais vous vous appuyez également sur des arguments qui relèvent de la science des systèmes. En quoi vous aident-ils à penser les rapports entre l'individu et la société ?**

**Jean-Pierre Dupuy :** Dans toute l'histoire de l'individualisme méthodologique, les modèles les plus intéressants sont ceux qui partent de l'individu, mais qui le dotent de la capacité de *spécularité*, c'est-à-dire de la faculté de se mettre à la place d'autrui et de voir le monde, y compris soi-même, à travers les yeux de cet autre. Ce n'est pas dans les théories du contrat social que l'on trouve avant tout cette configuration. Le souci exclusif de se conserver, l'attention obstinée portée à son seul intérêt, qui caractérisent, selon Hobbes ou Rousseau, l'individu de l'état de nature, font que celui-ci prend ses congénères pour des « animaux d'une autre espèce ». La vision spéculaire apparaît dans le milieu où naît l'économie, au XVIIIe siècle, celui des Lumières écossaises, qui sont aussi sentimentalistes que les nôtres furent rationalistes. L'individualisme y est pensé d'abord comme décentrement, aspiration par l'autre, et non comme repli sur soi. « *Les esprits des hommes sont des miroirs les uns pour les autres* », écrit David Hume. L'individu, tel que le conçoit Adam Smith, est tout sauf complet et autosuffisant : c'est un être doué de « sympathie », qui attend des autres l'admiration et l'approbation sans lesquelles il ne serait pas lui-même. Ce ne sont pas les autres qui individuellement lui apportent ce supplément d'être : ce sont les « propriétés » du tout qu'ils font émerger ensemble. L'excellence morale (la maîtrise de soi) aussi bien que le comportement économique (la poursuite effrénée de la richesse matérielle) font partie de ces propriétés émergentes.

** Professeur de philosophie sociale et politique à l'Ecole polytechnique et à l'université de Stanford, il dirige le Centre de recherche en épistémologie appliquée (CREA). Il a publié notamment* Aux origines des sciences cognitives, *La Découverte, 1994 ;* Les Limites de la rationalité, *avec P. Livet et B. Reynaud, 2 t., La Découverte, 1997.*

Il y a de très grandes résonances entre cette figure et celle que l'on trouve chez les penseurs de l'auto-organisation (1) du vivant, comme Francisco Varela. Le point commun est la reconnaissance d'une boucle causale qui unit deux niveaux hiérarchisés de phénomènes : l'individuel et le collectif, où le collectif vient compléter la définition de l'individu tout en n'étant rien d'autre qu'un effet de composition de mouvements individuels. Prenez une foule : sans une direction, un sens, une visée qui semblent à ses membres venir de l'extérieur, elle n'est rien, et cependant, d'où viennent ces repères sinon de la foule elle-même ? La formation de l'opinion publique, le «despotisme» que l'esprit de tous exerce sur l'esprit de chacun obéissent selon Tocqueville à ce même schéma. Suivant en cela le philosophe et économiste Friedrich von Hayek *(voir l'encadré ci-contre)*, j'ai appelé cette boucle «auto-transcendance», désignant par là le mécanisme par lequel les hommes produisent ensemble quelque chose qui les dépasse absolument, comme le sacré ou la loi. Cette auto-extériorisation peut dégénérer en aliénation, lorsque les hommes ne reconnaissent pas les fruits de leurs actions et se croient soumis, par exemple, aux «lois d'airain» de l'économie. Elle peut aussi être libératrice. En ce point, le fondateur de l'économie politique et celui de la démocratie pure se rejoignent étrangement. Pour Adam Smith comme pour Jean-Jacques Rousseau, la liberté consiste à se déprendre de l'influence des autres. Pour fonder une société d'individus, ils avancent finalement la même solution : que les hommes dépendent d'une extériorité qui les dépasse, mais une extériorité qu'ils ont produite ensemble. Chez Rousseau, ce sont les lois de la Cité, chez Smith, ce sont les lois de l'économie. Les systèmes qui en découlent sont fort différents, de toute évidence, mais la forme de la solution au problème politique est la même.

Il y a plus de savoir, nous dit par exemple Hayek, dans les normes qui règlent nos interactions que dans nos esprits individuels. Cependant, ces normes sont nées de nos interactions, c'est bien nous qui les avons «faites», mais sans le savoir ni le vouloir. Cette question est centrale pour les sciences sociales en général. Comment les collectifs peuvent-ils être plus «sages» que les individus qui les constituent ? Tant que les sciences cognitives, qui se proposent de faire table rase de deux siècles de sciences humaines, ne sauront répondre à cette question, leur ambition restera vaine, j'en ai peur.

## D'Adam Smith à René Girard : quelques penseurs de l'individu et de la justice sociale

**Adam Smith (1723-1790)**
Philosophe et économiste écossais, considéré comme le fondateur de l'économie politique moderne. Dans son principal traité, *Recherche sur la nature et les causes de la richesse des nations* (1776), il propose la métaphore de la « main invisible », qui attribue au marché concurrentiel des propriétés autorégulatrices qui en font un modèle pour la société civile.

**René Girard (né en 1923)**
Philosophe français, professeur à l'université de Stanford, René Girard s'est fait connaître avec la publication, en 1972, de *La Violence et le Sacré* (Grasset). Il y développe l'idée que le sacrifice d'une victime chargée des maux de la collectivité est un mécanisme fondamental de gestion de la violence dans les sociétés humaines. Les rites religieux reproduisent ce mécanisme, tout en en attribuant la nécessité à des entités transcendantes. Le mot « sacrifice » a un contenu très général dans la théorie de R. Girard : il désigne les rites sanglants aussi bien que toutes les formes de stigmatisation sociale d'une victime.

**Friedrich August von Hayek (1899-1992)**
Théoricien néolibéral et philosophe politique né à Vienne, qui enseigna à Londres après 1927, Hayek est réputé comme économiste (prix Nobel en 1974), mais a développé par la suite une philosophie de la société libérale dépouillée de toute autre règle que celles du marché. Il considère notamment que tout projet d'établir une justice sociale est une illusion (*Droit, législation et liberté*, vol. II : « Le Mirage de la justice sociale », Puf, 1981).

**John Rawls (né en 1921)**
Philosophe américain, professeur à Harvard, dont la *Théorie de la justice* (1971, éd. française en 1987, au Seuil) a renouvelé la réflexion sur l'éthique du libéralisme. L'un de ses arguments principaux est que les inégalités sont supportables si elles profitent aussi aux moins favorisés, et qu'à cette condition, une justice sociale est possible dans une économie capitaliste libérale *(voir l'article p. 135)*.

**John Maynard Keynes (1883-1946)**
Economiste britannique dont les idées, fondées sur l'analyse des déséquilibres des mécanismes du marché, ont souligné l'importance du rôle de l'Etat dans la gestion des crises, et soutenu le principe des politiques de relance et de plein emploi.

***SH :*** **Venons-en au cas du sacrifice. Dans les différents écrits que vous avez consacrés aussi bien à René Girard qu'aux philosophes politiques comme John Rawls et Friedrich von Hayek, la question du sacrifice occupe une place centrale. Le sacrifice est, en quelque sorte, le prototype du mécanisme qui ne se justifie qu'au plan collectif, mais se traduit par une injustice faite à la victime.**

**J.-P.D. :** Le sacrifice est au cœur de ma démarche. Le processus sacrificiel, tel que l'analyse René Girard *(voir l'encadré page précédente)*, n'est pas voulu consciemment par les hommes, mais il n'en est pas moins fonctionnel. Il rétablit l'ordre dans une collectivité en permettant aux conflits internes qui la travaillent de se reporter sur une victime. C'est un processus spontané qui fait émerger le sacré.

C'est le modèle même de l'autotranscendance, puisque la collectivité produit sa propre extériorité, le sacré, par un mécanisme endogène : la convergence des haines contre une victime.

***SH :*** **Quel serait le lien entre ce sacrifice religieux et la philosophie politique moderne ?**

**J.-P.D. :** Soit le choix de Caïphe, tel qu'il est exposé dans l'évangile de Jean. Caïphe est le chef des prêtres et des Pharisiens devant lesquels Jésus est traduit après avoir été arrêté. Tandis que ceux-ci s'interrogent pour savoir que faire de cet agitateur dont la popularité excessive est lourde de dangers, Caïphe rompt le caractère indécis de la discussion en lançant : *« Vous n'y entendez rien. Vous ne voyez pas qu'il vaut mieux qu'un seul homme meure pour le peuple, et que la nation ne périsse pas tout entière ! »* L'argument de Caïphe est la rationalité même : vu l'état d'agitation dans lequel se trouve le pays, il vaut mieux sacrifier un homme que de laisser éclater une guerre civile dans laquelle tout le monde, Jésus compris, risquerait de périr. Son argument explicite et rationalise la fonction du sacrifice primitif : mieux vaut la mort d'un homme que celle de tous. C'est le prototype même du raisonnement utilitariste (2).

Or, l'utilitarisme est la doctrine morale qui sous-tend l'économie politique moderne. Il justifie que certains membres de la société soient privés d'une partie de leur bien-être, de leur liberté, de leur sécurité, à condition que ce soit pour le bien de tous. L'économie politique standard est le lieu même où s'exerce, en principe, une morale rationnelle. Elle s'exprime sous la forme du principe d'efficience : un changement qui améliore le sort de certains sans empirer celui des autres est rationnel et ne peut qu'être approuvé à l'unanimité. Cela s'applique à beaucoup de cas : par exemple, 15 % de chômeurs valent mieux qu'une catastrophe économique qui mettrait tout le monde au chômage. L'utilitarisme, dans des situations comme celles-ci, ne peut qu'approuver le sacrifice, non pour des raisons religieuses, mais de pure rationalité.

***SH :* Pourtant, la plupart des penseurs modernes considèrent qu'il y a là un défaut du système et que le sacrifice ne peut, en tout cas, excéder certaines limites.**

**J.-P.D. :** Pouvons-nous à la fois refuser le sacrifice et rester rationnels ? C'est ce qu'a tenté de faire le philosophe John Rawls, que les Français ont considéré comme un penseur libéral, avant de l'accepter comme figure de proue de la social-démocratie. Dans sa théorie de la justice sociale, il pose d'emblée que certains droits fondamentaux de l'individu sont «inviolables» : ainsi, les libertés de base ne sauraient être sacrifiées à la prospérité, même mise au service des plus démunis. L'esclavage serait injustifiable même s'il était le moyen de garantir un bien-être maximal aux plus défavorisés, c'est-à-dire aux esclaves eux-mêmes. Rawls se pose donc sur ce point en adversaire de l'utilitarisme. Mais il énonce des principes de justice qui disent à peu près ceci : l'inégalité de distribution d'un certain type de valeurs (celles-ci étant hiérarchisées, avec les libertés en premier, les chances et les possibilités en deuxième, et les valeurs économiques et sociales en dernier) n'est acceptable que si elle offre aux plus désavantagés, par rapport à ce type de valeurs, les meilleures perspectives. L'injustice, dit en substance Rawls, ce sont des inégalités qui ne sont pas d'abord au service des plus défavorisés.
On pourrait dire de ce critère que c'est le critère chrétien par excellence. Il donne à ceux qui pourraient être sacrifiés une priorité infinie, il prend sur ce monde d'injustices et de persécutions le point de vue de la victime. Mais Rawls ne peut évidemment fonder sa théorie sur une religion particulière. Il lui reste la raison, et sa variété moderne qu'est la rationalité. Les principes de justice se doivent d'être compatibles avec la rationalité, et en particulier avec le principe d'efficience. Il en résulte qu'appliqués au choix de Caïphe, ils ne peuvent qu'approuver la solution sacrificielle. *A contrario*, le rejet du sacrifice, qui est si fortement ancré en nous et qui inspire ce que

nous appelons la justice, apparaît comme fondamentalement déraisonnable. Mais pourquoi devrait-on croire que la raison et l'éthique sont nécessairement appelées à parler d'une seule et même voix ?

***SH :* Comment la justice pourrait-elle être compatible avec le fait qu'un sort différent soit fait aux uns et aux autres ? N'est-ce pas là la cause même du sentiment de l'injustice ?**

**J.-P.D. :** C'est tout le problème de l'envie. L'envie est ce sentiment négatif, ce doute qui nous taraude au sujet de notre propre valeur, cette perte radicale de l'estime de soi qui nous saisit lorsque nous comparons notre sort à celui d'autrui. Dans un monde marqué par la rivalité universelle, il y a deux manières de se comporter, deux attitudes que Tocqueville voyait à l'œuvre, respectivement, en Amérique et en France : ou bien jouer à fond le jeu de la concurrence, ou bien se livrer aux tourments de l'envie en refusant la concurrence.

La bonne société libérale ne devrait pas donner prise à la force destructrice de ce péché capital, comme le répètent des penseurs aussi divers que Rawls ou Hayek. La façon dont ils entendent protéger leurs systèmes, et nous par la même occasion, des ravages de l'envie consiste, une fois encore, à faire appel aux bons offices d'une extériorité. Ainsi, Hayek voudrait que nous puissions croire que les sanctions du marché n'ont rien à voir avec notre mérite ou notre valeur personnelle. Rien de moins méritocratique que ces théories libérales de la justice. Le découvrir est une surprise pour tous ceux qui, hommes politiques, responsables publics ou sociaux, croient naïvement que la justice distributive, dans une société moderne, doit obéir à la maxime *« à chacun selon son mérite »*. Mais considérez, par exemple, le cas d'un médecin consciencieux et besogneux, dans le besoin, bref, « méritant », mais incompétent. La concurrence le balaye. Injuste ? La justice n'a rien à voir à l'affaire, nous dit Hayek. Les règles sont les mêmes pour tous, le processus est anonyme, sans intention, sans sujet. Le marché donne à chacun, non ce dont il a besoin ou ce qu'il mérite, mais l'équivalent des services qu'il rend à autrui.

Supposons que vous appreniez brutalement que pour la collectivité la valeur de vos services et de votre qualification est devenue nulle au moment où vous êtes licencié, la multinationale qui vous employait ayant décidé de fermer l'usine où vous travaillez – et ce parce que les conditions économiques mondiales rendent plus rentable de produire en Ecosse ou au Brésil. Votre dignité devrait-elle être affectée, est-ce une offense faite à l'estime que vous avez de vous-même ? Non, répond Hayek, car personne n'a voulu cela. Les forces impersonnelles qui guident le processus social sont, selon lui, comme les forces naturelles : lorsqu'un tremblement de terre fait beaucoup de dégâts, c'est un mal, mais ce n'est pas une injustice. Les victimes n'ont par ailleurs rien à se reprocher.

On notera en passant qu'on est ici aux antipodes de la « Reaganomics » et de sa mise en accusation des pauvres : ils sont pauvres parce qu'ils l'ont bien mérité. J'enrage lorsque je vois l'intelligentsia française mettre dans le même fourre-tout « libéral » des pensées aussi opposées que celles de Rawls, Hayek, Nozick ou des libertariens les plus extrémistes.

Dans les sociétés traditionnelles, la peur de l'envie des autres et de sa propre envie est tenue en échec par le fait que chacun considère sa place comme faisant partie de l'ordre immuable du monde. Aucun être humain n'en a décidé. Le recours fréquent au tirage au sort dans les problèmes de partage trouve ici un sens. Que l'on pense au partage de la Terre promise tel que le relate le *Livre de Josué*. Certains reçoivent de bonnes terres, d'autres de moins bonnes, mais l'envie n'a pas lieu d'être parce que c'est le jugement de Dieu qui en a décidé ainsi.

Hayek est un penseur moderne : il n'est pas question pour lui de faire appel au sacré. Il a cependant besoin d'un substitut de transcendance pour désamorcer l'envie. Les *« forces obscures du processus social »* rempliront cet office, la sagesse et la liberté, selon Hayek, consistant à s'abandonner à ce qui nous apparaît leur caprice, mais qui cache une nécessité bienfaisante. Hayek est le premier à savoir qu'il s'agit là d'une fausse transcendance puisqu'il l'appelle, comme nous l'avons vu, autotranscendance. On voit ici le dilemme de toute pensée sociale moderne. Pour éviter que se réalise la prophétie de Dostoïevski – *« Si Dieu est mort, alors les hommes seront des dieux les uns pour les autres »* – ; pour empêcher que l'effacement du religieux, qui relie en séparant, ne fasse tomber les hommes dans les pièges de la fascination mutuelle et de la rivalité généralisée, il lui faut inventer des substituts de sacré, cette extériorité radicale. Peut-on le faire sans tomber du côté du sacrifice ? Tout se passe comme si, dans les sociétés modernes, on ne pouvait à la fois sortir de la logique sacrificielle et contenir l'envie. Dans les faits, d'ailleurs, la balance penche dangereusement du côté du déchaînement de l'envie.

Malgré tous les efforts de Hayek, nous avons le plus grand mal à croire au caractère impersonnel et inintentionnel, encore moins à la transcendance, des processus économiques, surtout lorsque nous en sommes les victimes.

***SH :* A quoi attribuez-vous le fait qu'il soit si difficile, pour la philosophie politique, de penser la justice sociale et le marché en même temps ?**

**J.-P. D. :** Je crois tout simplement que le problème de la justice sociale n'a pas de solution dans une société de concurrence généralisée. Le concept de justice distributive est propre à une société « holiste », ordonnée autour d'une hiérarchie commune de fins, et qu'il répond à la maxime : *« à chacun ce qui lui revient, ce qui lui est dû »*. Ce qui revient à chacun est déterminé par sa contribution à ce système de fins. C'est avec cela que rompt le libéralisme, qui entend faire coexister harmonieusement des individus dont les fins sont des désirs, anarchiquement variés. *« A chacun selon son mérite »* pourrait être une solution, mais elle est interdite par le problème de l'envie.

Ce qui m'a intéressé dans les grandes théories libérales de la société bonne et juste, celle de Rawls entre autres, c'est ce qu'elles disent malgré elles au sujet de la société marchande. A savoir que celle-ci fonctionne au plus près de sa décomposition toujours possible en foule panique et violente. La société juste et bonne est celle qui contient (aux deux sens du mot) cette menace.

En ce sens, ces théories normatives rejoignent ce qu'ont toujours su les plus grands des économistes : Adam Smith et la perception aiguë qu'il avait du rapport entre le motif économique et ce qu'il appelait la *« corruption des sentiments moraux »* (3) ; John Maynard Keynes et son analyse des phénomènes de spéculation financière, magnifique exemple de ce que j'appelais plus haut la spécularité. Ces penseurs voient parfaitement que ce sont les mêmes mécanismes, simultanément constructeurs et destructeurs, et dans lesquels l'imitation des autres joue un rôle crucial, qui expliquent à la fois l'ordre et le désordre, la stabilité des valeurs et leur entrée en crise. Pour Keynes, en particulier, le marché est essentiellement un phénomène de foule dans lequel chacun copie chacun. Ce qu'on appelle aujourd'hui la globalisation, la croissance de l'économie mondiale, n'est peut-être rien d'autre qu'une « panique » généralisée, démultipliée, nous entraînant en un ralenti sidérant vers le bord d'un abîme, à l'instar de ces porcs possédés par les démons de Gérasa (4) dont nous parle l'Evangile de Marc.

Propos recueillis par
NICOLAS JOURNET
(*Sciences Humaines*, n° 74, juillet 1997)

1. Voir mots clés en fin d'ouvrage.
2. *Idem.*
3. Elle résulte, chez Adam Smith, du fait que c'est, au départ, le même sentiment qui pousse l'homme d'un côté à vouloir améliorer sa condition économique, et de l'autre à envier les riches et à mépriser les pauvres. Lorsque l'attention portée aux autres passe un certain degré, la sympathie, moralement bonne, devient jalousie et égoïsme.
4. L'épisode rapporte un miracle de Jésus : il débarrasse un homme des démons qui l'habitent en les faisant entrer dans un troupeau de porcs. Les animaux se jettent alors dans la mer du haut d'une falaise. Marc 5, 1-20.

JEAN-CLAUDE RUANO-BORBALAN*

# Y A-T-IL DES GUERRES JUSTES ?

## *À PROPOS DU LIVRE DE MICHAEL WALZER :* GUERRES JUSTES ET INJUSTES**

**Dans cet ouvrage majeur, le philosophe américain Michael Walzer explore les conditions d'une action morale dans la guerre.**

DANS L'ABBAYE de Westminster, sur une plaque commémorative, figure la liste des noms de tous les pilotes de chasse tués au combat lors de la Seconde Guerre mondiale. Mais il n'existe aucune plaque pour les pilotes de bombardiers, qui *« resteront pour toujours anonymes, en dépit des pertes beaucoup plus élevées qu'ils subirent »*. Pourquoi certains pilotes sont-ils ainsi honorés, tandis que d'autres sont oubliés ?

Parce que les premiers combattaient selon les règles de la guerre contre d'autres unités, pendant que les seconds menaient une forme de combat qui pose un grave problème moral à tout être humain : ils ont en effet contribué de manière directe au massacre de civils innocents.

Le bombardement systématique des populations civiles, dont le but principal est d'imposer la terreur, n'est pas une manière morale et juste de faire la guerre, sauf et uniquement sauf si la communauté politique combattante est en danger absolu de disparition. Là réside le nœud de la question : qui, quand et avec quels critères peut-on juger si les moyens employés lors des conflits sont moralement acceptables ? Dans le cas précis des bombardements

* Directeur de publication du magazine *Sciences Humaines*.

** Compte rendu du livre de Michael Walzer : *Guerres justes et injustes*, Belin, 1999, paru dans *Sciences Humaines*, n° 97, août 1999. M. Walzer, philosophe, est professeur à l'Institute for Advanced Studies à Princeton. Il est l'auteur de nombreux ouvrages de philosophie politique dont *La Révolution des saints*, Belin, 1988 ; *Sphères de justice*, Seuil, 1997 ; *Traité sur la tolérance*, Gallimard, 1998.

anglais sur les villes allemandes durant la Seconde Guerre mondiale, Michael Walzer estime qu'ils étaient moralement défendables lorsque l'Angleterre était seule au combat, que les armées allemandes triomphaient inexorablement en Europe. Jusqu'en 1942, en effet, l'Angleterre, nation agressée et en danger mortel, n'avait d'autre possibilité d'offensive contre l'agresseur que ces bombardements aveugles. Mais, dès les premiers changements du cours de la guerre, alors que les alliés commençaient à remporter des victoires, plus rien ne pouvait justifier la poursuite d'une politique de terreur.

L'attitude juste et morale consiste en premier lieu à ne pas déclencher la guerre et ensuite, en cas d'agression, à respecter ses lois, établies par le droit international. Mais elles sont incomplètes et floues, et c'est pourquoi la question morale se pose souvent, quelles que soient les situations et les décisions à prendre. Cette question morale est même cruciale pour ceux qui entendent, comme c'est le cas des démocraties occidentales, ne mener que des guerres justes.

C'est au travers de ce genre d'exemples, pris dans l'ensemble des conflits de l'époque moderne, et quelques-uns en Grèce ancienne, que M. Walzer bâtit son argumentation sur les conditions de la guerre juste et sur les voies de l'action morale dans la guerre. De manière générale, il cherche à savoir comment les communautés politiques fondées sur la démocratie et possédant des valeurs morales humanistes doivent conduire la guerre. M. Walzer, philosophe politique, se confronte – malheureusement sans la rappeler – à la théorie juridique occidentale de la guerre juste. Quoique peu familière, la discussion sur la guerre juste et ses conditions est au cœur de la réflexion politique et du droit international depuis la Renaissance (1).

### Le paradigme légaliste

Dès cette époque s'est élaboré ce que M. Walzer nomme *«le paradigme légaliste»*, qui inscrit la violence entre communautés politiques dans un ensemble de règles et d'interdits que le philosophe appelle, à juste titre, *«la convention de la guerre»*. La dispersion géographique et historique des exemples choisis par M. Walzer induit l'idée que cette codification de la guerre est quasiment universelle, bien que l'auteur souligne paradoxalement à plusieurs reprises son inscription dans l'espace de la guerre d'Etat de type occidental.

Selon cette théorie, la guerre est juridiquement encadrée. Les armées respectent des conventions, des règles de combat, et utilisent des armes permettant d'éviter de massacrer des civils et de tuer indignement des combattants. M. Walzer martèle tout au long de son ouvrage que la *«théorie de la guerre juste»* consiste en sa restriction aux seules unités combattantes. Il soulève ainsi la question de la responsabilité des Etats dans le déclenchement des hostilités, mais aussi celle des combattants, généraux ou stratèges.

Toute la première partie de l'ouvrage tente de montrer que l'interrogation morale sur la responsabilité est consub-

1. Voir G. Bacot, *La Doctrine de la guerre juste*, Economica, 1989.

stantielle à la guerre. Car, s'il est vrai que les hommes la subissent, ils la déclenchent et y participent en connaissance de cause. Les Athéniens durent, par exemple, affronter leur propre responsabilité lorsqu'ils décidèrent la destruction de la cité de Melos, sans être en guerre contre elle. On sait que les Allemands eurent aussi à le faire, et que les Français, pour l'Algérie, ou les Japonais, pour la Seconde Guerre mondiale, ne parvinrent pas à s'y résoudre.

Dans ce cadre, le premier postulat moral est de considérer que toute entrée en guerre est condamnable, car des êtres humains sont tués, souvent en très grand nombre. M. Walzer reconnaît que la guerre peut, dans certaines de ses formes, être limitée de par sa nature (conflits tribaux, médiévaux, raids). Mais il endosse plutôt le jugement du général Sherman durant la guerre de Sécession des Etats-Unis, selon lequel la guerre est toujours un enfer pour ses victimes. Il y a, pour le philosophe, deux aspects à la réalité morale de la guerre. On doit en effet juger des raisons de rentrer en guerre, et l'on doit tout aussi nettement juger des moyens de mener le combat. C'est à l'examen de ce deuxième impératif que s'attache la seconde partie de l'ouvrage.

### Des règles pour conduire la guerre

Pour éviter l'enfer, ce qui est le but de la réflexion de M. Walzer, les règles communément admises pour la conduite de la guerre doivent être respectées. La première de ces règles est le respect mutuel : *«Le soldat ennemi, même engagé dans une guerre criminelle, n'en est pas moins innocent qu'eux-mêmes.»*

Ainsi, hors des phases de combat, rien ne doit autoriser à des exactions ou à des brutalités contre les adversaires. M. Walzer détaille et analyse tout au long de son ouvrage, en des pages profondément émouvantes, les problèmes moraux que posent les situations de crimes de guerre. L'un de ces exemples frappants est le cas d'une patrouille allemande qui, sans se méfier le moins du monde, fut décimée par un groupe de résistants français déguisés en paysans vaquant à leurs travaux. Les Allemands, rappelle M. Walzer, étaient au service d'une cause immorale et les résistants d'une cause juste. Cependant, le procédé qui consiste à endosser l'apparence de civils, personnes protégées par les lois de la guerre, est immoral. La mort des soldats allemands devient assimilable à un meurtre. Ce n'est pas, souligne l'auteur, parce que les actions immorales sont courantes, et souvent masquées ou admises, qu'elles doivent être tolérées.

L'ouvrage de M. Walzer est un grand livre, écrit à l'issue de la guerre du Viêtnam. Il fait partie de ceux qui marquent le lecteur et le forcent à définir lui-même ses propres critères moraux. Cependant, cela ne signifie nullement que l'ouvrage soit exempt de paradoxes et de contradictions. L'ambition systématique et atemporelle de la réflexion du philosophe, sa posture axiologique peuvent dérouter le spécialiste des sciences sociales habitué aux débats stratégiques et géopolitiques classiques. Certes, la théorie de la guerre et l'interrogation sur la guerre juste se sont imposées comme cadre conceptuel de la conduite des conflits depuis trois ou quatre siècles. Certes, elles ont permis de définir les notions de crime de guerre, voire pour la période récente celle de crime contre l'humanité, qui amorcent une moralisation de la vie internationale.

Pour autant, on ne peut considérer que la convention occidentale de la guerre soit universelle : l'auteur le reconnaît parfois lui-même. La réflexion de M. Walzer ne prend pas en compte les difficultés d'une théorie de la guerre fondée sur la souveraineté des Etats-nations. Dans une telle théorie, la guerre civile n'est que difficilement pensable.

Or, et c'est là l'un des traits majeurs de notre époque, la violence civile et la violence guerrière internationale sont en permanence enchevêtrées : de l'Afrique des grands lacs à la Yougoslavie ou au Cambodge, la volonté de définir les critères de la guerre juste se heurte à la nécessaire compréhension des conflits idéologiques et identitaires, aux stratégies politiques infra-étatiques. Ce que ne fait, ni ne peut faire, une théorie de la guerre fondée sur le droit étatique.

Inversement, la possibilité d'instaurer une régulation internationale supérieure aux Etats, se fondant sur l'universelle humanité, n'est en aucun cas examinée. Or, l'institutionnalisation de la vie internationale constitue l'un des traits saillants de ce siècle. Cette institutionnalisation a instauré des formes de responsabilité collective spécifiques que la théorie pure de la guerre inter-étatique ne peut réellement prendre en compte.

Ces deux limites se vérifient très clairement lorsque M. Walzer prône, comme projet de paix perpétuelle, la généralisation de la non-violence. Or la non-violence est un objectif individuel, dont le bénéfice collectif ne peut avoir de sens qu'en des cas très limités. M. Walzer lui-même rappelle l'ineptie de la position de Gandhi, conseillant aux Juifs allemands de se suicider plutôt que de résister.

On ne peut, comme le suggère l'auteur, s'en remettre à l'action unilatérale des « justes », qu'ils soient des Etats ou des hommes, qu'à la condition de postuler la transformation morale de chaque individu et la disposition des communautés politiques à l'action non agressive. Cette voie, comme le montre la faiblesse de la conclusion, est hautement discutable.

**Sylvain Allemand***

# PENSER LE TOTALITARISME

## *À PROPOS DU LIVRE DE HANNAH ARENDT :* LES ORIGINES DU TOTALITARISME**

**Que s'est-il passé ? Pourquoi cela s'est-il passé ? Comment cela a-t-il été possible ? Telles sont les trois questions qui inspirent, entre 1945 et 1949, la rédaction d'une des contributions majeures à la compréhension d'un phénomène du XXe siècle sans précédent.**

Si l'antisémitisme, l'impérialisme, le racisme... sont les éléments constitutifs du totalitarisme, ils n'en épuisent pas, selon Hannah Arendt, le sens. Pour comprendre comment ils se sont cristallisés dans l'expérience totalitaire, H. Arendt articule l'interprétation à partir des catégories de la philosophie politique à l'analyse des faits historiques. Ce faisant, elle montre en quoi le totalitarisme constitue une radicale singularité.

La première partie de l'œuvre, *Sur l'antisémitisme*, retrace ainsi l'histoire juive en Europe centrale et occidentale de l'époque des juifs de cour jusqu'à l'affaire Dreyfus. *L'Impérialisme* retrace celle de l'expansion coloniale et de la crise de l'Etat-nation au XIXe siècle ; enfin, *Le Système totalitaire* décrit l'idéologie et l'organisation totalitaire et leur évolution au cours du temps.

Par système totalitaire, H. Arendt ne désigne pas seulement le régime nazi. Elle comprend également le régime stalinien qui à bien des égards évoque, selon elle, le premier : visées expansionnistes, existence de goulags, montée de l'antisémitisme. Etabli en 1929, le régime totalitaire stalinien est non seulement antérieur à son équivalent nazi, installé en 1938, mais encore lui survit jusqu'en 1953 (année de la mort de Staline) (1).

---

* Journaliste scientifique au magazine *Sciences Humaines*.

** Présentation livre de Hannah Arendt : *Les Origines du totalitarisme*, Seuil, 1972 (1re éd. 1951), t. 1 : *Sur l'antisémitisme*, t. 2 : *L'Impérialisme*, t. 3 : *Le Système totalitaire*, parue dans *Sciences Humaines*, n° 53, août/septembre 1995.

1. Comme le précisera H. Arendt dans les nouvelles éditions parues à partir de 1966.

## Une femme d'exception

Née en 1906 à Hanovre, Hannah Arendt perd son père dès l'âge de six ans. De sa mère, elle reçoit une éducation libérale. Ses études de philosophie, de théologie et de philologie aux universités de Marbourg, Fribourg et Heidelberg en font successivement, entre 1924-28, l'élève des penseurs parmi les plus importants du XXe siècle : Edmund Husserl, Martin Heidegger et Karl Jaspers, sous la direction duquel elle devint docteur en philosophie et avec lequel elle entretint une longue correspondance.
L'arrivée d'Hitler au pouvoir contraint H. Arendt à l'exil. Durant dix-huit ans, elle fera ainsi l'expérience du statut d'apatride. A Paris, elle rencontre Raymond Aron, Jean-Paul Sartre et Albert Camus. En 1940, elle est internée au camp de Gurs d'où elle parvient à s'échapper. La même année, elle épouse en secondes noces Heinrich Blücher, professeur de philosophie.
En 1941, un nouvel exil la conduit aux Etats-Unis. Dix ans plus tard, l'année où paraissent *Les Origines du totalitarisme*, H. Arendt acquiert la citoyenneté américaine.
A partir de 1953, elle enseigne la philosophie et les sciences politiques dans les universités parmi les plus prestigieuses : Berkeley, Princeton, Columbia... Se définissant elle-même comme *« femme, juive, mais pas allemande »*, H. Arendt meurt en 1975 à New York.

**Autres ouvrages de Hannah Arendt**
- *La Condition de l'Homme moderne*, Calmann Lévy, 1983.
- *Eichmann à Jérusalem. Rapport sur la banalité du mal*, Gallimard, coll. « Folio » Histoire, 1991.
- *La Crise de la culture*, Gallimard, coll. « Idées », 1972.
- *La Nature du totalitarisme*, Payot, 1990.

**Ouvrages sur Hannah Arendt**
- S. Courtine-Denamy, *Hannah Arendt*, Belfond, 1994.
- E. Young-Bruehl, *Hannah Arendt*, Anthropos, 1986.
- A. Enégren, *La Pensée politique de Hannah Arendt*, Puf, 1984.
- E. Tassin, *Le Trésor perdu. Hannah Arendt et l'intelligence de l'action politique*, Payot, 1999.

### L'antériorité de l'antisémitisme sur le totalitarisme

L'antisémitisme est un premier dénominateur commun entre les régimes hitlérien et stalinien. Cependant, si H. Arendt analyse longuement ce phénomène, c'est pour en montrer l'antériorité par rapport au totalitarisme. Dès l'abord, H. Arendt distingue l'antisémitisme moderne de la haine du juif. Cette dernière est d'origine religieuse, le premier est une idéologie laïque du XIXe siècle.

Paradoxalement, l'antisémitisme émerge alors que les populations juives sont en voie d'assimilation et que l'aristocratie juive est en déclin. Traditionnellement, celle-ci entretenait des relations privilégiées avec les monarchies puis les Etats-nations européens. Sa spécialisation dans le domaine bancaire en faisait un soutien indispensable. En cas de guerre, le cosmopolitisme des juifs de cour, incarnés par la célèbre famille Rothschild, en faisait les seuls diplomates à même de jeter les bases des négociations de paix.
Dès lors que l'Etat-nation trouve d'autres sources de financement et que les conflits visent la destruction totale de l'adversaire, l'aristocratie juive n'est plus indispensable. Ainsi, *« lorsque Hitler parvient au pouvoir, les juifs avaient perdu presque tous les postes qu'ils avaient détenus pendant plus de cent ans dans les banques allemandes »*.
Si les premières flambées d'antisémitisme (en Prusse au début du XIX^e^ siècle) furent sans lendemain, il n'en fut pas de même de la vague d'antisémitisme consécutive à la multiplication des scandales financiers dans les années 1870 et 1880. La responsabilité de banquiers juifs moins scrupuleux que ceux issus de grandes familles nourrit un sentiment antisémite durable au sein de la petite bourgeoisie. Les premiers partis antisémites apparaissent durant cette période. Mais c'est en France que devait se produire « la véritable répétition générale » de l'antisémitisme moderne à travers l'affaire Dreyfus, dans les années 1890 et 1900. Elle devait confirmer le succès de l'antisémitisme comme *« agent catalyseur de tous les autres problèmes politiques »*.

### De l'impérialisme à la domination du monde

Autre invention du XIX^e^ siècle, l'impérialisme annonce également le totalitarisme. Il apparaît dans les années 1884-1914 à l'occasion de la « mêlée pour l'Afrique », qui voit les nations européennes se disputer les territoires du continent africain.
Il répond en outre à la nécessité pour la bourgeoisie d'affaires de trouver d'autres débouchés, dans un contexte marqué par la grande dépression économique de la seconde moitié du XIX^e^ siècle. Ainsi, *« l'impérialisme doit être compris comme la première phase de la domination politique de la bourgeoisie bien plus que le stade ultime du capitalisme »*.
L'impérialisme ne vise ni la constitution d'un Empire ni la satisfaction des intérêts de l'Etat-nation. Les administrations coloniales sur lesquelles il s'appuie entrent d'ailleurs le plus souvent en concurrence avec les institutions de la métropole.
Malgré l'analogie avec celle de l'impérialisme, la volonté de dominer le monde qui caractérise les régimes totalitaires puise davantage sa source dans le panslavisme et le pangermanisme des pays d'Europe centrale et orientale. Selon eux, l'homme ne reçoit son origine divine que par l'intermédiaire du peuple auquel il appartient.

### Le racisme et le déclin des Droits de l'Homme

*« Si le totalitarisme et l'hitlérisme en particulier ont exercé leur puissante séduction au cours des années 30, c'est que le racisme avait déjà rencontré un succès auprès des opinions publiques. »* La pensée

raciale pointe dès le XVIIIe siècle, en France puis en Allemagne dans le contexte du romantisme. En 1853, Joseph Gobineau explique le déclin des civilisations par la dégénérescence de la race. Mais l'étape décisive est franchie avec l'expansion impérialiste en Afrique du Sud. Pour la première fois, des populations blanches font l'expérience de l'extrême diversité que recouvre l'Humanité. *« Les Boers ne purent jamais oublier leur première et horrible frayeur face à un type d'hommes (les indigènes) que leur orgueil et leur sens de la dignité humaine leur interdisaient d'accepter comme leurs semblables. »*

La remise en cause de la croyance dans le caractère universel de la nature humaine donnait sens aux critiques formulées, dès la fin du XVIIIe siècle, par Edmund Burke à l'égard de la Déclaration des droits de l'homme héritée de la Révolution française.

Leur portée rencontra de nouvelles limites avec l'émergence massive de sans-patrie. Au lendemain de la Première Guerre mondiale, une proportion importante d'Européens est dépourvue de statut juridique : les réfugiés juifs, arméniens, allemands, etc., ainsi que les minorités présentes dans les nouveaux Etats-nations (Yougoslavie, Tchécoslovaquie) créés à la suite du démantèlement de l'Empire austro-hongrois.

### Le totalitarisme, une idéologie

Le déclin du système des partis dès la fin du XIXe siècle, l'épreuve de la Première Guerre mondiale et la dépression économique des années 30 nourrissent un nihilisme ambiant et le sentiment d'un monde irrationnel et dénué de sens. Le succès du totalitarisme résida alors dans sa capacité à opposer à cette vision pessimiste une réalité qui, pour être fictive, n'en est pas moins cohérente.

En cela, le totalitarisme est une idéologie, c'est-à-dire littéralement la logique d'une idée. A partir d'une prémisse, le totalitarisme se fait fort de donner un sens aux événements, quels qu'ils soient. Dans le cas du nazisme, la prémisse est la loi de la Nature incarnée dans le processus de sélection naturelle découvert par Darwin.

Dans le cas du bolchevisme, les prémisses résident dans la loi de l'Histoire incarnée dans la lutte des classes héritée de Marx. Dans un cas comme dans l'autre, l'idéologie s'affranchit de toute expérience. Elle est le sixième sens qui, seul, permet d'appréhender une réalité prétendument vraie. En troisième lieu, elle a pour elle une cohérence logique qui n'existe nulle part dans la réalité.

A la différence des idéologies antérieures, le totalitarisme est doté d'un instrument : le mouvement totalitaire, et d'un soutien : les masses.

### Le temps des masses et des mouvements

Le mouvement totalitaire est l'instrument par lequel l'idéologie totalitaire prétend accélérer le cours de la loi naturelle ou historique. Situé au-dessus des partis et des intérêts de classes, le mouvement est dépourvu de véritable programme de gouvernement. A bien des égards, le mouvement totalitaire s'apparente à une société secrète agissant au grand jour. Pour être admis, chaque membre suit un parcours initiatique. A la différence des sectes, le mouvement ne dissimule pas ses intentions. Celles du régime nazi sont explicitement affichées dans *Mein Kampf*. Le parti bolchevique ne cache pas non plus sa volonté d'établir le règne du prolétariat.

Tel un prophète, le chef du mouvement totalitaire révèle la vérité dont serait porteur l'avenir. Placé au centre du mouvement, il doit son pouvoir à son habileté à manipuler aussi bien les masses que les luttes internes au mouvement.

Le fanatisme des nazis comme des bolcheviks ne s'explique pas par le seul travail d'endoctrinement. Il résulte de la propension du militant à privilégier la cohérence du raisonnement logique. Cette propension est servie par l'organisation du mouvement qui favorise la déconnexion des membres de la réalité, laquelle n'est perçue qu'à travers la crédulité des sympathisants et des compagnons de route. De même, l'élite du mouvement ne perçoit la réalité qu'à travers la crédulité relative des simples adhérents. Et ainsi de suite. Plus sa position est élevée au sein du mouvement, plus le nazi ou le bolchevik est en mesure de se rendre compte de la puissance qu'exercent les mensonges sur les masses.

Les masses apparaissent avec la révolution industrielle ; elles sont avant tout le fruit de l'atomisation de la société et du déclin des systèmes de partis. L'homme de masse c'est le prolétaire, le chômeur, l'épargnant ruiné par l'inflation... Isolé, il fait en outre l'expérience de la « désolation », c'est-à-dire du déracinement social et culturel. A cet égard, il peut s'identifier au chef du mouvement totalitaire : au contraire des chefs des partis traditionnels, Hitler et Staline sont issus de milieux modestes. L'homme de masse trouve en outre dans l'idéologie totalitaire la cohérence dont est dépourvue la réalité à laquelle il est confronté.

### Le système totalitaire

Une fois parvenus au pouvoir, les mouvements totalitaires ont donné naissance à un régime qui ne fut comparable à aucun des régimes connus : despotique, tyrannique ou dictatorial, et décrits par les philosophes de Platon à Kant. Avec le régime totalitaire est instaurée la révolution permanente : à travers les purges en URSS, et à travers une *« sélection raciale ne connaissant jamais de trêves »*, en Allemagne.

La coexistence de deux sources d'autorité répond au même souci d'éviter que le régime ne se sclérose. L'une est incarnée par les institutions étatiques, l'autre par le parti et les organisations de façade. Le flou qui en résulte contraint l'individu à deviner les intentions du pouvoir totalitaire. Le déplacement permanent de ce dernier, par le jeu des promotions et des créations d'organisations ou de services nouveaux, produit le mouvement nécessaire à l'appareil de domination totalitaire. Ce qu'il perd en efficacité économique, le système totalitaire le gagne en sécurité face aux menaces de sabotage.

Au sein du système, le pouvoir d'une institution est d'autant plus fort qu'elle s'entoure de secret. La police secrète constitue ainsi le noyau du pouvoir totalitaire. Les antécédents des chefs totalitaires expliquent dès l'abord le rôle attribué à celle-ci : Hitler et Staline furent membres respectivement du service secret de la Reichswehr et de la section de conspiration du parti bolchevik. Les critères de fonctionnement de la police vont jusqu'à imprégner la société totalitaire : l'espace privé est nié au même titre que l'espace public. La terreur est son essence. Une fois éliminés les adversaires du régime, celle-ci s'exerce sur tout individu, quel qu'il soit. Il suffit que ce dernier soit désormais non pas « suspecté d'une faute » mais « accusé d'un crime possible ». La police secrète *« opère alors le miracle de faire en sorte que la victime n'ait jamais existé du tout »*. En attendant de pouvoir étendre ses activités sur l'ensemble du monde, la police secrète en est réduite à effectuer des expériences dans des laboratoires entourés du plus grand secret : le camp de concentration.

### Les camps de concentration

Le camp de concentration n'est pas une invention du système totalitaire mais des Boers. Dans l'entre-deux-guerres, il constitue la solution imaginée par les démocraties occidentales (dont la France) pour faire face à l'arrivée massive des apatrides.

Le camp de concentration totalitaire pousse cependant à son terme la logique qui préside à la concentration d'être humains, en se transformant progressivement en un vaste laboratoire où le système expérimente les instruments de l'extermination de la nature humaine. La disparition physique de l'individu est précédée d'une destruction de l'individu en tant que personne juridique et morale douée d'une personnalité propre. Le camp totalitaire mêle indifféremment les victimes innocentes avec les opposants politiques et les criminels de droit commun avant de les répartir selon des catégories artificielles. La menace de mesures de rétorsion contre ses proches prive la victime jusqu'au droit de suicide. *« L'alternative n'est plus entre le bien et le mal, mais entre le meurtre* (de ses proches) *et le meurtre* (des autres prisonniers) ».

L'entassement dans les convois de la mort, l'uniformité des tenues, le rasage, la torture, etc., participent d'une destruction de la personnalité elle-même. L'individu est réduit à l'état du chien du physiologiste russe Ivan Pavlov (1849-1936). Ainsi le camp de concentration réussit ce qu'aucune tyrannie n'était parvenue à faire : détruire la spontanéité humaine, source d'imprévisibilité et donc obstacle permanent au libre cours de la loi naturelle ou historique.

La difficulté à concevoir l'entreprise d'extermination est renforcée par celle que rencontrent les survivants à témoigner de leur expérience. *« En retournant au monde des vivants, le survivant ne peut croire en ce qu'il a subi. »*

Le travail forcé auquel sont astreintes les victimes ne doit pas faire illusion. Le camp de concentration ne répond à aucune rationalité économique. En témoigne la perpétuation de l'entreprise d'extermination malgré les besoins de l'effort de guerre. Rien ne doit arrêter l'entreprise concentrationnaire, pas même, dans le cas nazi, l'extermination de la totalité de la population juive ainsi que des premières catégories jugées inaptes (handicapés mentaux, tziganes...). L'entreprise concentrationnaire vise l'extermination permanente. Elle accomplit ainsi la réalisation de l'enfer sur Terre. Ce faisant, elle apporte la démonstration que «tout est possible» y compris l'inimaginable.

### Postérité

Malgré le succès rencontré aux Etats-Unis dès leur parution en 1951, *Les Origines du totalitarisme* ne furent publiées en France qu'en 1972, chez trois éditeurs différents.

Une première critique adressée à l'auteur concerne le ton adopté : Raymond Aron lui reprocha de *«substituer à l'histoire réelle une histoire à chaque instant ironique et tragique»* (2) ; d'autres de n'être pas parvenue finalement à décrire ce qui s'est passé *sine ira et studio* (autrement dit, avec le recul nécessaire à un projet aussi ambitieux) conformément à l'intention affichée par H. Arendt dans la préface du troisième tome. Le parallélisme entre le bolchevisme et le nazisme d'une part, l'amalgame entre le goulag et Auschwitz, d'autre part, lui furent également reprochés. De même que l'absence de justification du choix du terme de totalitarisme, H. Arendt se bornant à en signaler l'apparition récente. Enfin, H. Arendt n'aurait qu'imparfaitement rendu compte de l'identification du totalitarisme à une religion sécularisée.

Autant de critiques auxquelles H. Arendt n'a que partiellement répondu. Pourtant, *Les Origines du totalitarisme* restent une œuvre indispensable pour tenter de comprendre l'incompréhensible, et ce faisant nous réconcilier avec la nature humaine.

2. La critique est formulée dans l'article « L'essence du totalitarisme », paru dans la revue *Critique*, en janvier 1954.

Michel Lallement*

# CORNÉLIUS CASTORIADIS : DE L'IMAGINAIRE AU POLITIQUE

**Philosophe et psychanalyste, Cornélius Castoriadis (1922-1997) est, depuis près de quarante ans, à l'origine d'un renouvellement de l'analyse politique de la démocratie. Au fondement de toute son architecture intellectuelle, les concepts d'imaginaire et d'autonomie.**

Né en 1922, Cornélius Castoriadis suit à Athènes des études de droit, d'économie et de philosophie avant de s'installer définitivement en France en 1945. Militant trotskiste, puis dissident, il fonde en 1949, avec Claude Lefort, la revue *Socialisme ou Barbarie*, revue qu'il animera jusqu'à sa dissolution en 1966. Son œuvre embrasse des domaines aussi différents que la psychanalyse, l'économie, la politique, l'histoire ou la philosophie. Mais sa problématique n'en est pas moins unifiée : il s'agit d'activer le concept d'imaginaire social pour nourrir une philosophie de l'histoire et de la révolution.

## L'histoire indéterminée

S'il ne nie pas l'existence de conflits et de déterminants sociaux, C. Castoriadis privilégie malgré tout la liberté comme fondement de l'action humaine. Il se situe ainsi aussi bien aux antipodes de la philosophie libérale que du marxisme le plus déterministe. La philosophie libérale (comme celle de Tocqueville) postule en effet la nécessaire fuite en avant des événements historiques vers toujours plus de liberté, de reconnaissance d'autrui, et de démocratie. La philosophie marxiste présuppose, quant à elle, non seulement un primat de l'économique sur les autres instances de la société, mais également l'avènement inéluctable du communisme. Contre ces deux schémas, le projet explicite de C. Castoriadis est de penser la société comme une créa-

* Professeur à l'université de Rouen. Il a publié *Histoire des idées sociologiques*, Nathan, 2 vol., 1994.

tion humaine non préalablement déterminée. La société s'érige non seulement dans une dimension matérielle, mais également par la création de significations imaginaires sociales qui relient les hommes et donnent sens à leur action.

### Imaginaire radical et imaginaire social

Imagination et imaginaire seront, dans cette optique, pleinement constitutifs de l'homme et de la société. C'est pourquoi on ne peut distinguer l'étude de l'imaginaire du sujet (imaginaire radical) de celle de l'imaginaire collectif (imaginaire social). C. Castoriadis postule d'abord que le plaisir représentatif (l'imagination) du sujet humain domine le plaisir d'organe. Telle est sa caractéristique majeure. En son état originaire, l'individu est une monade (c'est-à-dire une entité close sur elle-même) qui se crée du sens par la production d'images. Cette monade va progressivement se socialiser au contact du monde.

Tout comme pour l'approche psychanalytique du sujet, C. Castoriadis considère la société comme une monade qui s'autocrée en organisant ce qui se présente à elle grâce à un fonds commun de significations (imaginaire social). Ainsi, par exemple, peut-on rendre compte de la religion comme moyen de donner sens à la genèse de la société et de relier les hommes entre eux par des croyances communes. Grâce à cet ensemble de représentations qui la cimente, la communauté des hommes tient ensemble par le langage et par l'action. Le langage (le dire social) permet d'instituer et de décrire un monde commun ; l'action (le faire social) est, pour la société, le moyen de se créer et de se donner une image d'elle-même à l'aide d'imaginaires sociaux.

### Autonomie du sujet et de la société

Le projet révolutionnaire qu'il cherche à théoriser, C. Castoriadis le nomme autonomie. L'autonomie (définie comme la capacité à se donner à soi-même, et en pleine conscience, ses propres lois) concerne aussi bien l'individu que la société. L'individu sera ainsi dit Sujet autonome lorsqu'il saura nouer un lien avec Autrui et reconnaître ce qui est de l'ordre de son propre désir.

De même, pour C. Castoriadis, ce qui définit une société autonome est le fait qu'elle se donne à elle-même sa loi en sachant qu'elle le fait. Si toute société s'auto-institue, c'est-à-dire se donne nécessairement ses lois, ses valeurs, ses significations, il en est – les sociétés hétéronomes – qui vont se cacher cette réalité pour attribuer à une source extérieure (Dieu, les ancêtres, la tradition, les lois de l'histoire…) la cause de leur genèse et de leur devenir. Tel est le cas, par exemple, des sociétés sauvages (ou « primitives ») qui tiennent ensemble, se donnent un sens commun du monde par la voie médiatisée des dieux. En posant un ailleurs divin qui informe et donne sens à ce monde-ci, les hommes nient leur capacité pourtant effective à se donner leurs propres lois.

Autre forme d'hétéronomie : la tendance contemporaine, que porte en germe le capitalisme moderne, de rationalisation à l'extrême des actes et des faits sociaux. La bureaucratie est la forme par excellence d'institution bloquée qui exprime cette hétéronomie : ce n'est plus aux Dieux que l'on se réfère désormais, mais à la Raison. Avec la bureaucratisation des administrations, des entreprises... les sens et la norme sont, dans l'imaginaire social, non le produit des hommes, mais celui d'une entité extérieure : la technique, les experts...

**Les principaux livres de C. Castoriadis**

- *L'Institution imaginaire de la société*, Seuil, 1985.
- *Les Carrefours du labyrinthe*, Seuil, 1978.
- *Devant la guerre*, Fayard, 1981.
- *Domaines de l'homme*, Seuil, 1986.
- *Socialisme ou Barbarie* (plusieurs tomes, dont *La société bureaucratique, Capitalisme moderne et révolution, L'Expérience du mouvement ouvrier*, aux Editions 10/18).
- *Sur le politique de Platon*, Seuil, 1999.

## Les chemins de la démocratie

Quand l'auto-institution de la société s'avère explicite ou, autrement dit, lorsque les hommes reconnaissent qu'ils sont maîtres de leur destin et qu'ils ont capacité à remettre en cause les lois anciennes pour faire et défaire leurs lois propres, alors il est réellement possible de parler de démocratie. Dans l'histoire des hommes, C. Castoriadis repère deux moments où émerge une réelle volonté d'autonomie politique. Le premier de ces moments se situe à Athènes entre le V^e^ et le IV^e^ siècle avant J.-C. Les Grecs en effet sont les premiers à délibérer explicitement sur leurs lois. Le peuple grec (dont les esclaves, les femmes..., il est vrai, étaient exclus) était la seule source de pouvoir, et le seul garant de la légitimité de ce pouvoir.

Le second moment est repérable dès les révolutions du XVIII^e^ siècle en Europe occidentale ; il se poursuit avec le siècle des Lumières et la naissance du mouvement ouvrier socialiste. Cette volonté d'autonomie se manifeste avec la naissance du mouvement ouvrier et l'histoire de ses luttes (France 1871, Russie 1917, Allemagne et Italie 1919, Chine 1925, Espagne 1937, Hongrie 1956, Pologne 1980...). Pourtant ce foisonnement d'initiatives révolutionnaires avorte à chaque fois puisque le passage à une société auto-instituée ne s'est jamais réalisé. La démocratie actuelle n'est-elle pas d'ailleurs – note C. Castoriadis – une « fausse » démocratie ? Le régime représentatif laisse toute latitude à un petit groupe d'individus (oligarchie) de tenir les rênes du pouvoir.

Ce qui explique l'échec du projet d'autonomie, c'est que l'imaginaire social contemporain est travaillé par une seconde composante contradictoire : la volonté de maîtrise rationnelle. Le capitalisme bureaucratique – qu'il soit d'Est ou d'Ouest – symbolise pleinement cette visée. Le mouvement ouvrier n'a pas échappé non plus à pareille évolution. Ce dernier s'est, en effet, de plus en plus intégré au processus général de hiérarchisation, de bureaucratisation et d'aliénation. C. Castoriadis rend compte ainsi de la déchéance des mouvements sociaux, qui étaient porteurs initialement d'un projet révolutionnaire.

Mixte d'utopie (au sens le plus noble du terme) et de réinterprétation de l'action des mouvements sociaux contemporains, la pensée de C. Castoriadis est, en fin de compte, une des réactualisations les plus fécondes du projet révolutionnaire que le jeune Marx, le premier, avait mis en chantier.

# L'INVENTION DU POLITIQUE

## ENTRETIEN AVEC CLAUDE LEFORT*

*Des fondements du communisme à la nature de la démocratie, Claude Lefort mène une réflexion sur l'essence du phénomène politique dans les sociétés modernes.*

***Sciences Humaines :* Vous contestez, dans votre dernier ouvrage *La Complication*, la thèse du primat de l'idéologie comme explication centrale de l'adhésion au communisme. Vous privilégiez au contraire une analyse centrée sur la pratique sociopolitique.**

**Claude Lefort :** D'abord, je fais toute sa part à la croyance, mais le problème est de savoir ce qu'on appelle la croyance à la révolution, dans le communisme, et si on peut prendre à la lettre ce que les gens disent croire. C'est une première remarque. On retombe dans une explication psychologique vulgaire si on dit que, pour connaître le désir des gens, il faut leur demander ce qu'ils désirent. En l'occurrence, comme le discours officiel des dirigeants communistes et de beaucoup de militants était celui du socialisme, d'une création d'une société égalitaire, si on s'arrête à ce discours, on ne va pas très loin. Ce n'est pas que je veuille déplacer l'accent de la croyance à la pratique si je dis que, d'une certaine manière, on ne peut rien savoir de la croyance si on ne voit pas aussi comment elle s'ancre dans une pratique sociale. C'est en ce sens-là que je conteste une analyse en termes purement et simplement subjectivistes, au sens où, pour comprendre l'origine communiste ou la politique des partis, il faudrait remonter à l'intention des dirigeants.

Je cherche à relier, comme me semble-t-il tout phénomène social et politique l'exige, les faits politiques (mode d'exercice de l'autorité, nature et origine de l'autorité), les faits proprement sociaux (nouveaux types de discriminations sociales, de différenciation de la société, nouvelles hiérarchies…), les faits juridiques (dans toute société, les rapports et les conduites sont en partie régis par les lois), et les faits moraux et psychiques.

** Philosophe, collaborateur aux* Temps Modernes, *il est cofondateur de la revue et du groupe Socialisme ou Barbarie. Directeur d'études à l'EHESS, il est l'auteur notamment de* L'Invention démocratique. Les limites de la damnation totalitaire, *Fayard, 1981.* Essais sur le politique (XIX-XX^e siècles), *Seuil, 1986.* La Complication. Retour sur le communisme, *Fayard, 1999.*

***SH :* Dans ce cadre, vous vous en prenez aux thèses de Martin Malia et de François Furet, mais également aux analystes classiques du totalitarisme, comme Hannah Arendt ou Raymond Aron.**

**C.L. :** Je crois que la relation que j'entretiens avec Furet et Malia d'un côté, et de l'autre avec Aron ou Arendt, est quand même très différente. Je suis beaucoup plus proche de l'analyse de Hannah Arendt que de toute autre ; je pense comme elle qu'il faut caractériser le régime communiste comme un régime totalitaire. Simplement, son interprétation semble situer le communisme dans le cadre d'une évolution de la société moderne, qui donne à la théorie d'une histoire de l'humanité, du progrès, de la science, une fonction déterminante. Elle semble considérer, pour une large part, que c'est l'idée d'une loi de l'histoire, interprétée par elle comme une loi de mouvement, qui commanderait cette espèce d'emportement du communisme dans l'édification d'un monde nouveau dans la terreur.

***SH :* Comme le dit Hannah Arendt, une loi de l'histoire qui finit par dépasser les acteurs de la révolution bolchevique eux-mêmes...**

**C.L. :** C'est sur ce point que je me distancie avec elle, parce que je pense que c'est en quelque sorte à la fois une explication beaucoup trop large. Si la pensée d'une loi de l'histoire a bien été au départ celle des bolcheviques, il est bien évident que des millions d'hommes ne se sont pas investis dans le communisme parce qu'ils croyaient à une loi de l'histoire. C'est une idée qui vient se rabattre sur les conduites, sur les événements.

***SH :* Dès vos premières analyses du phénomène soviétique, au sein de la revue *Socialisme ou Barbarie*, vous vous êtes attaché à décrire les mécanismes concrets de fonctionnement du régime et de la société soviétiques. Vous avez fait appel à une démarche phénoménologique, centrée sur l'expérience vécue, dans la compréhension du phénomène totalitaire.**

**C.L. :** Précisément, je pense qu'il y a une intention fidèle à la phénoménologie dans la recherche de la description du communisme. Il s'agit de tenter de ressaisir une interconnexion entre faits politiques, sociaux, juridiques, psychiques. Mon interprétation cherche à écarter le subjectivisme comme l'objectivisme. Ce n'est pas à partir de transformations socio-économiques que l'on peut comprendre le communisme, ce n'est pas non plus à partir des représentations que se construisent les dirigeants ou leurs critiques. C'est en ce sens-là que je peux dire qu'il y a là une parenté avec le mouvement phénoménologique.

J'ai découvert Marx dans ma classe de philosophie, avec un professeur qui était Maurice Merleau-Ponty et qui m'a permis d'emblée d'aborder le marxisme sans tomber dans la version mécaniste et déterministe. J'ai trouvé très vite, dans sa pensée phénoménologique, quelque chose qui répondait profondément à ma propre sensibilité intellectuelle.

Ce que j'ai saisi dès le départ chez Marx, c'était l'idée d'une *praxis* collective qui était la *praxis* prolétarienne. J'ai souligné dans mes premiers articles de *Socialisme ou Barbarie*, notamment dans un article intitulé « L'expérience prolétarienne », l'idée qu'il y avait un processus d'auto-organisation qui s'effectuait lentement, à travers des luttes, et que ce processus tendait à engendrer la formation d'organes, notamment des syndicats qui, par une tendance naturelle, en venaient à se couper de la masse ouvrière et à prendre leur propre développement pour fin dernière. Ce qui me passionnait donc chez Marx, c'était cette idée que par-delà les actions conçues à l'avance, délibérément orientées, apparaissait l'expérience autonome du prolétariat. Ce que Marx faisait d'ailleurs entendre à travers l'analyse de 1848 ou de la Commune de Paris, où l'on avait affaire à chaque fois à l'intrusion de la classe ouvrière dans la cité, sans chefs.

Le trotskisme m'a beaucoup appris, parce que ce minuscule parti témoignait d'une assurance dans la direction du mouvement révolutionnaire, qui était en même temps fondée sur une appropriation de la théorie, et qui m'a paru très vite insoutenable.

C'est donc très naturellement que j'ai ressenti un profond trouble à l'idée de faire de *Socialisme ou Barbarie* l'expression potentielle d'un organe de direction de la classe ouvrière. Je pensais que cette revue était, au fond, un lanceur d'idées, un pôle qui permettait de cristalliser des expériences faites ici et là, mais que ça ne devait pas se solidifier. C'est vrai que cette position, je la vivais plus que ne la formulais franchement, car Cornélius Castoriadis avait très vite imprimé l'idée que l'organisation, la structure du groupe étaient décisives. Sans ça, selon lui, nous n'aurions été que des intellectuels bavards. J'avais tendance à éprouver la distance qui séparait notre langage de l'expérience de la vie ouvrière. Nous parlions un langage qui était souvent semi-philosophique et nous n'assumions pas cette distance. Nous faisions comme si nous étions de plain-pied avec l'ouvrier de chez Renault.

Donc en définitive, la *praxis*, pour moi, c'était la notion centrale de Marx : le sens qui se joue dans une expérience historique.

***SH* : Votre « divorce » d'avec Marx s'est fait parallèlement à votre découverte de Machiavel.**

**C.L. :** Je dois partir du moment historique dans lequel j'ai vécu cette rupture. Bien que j'aie eu une vision critique du système communiste très tôt, qui d'ailleurs a été vivement renforcée par ma rencontre avec Castoriadis au lendemain de la guerre, je n'ai vraiment saisi le caractère totalitaire du communisme soviétique qu'à partir de 1956. J'ai alors compris qu'il fallait poser le problème en termes politiques, ou en termes de type de société. J'ai ainsi pensé que la question centrale était celle de la reconnaissance ou non de ce que j'appelle la division sociale sous toutes ses formes : division entre le politique (au sens courant du terme) et le non-politique, l'Etat et la société civile, division des secteurs d'activité et de leur logique à l'intérieur d'une société.

En 1956, qui est une date précise dans mon itinéraire, je rédige un article – « Le totalitarisme sans Staline » –, sur la base de la lecture du rapport Khrouchtchev, qui est alors interprété comme le signe d'un grand changement et d'une évolution libérale à l'horizon. Or, c'est au contraire à la lecture de ce rapport que je découvre que ce système est rigoureusement fermé, car tous les appels à la liberté individuelle, toutes les critiques de la bureaucratisation se concluent par l'idée qu'il faut renforcer le contrôle du Parti. Bref, prise de conscience que cette société est bloquée, inhibée par tous les obstacles bureaucratiques. De plus, vient s'ajouter pour moi en 1956 l'insurrection hongroise, qui est une révolution très largement ouvrière, et qui combine, avec des revendications autogestionnaires, des revendications démocratiques.

C'est un tout petit peu plus tôt que je commence à travailler sur Machiavel, dans les années 1954-1955, et que je découvre l'extraordinaire acuité de son analyse politique : c'est bien d'une opposition constitutive du politique qu'il faut parler, et irréductible à première vue, car ce qui fait que les Grands sont les Grands et que le peuple est le peuple, ce n'est pas qu'ils aient par leur fortune, par leurs mœurs ou leur fonction, un statut distinct associé à des intérêts spécifiques et divergents ; c'est, Machiavel le dit sans ambages, que les uns désirent commander et opprimer et les autres ne l'être pas. Leur existence ne se détermine que dans cette relation essentielle, dans le heurt de deux « appétits » par principe également « insatiables ». Et je découvre en même temps chez Machiavel son interprétation de l'histoire romaine, comme une histoire dans laquelle c'est la division entre la plèbe et le patriciat qui, contrairement à ce que tous les historiens avaient affirmé jusque-là, a fait la grandeur de l'Empire romain. Il y a donc pour moi une conjonction entre le lent travail que je fais sur Machiavel et la réappréciation de ce qu'il y a de plus précieux dans la société démocratique contemporaine.

***SH :* C'est donc en grande partie sur ces bases que vous avez opéré une distinction entre la démocratie et le totalitarisme...**

**C.L. :** La démocratie pour moi ne peut pas se réduire à un système juridico-politique, parce que, beaucoup plus profondément, elle procède pour la première fois d'un consentement tacite à la pluralité des intérêts, des opinions et des croyances, et même d'un consentement au conflit. C'est même la reconnaissance du conflit, le refus d'une autorité inconditionnée, le refus d'un pouvoir incarné dans un monarque ou dans une institution, qui est à l'origine et au cœur du mouvement démocratique. Dès lors qu'il y a acceptation du fait que, comme je l'ai dit, le lieu du pouvoir est vide, il peut du même coup y avoir une reconnaissance de ce que la connaissance ne peut pas s'ancrer dans un dogme. Elle est toujours travaillée par une question sur ses propres fondements, qu'il s'agisse de la connaissance scientifique ou de tous les modes de connaissance, y compris esthétiques.

De même, il n'y a pas de loi sociale qui puisse être rapportée à un ordre du monde, un ordre de la nature. Il n'y a pas de loi qui ne puisse être soustraite à la discussion et à l'affrontement des hommes dans la société. Toutefois, ce que je me suis toujours empressé d'ajouter, c'est que cela ne signifie pas pour autant que le pouvoir et la loi devenaient en quelque sorte de simples produits de la volonté collective, ce qui serait absurde. Leur fonction symbolique est d'autant plus évidente qu'on ne peut pas les projeter dans une pseudo-réalité.

***SH :* Comment définiriez-vous, dans le contexte historique présent, la nature et les lieux de la division sociale ?**

**C.L. :** Je ne peux pas apporter une réponse qui serait la même que celle que j'aurais formulée autrefois, alors qu'il y avait une opposition de classes massive, et au fond visible pour tous. Si on voit ce qu'est devenue la classe ouvrière dans la société contemporaine, on s'aperçoit qu'il n'y a plus de sens à pouvoir étayer sur le prolétariat un projet révolutionnaire, ou même à ramener à une lutte de classes la division sociale. La société connaît de nouvelles et multiples différenciations sociales. Il me semble que le point central, c'est de faire en sorte que ces oppositions puissent s'exprimer, et qu'il puisse y avoir sous la pression des revendications des plus défavorisés une relance des droits sociaux. Je ne veux pas dire par là qu'il y a lieu d'épouser sans réserve tous les mouvements de protestation. Il faudrait vraiment que je sois complètement étranger à ce que j'ai lu dans Machiavel pour n'avoir aucun souci de réalisme, mais d'un autre côté, ce qui menace cette société, c'est une accoutumance à un clivage entre ceux qui bénéficient du progrès technologique et des nouvelles formes de travail, et une masse qui se trouve de plus en plus menacée de désocialisation.

Il n'y a pas coïncidence entre l'évolution du capitalisme, telle qu'elle est liée à des changements technologiques fondamentaux, et la dynamique de la démocratie. C'est là, me semble-t-il, une erreur souvent commise. Le régime démocratique est le seul régime qui puisse donner réponse aux nécessités que crée le développement du capitalisme.

***SH :* En définitive, vous incarnez un courant de la philosophie politique dégagé de tout *a priori* métaphysique qui s'oppose à une autre tradition philosophique qui tend à subordonner les catégories socioculturelles aux catégories politiques.**

**C.L. :** Je pense que la philosophie politique entretient une interrogation sur la notion même de société politique. Quand on parle de société politique, l'idée de politique ne renvoie pas simplement à l'origine et au caractère de l'autorité. Il y a donc effectivement de ce point de vue un clivage. Je crois certes que cela a un sens de distinguer la sphère du politique et celle du social, dans la mesure où nous appelons politique ce qui *grosso modo* concerne le pouvoir, et où nous appelons social ce qui concerne la dynamique des classes ou des groupes. En ce sens, il y a une différence évidente entre ce qui relève de la sociologie politique ou de la politologie (le fonctionnement des élections, l'évolution de l'administration d'Etat), et ce qui relève de la sociologie des classes, des groupes, etc.

Cette distinction est évidente, mais je dis que la philosophie politique ne peut pas s'arrêter là, non pas parce qu'elle dégagerait un point de vue qui serait au-dessus de tous les points de vue empiriques, mais parce que, finalement, les différentes formes de sociétés se caractérisent en ce qu'elles sont des sociétés politiques. La *politeia*, chez les Grecs, c'est la constitution d'une société, non pas dans le sens formel, juridique, mais dans le sens d'une architecture.

Tel est l'objet de la philosophie politique. Celle-ci ne peut pas se détacher de la considération du social, puisque la manière dont s'expriment les rapports, les conflits entre les groupes et les classes, dépend d'une certaine forme de société. Comme le disait justement Raymond Aron sur ce point, dans la Russie soviétique, on a affaire à de multiples différences, comme dans les autres sociétés, seulement ces différences sont niées. Le fait qu'elles soient niées est d'une importance extrême sur la nature même des classes. Mais il est vrai qu'Aron lui-même oscillait et avait tendance à séparer, certes subtilement, ce qui était d'ordre politique de ce qui était d'ordre social et économique. Je pense pour ma part qu'il ne faut jamais perdre de vue l'intrication des faits d'ordres différents.

Une divergence théorique existe donc, mais une autre m'apparaît beaucoup plus fondamentale et radicale : d'une part avec le courant de Jürgen Habermas, et d'autre part avec celui de John Rawls. Je n'imagine pas que l'on puisse s'interroger sur l'essence de la justice ou sur la rationalité de la communication humaine sans être toujours aux prises avec une réalité à déchiffrer. Ces mouvements qui ont aujourd'hui tant d'écho, qui tendent à envahir la scène philosophique, sont pour moi marqués par une abstraction, peu soucieux de déchiffrer la réalité ; et ça n'est d'ailleurs pas un hasard s'ils ont pratiquement ignoré la question du totalitarisme. Ici, comparativement à ma divergence avec Arendt, le clivage est immense.

Propos recueillis par
SERGE LELLOUCHE
(*Sciences Humaines*, n° 94, mai 1999)

**Chapitre IV**

# La philosophie morale

JACQUELINE RUSS*

# LA PHILOSOPHIE ÉTHIQUE CONTEMPORAINE**

**Quand meurent idéologies et utopies, ne faut-il pas construire de nouveaux chemins de la sagesse ? La pensée éthique connaît de nos jours une renaissance spectaculaire, qu'il faut comprendre à partir des mutations de notre modernité.**

NOUS VIVONS un moment où les critères traditionnels ont disparu, où les fondements et bases font défaut. C'est dans un vide absolu que se crée l'éthique contemporaine, puis qu'en effet nous ignorons ce qui permet de dire qu'une loi est juste, qu'une obligation s'impose.

Pourquoi ce vide ? Il naît de la maladie moderne, l'irruption du nihilisme, qui signifie que « Dieu est mort ». Il faut prendre aussi en compte la fin des métarécits et idéologies : à partir des années 60, les grands discours de légitimation du réel qui commandaient la réflexion s'effacent progressivement. Le marxisme cesse, notamment, d'être théorie de référence. Ainsi naît le doute axiologique. Enfin, parmi les mutations profondes qui bouleversent les fondements mêmes de notre monde, mentionnons l'inversion partielle de la technique en péril. Les technologies nouvelles engendrent des menaces et des peurs qui concernent l'être même de l'homme.

## Principes de la nouvelle éthique

Comment répondre, dès lors, à l'urgence axiologique (1) ? Quand s'ouvre l'ère du vide, quand les transcendances (2) font défaut, comment créer une

* Agrégée de philosophie, directrice de collection aux éditions Armand Colin, auteur notamment de *La Pensée éthique contemporaine*, Puf, « Que sais-je ? », 1994 ; *Les Théories du pouvoir*, Livre de poche, 1994 ; *La Marche des idées contemporaines*, Armand Colin, 1993.

** *Sciences Humaines*, n° 46, janvier 1995.

1. Voir mots clés en fin d'ouvrage.
2. *Idem.*

éthique inédite ? La pensée éthique contemporaine va se nourrir du suc des principes classiques (responsabilité, force créatrice, culture, esthétique de soi, etc.) qu'elle renouvelle et adapte au contexte de notre temps. Elle explicite aussi un fondement nouveau : l'activité communicationnelle. A partir de ces bases s'édifie l'éthique contemporaine : éthiques de l'immanence (3) (Robert Misrahi, Marcel Conche, André Comte-Sponville, etc.), de la transcendance religieuse (Emmanuel Levinas, etc.), de la responsabilité (Hans Jonas), mais aussi de l'activité communicationnelle (Karl Otto Apel et Jürgen Habermas) apportent des réponses ou des chemins à ceux qui se sentent perdus en notre fin de siècle.

### Ethiques de l'immanence

Que désignent ces éthiques dites de l'immanence ? Tout d'abord les sagesses de la joie et du bonheur, qu'illustre, par exemple, la pensée de R. Misrahi. Ce penseur nous fait découvrir une sagesse liée au bonheur. Ne faut-il pas une certaine dose d'audace, de courage ou de présomption, pour évoquer aujourd'hui le bonheur ? *« Ambigu, indécent, archaïque et naïf le bonheur n'a pas bonne presse chez les intellectuels. Il n'est pas de bonne compagnie. »* (4) Paradoxal et ambigu, le bonheur doit être reconstruit et pensé, loin de toute transcendance inaccessible, au plus près d'une joie substantielle et active. Le commencement absolu pour l'homme ? Le désir de la joie, fondement originel de l'existence et de la pensée. Que désigne le bonheur ? Une nouvelle modalité de la joie, irréductible à un contenu psychique ou à un élément pulsionnel de la conscience. Le bonheur nous enracine dans l'élan métaphysique de la vie.

Mais il est aussi des sagesses tragiques. Le mal, la douleur, la mort, autant d'éléments qui réapparaissent aujourd'hui et nous conduisent à méditer sur nous-mêmes. Dès lors, une éthique de la joie pure ne serait-elle pas quelque chose d'incongru ou d'insolite ? Tel est le point de vue de M. Conche.

Que représente ici la sagesse tragique ? Une volonté d'affirmation des contraires : alors que le non-sage se place au point de vue de la partie, le sage tragique se réfère au Tout, à la vie et à la mort, à la tristesse et à la joie. Le mal désigne un irréductible que toute sagesse doit prendre en compte. Or, le mal absolu, le scandale non justifiable, n'est-ce pas, d'abord, la souffrance des enfants ? *« La souffrance des enfants devrait suffire à confondre les avocats de Dieu. »* (5) Comment donc vivre en sage, après Auschwitz, dans un monde où le mal constitue un irréductible, que nulle théodicée (6) ne saurait justifier ? Parlons d'un bonheur tragique, où l'homme prend douloureusement conscience de sa condition et veut l'unité des contraires, la vie dans la mort, l'affirmation dans le négatif et la joie dans le néant.

3. Voir mots clés en fin d'ouvrage.
4. R. Misrahi, *Traité du bonheur*, Tome 1 : *Construction d'un château*, Seuil, 1981 ; Tome 2 : *Ethique politique et bonheur*, Seuil, 1983. Voir aussi R. Misrahi, *Le Bonheur*, Hatier, 1994 et l'entretien avec R. Misrahi dans cet ouvrage.
5. M. Conche, *Orientation philosophique*, Puf, 1990.
6. Voir mots clés en fin d'ouvrage.

A. Comte-Sponville fait, lui, du bonheur le but de la philosophie et le contenu même de l'éthique. Celle-ci consiste à extirper les espérances, il s'agit d'une pratique libérée de tout espoir, de toute crainte, de toute tristesse et de tout remords (7). Accès à la sagesse, l'éthique se situe dans le degré zéro de l'espérance et se convertit alors en béatitude. Le désespoir, loin d'être arrêt, stagnation de l'âme, est ouverture à la paix de l'esprit : il ne fait qu'un avec le bonheur et s'avère plénitude. Cette délivrance des illusions, ce « travail de deuil » nous mènent au sein d'un désespoir tonique qui n'est pas anéantissement, mais accès ultime à la béatitude. Une fois rejetées les illusions, j'accède à la délivrance.

### Sagesses de la transcendance religieuse

Le sacré nourrit parfois notre modernité. La référence à la *Bible* s'impose, en particulier, chez E. Levinas qui expose des thèses dont la résonance biblique ou talmudique apparaît évidente (8). S'il existe, chez E. Levinas, une primauté de la démarche philosophique et phénoménologique (9), néanmoins, le message biblique jette, aux yeux de ce philosophe, les fondements de la pensée éthique. Sans tenir lieu de preuve, ne donne-t-il pas la mesure de l'Esprit ? Ainsi la *Bible* est-elle le « Livre des Livres ». E. Levinas souligne cette plénitude : « *La* Bible *est le Livre des Livres où se disent les choses premières, celles qui devaient être dites pour que la vie humaine ait un sens.* » (10)

Comment se présente l'éthique ? Il s'agit d'une expérience irréductible se donnant dans le face-à-face des humains. Dans l'accès au visage s'effectue une relation à l'Infini. « *Je ne dis pas qu'autrui est Dieu, mais que dans son visage j'entends la parole de Dieu.* » (11) Le visage d'autrui signifie, en effet, le premier rapport à l'éthique. Si Dieu ne saurait être prouvé, il peut au moins être saisi, à travers la face humaine, qui comporte une grandeur, un caractère non empirique : le visage humain est sacré et à travers lui, j'entends : « *Tu ne commettras pas de meurtre !* » Ainsi le rapport à l'autre dessine, immédiatement, l'éthique : l'éthique, c'est l'humain en tant qu'humain.

### Une éthique pour l'âge technologique

Avec H. Jonas, l'éthique devient un impératif pour notre civilisation technologique (12). Les mutations de l'agir humain se trouvent prises en compte. A l'impératif catégorique de Kant, « *Agis de telle sorte que tu puisses également vouloir que ta maxime devienne une loi universelle* », H. Jonas en substitue un nouveau, sous un quadruple mode, impliquant et l'intégrité de l'homme et celle de la vie : « *Agis de façon que les effets de ton action soient compatibles avec la permanence d'une vie authentiquement humaine sur Terre.* »

« *Agis de façon que les effets de ton action*

---

7. A. Comte-Sponville, *Traité du désespoir et de la béatitude*, 2 tomes, Puf, 1984 et 1988. Voir aussi l'entretien avec A. Comte-Sponville dans cet ouvrage.
8. E. Levinas, *Totalité et infini*, Biblio essais, 1971 ; *Ethique et infini*, Fayard, 1982.
9. Voir mots clés en fin d'ouvrage.
10. E. Levinas, *Ethique et infini, op. cit.*
11. F. Levinas, *Entre nous*, Grasset, 1991.
12. H. Jonas, *Le Principe responsabilité*, Cerf, 1990.

## Kant et l'impératif catégorique

Nombre d'éthiques contemporaines constituent un écho actuel à l'interrogation fondamentale du philosophe Emmanuel Kant (1724-1804) (1) : « *Existe-t-il un impératif moral qui soit à la fois universel et qui ne repose pas sur un fondement supérieur (la Nature, Dieu, la Raison)?* » La réponse – positive – réside dans une maxime première appelée « impératif catégorique » : « *Je dois toujours me conduire de telle sorte que je puisse aussi vouloir que ma maxime devienne une loi universelle.* »

En d'autres termes, il faut toujours agir comme on souhaite que les autres agissent. « *Puis-je par exemple,* nous dit Kant, *faire une fausse promesse (que je sais ne pas pouvoir tenir) pour me tirer d'embarras ? En agissant ainsi, je peux éventuellement en tirer un bénéfice immédiat, mais si cette attitude était érigée en norme, elle se détruirait elle-même car plus personne ne croirait aux promesses. Seul le respect des promesses peut être érigé en loi universelle.* »

L'impératif catégorique est la réponse apportée par le philosophe à la question morale « que dois-je faire ? ». Pour Kant, les fondements d'une morale universelle ne peuvent être trouvés dans des principes extérieurs à l'humain, comme Dieu, la Nature, ou une Raison supérieure (que Kant pense inaccessible à l'entendement humain). La maxime morale se présente comme un « impératif », librement consenti, et non par « commandement » comme le font les lois.

L'impératif est également universel en ce sens qu'il est dépourvu de tout contenu empirique. Il n'énonce pas telle ou telle prescription empirique (recherche du bonheur, assistance à autrui) ou interdits (tu ne tueras pas...), mais une règle générale applicable en tout temps et tout lieu et qui n'est pas liée à des mœurs ou des coutumes. L'impératif catégorique est accessible à tout un chacun, il s'impose comme un précepte simple et sans équivoque à tous les hommes doués de raison et de bonne volonté. Au besoin, il n'a donc pas besoin d'être « démontré » ni d'être appris, et ne suppose pas des qualités hors du commun. L'impératif s'impose comme un penchant spontané de l'entendement humain.

J.-F.D.

1. Dans *Les Fondements d'une métaphysique des mœurs* (1785) et *Critique de la raison pratique* (1788).

*ne soient pas destructeurs pour la possibilité future d'une telle vie.»*
«*Ne compromets pas les conditions pour la survie indéfinie de l'humanité sur Terre.*»
«*Inclus dans ton choix actuel l'intégrité future de l'homme comme objet secondaire de ton vouloir.*» Il y a donc, chez H. Jonas, une volonté de retrouver une forme d'universel : c'est l'humanité globale qui devient norme et point de référence.
L'ouvrage de H. Jonas *Le Principe responsabilité* forme directement antithèse au célèbre ouvrage d'Ernst Bloch (1885-1977) qui, dans *Le Principe espérance* (1954-1956), s'attache à la fonction sociale de l'utopie (13). Est-il bien vrai, comme le veut E. Bloch, que la seule chose qui soit productrice de culture soit la puissance modelante du rêve capable d'imaginer un monde meilleur ? La fonction utopique imagine l'homme total. Mais cet homme utopique ne conduit-il pas à écarter cet homme authentique qui existe depuis toujours, cet homme ambigu et équivoque qui s'oppose à l'homme univoque des *Manuscrits de 1844* (14) ou du *Principe espérance* ? L'ambiguïté fait partie de l'homme : elle en est constitutive.
Au principe espérance et à l'eschatologie (15), opposons donc ce principe responsabilité, soucieux de la fragilité de la vie, menaçable et périssable pour la première fois, en effet, dans l'histoire de l'humanité, les actions de l'homme peuvent se révéler irréversibles. D'où l'idée d'une responsabilité, tournée non point vers le passé, non point vers le futur immédiat, mais vers le futur très lointain (16).

## Morale et communication

Enfin, l'éthique se comprend aujourd'hui à travers la communication et le discours, comme nous le montrent K.O. Apel et J. Habermas. La «raison communicationnelle» régit ce type d'approche.
Le philosophe allemand K.O. Apel ouvre en 1973 le débat contemporain sur l'éthique du discours et de la communication et montre que toute communauté qui argumente présuppose des normes éthiques (17). Contrairement au postulat positiviste, la logique et la science ne sont pas neutres du point de vue axiologique. Bien au contraire, elles présupposent une éthique. L'objectivité de la science admet préalablement, en effet la «présupposition d'une communauté d'argumentation.»
Il y a, aux yeux de K.O. Apel, un «Tu dois» qui émerge comme horizon de la science. Toute justification logique présuppose l'obéissance à des normes éthiques fondamentales. Par exemple, mentir rendrait impossible tout dialogue. Telle est l'éthique de la logique et de la science.
L'éthique de la communication de J. Habermas est parente de ces analyses (18). J. Habermas considère qu'il faut faire notre deuil de la métaphysique traditionnelle dont les concepts

13. Trad. française : Gallimard.
14. K. Marx, *Manuscrits de 1844*.
15. Voir mots clés en fin d'ouvrage.
16. Voir le texte de M. Neuberg, p. 299.
17. K.O. Apel, *Transformation der Philosophie*; traduction partielle : *L'Ethique à l'âge de la science*, Presses Universitaires de Lille, 1987.
18. Citons particulièrement J. Habermas, *Morale et Communication*, Cerf, 1988 ; *De l'éthique de la discussion*, Cerf, 1986. Voir aussi l'article d'Y. Jeanneret, p. 101.

fondamentaux sont entièrement désintégrés. Dès lors, que nous reste-t-il pour accéder à la morale ?

C'est vers la communication et l'interprétation des signes que le penseur doit aujourd'hui se diriger. J. Habermas distingue les *« activités instrumentales et stratégiques »* finalisées par le succès et la réussite, et l'*« activité communicationnelle »*, qui correspond à une entente et à une adhésion entre partenaires argumentant et n'ayant affaire qu'à des raisons. L'authentique discussion s'appuie sur la force dépourvue de violence du discours argumentatif. Toute communication est normative et présuppose que l'autre est une personne : la communication signifie le règne éthique ou moral. Dans le discours argumentant, je postule la responsabilité, le respect d'autrui, etc. Un principe d'universalisation est inhérent aux formes mêmes du débat, lequel manifeste ce qui est valable pour tous. Ainsi surgit une nouvelle forme d'impératif.

### Ethique et politique

*Théorie de la justice*, écrit par John Rawls, ne saurait être oublié en cet itinéraire (19). J. Rawls s'intéresse à ce concept mi-éthique, mi-politique qu'est la justice. Il met à distance les équivoques de l'utilitarisme (20) anglo-saxon, cette vision sociopolitique qui prend en compte le bien-être général, mais ne s'intéresse pas à la personne. Ressourçant la théorie de la justice à la doctrine kantienne, J. Rawls formule un nouveau « contrat social », contrat entre des personnes libres. Il imagine une assemblée de partenaires rationnels qui, en délibérant, élisent deux principes. Le premier exige l'égalité des attributions des droits et des devoirs de base. Le second principe pose que les inégalités socio-économiques sont justes si elles produisent, en compensation, des avantages pour chacun, en particulier pour les individus les plus défavorisés. Ainsi le modèle de J. Rawls s'enracine-t-il dans l'idée d'une procédure de choix équitable.

A ce moment où partenaires sociaux et hommes politiques sont désorientés et privés de boussole, J. Rawls exprime un idéal théorico-pratique raisonnable, les avantages des plus favorisés étant compensés par une diminution des désavantages des autres. Il vise ainsi à l'avantage mutuel des partenaires, dans un équilibre entre égalitarisme absurde et règne d'un marché pur et simple. On peut qualifier sa pensée de déontologisme, c'est-à-dire une doctrine selon laquelle moralité et éthique consistent à agir comme il se doit, sans considération de l'utile et du bien.

La pensée de notre temps s'efforce de fonder en raison l'impératif moral, d'atteindre l'universel en l'enracinant dans un discours argumenté et rationnel, dans le consensus. C'est donc l'idée d'un débat sans entrave qui fournit, à la théorie éthique contemporaine, un de ses noyaux les plus féconds. Chez J. Habermas, le discours et la vraie parole forment les bases de la raison pratique. Ainsi se dessine, au sein d'une communication retrouvée, la nouvelle

19. J. Rawls, *Théorie de la justice*, Seuil, 1987. Voir aussi le texte « Liberté et égalité », à propos de J. Rawls, p. 135.
20. Voir mots clés en fin d'ouvrage.

raison pratique. C'est la médiatisation d'un accord aussi complet que possible qui ouvre aux mutations éthiques et morales de notre temps et qui permet de viser un universel concret.

Mais H. Jonas nous apprend aussi que nous devons répondre de l'humanité future. Aux côtés de la communication, l'idée de responsabilité participe à cette fondation contemporaine de l'éthique. Ainsi se profile cette communauté illimitée à laquelle nous appartenons.

# LA PHILOSOPHIE COMME ART DE VIVRE

## Entretien avec André Comte-Sponville*

*« La philosophie est une activité discursive, qui a la vie pour objet, la raison pour moyen et le bonheur pour but. »*

***Sciences Humaines :* A une époque récente, celle de Sartre, de Foucault, celle de Bachelard… la philosophie faisait bon ménage avec les sciences humaines et s'en inspirait. Aujourd'hui, on constate un certain divorce entre les deux domaines. Est-ce un divorce ou s'agit-il d'une méconnaissance ?**

**André Comte-Sponville :** Je crois que ce qui s'est produit ces dix dernières années est davantage une reprise en compte de l'importance et de la spécificité de la philosophie, comme discipline autonome. Quand j'étais étudiant en philosophie, nos maîtres immédiats étaient alors Foucault, Deleuze, Althusser… A l'époque, les sciences humaines étaient extrêmement importantes pour les philosophes. A la limite, elles tenaient lieu de philosophie ! C'était le temps où, comme nous l'a dit un jour un de nos maîtres, on tenait l'expression « vérité scientifique » pour un pléonasme. Et l'on fondait une nouvelle science tous les quinze jours… Il s'agissait d'être le Freud, le Marx ou le Saussure de son temps.

J'ai partagé ces rêves. Mais un jour, j'ai dû me rendre à l'évidence : les sciences humaines au fond m'ennuyaient. Pas du tout que j'en conteste la légitimité ! Mais je ne conteste pas non plus celle de la physique : ce n'est pas une raison pour devenir physicien ! Je me souviens avoir tenté de lire *Les Mots et les Choses* de Foucault, quand j'étais à Normale Sup'. C'était « le » livre, celui qu'il fallait absolument avoir lu et dont mes copains me parlaient avec des tremblements d'émotion dans la voix. Vous vous souvenez qu'il était publié, chez Gallimard, dans la « Bibliothèque des sciences humaines »… Or, au bout de deux cents pages, j'ai renoncé : le texte m'ennuyait à mourir ! Je voyais bien le talent de Foucault, sa culture, son travail, qui sont considérables. Mais pas ce que cela pouvait m'apporter, à moi. Je vécus cela avec tristesse, parce que cela semblait me couper de la modernité. Puis j'ai fini par assumer le fait, et ce fut peut-être ma modernité à moi. A peu près au même moment, je me suis replongé dans les *Pensées* de Pascal, que j'avais lues vers 16 ans, quand j'étais croyant. Je m'y replongeais en étant athée, et je me souviens d'un éblouissement comme jamais.

** Professeur de philosophie à l'université Paris-I Sorbonne. A publié notamment :* Traité du désespoir et de la Béatitude, *vol. 1 :* Le Mythe d'Icare *et vol. 2 :* Vivre, *Puf, 1984, 1988 ; ainsi que* Petit Traité des grandes vertus, *Puf, 1995.*

Quel contraste avec *Les Mots et les Choses* ! Ce fut l'un des moments forts, pour moi, de ce que je peux bien appeler ma conversion à la philosophie. Il m'est apparu alors qu'Aristote, Spinoza ou Pascal étaient pour moi beaucoup plus importants que Saussure, Durkheim ou Lévi-Strauss. J'ai beaucoup d'estime, et même d'admiration, pour ces trois-là. Mais ce n'est pas eux que j'ai envie d'imiter ou de suivre : c'est Aristote ou Montaigne, Epicure ou Spinoza, Pascal ou Diderot…

***SH :* La philosophie a-t-elle besoin des sciences humaines, ou est-ce une connaissance d'un autre ordre ?**

**A. C.-S. :** La philosophie a besoin des sciences, de toutes les sciences. Pourquoi ? Parce qu'il n'y a pas de connaissance philosophique. Dès lors que quelque chose est de l'ordre de la connaissance, cela cesse par là même d'être philosophique. Je prends un exemple : la Terre est-elle au centre de l'univers ? Cette question a été un problème philosophique pendant des millénaires. Puis, à partir du jour où l'on sait que la Terre n'est pas au centre de l'univers, à partir du moment où il y a un savoir astronomique effectif, cela cesse d'être un problème philosophique. La philosophie n'est pas de l'ordre d'un savoir, elle est réflexion sur les connaissances disponibles. Donc réflexion sur les connaissances scientifiques, ce qui suppose de s'intéresser à la physique, à l'astrophysique, aux sciences de l'homme… C'est pourquoi j'essaie de me tenir informé dans ces domaines, même si je fais moins d'efforts pour suivre les développements de la sociologie actuelle, ou de l'histoire, ou de la linguistique, que je n'en fais pour la mécanique quantique ou l'astrophysique moderne. Pourquoi ? Sans doute parce que les connaissances m'y paraissent moins solides. Mais aussi parce qu'elles me paraissent moins surprenantes.

Autrement dit, je ne prétends aucunement échapper aux sciences humaines, ni ne veux m'opposer à leur avancée. Au contraire ! Que je sois déterminé socialement, cela me paraît d'une telle évidence que je n'ai pas besoin de lire *Homo academicus* (que j'ai lu pourtant…) pour le savoir. De même, il me paraît clair qu'il y a un inconscient psychique, un déterminisme psychique, etc. Je ne crois pas du tout au libre arbitre, ni à l'autotransparence du sujet ! Si bien que j'ai le sentiment que tout ce que les sciences humaines peuvent apporter, ce sont des raffinements de détails sur une thèse que je crois fondamentalement juste, mais tellement juste qu'au fond je n'ai pas besoin des sciences humaines pour m'en convaincre. Spinoza a dit la chose très clairement, en des termes que Durkheim et Freud reprendront presque mot pour mot : *«L'homme n'est pas un empire dans un empire.»* Autrement dit, l'homme fait partie de la nature et, comme tout ce qui fait partie de la nature, il est totalement déterminé et donc, au moins en droit, totalement connaissable.

***SH :* Il y a déjà un certain temps que les sciences humaines ne prônent plus uniquement le déterminisme. On trouve en sociologie, en philosophie, une théorie de l'autonomie, de la liberté ou du sens…**

**A. C.-S. :** Grand bien leur fasse ! Disons alors que je crois plutôt, comme les grands théoriciens des sciences humaines (Marx, Freud, Durkheim, Lévi-Strauss, Bourdieu…) que l'homme fait partie de la nature, et qu'à ce titre il est aussi déterminé – donc, en droit, aussi connaissable scientifiquement – que tout objet naturel. Cela n'invalide en rien le travail des sciences, bien au contraire, mais simplement le met à sa place.

La vraie question philosophique est : une fois que je possède ces connaissances, qu'est ce que j'en fais ? qu'est ce que j'en fais pour guider ma vie ? La vraie question philosophique, ce n'est pas « Qu'est-ce que l'homme ? », malgré Kant, mais «Comment vivre ?» Or, à cette question, les sciences, humaines ou non, ne peuvent pas répondre, parce que, de même qu'il n'y a pas de connaissance philosophique, de même il n'y a pas de jugement scientifique : la philosophie juge sans connaître (elle ne juge donc qu'à partir de connaissances qui lui viennent de l'extérieur), les sciences connaissent sans juger (je veux dire sans énoncer de jugements de valeur).

Tout point de vue normatif, évaluatif, *a fortiori* prescriptif, me paraît exclu de l'approche scientifique. Or, l'homme, aussi déterminé soit-il, ne peut s'en passer. Si bien que j'ai besoin, une fois que les données scientifiques ou empiriques sont établies, d'une réflexion proprement philosophique, et ce, que je sois philosophe de métier ou pas. Qu'est-ce que la philosophie ? Epicure répondait : *«la philosophie est une activité qui, par des discours et des raisonnements, nous procure la vie heureuse»*. Aucune science humaine n'a évidemment cette prétention ! Or, la formule définit bien ce qui me paraît essentiel à la démarche philosophique dans sa plénitude : la philosophie est une activité discursive, qui a la vie pour objet, la raison pour moyen et le bonheur pour but. Il me semble que, dans cette préoccupation éthique, la philosophie retrouve non seulement sa spécificité, mais aussi son urgence.

***SH :* La philosophie pose des questions éternelles, qui aujourd'hui reviennent à l'ordre du jour parce que se posent de façon plus cuisante les questions d'éthique, des droits de l'homme… et puis il s'agit également d'une interrogation des sciences elles-mêmes sur leur sens, qui invite à une autoréflexion philosophique !**

**A. C.-S. :** Oui, je crois qu'il y a en effet une reprise en compte des questions morales, éthiques, existentielles… Il y a le problème posé par les manipulations génétiques, etc. Il y a aussi, il faut bien le dire, un certain déclin des sciences humaines, un déclin au moins sociologiquement constatable. Tous les éditeurs disent que les livres de sciences humaines se vendent de moins en moins bien, et ceux de philosophie de mieux en mieux… Je crois que c'est lié aussi aux problèmes des sciences humaines, en l'occurrence à leur scientificité limitée, même s'il y a plus de scientificité en linguistique qu'en psychanalyse. Cela n'empêche pas que Freud me paraît un auteur beaucoup plus important que Saussure, pour tout individu parlant et sexué, donc pour vous ou moi ! Il reste que le problème de la scientificité reste posé. Au fond, une science, c'est une discipline qui doit faire des progrès. Or, quels progrès a fait la psychanalyse depuis Freud, quels progrès a fait le marxisme depuis Marx ?… Althusser ? Mais si progrès il y a, ce que je crois, c'est un progrès *philosophique*, non scientifique.
Quant à la psychanalyse, je ne vois pas en quoi Lacan est un progrès par rapport à Freud, ou bien il faudrait dire que le maniérisme ou le baroque sont des progrès par rapport au classicisme… Toujours est-il qu'il me semble qu'il y a, dans les sciences humaines, quelque chose comme un piétinement. Alors que les sciences « dures » se développent formidablement, et qu'au même moment, et cela me réjouit fort, on redécouvre de grands auteurs de l'Antiquité, on relit Sénèque, Epictète, Aristote…

***SH :* Vous vous démarquez des sciences humaines, mais également d'une certaine tendance de la philosophie, peut-être aussi d'une génération passée qui avait tendance à être trop spéculative ?**

**A. C.-S. :** La spéculation et l'exégèse sont en fait deux choses très différentes. Mais il est vrai que je me suis démarqué des deux. Je me suis démarqué d'abord de l'exégèse, c'est-à-dire de ce que pratiquaient beaucoup de nos professeurs, certes très savants, mais qui étaient des historiens de la philosophie beaucoup plus que des philosophes. Or, ce que j'aimais, c'était la philosophie, celle des philosophes, et j'avais envie de philosopher comme eux : non pas de commenter la moindre virgule, de faire de l'érudition, mais bien de faire de la philosophie vivante, de philosopher au présent et pour mon compte ! Cela supposait que je rompe avec l'esprit historien, dont Nietzsche a si bien résumé la maxime : *« Laissez les morts enterrer les vivants ! »* C'est ce à quoi j'ai dit non, quand j'ai décidé de philosopher moi-même, au lieu d'étudier seulement la philosophie des autres. Admirable formule d'Epictète, contre les érudits : *« Jusqu'à quand pèseras-tu de la cendre ? »* J'ai préféré la braise et le feu !

C'est alors que s'est posée la question suivante : *comment* philosopher ? J'avais plusieurs modèles. Le modèle prégnant, dans l'Université française, est paradoxalement le modèle de la philosophie allemande. Ce qu'on peut appeler la spéculation : une espèce de philosophie extrêmement ambitieuse, où l'on essaie d'inventer « le » système, le « tout » de ce qui peut être pensé. Autrement dit, une philosophie qui, à la limite, serait la philosophie de Dieu. Et bien sûr, on n'y arrive jamais !

Chacun des systèmes échoue face aux autres, aussi sûrement qu'il réussit en son intérieur. De là tous ces systèmes, comme autant de délires spéculatifs... Bref, Hegel, malgré son génie, a toujours été pour moi, et contre la mode du temps, le modèle de ce qu'il ne fallait surtout pas faire ! C'est alors que, contre ce modèle spéculatif de la philosophie allemande, je suis revenu à ce que j'ai appelé la tradition française en philosophie, autour de trois auteurs qui sont pour moi les racines de cette tradition : Montaigne, Descartes, Pascal. Plus particulièrement, les *Essais* de Montaigne, les *Méditations métaphysiques* de Descartes et les *Pensées* de Pascal. Ces œuvres s'énoncent toutes trois à la première personne ; et pas du tout pour des raisons de contingence grammaticale ou stylistique, mais parce qu'elles sont une philosophie à la première personne ! Descartes est le philosophe qui dit « je ». *« Les* Méditations *c'est avant tout l'histoire d'un esprit »*, disait Ferdinand Alquié.

Alquié faisait de Descartes un sujet philosophant, contrairement à Martial Gueroult qui en faisait l'auteur d'un système pouvant fonctionner tout seul. Il me semble aujourd'hui que c'est Alquié qui avait raison : le cartésianisme n'est rien sans Descartes. Ce qui est fascinant dans les *Méditations*, c'est cette marche d'un esprit, d'un sujet philosophant. C'est vrai, *a fortiori*, des *Essais* de Montaigne : livre subjectif sur une subjectivité ! Et de Pascal, qui, certes, critique le sujet, mais le critique d'une manière éminemment subjective. C'est ce que j'ai tenté de faire avec mon *Traité du désespoir et de la béatitude*, qui est un peu un compromis entre ce que je voulais faire et ce dont je me sentais capable. C'est encore trop universitaire pour mon goût, mais beaucoup moins pourtant que ce qui était d'usage dans les milieux que je fréquentais, ces années-là… De fait, le livre laissa d'abord les professionnels perplexes : on voyait citer Epicure, Epictète, Spinoza… et pas une seule fois Lacan ou Derrida ! Mais le public cultivé s'y est reconnu, et ce succès, me semble-t-il, a contribué à ce mouvement, que nous constatons, de retour à la philosophie pure et dure et, spécialement, à la philosophie éthique. Il me semble que c'est là la vérité de la philosophie, ce que j'appellerais la philosophie philosophante. On ne philosophe pas pour passer le temps, ni pour faire joujou avec les concepts : on philosophe pour sauver sa peau et son âme !

***SH* : Philosopher, c'est alors une recherche du sens ?**

**A. C.-S. :** Si c'est le cas, alors disons que je pratique une politique de la frustration de la demande ! Ce que j'essaie de montrer, c'est en effet que ce n'est pas le sens qu'il faut aimer ou chercher, mais la vérité. Cela me paraît essentiel au matérialisme : tout est vrai, rien n'a de sens ! Ou, pour dire la chose autrement : le sens est toujours produit, toujours résultat, toujours second, toujours relatif et provisoire. A la fin il n'y a plus que le réel, il n'y a plus que l'être, il n'y a plus que tout. C'est aussi ce que j'appelle le désespoir, qui n'est que l'athéisme poussé jusqu'au bout.

***SH* : Vous dites que la philosophie doit redevenir un art de vivre. Mais ce désespoir, n'est-ce pas purement une attitude de philosophe professionnel ?**

**A. C.-S. :** Je ne crois pas. Simplement il ne faut pas confondre le désespoir, au sens où je le prends, avec l'absence d'avenir ! Nous ne pouvons pas vivre dans l'instant : toute vie humaine suppose la durée, un rapport à un certain passé, un rapport à un certain avenir. Je pense, certes, qu'on a tendance à survaloriser l'avenir. Vous connaissez la formule de Pascal :

*« Ainsi nous ne vivons jamais, mais nous espérons de vivre ; si bien que, nous disposant toujours à être heureux, il est inévitable que nous ne le soyons jamais. »* C'est le piège de l'espérance. Mais alors, comment faire pour avoir un rapport à l'avenir qui ne soit pas un rapport d'espérance ? En ayant un autre rapport à l'avenir, qui soit un rapport de volonté. C'est le rapport à l'avenir *en tant qu'il dépend de nous*, comme disaient les stoïciens. Alors que l'espérance est toujours le rapport à l'avenir en tant qu'il ne dépend pas de nous ! C'est pourquoi, comme disait Spinoza, *« il n'y a pas d'espoir sans crainte ni de crainte sans espoir »*. Le sage, donc, n'espère pas : la connaissance et l'action lui suffisent !

***SH :* Mais qu'est-ce que la philosophie peut proposer aux jeunes « desperados », à ceux qui « galèrent », sans travail, sans but, sans avenir ?**

**A. C.-S. :** Ce qu'on appelle « le désespoir des banlieues », c'est bien plutôt le fait que les gens ne sont plus en état d'avoir ce rapport actif, volontaire à l'avenir. Parce que presque plus rien ne dépend d'eux ! Bien loin de désespérer, au sens où je le prends, je dirais plutôt qu'ils ne peuvent plus qu'espérer : espérer gagner au loto, espérer un bonheur qui ne dépend pas d'eux, qu'il va arriver quelque chose… C'est aussi ce que leur promettent les politiciens. Mais rien n'arrive jamais que par l'action, et l'action est affaire, non d'espérance, mais de volonté ! Si vous et moi nous ne sommes pas marginalisés comme ces jeunes de banlieues, c'est parce que notre avenir dépend de nous, au moins pour une part. La différence n'est pas que nous avons plus d'espérance qu'eux : c'est que nous sommes davantage en état de vouloir ! Et pas parce que nous avons plus de volonté, mais parce que notre avenir dépend de nous, pour une part plus importante, parce que nous avons plus de « puissance », comme dirait Spinoza, parce que la société nous laisse exister davantage. C'est pourquoi je parle d'un gai désespoir comme Nietzsche parle d'un « gai savoir ». Il s'agit d'espérer un peu moins, et de vouloir un peu plus. Mais encore une fois, on ne peut vouloir que ce qui dépend de nous, ce qui suppose que quelque chose en dépende en effet ! Le fond de la misère, c'est précisément quand plus rien ne dépend de moi. Le désespoir débouche ainsi sur un éloge de la volonté et de l'action : rien n'est à espérer, tout est à faire ! Au reste, il y a quelque chose de désespérant dans la condition humaine, si on la vit sans mensonge ni illusion. D'abord à cause de la mort, contre quoi nos espérances se brisent. Aussi du fait de ces espérances elles-mêmes, dont le destin est d'être toujours déçues : soit parce qu'elles ne sont pas satisfaites, soit parce qu'elles le sont... Qu'est-ce que je serais heureux si j'avais ce travail, cette femme, cette maison... Et il souffre, bien sûr, s'il ne les a pas. Le chômage est un malheur, comme aussi ne pas être aimé ou n'avoir pas de domicile. Mais qui croit encore que le travail, le couple ou la maison suffisent au bonheur ? C'est ce qu'il y a de grand chez Schopenhauer. Il explique qu'il y a deux moments dans la vie : ou bien on désire ce qu'on n'a pas et on souffre de ce manque, ou bien on a ce que dès lors on ne désire plus ! Et Schopenhauer écrit : *« Toute notre vie oscille, comme un pendule, de droite à gauche, de la souffrance à l'ennui. »* Pourquoi l'ennui ? Parce qu'au moment où j'arrive à ce bonheur espéré, ce que je trouve c'est l'absence du bonheur au lieu même de sa présence attendue, et c'est cette absence que Schopenhauer, à juste titre, appelle l'ennui ! C'est Albertine présente, Albertine disparue, dans *A la recherche du temps perdu* de Proust : quand elle est absente, il souffre atrocement, quand elle est présente, il s'ennuie. C'est aussi pourquoi la vue ne peut faire le bonheur que d'un aveugle...

Ce dont il faut sortir, c'est de l'idée que le désir est manque. Nous ne pourrons être heureux qu'à la condition d'arriver à désirer, non pas ce qui manque, mais ce qui est. Ce que j'appelle le désir en acte, le désir désespéré, et c'est aussi ce qu'on appelle l'amour, dans sa vérité : on ne peut espérer que ce qui n'est pas ; on ne peut aimer – sauf illusion – que ce qui est ! De même que, dans l'ordre sociopolitique, il s'agit d'espérer un peu moins et de vouloir un peu plus, de même, dans l'ordre éthique ou existentiel, il s'agit donc d'espérer un peu moins et d'aimer un peu plus.

Toute ma philosophie se condense là, dans cette critique de l'espérance, dans cet éloge de la volonté et de l'amour.

Propos recueillis par  
JEAN-FRANÇOIS DORTIER  
(*Sciences Humaines*, n° 3, février 1991)

# LE REGAIN DE LA PHILOSOPHIE MORALE

## ENTRETIEN AVEC MONIQUE CANTO-SPERBER*

*Les thèmes traditionnels de la philosophie morale sont ceux du bien et du mal, de la justice et du bonheur... Quels outils intellectuels propose-t-elle face aux problèmes éthiques contemporains ?*

***Sciences Humaines :*** **Comment situer la philosophie morale dans l'ensemble du champ de la réflexion philosophique ?**

**Monique Canto-Sperber :** On peut en donner une définition conceptuelle : c'est une philosophie qui parle du bien, du juste, du courage, du bonheur, etc. Mais c'est aussi l'héritage cumulé de plus de deux millénaires de réflexion sur ce que les Grecs appelaient l'éthique.

La question centrale de cette réflexion est celle de l'action humaine : à quelles conditions peut-elle être bonne ? C'est une philosophie pratique, au sens large, qui concerne la vie humaine comme suite d'actions tournées vers des buts. Comme le soulignait déjà Aristote, la philosophie morale n'est pas une science exacte, mais une réflexion nourrie d'expériences, de traditions et de beaucoup d'autres connaissances, allant de la littérature à la religion.

***SH :*** **Le but de la philosophie morale est-il de formuler des principes d'action qui soient universels, qui s'appliquent à un sujet moral abstrait de sa culture et de son époque ?**

**M. C.-S. :** A ce sujet, il n'y a pas unanimité chez les philosophes. L'idée qu'il existerait un noyau d'obligations morales universelles appartient à la tradition kantienne, qui ne représente qu'un moment de l'histoire de la pensée morale. La philosophie antique dans son ensemble et plusieurs courants contemporains sont opposés à cette idée, pour des raisons différentes. Certains considèrent que les notions morales sont définies à l'intérieur de cultures et que les obligations ne sont pas issues directement de la raison pratique, mais d'un environnement social et culturel. Ce qui ne leur enlève pas leur valeur impérative à l'intérieur de la communauté concernée. D'autres philosophes critiquent l'universalisme kantien pour avoir ignoré à quel point ces obligations morales sont dépendantes des capacités psychologiques humaines. Il s'agit pour

* Philosophe, directrice de recherche au CNRS. A dirigé le Dictionnaire d'éthique et de philosophie morale, *Puf, 1996.*

eux de comprendre ce que signifie cette tendance universelle des hommes à la normativité. Ainsi, ces dernières années, on a vu paraître d'excellents travaux sur les liens entre philosophie morale et philosophie de l'esprit humain, sur la philosophie de la psychologie, sur les rapports entre représentations et obligations morales.

***SH :* La philosophie morale a connu un certain déclin pendant plusieurs décennies. On la voit reparaître depuis quelques années, et la discipline connaît un regain d'intérêt à l'Université. Y a-t-il un lien avec les demandes d'éthiques professionnelles qui se manifestent dans la société ?**

**M. C.-S :** On sent, de la part de la société, une certaine demande de codification des pratiques. Cela se voit clairement dans le domaine des sciences de la vie et de la santé et dans quelques autres secteurs, comme l'environnement, la communication, les rapports au monde animal. Dans le monde des affaires, on s'intéresse beaucoup à ces questions. Sur ce plan, la France n'est pas très avancée. L'éthique médicale, l'éthique des affaires sont enseignées dans les pays anglophones depuis trente à quarante ans. En Allemagne aussi, où c'est une préoccupation des théologiens.

En France, encore maintenant, les philosophes ne s'y intéressent pas vraiment. Il y a une sorte de pureté de la discipline philosophique, pratiquée de façon assez hermétique, qui fait que les philosophes ne se dotent pas, sauf exception, des outils intellectuels nécessaires pour répondre à ces questions. Lorsque, en éthique médicale, on a à traiter le problème de la distribution des ressources rares (par exemple, établir les critères d'accès à une machine à dialyse), il faut disposer d'instruments de pensée tels que la théorie du choix rationnel, celle des décisions sous contrainte et connaître les travaux sur la notion de « qualité de vie ». Sinon, il n'y a pas d'autre solution, pour un philosophe, que de répondre de manière idéologique.

***SH :* Mais pensez-vous qu'au-delà de ce problème de réglementation des activités professionnelles, il y ait une réelle demande de réflexion morale ?**

**M. C.-S. :** Je suis un peu sceptique là-dessus. Je ne doute pas qu'il y ait une demande de codification des pratiques et de régulation des rapports sociaux. Mais je crains aussi qu'il ne s'agisse simplement d'une demande de moralisation, plus que de philosophie morale. Pour les philosophes, il ne s'agit pas de répondre à cela. Pour eux, les questions n'ont de sens que si on les aborde de façon critique, en se donnant des moyens d'information, des instruments d'analyse, des exemples concrets. Ils ne peuvent pas se contenter de dire « faites comme ceci, vivez comme cela ».

***SH :* Peut-on dire qu'il existe, en France, deux grandes approches des questions morales, l'une tournée vers la conformité de nos actions à des normes et à des valeurs, l'autre vers l'évaluation des conséquences pratiques de nos actes ?**

**M. C.-S. :** C'est effectivement un des grands débats de la philosophie contemporaine. Le « conséquentialisme » affirme que l'action morale est celle qui considère les conséquences de nos actes, aussi bien pour celui qui agit que pour les autres personnes concernées. Pour ce faire, le sujet peut être amené à commettre des actions contraires aux normes. L'autre thèse considère que, quelles que soient les conséquences attendues, on doit s'en tenir au respect des normes, qui sont imprescriptibles.

C'est un vrai dilemme : en dépit de toutes les tentatives de conciliation, cette divergence reste un objet de conflit entre courants philosophiques. Le conséquentialisme n'est pas une façon de voir très en vogue chez les philosophes français. Il l'est beaucoup plus chez les penseurs américains et allemands. Cela dit, tout le monde s'en sert pour vivre : les Français ignorent le terme conséquentialisme, mais ils pratiquent tous les jours l'éthique de la responsabilité. Les philosophes qui rejettent cette approche sont souvent kantiens, et défendent l'existence de principes absolus. Mais nul ne peut soutenir qu'il est moral, pour éviter la violation d'une règle comme l'interdiction du mensonge, d'envoyer ne serait-ce qu'une personne à la mort. Donc, même les kantiens doivent parfois adopter une argumentation « conséquentialiste », et l'une des tâches de la philosophie actuelle est de trouver une voie de passage entre ces deux approches apparemment opposées.

J'attends beaucoup des philosophes français, parce qu'ils ont une culture historique qui manque parfois aux philosophes anglo-saxons. Aujourd'hui, la philosophie française s'ouvre à ce qui se fait dans d'autres pays, en particulier en Angleterre et aux Etats-Unis. C'est une très bonne chose, car la philosophie morale anglo-saxonne est restée centrée sur les questions les plus fondamentales de la discipline – telles que le bonheur, le sens de la vie, la vertu, la volonté – à une époque où ces mêmes questions étaient délaissées par les philosophes français. A nous maintenant de lui redonner la profondeur historique qui peut lui manquer.

Propos recueillis par
NICOLAS JOURNET
(*Sciences Humaines*, n° 69, février 1997)

Chapitre V

# La philosophie des sciences

Jean-François Dortier*

# LA SCIENCE ET SES ENJEUX**

**« *J'ai fait de la science toute ma vie, en sachant parfaitement ce que c'était. Mais répondre à la question "Qu'est-ce que la science ?", j'en suis incapable.* » Ainsi s'exprimait le physicien Richard Frydman, Prix Nobel de physique en 1966. A défaut de proposer une définition simple, les épistémologues tentent de définir les méthodes et de décrire les pratiques réelles des scientifiques.**

Pour celui qui l'a un peu pratiquée, la science n'offre jamais cette image d'un univers policé fait de théories assurées, de vérités définitivement établies, de preuves absolues. Plus souvent, elle se présente sous la forme d'un entrelacs de données éparses, d'hypothèses plus ou moins fondées, et de théories locales sans unité.

### L'impossible définition

Feuilletez les ouvrages d'épistémologie (1), lisez les traités de méthodologie, plongez-vous dans les dictionnaires… Vous trouverez difficilement une définition claire et précise de la science.

Le constat peut surprendre, car enfin, s'il est un domaine de la pensée où l'on est en droit d'attendre une définition rigoureuse, c'est bien celui-là ! Ce paradoxe s'explique par plusieurs raisons :

– tout d'abord, l'activité scientifique fait partie de ces entités qui, comme la musique ou la maladie, sont faciles à reconnaître mais difficiles à définir ;

– ensuite, définir les critères de la science revient à en proposer un modèle et à tracer des frontières entre ce qui est scientifique et ce qui ne l'est pas. Faut-il inclure la psychanalyse parmi les sciences ? Une théorie douteuse et contestée comme la sociobiologie est-elle scientifique ? Seuls les théoriciens de l'épistémologie dite normative se prêtent au difficile exercice de fixer les bornes entre les activités scientifiques et

---

* Rédacteur en chef du magazine *Sciences Humaines*.

** *Sciences Humaines*, n° 11, novembre 1991.

1. Voir mots clés en fin d'ouvrage.

les autres activités intellectuelles ;
– enfin, il n'est pas sûr qu'il existe des traits communs entre des disciplines aussi différentes que la physique théorique, l'histoire, l'anthropologie, la biologie moléculaire et la psychologie des profondeurs. Faut-il une science ou des sciences ?

Ces questions de définition seraient somme toute assez académiques et byzantines si ne se profilaient derrière elles d'authentiques enjeux de société : comment distinguer une science des pseudo-sciences qui se drapent de discours savants ? N'y a-t-il pas dans toute science une part de non scientifique ? Les savants détiennent-ils la vérité ?

La tradition de l'épistémologie aborde l'activité scientifique sous deux points de vue différents. Une tendance dite rationaliste, dont le respecté Karl Popper est le représentant le plus autorisé, s'attache à cerner le noyau dur de l'activité scientifique en la délimitant des discours voisins : idéologie, philosophie, pseudo-science… L'autre tendance, celle de la sociologie et de l'histoire des sciences, propose une lecture toute différente où est dépistée une part irréductible d'historicité, d'idéologie, de postulats indémontrés au sein du corpus scientifique.

## Le pôle philosophique et rationaliste

Dans un sens très large, le courant rationaliste soutient une vision de la science fondée sur quatre principes :

• **rigueur de la démarche :** si la recherche connaît plusieurs modalités, toutes doivent respecter des critères minimaux de rigueur (cohérence logique interne et correspondance entre théorie et données). Seul un provocateur comme Paul Feyerabend ose affirmer qu'en matière de méthode *« tout est permis »* *(voir l'article p. 215)* ;

• **objectivité et universalité :** le discours scientifique est objectif. La formule d'Einstein $E = mc^2$ est vraie à Tokyo comme à Washington, pour un bouddhiste comme pour un chrétien. La formule ne dépend pas des croyances ou opinions. Mais, dira-t-on, l'existence de courants de pensée divergents au sein de la physique et *a fortiori* des sciences humaines ne prouve-t-elle pas que l'universalité et l'objectivité sont illusoires ? A cela, les rationalistes répondent qu'il existe dans toute science un noyau dur qui échappe aux débats d'école : par exemple, la mesure de la mobilité sociale en sociologie, l'étude des liens entre productivité et emploi en économie, ou encore la datation de l'origine des galaxies. Tout le reste n'est que conjecture, hypothèses, théories qui attendent une validation ;

• **progrès et cumul du savoir :** les connaissances s'ajoutent aux connaissances et l'histoire des sciences est en constante évolution. La chimie moderne dépasse celle de Lavoisier. Grâce à de nouvelles techniques d'exploration, les sciences du cerveau connaissent depuis vingt ans un irréversible bond en avant des connaissances ;

• **réfutation et vérification, deux principes fondateurs :** toute science digne de ce nom définit des procédures de contrôle de son discours, une discussion critique, une confrontation aux faits. En bref, elle prétend fonder et argumenter ses conclusions *(voir l'article sur K. Popper p. 209).*

Ce rationalisme fait figure de philosophie implicite des savants. Si l'on rencontre bien des scientifiques qui se laissent séduire par les sirènes de l'irrationnel *(voir l'encadré à la suite de cet article)*, ce n'est jamais, comme le constate l'astrophysicien Evry Schatzman, dans l'exercice même de leur discipline.

### Histoire et sociologie des sciences

«*Ceux qui prônent une analyse rationnelle de la science se querellent avec ceux qui soutiennent une analyse historique basée sur la sociologie ou la psychologie.*» (2) Et si la science était une culture comme les autres ? Et si, derrière la volonté de rigueur et le souci d'objectivité dont se parent les savants, se cachaient des postulats indémontrables, des dogmes, de l'idéologie, des approximations hasardeuses, des tabous ? Et si la communauté des savants était une communauté humaine comme les autres avec ses passions, ses croyances, ses principes d'autorité, ses aveuglements ? L'histoire et la sociologie des faits scientifiques nous décrivent une œuvre humaine, aux prises avec l'histoire, les contraintes sociales, les mentalités.

Exemple : l'un des champs les plus fertiles de l'histoire des sciences concerne l'évolution des concepts dominants. On trouve chez Thomas S. Kuhn *(voir l'article p. 221)*, Imre Lakatos, Gerald Holton, mais aussi dans toute une tradition française (Alexandre Koyré, Gaston Bachelard, Georges Canguilhem, Jean Cavaillès, Michel Foucault, François Jacob, etc.), l'idée suivante : chaque époque est dominée par un modèle théorique de référence qui structure une discipline et guide les recherches. Ce modèle dominant s'appelle *paradigme* selon T. Kuhn, *épistémé* selon M. Foucault, *programme de recherche* chez I. Lakatos, *thémata* selon G. Holton. Dans un ouvrage dirigé par Isabelle Stengers, philosophe et historienne des sciences de la nouvelle génération, il est montré comment certains concepts émigrent «*d'une science* à *l'autre*» (3). Ainsi les notions de *sélection/concurrence* sont passées au XIXe siècle de la biologie à l'économie, le *paradigme du calcul* a été transféré de l'informatique aux sciences du cerveau, etc.

Dans cette perspective, la science devient tributaire d'une logique historique. Cela ne ruine pas la position des rationalistes ni ne condamne la science. Simplement, elle donne d'elle-même une image moins lisse, moins épurée, moins universelle. La sociologie ou l'histoire des sciences ne témoignent pas contre la science mais invitent à son dépassement permanent : telle est la dynamique de la science selon Larry Laudan (4).

### La logique organisationnelle de la science

Après les questions philosophiques sur la nature et sa logique interne viennent celles, plus prosaïques, de son organisation et de son insertion sociale. Selon Sylvain Auroux, philosophe des sciences et historien de la linguistique, une science «*est un système formé de trois composants :*

2. L. Laudan, *La Dynamique de la science*, Mardaga, 1987.
3. I. Stengers (dir.), *D'une science à l'autre*, Seuil, 1987.
4. *Op. cit.*

*– théoriques : concepts, protocoles expérimentaux, etc. ;*
*– sociologiques : institutions, gestion des carrières, organisation des disciplines, etc. ;*
*– pratiques : les intérêts de connaissances, par exemple la colonisation, la pédagogie, le nationalisme, les progrès économiques, technologiques, etc.»* (5)

L'un des moyens de comprendre l'histoire des sciences (c'est-à-dire le mouvement en matière de science) consiste à étudier les relations entre ces trois composants par le biais de leurs éléments. Aux problèmes théoriques s'agrègent donc les questions d'organisation de la science.

Une science ne se résume pas en effet à des théories, à des données et à des expériences. Les idées sont véhiculées par des hommes et des institutions. La gestion des carrières, les crédits alloués, les luttes d'influence entre disciplines, la logique des organisations pèsent de leur propre poids dans l'évolution scientifique.

Le fait le plus massif de l'organisation de la recherche depuis un siècle est incontestablement son explosion disciplinaire et quantitative. La division du travail intellectuel s'est traduite par une spécialisation extrême des connaissances : on n'est plus chimiste mais spécialiste de la combustion des matériaux composites ; il existe des millions d'historiens à travers le monde mais pratiquement aucune chaire d'histoire des civilisations. Il est banal de constater qu'aucun savant ne peut plus embrasser l'ensemble de sa discipline. Les connaissances s'accumulent, mais les synthèses se font rares. L'image d'Epinal d'une science qui progresse de manière lente et continue, où chacun apporte sa pierre, est encore admise par la plus grande partie des savants. Or, poser pierres sur pierres sans plan d'ensemble ni architecte aboutit à faire un tas, pas un édifice.

L'interdisciplinarité – aujourd'hui très à la mode – se présente comme un moyen de combler les manques d'une pensée scientifique *«mutilée par la spécialisation»* (Edgar Morin). La juste exigence d'une pensée globale mérite cependant de s'interroger sur la pertinence et les impasses de l'interdisciplinarité.

Une enquête menée par deux professeurs de science politique sur l'innovation dans les sciences sociales montre – exemples à l'appui – que la plupart des innovations théoriques surviennent dans les marges hybrides où se rencontrent les disciplines. Ils récusent le principe d'une «interdisciplinarité attrape-tout». Exemple parmi mille autres, la rencontre récente entre biologie et anthropologie a ouvert un champ très fertile de découvertes sur les origines des populations humaines, l'examen des caractères sanguins ou de la distance génétique entre peuples permettant de découvrir les filiations entre eux : *«L'hémoglobine, le facteur rhésus et la porphyrine peuvent apporter un témoignage précieux devant le jury des historiens, des archéologues et des géographes sur l'Empire khmer, les Vikings, les origines de l'Aïnous et les Amérindiens.»* (6)

Reste la volonté (mythique) de construire un savoir unifié qui transcende-

5. S. Auroux, «Quatre lois ou généralités explicatives. A propos du développement du comparatisme en Europe», in *Sprachtheorie und Theorie des Sprachwissenschaft.*
6. M. Dogan et R. Pahre, *L'Innovation dans les sciences sociales. La marginalité créatrice*, Puf, 1991.

rait les disciplines et raccommoderait les savoirs spécialisés en une connaissance générale. Cette ambition prend, dans les sciences dites exactes, la forme d'une nouvelle philosophie de la nature. Quant aux sciences de l'homme, leur projet initial de fournir une vue d'ensemble sur l'homme et sa destinée se cherche vainement aujourd'hui des représentants.

## Quand la science réenchante le monde

*« Il y a plus de choses sur terre et dans les cieux que toute la philosophie n'en saurait rêver. »* (Shakespeare)

Le sociologue Max Weber avait baptisé « désenchantement du monde » l'avènement de la pensée scientifique et rationnelle en Occident. La science classique s'est constituée contre la religion, les mythes, les croyances ésotériques. Elle a substitué à un univers peuplé d'esprits, de forces occultes, de puissances magiques, une nature déspiritualisée, régie par des lois, intelligible par une pensée rationnelle.

La pensée scientifique avait en même temps détrônć l'hommc de sa place centrale dans l'univers. Avec la révolution copernicienne, la Terre avait disparu du centre du monde pour devenir une planète parmi d'autres. La révolution darwinienne avait humblement placé l'espèce humaine comme une branche parmi d'autres de la diversification des espèces animales.

Or, voilà que depuis quelques années, du cœur même de la science, surgissent de nouvelles interrogations qui fragilisent le bel édifice rationaliste forgé par la science classique.

**Le principe anthropique**

La modélisation des scénarios de naissance de l'univers montre que l'univers actuel est fort improbable. Il suffit de changer de façon infinitésimale quelques paramètres des conditions initiales et l'univers se disperse ou implose. Cet argument trouble les cosmologistes et a conduit à l'énoncé d'un « principe anthropique » selon lequel tout ce passe comme si l'univers actuel était construit en fonction de l'existence de l'homme conscient...

L'homme qui se trouvait, avec la physique traditionnelle, réduit à la marge d'un monde étranger qui le dépasse et dont il n'est qu'un épiphénomène hasardeux et éphémère est donc amené à nouer une « nouvelle alliance » avec la nature (1).

**La dématérialisation du réel**

La physique quantique se trouve confrontée aujourd'hui à des particules fondamentales qui ont des comportements bien étranges : elles se présentent sous la forme de paquets d'ondes, non localisables, doués du don d'ubiquité. Du coup, la matérialité du réel échappe au physicien au niveau de l'infiniment petit (2).

**Le mystère de la complexité**

La tendance de l'univers est à la complexification, des particules élémentaires aux molécules, des molécules aux organismes vivants, des êtres unicellulaires au cerveau humain (qui est le sommet de la complexité dans l'ordre de la nature). La nature semble s'agencer selon un ordre croissant, vers plus de complexité. L'auto-organisation est un défi majeur de la pensée scientifique contemporaine.

A partir de ces grandes questions, on voit aujourd'hui nombre de scientifiques tenter de jeter des ponts entre science, philosophie et religion. Henri Atlan, l'un des théoriciens phares de l'auto-organisation, part en quête d'un mariage nouveau entre raison scientifique et pensée mythique ; des physiciens comme Stefan Hawkins ou Trinh Xuan Thuan évoquent la présence de Dieu dans des ouvrages de vulgarisation…

Ces problèmes peuvent-ils être traités dans le cadre de la science classique ou exigent-ils de nouveaux paradigmes ? La cosmologie moderne, la physique des particules conduisent les savants à émettre des hypothèses sur la nature du réel, sur les origines de l'univers, qui ne sont plus vraiment vérifiables. Nous touchons là aux confins de la science (3). Ils alimentent en tout cas nombre de spéculations sur la place de l'homme dans le cosmos. Où finit la science, où commence la spéculation philosophique dans les hypothèses de certains scientifiques ?

Si la nature invite à retrouver un regard émerveillé, si la science contemporaine semble « réenchanter » le monde, il faut, nous dit la jeune philosophe Dominique Terré-Fornacciari, ne pas abdiquer des outils de la raison et distinguer les résultats scientifiques des extrapolations philosophiques qui en sont faites (4).

---

1. I. Prigogine et I. Stengers, *La Nouvelle Alliance*, Gallimard, 1979.
2. S. Ortoli et J.-P. Pharabod, *Le Cantique des quantiques*, LGF, 1987.
3. R. Morris, *Aux confins de la science*, Archipel, 1991.
4. D. Terré-Fornacciari, *Les Sirènes de l'irrationnel, quand la science touche la mystique*, Albin Michel, 1991.

JACQUES LECOMTE*

# BACHELARD : DU SENS COMMUN À LA PENSÉE SCIENTIFIQUE

## *A PROPOS DU LIVRE DE GASTON BACHELARD :* LA FORMATION DE L'ESPRIT SCIENTIFIQUE**

**Dans son ouvrage majeur, Gaston Bachelard (1884-1962) analyse les caractéristiques du raisonnement scientifique, mais plus encore les obstacles mentaux qui empêchent sa manifestation. Il opère ainsi une nette distinction entre le sens commun et la pensée scientifique.**

PENSER rationnellement, scientifiquement, n'est pas un processus spontané de l'être humain. Cela ne peut se faire qu'après avoir surmonté un certain nombre d'obstacles épistémologiques ; après avoir remis en cause de fausses évidences, des raisonnements erronés, etc. Telle est la thèse centrale de *La Formation de l'esprit scientifique*.

### Les obstacles épistémologiques

Le premier des obstacles épistémologiques est l'« expérience première », c'est-à-dire l'expérience non accompagnée d'esprit critique et d'interrogation ; les impressions générées par nos sens et nos expériences quotidiennes sont autant de freins à une véritable compréhension du monde. Pour illustrer son propos, Gaston Bachelard prend l'exemple de l'électricité. Au XVIIIe siècle, on se pressait aux amusantes expériences dans lesquelles un public mondain tressaillait sous l'effet des chocs électriques, alors qu'*« il faut attendre la science "ennuyeuse" de Coulomb pour trouver les premières lois scientifiques de l'électricité »*. Dans un cas, il y a perception immédiate d'un phénomène, mais sans compréhension, dans le second se développe un véritable processus d'interprétation dû à un effort d'abstraction. Conclusion de G. Bachelard : *« Les expériences trop vives, trop imagées sont des centres de faux intérêt. »* Un autre obstacle est celui de la connaissance géné-

* Journaliste scientifique.

** Présentation du livre de G. Bachelard, *La Formation de l'esprit scientifique*, Vrin, 1938, parue dans *Sciences Humaines*, n° 48, mars 1995.

## Un parcours original

Né en juin 1884 à Bar-sur-Aube, Gaston Bachelard n'a guère connu le parcours classique des universitaires. Après avoir été surveillant dans un collège, il est surnuméraire puis commis aux Postes. Ce n'est qu'en 1912 (à 28 ans) qu'il entame des études supérieures à la faculté des sciences. Après la guerre, il enseignera pendant onze ans la physique et la chimie dans sa ville natale. A partir de 1920, son cursus universitaire s'enrichit : agrégé de philosophie en 1922, il passe son doctorat ès lettres en 1927 (à 43 ans) et devient universitaire à Dijon, puis à la Sorbonne jusqu'en 1954. Il meurt en 1962.

**Principaux ouvrages de Gaston Bachelard**
- *Le Nouvel Esprit scientifique*, 1934.
- *La Formation de l'esprit scientifique*, 1938.
- *La Psychanalyse du feu*, 1938.
- *Le Rationalisme appliqué*, 1949.

rale, laquelle nuit à l'émergence de concepts précis. Par exemple, sous le terme de coagulation ont été rassemblés des phénomènes aussi divers que la coagulation du sang, la solidification des métaux fondus et la congélation de l'eau. Un auteur en vient même à affirmer en 1780, dans un livre intitulé *De l'origine du monde et de la Terre en particulier*, que *« les animaux proviennent d'une matière liquide, qui devient solide par une sorte de coagulation »*.
Une tentation proche est l'usage d'analogies et de métaphores. L'éponge est l'exemple type d'une image familière abusivement généralisée qui, en expliquant tout, finit par ne plus rien expliquer. Réaumur affirme que l'air peut être considérablement comprimé parce qu'il est comparable à une éponge.
Un autre savant déclare que la Terre est une éponge et le réceptacle des autres éléments tandis qu'un accoucheur considère que *« le sang est une espèce d'éponge imprégnée de feu »*. Ailleurs, le fer est comparé à une éponge contenant le fluide magnétique...

### Les pièges du sens commun

L'approche scientifique se constitue donc en rupture radicale avec nos modes habituels de pensée et d'expression. *« L'opinion,* assène G. Bachelard, *pense mal ; elle ne pense pas ; elle traduit des besoins en connaissance. (...) On ne peut rien fonder sur l'opinion, il faut d'abord la détruire. Elle est le premier obstacle à surmonter. »* G. Bachelard réfute donc ceux qui tiennent notre perception immédiate pour un instrument de connaissance. C'est la capacité de formuler des interrogations pertinentes qui signe la marque du véritable esprit scientifique : *« Toute connaissance est une réponse à une question. S'il n'y a pas eu de question, il ne peut y avoir connaissance scientifique. Rien ne va de soi. Rien n'est donné. Tout est construit.»* G. Bachelard propose, à titre pédagogique, de distinguer trois grandes périodes dans l'histoire de la pensée scientifique, tout en prenant soin de préciser qu'il ne s'agit là que de «*grossières étiquettes historiques*» :

– «l'état préscientifique» qui se situe entre l'Antiquité et le XVIIIe siècle ;

– «l'état scientifique» qui est en gestation à la fin du XVIIIe siècle, mais s'exprime surtout au XIXe siècle et au début du XXe ;

– «le nouvel esprit scientifique», qui débute précisément en 1905, lorsque la théorie de la relativité vient bouleverser notre vision du monde.

A l'échelon individuel, l'esprit scientifique se met également en place selon trois phases successives :

– «l'état concret» dans lequel l'esprit se satisfait de la perception immédiate du réel ou de l'explication des phénomènes que fournit la littérature philosophique. L'individu est animé par une curiosité naïve, jouant à la physique pour se distraire et se divertissant de tout phénomène expérimental sortant de l'ordinaire ;

– «l'état concret-abstrait» dans lequel l'esprit effectue un mélange paradoxal d'abstraction et d'intuition. L'individu campe souvent dans un dogmatisme déductif, interprétant systématiquement le réel au travers de grandes théories explicatives posées *a priori* ;

– «l'état abstrait» dans lequel l'esprit se détache réellement de la perception et de l'intuition immédiates. Il s'agit d'une «*conscience scientifique douloureuse*», toujours prête à remettre en question l'acquis du moment en rectifiant les erreurs passées. «*Dans l'œuvre de la science seulement,* affirme G. Bachelard, *on peut aimer ce qu'on détruit, on peut continuer le passé en le niant, on peut vénérer son maître en le contredisant.*»

Il y a des erreurs positives, celles qui permettent de s'interroger sur le réel, puisqu'en fin de compte l'esprit scientifique se constitue «*comme un ensemble d'erreurs rectifiées*». Mais accéder au véritable esprit scientifique n'est pas un exercice aisé. De même que la psychanalyse a pour but d'aider l'individu à se libérer de son passé psychologique, G. Bachelard considère qu'une «*psychanalyse de la connaissance objective*» peut permettre à la personne de se libérer des *a priori*, des croyances antérieures. C'est précisément le but qu'il fixe à son ouvrage : «*Déceler les obstacles épistémologiques, c'est contribuer à fonder les rudiments d'une psychanalyse de la raison.*»

### Psychanalyse de la connaissance objective

Le terme psychanalyse employé dans un tel contexte peut surprendre. Mais G. Bachelard s'efforce de montrer que les erreurs formulées par un esprit préscientifique sont liées à une sorte d'«inconscient scientifique» dont les thèmes sexualisés rappellent ceux de l'inconscient freudien. Par exemple, une réaction chimique dans laquelle entrent en jeu deux corps différents est fréquemment interprétée sur un mode sexuel, en considérant un élément comme actif et l'autre comme passif. Dans la réaction de l'acide et de la base, l'acide est perçu comme masculin et la base comme féminine. Une telle conception est un véritable obstacle à la formation de l'esprit scientifique. G. Bachelard fait aussi remarquer que la notion de sels basiques est une notion plus difficile à faire admettre que la notion de sels acides.

La sexualité a également imprégné les recherches des alchimistes ainsi que certaines conceptions géologiques pour lesquelles le centre de la Terre est assimilé au corps de la femme dans lequel est projeté le sperme des quatre éléments. G. Bachelard fait même remarquer que *« toute science objective naissante passe par la phase sexualiste »*. C'est le cas de l'électricité dont on s'est initialement demandé si elle était un principe sexuel.

### L'héritage

Plusieurs auteurs ont émis des réflexions proches de celles de l'auteur de *La Formation de l'esprit scientifique*. Ainsi, à la suite de G. Bachelard et contrairement à une conception de l'évolution progressive du savoir, le philosophe Michel Foucault distingue trois grandes époques du savoir depuis le Moyen Age, séparées par des coupures radicales. Par ailleurs, l'épistémologue Karl Popper affirme, à la même époque que G. Bachelard (1934), que le progrès scientifique se fait essentiellement par l'élimination progressive des erreurs *(voir l'article sur K. Popper page suivante)*.

C'est dans le domaine pédagogique que l'influence de G. Bachelard a été la plus grande. Enseignant lui-même dans le secondaire puis à l'université, G. Bachelard affirme que les professeurs de sciences *« n'ont pas réfléchi au fait que l'adolescent arrive dans la classe de physique avec des connaissances empiriques déjà constituées : il s'agit alors, non pas "d'acquérir" une culture expérimentale, mais bien de "changer" de culture expérimentale, de renverser les obstacles déjà amoncelés par la vie quotidienne »*. Par exemple, l'élève peut attribuer une activité au corps qui flotte sur l'eau. Constatant une résistance lorsqu'il essaie d'enfoncer un morceau de bois dans l'eau, il risque fort d'attribuer cette résistance au bois plutôt qu'à l'eau.

Les réflexions de G. Bachelard ont largement inspiré les tenants du constructivisme en pédagogie. Selon ce modèle, l'enseignant doit tenir compte des conceptions préalables de l'élève dans sa démarche pédagogique. Ainsi, pour André Giordan, professeur à l'université de Genève, *« tout apprentissage réussi est un changement de conceptions, processus complexe et souvent désagréable pour l'apprenant, car chaque modification est perçue comme une menace qui va changer le sens de ses expériences passées »* (1).

Le professeur peut, par exemple, réaliser une expérience dont les résultats se trouvent en contradiction avec les conceptions antérieures des élèves. Il les amène à prendre du recul vis-à-vis de ces conceptions. Dès lors, l'erreur n'est plus considérée comme un défaut, une déficience de l'élève, mais est intégrée au cœur même du processus d'apprentissage.

1. A. Giordan, « Des représentations à transformer », *Sciences Humaines*, n° 32, octobre 1993, et *Les Origines du savoir*, Delachaux et Niestlé, 1990.

JACQUES LECOMTE*

# KARL POPPER : SCIENCE ET RAISON CRITIQUE**

**L'œuvre de Karl Popper (1902-1994) est un point d'ancrage pour tous les épistémologues. Mais son principe fondamental, le rationalisme critique, va bien au-delà de l'analyse de la démarche scientifique : K. Popper l'applique aussi à la réflexion politique.**

LA PENSÉE de Karl Popper s'est essentiellement développée dans deux directions, l'épistémologie et la philosophie politique, avec une problématique commune : il est préférable de chercher à débusquer l'erreur que de démontrer une vérité. En épistémologie, ce postulat l'a conduit à proposer le critère de « réfutation » pour distinguer entre ce qui est scientifique et ce qui ne l'est pas. En philosophie politique, cela s'est exprimé à travers la distinction entre les « sociétés closes », qui limitent la liberté de l'individu, et les « sociétés ouvertes » qui, à l'inverse, favorisent celle-ci.

## L'épistémologie

Dès l'âge de 17 ans, K. Popper se demande s'il existe un critère permettant d'affirmer qu'une théorie est scientifique. Nous sommes en 1919, à Vienne, où l'on assiste à une floraison de théories nouvelles s'affirmant scientifiques. K. Popper s'intéresse particulièrement à la théorie de la relativité d'Albert Einstein, au marxisme, à la psychanalyse freudienne et à la psychologie individuelle d'Alfred Adler.

### • Les limites de l'induction

Il constate que les théories de Marx, Freud et Adler ont comme point commun de posséder un très fort pouvoir explicatif apparent. Elles *« semblaient aptes à rendre compte de la quasi-totalité des phénomènes qui se produisaient dans*

* Journaliste scientifique.

** *Sciences Humaines*, n° 61, mai 1996.

## De Vienne à Londres

Karl Popper est né le 28 juillet 1902 à Vienne, d'un père avocat et d'une mère musicienne. Très tôt sensible aux problèmes sociaux, il est attiré par le marxisme, mais s'en détourne dès l'âge de 17 ans après avoir compris que l'avènement du communisme exige le sacrifice de vies humaines. C'est à cet âge qu'émergent dans son esprit les interrogations épistémologiques qui conduiront à la publication en 1934 de son œuvre majeure : *La Logique de la découverte scientifique*. D'origine juive, il émigre en 1937 en Nouvelle-Zélande, où il écrit son autre grand ouvrage, de philosophie politique cette fois, *La Société ouverte et ses ennemis*, paru en 1945. L'année suivante, il obtient un poste à l'Ecole d'économie de Londres grâce à l'appui de l'économiste Friedrich von Hayek et de l'historien d'art Ernst Gombrich. Il restera dans cette ville jusqu'à sa mort, survenue le 17 septembre 1992.

**Principaux ouvrages de Karl Popper**
- *La Logique de la découverte scientifique*, Payot, 1973.
- *Conjectures et Réfutations ; la croissance du savoir scientifique*, Payot, 1985.
- *La Quête inachevée*, Calmann-Lévy, 1981.
- *La Société ouverte et ses ennemis*, Seuil, 1979.
- *Misère de l'historicisme*, Agora, Presses Pocket, 1988.
- *La Connaissance objective*, Aubier, 1991.
- *L'Univers irrésolu ; plaidoyer pour l'indéterminisme*, Payot, 1986.

*leurs domaines d'attribution respectifs (...) Partout l'on apercevait des confirmations : l'univers abondait en vérifications de la théorie.»* (1)

Prenons l'exemple, proposé par K. Popper, de deux comportements opposés : un homme pousse un enfant à l'eau pour le noyer ; un autre homme se jette à l'eau pour sauver un enfant. Pour Freud, le premier individu souffre d'un refoulement ; chez le second, la sublimation est réussie. Pour Adler, le premier souffre de sentiments d'infériorité (qui font naître en lui le besoin de se prouver qu'il peut oser commettre un crime) ; le second souffre du même trouble (et éprouve le besoin de se prouver qu'il peut sauver un enfant).

K. Popper commence à soupçonner que la force explicative apparente de ces théories est peut-être leur point faible. Elles semblent ne jamais pouvoir être mises en défaut, car même devant des cas problématiques, il est toujours possible de faire « coller » la réalité concrète avec la théorie. La théorie de la relativité, encore jeune à l'époque,

1. *Conjectures et Réfutations ; la croissance du savoir scientifique*, Payot, 1985.

apparaît très différente. Elle permet de faire des prédictions dont le résultat, s'il s'avérait négatif, renverserait sans discussion la théorie. Ainsi, contrairement aux autres théories étudiées par K. Popper, la théorie de la relativité présentait le risque d'être infirmée, réfutée par l'observation.

Pour comprendre l'innovation que va introduire K. Popper, il est nécessaire de bien situer son apport dans le contexte épistémologique de son époque, dominé par l'« inductionnisme ». Selon cette approche, une série nombreuse d'observations identiques permet de tirer une conclusion générale, une loi scientifique. K. Popper présente l'exemple suivant : avoir constaté à de multiples reprises et dans des circonstances diverses que les corbeaux sont noirs autorise à conclure que *« tous les corbeaux sont noirs »*. K. Popper conteste cette conclusion. Il arrive que naisse, très rarement, un corbeau albinos. La loi *« tous les corbeaux sont noirs »* est fausse. De même, la succession des rythmes jour-nuit peut inciter à établir la loi générale suivante : *« Le soleil se lève et se couche une fois en 24 heures. »* Jusqu'au jour où nous nous retrouvons au pôle et observons le soleil de minuit.

K. Popper affirme donc que l'induction est un mythe. Cependant, si les observations empiriques ne nous autorisent pas à conclure qu'une théorie explicative est vraie, elles peuvent parfois nous amener à conclure qu'une théorie est fausse. Ce qui est déjà beaucoup et conduit à une méthodologie de la recherche scientifique radicalement différente.

**• Le critère de réfutation**

K. Popper propose de soumettre toute théorie nouvelle à des expérimentations dans le but explicite de la réfuter (2). Ainsi, on remplace la stratégie de « confirmation » de l'épistémologie inductiviste par une stratégie de « réfutation ». Est scientifique une théorie réfutable, c'est-à-dire qui offre prise à des tests permettant de la réfuter éventuellement (de démontrer sa fausseté). N'est pas scientifique une théorie qui n'est pas « réfutable » (terme préférable en français à « falsifiable ») (3). K. Popper illustre son propos par des exemples évocateurs. Ainsi la phrase *« il existe un serpent de mer »* est irréfutable puisqu'il est impossible de prouver que cette proposition est fausse. Inversement, *« il existe un serpent de mer actuellement exposé au British Museum »* est une proposition réfutable.

Mais, pour qu'une théorie soit scientifique, il faut évidemment qu'elle soit non seulement réfutable, mais aussi non réfutée. Seuls survivent les théories ayant passé avec succès l'examen de la réfutation. Ainsi, *« le progrès scientifique ne consiste pas en une accumulation d'observations mais en un rejet des théories moins satisfaisantes et leur remplacement par des meilleures »* (4).

K. Popper souligne que c'est bien ainsi que se développe la connaissance scientifique. Par exemple, les théories astro-

2. *La Logique de la découverte scientifique*, Payot, 1973.

3. K. Popper a explicitement souhaité que le verbe anglais *to falsify* soit traduit en français par « réfuter », et non par « falsifier », comme cela se trouve dans certains ouvrages (voir *La Connaissance objective*, Complexe, 1978).

4. *La Quête inachevée*, Calmann-Lévy, 1981.

nomiques de Kepler et de Galilée ont été supplantées par celle de Newton qui était logiquement plus forte et se prêtait davantage à être testée. Mais celle-ci a été, à son tour, dépassée par celle d'Einstein.

**• Le statut provisoire des théories scientifiques**

K. Popper est très attentif aux termes qu'il emploie. Ainsi, une théorie qui a subi avec succès l'épreuve de la réfutation n'est pas prouvée mais seulement «corroborée». Car il se peut fort bien qu'elle soit réfutée demain. On ne peut donc jamais affirmer qu'une théorie est vraie, on peut seulement dire qu'on n'a pas encore démontré qu'elle était fausse.

Ce qui le conduit à une autre prudence sémantique : on ne peut parler de vérité scientifique, mais seulement de «vérisimilarité», c'est-à-dire d'approche progressive de cette vérité. Car même si l'on se trouve face à une théorie vraie, on ne peut jamais être sûr que ce soit le cas.

En résumé, adopter consciemment une démarche critique est l'instrument principal du progrès de la connaissance. Comme nous allons maintenant le voir, K. Popper va également appliquer ce principe au domaine politique.

### La philosophie politique

La philosophie politique est le deuxième grand domaine exploré par K. Popper. Or, de multiples affinités peuvent être repérées entre son épistémologie et sa philosophie politique. K. Popper se déclare rationaliste critique. Rationaliste parce qu'il croit au pouvoir de la raison, qui permet notamment à l'homme de s'approcher de la vérité. Critique, parce qu'il estime que la démarche critique, qu'elle s'exerce dans l'activité scientifique ou sociale, est le principal facteur de progrès.

«*L'homme,* affirme K. Popper*, a la faculté de connaître, donc il peut être libre (...) La relation inverse existe également. L'absence de confiance dans le pouvoir de la raison, dans la faculté qu'a l'homme de discerner la vérité, va presque toujours de pair avec une absence de confiance en l'homme.*» (5)

K. Popper se déclare explicitement rationaliste. Soit, mais quel sens donne-t-il à ce mot ? «*Je suis rationaliste, j'appelle rationaliste celui qui désire comprendre le monde et apprendre en échangeant des arguments avec autrui. Par "échanger des arguments avec autrui", j'entends plus précisément le critiquer, susciter ses critiques et tâcher d'en tirer des enseignements. L'art de l'argumentation est une variante un peu particulière de l'art du combat, dans lequel les mots (*words*) tiennent lieu d'épées (*swords*) et dont le mobile est l'intérêt pour la vérité et le désir de s'en approcher de plus en plus.*» (6)

Selon K. Popper, le rationalisme critique bénéficie d'une longue tradition. Il remonte à la Grèce antique, qui a inventé l'affrontement intellectuel comme substitut de la violence physique. Précisément, K. Popper éprouve une profonde répulsion pour cette dernière et estime qu'il est nécessaire de lutter contre elle. Et la meilleure arme reste l'usage de la raison. «*Je suis ratio-*

5. *La Quête inachevée, op. cit.*
6. K. Popper, *Le Réalisme et la Science*, post-scriptum à *La Logique de la découverte scientifique*, Hermann, 1990.

*naliste parce que l'adoption d'une attitude régie par la raison me semble être la seule attitude possible face à la violence.* » (7)

**• Sociétés closes ou sociétés ouvertes**

K. Popper va, pour ainsi dire, étendre le critère de réfutation à l'analyse des conceptions de la société. La méthode consistant à éliminer des erreurs plutôt qu'à fournir des vérités peut en effet s'appliquer à la philosophie politique. Il établit ainsi la distinction entre sociétés closes et sociétés ouvertes (8).

La société close, c'est surtout, aux yeux de K. Popper, la société imaginée, voire mise en place, par des hommes qui rêvent en quelque sorte de faire descendre le paradis sur terre. Ainsi, K. Popper reproche à Platon de vouloir que l'Etat soit une copie exacte du modèle original, c'est-à-dire de la Forme ou de l'Idée de la cité (9).

Il en est de même pour le marxisme (10). K. Popper a exprimé à plusieurs reprises sa convergence avec les marxistes sur l'urgence d'apporter des remèdes aux maux de la société. Mais il s'en distingue sur au moins deux points. D'une part, sur les moyens à mettre en œuvre : il affirme qu'une révolution violente ne peut qu'aggraver une situation difficile, et non l'améliorer. Il n'y a aucune garantie que les nouveaux maîtres soient meilleurs que les anciens. D'autre part, une politique sociale rationnelle doit, selon lui, viser à l'allégement des maux, mais ne doit aucunement viser à leur fournir du bonheur. « *Laissons au domaine privé,* dit-il, *cette recherche du bonheur.* » Vouloir apporter le bonheur aux autres présente le grave risque de leur imposer notre propre vision de l'existence. « *Les problèmes majeurs de l'époque actuelle tiennent au désir de rendre le monde meilleur.* » (11)

**• Les dangers de l'historicisme**

Le marxisme est, aux yeux de K. Popper, une idéologie particulièrement représentative de l'« historicisme », un mode de pensée selon lequel l'histoire a un sens qu'il appartient à l'homme de découvrir (12). Mode de pensée très ancien, l'historicisme, dans sa version contemporaine, assigne aux sciences sociales la tâche de formuler des prophéties d'ordre historique afin de mettre en œuvre une politique rationnelle. Or, K. Popper récuse l'idée qu'il puisse y avoir des « lois de l'histoire », en particulier l'idée d'une loi du progrès. L'aventure de l'humanité ne suit pas une trajectoire inéluctable, mais au contraire indéterminée. Le propos ne manquait pas d'originalité à une époque où beaucoup pensaient précisément que le marxisme était une science expliquant l'histoire humaine.

K. Popper propose donc un programme politique modeste. Au lieu de viser le paradis sur terre, il faut s'efforcer « *de faire en sorte, à chaque génération, que la vie soit un peu moins redoutable et un peu moins inique* » (13).

Le parallèle avec son épistémologie est

7. *Conjectures…, op. cit.*
8. K. Popper, *La Société ouverte et ses ennemis*, 2 tomes, Seuil, 1979.
9. *Ibid.*
10. *La Société ouverte, op. cit.*, tome 2 : *Hegel et Marx*.
11. *Conjectures…, op. cit.*
12. K. Popper, *Misère de l'historicisme*, Agora, Presses Pocket, 1988.
13. *Misère de l'historicisme, op. cit.*

très clair. Car de même qu'il opte pour une épistémologie «négative» (c'est-à-dire visant essentiellement à éliminer les erreurs), K. Popper se prononce en faveur d'une philosophie politique «négative» consistant à limiter, voire à réduire les maux qui frappent l'homme plutôt qu'à chercher à lui apporter le bonheur. C'est là, selon lui, une différence essentielle entre les sociétés closes et les sociétés ouvertes.

**• Le chantre des sociétés ouvertes**

Pour K. Popper, la société ouverte n'est pas tant une forme de régime politique ou de gouvernement qu'une forme de coexistence humaine dans laquelle la liberté des individus, la non-violence et la protection des faibles sont des valeurs essentielles. Il souligne que ces valeurs semblent aller de soi dans les démocraties occidentales.

L'origine de la société ouverte remonte à l'Antiquité grecque. Les philosophes présocratiques ont instauré la libre discussion critique comme moyen de progresser vers la vérité (14). Plus près de nous, les guerres de religion ont, selon lui, fortement contribué à modeler ce mode de penser antiautoritaire. *«Nos erreurs nous ont effectivement instruits.»* Ce sont elles qui nous ont appris non seulement à tolérer des croyances qui diffèrent des nôtres, mais aussi à les respecter, ainsi que les hommes qui y adhèrent sincèrement. *«Nous avons appris qu'en nous écoutant et en nous critiquant mutuellement, nous avons quelque chance d'approcher davantage de la vérité.»*

K. Popper a laissé une marque profonde dans la pensée contemporaine. Nul ne peut aujourd'hui s'intéresser à l'épistémologie sans connaître le critère de réfutation, d'ailleurs largement adopté aujourd'hui. Son apport à la philosophie politique est beaucoup moins net, bien qu'il parte des mêmes présupposés théoriques dans les deux cas.

14. *Misère de l'historicisme*, *op. cit.*

**Jacques Lecomte***

# PAUL FEYERABEND : UNE THÉORIE ANARCHISTE DE LA SCIENCE**

**Paul Feyerabend (1924-1994) affirme que la démarche scientifique ne suit aucune méthodologie particulière et que la science n'est qu'une forme de pensée parmi d'autres, pas plus pertinente que les mythes. Cette conception a suscité de nombreuses critiques mais stimulé de nombreuses recherches en sociologie des sciences.**

« L*A SCIENCE est une entreprise essentiellement anarchiste.* » Dès la première phrase de son ouvrage *Contre la méthode*, l'historien des sciences Paul Feyerabend vise à surprendre le lecteur. Néanmoins, sous sa plume, le mot anarchie n'est pas utilisé dans un sens politique, mais épistémologique.

Que fait habituellement un épistémologue ? Il tente de mettre au jour les critères permettant d'affirmer que telle discipline est ou non une science, et de décrire la méthodologie nécessaire pour qu'une démarche puisse être qualifiée de scientifique. P. Feyerabend bouleverse tous les édifices laborieusement élaborés par ses prédécesseurs en déclarant hardiment : « *Toutes les méthodologies ont leurs limites, et la seule "règle" qui survit, c'est : "Tout est bon !"* » Selon lui, les grandes avancées de la connaissance scientifique (telles que l'invention de l'atomisme dans l'Antiquité, la révolution copernicienne, l'avènement de l'atomisme moderne, la naissance de la théorie ondulatoire de la lumière) n'ont été possibles que parce que des penseurs ont transgressé des règles méthodologiques communément admises. Pour véritablement comprendre le sens de ces propos, il faut se replacer dans le contexte intellectuel dans lequel ces lignes ont été écrites.

Les épistémologues ont longtemps considéré que la science procédait de manière inductive, ce qui signifie concrè-

* Journaliste scientifique.

** *Sciences Humaines*, n° 76, octobre 1997.

## Un parcours d'iconoclaste

Paul Feyerabend est né en 1924 en Autriche. En 1942, après avoir réussi ses derniers examens de lycée, il est tiré au sort pour le service du travail obligatoire. Après trois années de guerre passées dans l'armée allemande (l'Autriche était devenue une partie de l'Allemagne depuis 1938), il est blessé en 1945 de trois balles, dont une à la colonne vertébrale qui l'obligera à utiliser des béquilles toute sa vie.

Il obtient un doctorat ès sciences en 1951. L'année suivante, il part pour l'Angleterre étudier sous la direction de Karl Popper, dont il adopte momentanément l'épistémologie, mais dont il deviendra par la suite l'un des plus vigoureux adversaires intellectuels. En 1955, il est nommé professeur de philosophie des sciences à l'université de Bristol. En 1958, il répond favorablement à une invitation à passer un an à l'université de Californie, à Berkeley. Il y accomplira finalement l'essentiel de sa carrière, en tant que professeur de philosophie des sciences, tout en assurant des enseignements dans diverses universités (Auckland, Berlin, Londres, Yale, Sussex, Kassel).

C'est à la fin des années 60, sur le conseil de son ami l'épistémologue Imre Lakatos, qu'il rassemble divers articles pour en faire l'ouvrage *Contre la méthode*, qui le rendra célèbre. Il regrettera cependant cette gloire inattendue, au point d'affirmer dans son autobiographie : *« J'ai souvent souhaité n'avoir jamais écrit ce putain de livre. »* P. Feyerabend est mort en 1994.

**Principaux ouvrages de Paul Feyerabend**

• *Contre la méthode ; esquisse d'une théorie anarchiste de la connaissance*, Seuil, 1979.
L'ouvrage le plus connu de P. Feyerabend constitue une machine de guerre contre la vision traditionnelle de la démarche scientifique comme activité rationnelle. Pour l'auteur, la science n'est ni plus ni moins pertinente que les mythes.

• *Tuer le temps, une autobiographie*, Seuil, 1996.
Dans son autobiographie, P. Feyerabend se livre sans pudeur, racontant aussi bien son indifférence totale à l'annonce du suicide de sa mère, lorsqu'il avait 19 ans, son attirance de jeunesse pour les SS (*« Parce qu'un SS avait plus d'allure, qu'il parlait mieux et marchait mieux qu'un mortel ordinaire. »*), les joutes intellectuelles qu'il a menées, son dilettantisme (*« Je n'ai presque jamais préparé mes cours : je prenais quelques notes et m'attendais à ce que la rhétorique fasse le reste, m'emportant jusqu'à la fin. »*), sa passion pour l'opéra, ses amours difficiles et ses multiples mariages et divorces.

• *Dialogues sur la connaissance*, Seuil, 1996.
La forme choisie pour cet ouvrage, des dialogues présentés comme imaginaires (mais probablement pas si imaginaires que cela !), permet à P. Feyerabend de donner la parole à ses adversaires et de répondre à leurs critiques. Une manière divertissante de découvrir sa pensée.

• *Adieu la Raison*, Seuil, 1989.
Dans ce recueil d'articles, P. Feyerabend s'attaque vigoureusement à deux idées qui ont souvent servi de moteur à l'expansion occidentale : l'idée de Raison et l'idée d'objectivité. Il le fait en analysant le relativisme antique, en établissant une analogie entre l'art et la science, en critiquant l'épistémologie de K. Popper, etc.

tement qu'un chercheur accumule de nombreux faits et observations, puis en tire une conclusion générale.
Pour Karl Popper, ce n'est pas en multipliant les confirmations qu'on prouve qu'une théorie est scientifique, puisque même des pseudo-sciences peuvent avoir des « preuves » à faire valoir. Ce qui caractérise un énoncé pseudo-scientifique, c'est de ne pas être « réfutable », c'est-à-dire de ne laisser aucune possibilité de le remettre éventuellement en question *(voir l'article précédent sur K. Popper).*

### Une critique radicale des épistémologies classiques

P. Feyerabend s'oppose certes à l'inductionnisme, mais conteste également vigoureusement l'épistémologie poppérienne. Pour lui, la procédure scientifique réelle est généralement « contre-inductive », c'est-à-dire qu'il y a très fréquemment discordance entre la théorie et les faits, ce qui n'empêche pas une théorie de se maintenir. Même une théorie scientifique aussi largement reconnue aujourd'hui que la relativité restreinte a été acceptée malgré des résultats expérimentaux allant à son encontre. Cela explique son opposition à K. Popper, qui estime que la méthodologie normale des scientifiques consiste à abandonner une théorie dès qu'ils constatent qu'elle est en contradiction avec les faits. Or, selon P. Feyerabend, *« un principe strict de réfutation (...) effacerait la science telle que nous la connaissons, et n'aurait d'abord pas permis qu'elle commence »*. Il s'arrête longuement sur la polémique ancienne sur la chute des corps entre Galilée et ses contradicteurs. Galilée tente de convaincre ses interlocuteurs que la Terre tourne sur elle-même. Il reconnaît cependant que les corps lourds, qui tombent de haut en bas, suivent une ligne droite et perpendiculaire à la surface de la Terre. Cet argument semble plaider sans contestation possible en faveur de l'immobilité de la Terre, puisque si celle-là faisait un tour sur elle-même en une journée (mouvement donc très rapide), une pierre qu'on laisserait tomber du haut d'une tour frapperait le sol à bonne distance de la base de cette tour. Mais Galilée rétorque en utilisant une argumentation faisant notamment intervenir le mouvement que la Terre imprime à l'observateur lui-même. Pour P. Feyerabend, il a cherché à emporter la conviction en faisant de la «*propagande*», en se servant de «*trucs psychologiques*» en plus des raisons intellectuelles qu'il présente. «*Galilée l'emporte grâce à son style, à la subtilité de son art de persuasion, il l'emporte parce qu'il écrit en italien et non en latin…*»

### L'équivalence de la science et des mythes

P. Feyerabend partage avec l'épistémologue Thomas S. Kuhn l'idée d'«incommensurabilité» des théories, c'est-à-dire la conviction que les diverses théories scientifiques qui s'affrontent ou se succèdent au cours de l'histoire ne sont pas comparables, car elles ont chacune leurs propres critères de validité. On peut citer comme exemples de théories incommensurables la mécanique classique et la théorie de la relativité, le matérialisme et le dualisme esprit-matière, l'optique géométrique et l'optique ondulatoire, etc. Selon P. Feyerabend, les critères qui conduisent à adopter telle théorie plutôt que telle autre sont subjectifs, ils s'apparentent en fait à des jugements de goût, à des préjugés métaphysiques. Mais il va encore plus loin : non seulement il n'y a pas de critère objectif pour comparer des théories scientifiques différentes, mais il n'y a même pas d'argument décisif conduisant à préférer la science à d'autres formes de savoir. Les mythes sont aussi dignes d'intérêt que les théories scientifiques, et d'ailleurs «*la science et le mythe se chevauchent de bien des manières*».

Dès lors, P. Feyerabend va au-delà d'une simple description (du fonctionnement de l'activité scientifique) pour passer à la prescription (de la place de la science dans la société). Il déclare, par exemple : «*Comme c'est à chaque individu d'accepter ou de rejeter des idéologies, il s'ensuit que la séparation de l'Etat et de l'Eglise doit être complétée par la séparation de l'Etat et de la science : la plus récente, la plus agressive et la plus dogmatique des institutions religieuses.*» Concrètement cela signifie, par exemple, que l'enseignement scolaire et universitaire ne devrait aucunement présenter comme un fait telle ou telle théorie scientifique qui n'est au fond, pour P. Feyerabend, que «*le mythe du jour*». Or, déplore-t-il, «*on ne se contente pas d'une présentation simplement historique des faits et des principes physiques (astronomiques, historiques, etc.). On ne dit pas : certaines personnes croient que la Terre tourne autour du Soleil, tandis que d'autres considèrent la Terre comme une sphère creuse qui contient le Soleil, les planètes, les étoiles fixes. On dit : "La Terre tourne autour du Soleil" – et tout le reste n'est qu'absurdité.*» Cette façon de présenter les connaissances scientifiques révolte P. Feyerabend, qui estime que l'enseignement de l'astrologie ou de la magie est aussi justifié que celui de la physique ou de l'astronomie.

### Continuateurs et adversaires

Les prises de position radicales de P. Feyerabend ont suscité deux types de réactions : elles ont, d'une part, stimulé tout un courant de recherches aujourd'hui très vivace en sociologie des sciences ; elles ont, d'autre part, suscité des critiques sévères, souvent indignées. La « nouvelle sociologie des sciences », dont Bruno Latour est l'un des principaux représentants, s'est particulièrement penchée sur la manière parfois peu rationnelle qui préside à l'élaboration de théories par des scientifiques. Dans le sillage de P. Feyerabend, cette approche relativiste postule que le savoir scientifique procède de l'accord entre les membres de la communauté, plutôt que de faits et preuves incontestables (1).

Quant aux critiques formulées à l'encontre de P. Feyerabend, elles sont de divers ordres. Relevons tout d'abord celles qui voient une contradiction logique dans son raisonnement. Il est en effet paradoxal d'affirmer parallèlement que la science procède essentiellement de manière anarchique, que cette manière de faire est *« la seule méthode compatible avec des idées humanistes »*, et enfin que *« la science occidentale a infecté le monde entier comme une maladie contagieuse »*, le progrès ayant *« causé d'énormes dommages, même s'il a pu apporter quelques bonnes choses »* (2).

Mais les critiques les plus sévères sont venues des rationalistes qui dénoncent la position radicale adoptée par P. Feyerabend. En France, l'un de ses adversaires les plus virulents, l'astrophysicien Evry Schatzman, reconnaît que *« ce qu'on appelle méthode scientifique est la rationalisation* a posteriori *d'un mode de travail qui n'a rien de rationnel (...) Mais cet aspect humain, complexe, plein de contradictions, véritable jeu d'essais et d'erreurs, n'en conduit pas moins à la notion de vérité scientifique. »* (3)

Cet auteur se livre ensuite à de surprenants excès de langage. Il fait allusion au fait qu'Hitler refusait l'idée d'universalité de la science et opposait la « science nationale-socialiste » à la « science judéo-libérale », pour en conclure que *« sous les apparences de l'anarchie (Feyerabend) ou du gauchisme (les textes de* Pandore, *édités par Bruno Latour), se constituent les bases théoriques d'une politique dont il est douloureux de voir la parenté avec la politique hitlérienne »*. Mettre à égalité astronomie et astrologie, comme le fait P. Feyerabend, *« peut conduire à la suppression physique des contestataires »*.

Par ailleurs, Imre Lakatos, un épistémologue ami de P. Feyerabend, estime que l'anarchisme épistémologique est finalement une absurdité : où est donc, demande-t-il, l'anarchiste épistémologique qui, par pur esprit de contradiction, sort d'un bâtiment par la fenêtre du 50e étage au lieu de prendre l'ascenseur ? P. Feyerabend reconnaît avoir été embarrassé quelque temps par cette objection avant de trouver ce qu'il croit être une réponse décisive. Selon lui, le cas de *« l'anarchiste-qui-ne-saute-pas-par-la-fenêtre »* prouve seulement que même les anarchistes agissent souvent de manière prévisible, mais ne démontre pas pour autant qu'ils sont guidés par une théorie rationnelle. Cet individu peut

1. Voir le dossier « Nouveaux regards sur la science », *Sciences Humaines*, n° 67, décembre 1996.
2. P. Feyerabend, *Adieu la Raison*, Seuil, 1989.
3. E. Schatzman, *La Science menacée*, Odile Jacob, 1989.

éventuellement reconnaître qu'il est peureux, mais ne peut absolument pas *«donner de sa peur des raisons conformes aux normes de quelque rationalité théorique»*. Il n'est pas sûr que la «réponse décisive» de P. Feyerabend convainque véritablement ses contradicteurs.

Une autre critique repose sur l'argument de l'efficacité de la science (disparition des épidémies et des maladies graves par la médecine moderne, conquête spatiale, etc.). Mais P. Feyerabend a rétorqué que se baser sur ces éléments pour démontrer la supériorité du savoir scientifique revient à oublier que la science tire souvent profit de connaissances non scientifiques (remèdes traditionnels aujourd'hui exploités par l'industrie pharmaceutique) ou que des pratiques anciennes non qualifiées de scientifiques relevaient d'un savoir hautement performant (construction des pyramides, voyages polynésiens, domestication des animaux, sélection de plantes en évitant les croisements, etc.).

Contestataire génial pour les uns, dangereux imposteur pour les autres, P. Feyerabend n'a, en tout cas, laissé personne indifférent dans le monde des sciences et de l'épistémologie.

**Zora Petreski***

# D'UN PARADIGME À L'AUTRE

## *À PROPOS DU LIVRE DE THOMAS S. KUHN :* LA STRUCTURE DES RÉVOLUTIONS SCIENTIFIQUES**

**Le progrès des sciences n'est, selon Thomas S. Kuhn (1922-1996), ni continu, ni tout à fait rationnel. La dimension sociale des savoirs et les crises nécessaires des idées se combinent pour produire une histoire faite de longues périodes d'orthodoxie et de brusques révolutions.**

*La Structure des révolutions scientifiques*, publiée en 1962, est considérée comme le point de départ d'une vision renouvelée de l'histoire des sciences et de l'évolution des théories scientifiques. Thomas S. Kuhn développe et illustre l'idée que, contrairement à la conception dominante, l'histoire des sciences n'est pas une montée graduelle et cumulative vers des théories de plus en plus vraies et issues de l'expérience.

Selon lui, la science procède par bonds : à des périodes calmes, dominées par un « paradigme », succèdent des crises de contestation pouvant déboucher sur des révolutions.

T. Kuhn attribue ses premières intuitions à une expérience personnelle : celle d'avoir eu, vers 1945, à enseigner la physique à des non-scientifiques en tant que doctorant.

### Le paradigme

L'histoire des sciences est constituée, selon T. Kuhn, d'une succession de deux états, l'un stable (ou « science normale »), l'autre extraordinaire (ou « révolution »). Lorsqu'il est stable, l'état d'une science est contenu dans un « paradigme », qui est un schéma considéré comme vrai par la communauté scientifique. Ce paradigme, fait de lois et d'hypothèses théoriques, fonde l'activité des scientifiques et autorise des recherches.

* Journaliste.

** Présentation du livre de Thomas S. Kuhn, *La Structure des révolutions scientifiques*, Champs Flammarion, 1983 (1re éd. 1962), parue dans *Sciences Humaines*, n° 63, juillet 1996.

## Un historien de la physique

Thomas S. Kuhn est né en 1922 dans l'Ohio, Etats-Unis. Il a obtenu un doctorat de physique à l'université de Harvard, puis a entamé une carrière d'enseignant en histoire et philosophie des sciences qui l'a mené successivement dans plusieurs universités américaines : Harvard, Berkeley, Princeton. Il a été ensuite professeur au Massachusetts Institute of Technology (MIT), à Cambridge.

Ses premières réflexions sur l'histoire des sciences remontent à 1947. A cette époque, il est surtout marqué par les idées sur l'histoire des sciences d'Alexandre Koyré. Il les met en œuvre dans un ouvrage sur *La Révolution copernicienne*, publié en 1957, mais se fait surtout remarquer avec *La Structure des révolutions scientifiques*, en 1962. C'est sa thèse maîtresse, qui le fera connaître dans le monde entier. Il y ajoutera une postface lors de sa réédition en 1970.

Depuis, T. Kuhn a publié de nombreux articles et en 1977 un autre ouvrage traduit en français, *La Tension essentielle*. Il est mort en 1996.

**Principaux ouvrages de Thomas S. Kuhn**
• *La Structure des révolutions scientifiques*, Flammarion, coll. Champs, 1983.
• *La Révolution copernicienne*, LGF, 1992.
• « La tension essentielle. Tradition et changement dans les sciences », in P. Jacob, *De Vienne à Cambridge, l'héritage du positivisme logique*, Gallimard, coll. Tel, 1996.

Ce n'est pas une croyance inerte, mais un ensemble de propositions que les scientifiques se chargent de mettre à l'épreuve de faits de plus en plus nombreux. De ce point de vue, la science normale est cumulative : elle étend régulièrement la somme des connaissances disponibles. Un paradigme scientifique est une façon de voir les choses qui est partagée par les chercheurs d'un domaine, et peut aller jusqu'à dominer une époque. C'est le cas, par exemple, de la physique newtonienne du XVII^e^ siècle jusqu'au début du XX^e^ siècle.

### L'anomalie

Un paradigme constitue un cadre pour les questions nouvelles que peuvent se poser les chercheurs. En particulier, il sert à résoudre des énigmes théoriques sur la base de prédictions expérimentales. Tant que les résultats sont conformes aux prédictions, la discipline scientifique se développe. Mais il arrive que les chercheurs soient confrontés à des résultats contraires aux prévisions. Le plus souvent, ces anomalies seront absorbées : tous les paradigmes contiennent ainsi un certain nombre d'énigmes non résolues. Une anomalie ne déclenche pas à elle seule une crise : l'énigme non résolue est alors mise de côté, sans entraîner la réfutation des théories en cours. Pour qu'une crise intervienne, il faut qu'une ou plusieurs anomalies majeures non seulement apparaissent, mais encore persistent à entretenir une contradiction avec le paradigme dominant. C'était le cas, par exemple, à la fin du XIXe siècle, de cette entité immatérielle appelée éther, sans laquelle on ne parvenait pas à concevoir les interactions électromagnétiques à distance. D'autres modèles d'anomalies majeures peuvent provenir de l'usage social de la science : l'astronomie de Ptolémée a été remise en cause lorsque, à l'époque de Copernic, on se préoccupa de réformer le calendrier et que l'on rencontra des difficultés à le faire coïncider avec les mouvements des astres.

Les conditions sont alors réunies pour que se produise une période de crise, caractérisée par la critique des principes et des méthodes en vigueur. Dans ce contexte d'insécurité scientifique, les chercheurs s'engagent dans des discussions d'ordre philosophique et des paradigmes rivaux peuvent apparaître. La crise peut déboucher sur une révolution scientifique par conversion d'une partie au moins de la communauté scientifique, qui adopte un nouveau paradigme capable d'opérer une reconstruction du champ du savoir. Cette transition brutale constitue un bouleversement dans la vision du monde car le nouveau paradigme sera très différent du précédent et, surtout, incompatible avec lui : il lui est, selon T. Kuhn, incommensurable.

**Les sciences avancent par bonds**

Les révolutions scientifiques sont des changements brusques et conflictuels d'idées et de méthodes. Tout comme les révolutions politiques *« visent à changer les institutions par des procédés que ces institutions elles-mêmes interdisent »*, les révolutions scientifiques s'appuient sur des normes incompatibles avec la science antérieure : la physique nucléaire moderne accepte l'idée qu'un élément puisse se « transformer » en un autre, ce qui était inacceptable pour les chimistes du XIXe siècle. Les révolutions scientifiques sont donc des événements conflictuels, qui se traduisent par de violentes controverses entre écoles. *« Il n'y a pas,* écrit T. Kuhn*, d'autre manière efficace de promouvoir les découvertes. »*

Comme cela se produit souvent dans les révolutions politiques, il arrive que des modes antérieurs de pensée, considérés comme périmés, soient mobilisés contre le paradigme dominant : ainsi la physique newtonienne a-t-elle pu s'opposer à la mécanique cartésienne en faisant appel à des qualités « occultes », plus compatibles avec la physique d'Aristote et des scolastiques du Moyen Age. Pour cette raison, elle a rencontré de nombreuses résistances auprès des savants de l'époque.

La description donnée par T. Kuhn implique que le progrès scientifique procède par ruptures et bouleversements. En cela, il se démarque profondément de l'histoire positiviste, qui voit le progrès des sciences comme le produit d'une accumulation de résultats expérimentaux.

Il ne faudrait cependant pas déduire de

cette conception discontinue le fait que seules les « révolutions » apportent des progrès en sciences. Dans le schéma de T. Kuhn, les périodes de science normale ont une fonction essentielle d'enrichissement des faits et d'approfondissement des théories. C'est pourquoi il considère comme inévitable qu'un certain conformisme règne au sein de la communauté des chercheurs et que les théories ne soient pas toujours soumises au feu de la critique.

L'œuvre de T. Kuhn ne se limite pas à une description historique. Il amène aussi l'idée que les théories et les outils de la science (les paradigmes) modèlent la pratique des chercheurs, déterminent le pensable et l'impensable, et ont donc un rôle idéologique puissant dans l'affirmation collective des vérités scientifiques. Il s'ensuit, en particulier, que c'est la communauté scientifique, et non une rationalité intrinsèque, qui juge de la vérité d'une théorie.

### Les critiques

L'œuvre de T. Kuhn a suscité de nombreuses critiques. On lui a reproché en particulier de s'appuyer sur une notion floue, celle de paradigme. Margaret Masterman, l'une de ses disciples, a signalé que *La Structure des révolutions scientifiques* utilisait ce mot dans une vingtaine de sens différents : théorie, système de règles, code, vision du monde, discipline scientifique, groupe de chercheurs, etc. T. Kuhn a répondu en 1970 à cette critique en ajoutant une postface où il analyse les composants de ses « paradigmes » : un paradigme est une « matrice disciplinaire » (propre à une science) composée de langages spécifiques, de croyances, de valeurs, de problèmes et de solutions typiques qui forment une tradition, c'est-à-dire un savoir transmis par apprentissage. Ces matrices, à la fois sociales et cognitives, ont pour fonction de *« structurer la manière de faire de la science et de voir la réalité »* des spécialistes et des enseignants.

On a également reproché à T. Kuhn d'exagérer le caractère brusque des *« changements de paradigmes »*, et d'introduire une part d'arbitraire dans l'histoire des sciences. En effet, le choix entre paradigmes rivaux ne s'effectue pas, selon T. Kuhn, sur des critères purement rationnels ou expérimentaux. Des facteurs sociologiques entrent en ligne de compte, ce qui mène à une forme de relativisme : les vérités des sciences semblent dépendre de la décision d'une communauté. T. Kuhn, cependant, a spécifié que le progrès scientifique pouvait être mesuré à la capacité croissante des théories à résoudre des problèmes, ce qui constitue un critère objectif et permanent.

En dépit de l'accueil controversé réservé aux idées de T. Kuhn par les épistémologues, on constate qu'elles ont ouvert la voie à de nouvelles manières de décrire les processus de découverte scientifique, qu'on appelle aujourd'hui la « sociologie de la connaissance scientifique ».

Chapitre VI

# L'esprit et la pensée

JEAN-FRANÇOIS DORTIER*

# DU CERVEAU À L'ESPRIT

## DÉBATS CONTEMPORAINS SUR L'ÂME ET LE CORPS**

**L'idée cartésienne d'une séparation radicale entre le corps et l'esprit est aujourd'hui révolue. L'essor des neurosciences depuis une vingtaine d'années a réactivé les débats autour du « *mind-body problem* ».**

VERS L'ÂGE de vingt ans, lorsque j'étais marxiste, comme beaucoup de jeunes de ma génération, je me souviens m'être beaucoup interrogé sur cette phrase de Marx qui affirmait : *« les idées deviennent des forces matérielles lorsqu'elles s'emparent des masses »*. Cette formule me troublait. Que des idées (« la Révolution », « la liberté », « l'égalité », « le socialisme ») puissent circuler et « s'emparer des masses », voilà qui était fascinant. Cette puissance mobilisatrice des idées, des valeurs, des croyances, je ne la ressentais pas vraiment en m'échinant à lire *Le Capital*, mais elle me mettait en émoi lorsqu'à la fin d'un meeting – flot de mots, de slogans et donc d'« idées-forces » énoncées du haut de la tribune – nous chantions *L'Internationale* à tue-tête et le poing levé.

*« Debout les damnés de la terre,*
*Debout les forçats de la faim (...)*
*Nous ne sommes rien, soyons tout. »*

Après tout, ces vibrantes formules n'étaient que la mise en force d'une théorie révolutionnaire savamment élaborée par Marx, Engels, Lénine, Trotsky... En même temps, cette théorie de l'idée mobilisatrice me semblait profondément contradictoire pour le matérialiste orthodoxe que je m'efforçais d'être. Comment, lorsque l'on est matérialiste, peut-on accorder une certaine autonomie aux idées ? Les croyances, les théories, les idéologies, les idéaux ont-ils quelque existence propre ? Ne

* Rédacteur en chef du magazine *Sciences Humaines*.
** Texte inédit.

sont-ils pas déjà « inscrits » dans la matière ? Mais, si c'est le cas, alors pourquoi accorder autant de temps et d'énergie à la diffusion de nos idées, à la polémique, aux débats, à l'argumentation, à la propagation de doctrines révolutionnaires ? Toutes ces interrogations se mélangeaient, s'entrechoquaient sans pouvoir trouver de solutions simples.

### De l'idée à l'action

Il faut dire que cette question des liens entre la « force » des idées et l'action, entre la pensée et le corps, tourmentait déjà les philosophes classiques. Descartes lui apporta une réponse connue sous le nom de « dualisme ». Pour lui, il existe deux ordres de réalité : l'esprit (ou substance pensante, *res cogitans*) et la matière (ou substance étendue, *res extansa*), tous deux créés par Dieu. La nature, les plantes, les animaux appartiennent au monde de la matière. L'être humain quant à lui est, parmi les vivants, le seul à avoir une double nature : une nature matérielle – le corps – et une nature spirituelle – l'« âme ». L'âme nous donne ce pouvoir de produire des idées, des rêves, les images, des représentations (à la différence des animaux qui, eux, n'agissent que selon les lois de la nature).

A l'époque, cette thèse de philosophe chrétien, très « métaphysiquement correcte », était aisément recevable. Mais Descartes était aussi un scientifique, féru de physique, d'optique, d'anatomie. Dès lors, il lui fallait comprendre comment l'âme, et les idées qu'elle sécrète, pouvait agir sur le corps et le commander. Pour résoudre cette question, Descartes fut donc amené à imaginer une curieuse théorie. Le cerveau serait le siège de la rencontre entre le monde des idées et celui de la matière. Dans *Le Traité des passions de l'âme* (1649), il fait l'hypothèse selon laquelle le point de jonction entre l'âme et le corps se trouve dans la glande pinéale (partie du cerveau que l'on nomme aujourd'hui l'épiphyse). Ce serait de là que viennent les idées qui nous permettent d'agir sur le corps et de guider notre conduite. Grâce à cette théorie dualiste, que l'on sent tout de même un peu forcée, voire boiteuse, Descartes réussissait tout de même à concilier sa conception « idéaliste » de la pensée et sa position « matérialiste » de savant.

Son contemporain Julien de La Mettrie, médecin et philosophe, aborda le même problème, mais en osant répudier tout idéalisme. Dans son *Histoire naturelle de l'âme* (1745), il affirme cette thèse scandaleuse à l'époque : l'homme est une machine et le cerveau un organe comme les autres ; *« le cerveau sécrète la pensée comme le foie sécrète la bile »*. Les idées sont un état donné de la matière et il est vain de leur chercher une essence supérieure.

Le débat sur les liens entre esprit et corps allait encore faire couler beaucoup d'encre par la suite. Il opposera en gros les matérialistes (souvent des scientifiques) et les spiritualistes (souvent des philosophes), partisans d'une certaine autonomie des idées. Mais, au fur et à mesure du développement de l'esprit scientifique, la position « idéaliste » devenait de plus en plus difficile à tenir.

Depuis une vingtaine d'années, l'essor des neurosciences contribue à réactiver le débat, notamment dans les pays anglo-saxons où on l'a baptisé le *« mind-body problem »* (problème du corps et de l'esprit) (1).

### Le *« mind-body problem »*

Le but des neurosciences est d'expliquer comment fonctionne le cerveau et de répondre à terme à la question : comment de la matière vivante parvient-elle à produire de la pensée ? Poser ainsi la question, c'est déjà admettre que c'est bien le cerveau qui produit les idées. Et, de fait, cette optique matérialiste est aujourd'hui partagée par l'immense majorité des philosophes et des scientifiques. Tous admettent que la pensée est inscrite dans le cerveau, que les idées s'expriment par le biais d'interconnexions neuronales. On refuse de croire aujourd'hui au dualisme, à l'existence de deux mondes séparés : d'un côté l'esprit, de l'autre la matière, comme le pensait Descartes.

Mais de cette position matérialiste, presque unanimement partagée, sont nées une foule de nouvelles questions. Qu'est-ce que la pensée pour un matérialiste ? Pour la comprendre, faut-il s'en tenir aux strictes observations des neurones ? A terme, la psychologie, qui utilise des notions comme « image mentale », « conscience », « désir », « intelligence », ne doit-elle pas se dissoudre dans la neurobiologie qui pourra décrire précisément les processus biologiques sous-jacents ? Et qu'en est-il de la subjectivité de l'individu ? N'est-il qu'un épiphénomène inutile au fonctionnement de la pensée ? C'est sur toutes ces interrogations que portent les vrais débats (et que les avis divergent) aujourd'hui. Et chacune de ces questions renvoie à une multitude de sous-problèmes et de débats dérivés.

Pour simplifier ce dédale des théories en présence, on peut en cerner quatre qui correspondent à quatre formes différentes de matérialisme :

– la **« neurophilosophie »**, dont le couple Paul et Patricia Churchland est le principal représentant : ils soutiennent que la pensée n'est rien d'autre qu'un ensemble d'interactions neuronales. Conséquence : les sciences de la pensée, ce sont les neurosciences ;

– la **théorie du « double aspect »** considère que s'il y a bien correspondance entre état mental et état du cerveau, il faut considérer à part ses deux versants : la face subjective (impressions, conscience, sentiments) et la facette objective (activité physico-chimique biologique du cerveau). C'est la position soutenue par Thomas Nagel et Franck Jackson ;

– la **théorie « émergentiste »** est une forme plus complexe de matérialisme. Si la pensée correspond bien à un état neuronal, il y a des degrés d'organisation du cerveau ; le niveau psychologique est au niveau neuronal ce que la biologie est à la physique, c'est-à-dire un niveau supérieur d'organisation. Cette thèse est avancée par John R. Searle et les tenants de l'auto-organisation ;

– enfin, le **fonctionnalisme** considère que l'on peut fort bien étudier la pensée sans se soucier de son support matériel. Une même idée peut être exprimée sur des supports physiques très diffé-

1. Le mot anglais *mind*, que l'on traduit généralement en français par « esprit », n'a pas la connotation spiritualiste qu'il possède en France. La traduction la plus correcte serait « la pensée ».

rents. On peut dire *«je t'aime»* ou *«à bas les keufs»* avec sa voix, en l'écrivant sur un ordinateur, ou en le gravant sur un mur, etc. : le contenu du message est toujours le même et on peut donc l'étudier sans s'intéresser à son support matériel.

Reprenons maintenant cette discussion dans le détail.

### Le matérialisme radical : des neurones, rien que des neurones…

La première forme de matérialisme, apparemment la plus simple et évidente, affirme qu'un état physique et un état mental sont «identiques». On appelle d'ailleurs cette thèse le «matérialisme identité». Je pense à ma mère, je rêve de partir en vacances au Brésil, j'ai envie d'un hamburger, je calcule combien font 12 x 8, etc. : à chacun de ces états mentaux correspond une activité neuronale, descriptible en un processus physico-chimique. Et connaître l'un, c'est connaître l'autre.

Exprimée dans les années 60 par des philosophes comme D. Armstrong, Herbert Feigl, John C. Smart, la thèse matérialiste a été traduite sous une forme plus radicale par un couple de philosophes américains : Paul et Patricia Churchland, tous deux professeurs de philosophie à l'Université de San Diego. La théorie de Paul – le mari – est appelée «matérialiste éliminativiste» (2). Elle consiste tout simplement à affirmer qu'il n'existe pas d'état mental. Parler de «pensées», de «conscience» ou d'«idées» n'a aucun sens rigoureux pour un scientifique. Ce ne sont que des notions que l'on applique à des réalités neurologiques. On pourrait fort bien se passer de toutes les pseudo-idées comme *«cette fleur est belle»*, *«César fut un empereur romain»* dans la vie courante si on savait décrire les processus physiques correspondants. De même que l'on connaît de mieux en mieux les mécanismes physiologiques de l'alimentation, que l'on peut associer les arômes des fruits et des vins à leur exacte composition chimique, le but des neurosciences est, à terme, d'abolir la psychologie pour la remplacer par les neurosciences. On raconte que Paul Churchland, lorsqu'il parle de sa femme, au lieu de sortir une photographie de son portefeuille, en extrait son électroencéphalogramme et annonce : *«Voilà : c'est elle.»*

Patricia Churchland – l'épouse – a fait une entrée remarquée sur la scène de la philosophie de l'esprit en publiant en 1986 *Neurophilosophy : Towards a Unified Science of the Mind-Brain* (3). Dans ce livre, elle soutient également que le mentalisme doit être éliminé au profit des neurosciences. Le travail des philosophes de l'esprit consiste donc à généraliser les découvertes des scientifiques et, à partir de là, à proposer des modèles de fonctionnement du cerveau. C'est là une tâche plus utile que de spéculer sur des notions oiseuses comme celles de «conscience», de «représentations» ou de «désirs» manipulées par les psychologues. De même, Paul Churchland a proposé dans son livre *Le Cerveau, moteur de la raison, siège de*

2. *Matter and Consciousness*, MIT Press, 1993.
3. MIT Press, 1986 ; trad. française : *Neurophilosophie, L'esprit-cerveau*, Puf, 1999.

*l'âme* (4), un modèle de fonctionnement du cerveau fondé sur une architecture connexionniste.

La théorie du matérialisme éliminativiste telle qu'elle est professée par les Churchland est loin d'être partagée par tous les scientifiques. Les chercheurs en neurobiologie – pourtant matérialistes – répugnent le plus souvent à soutenir un réductionnisme aussi radical. Jean Delacour, éminent chercheur en neurobiologie, rejette le «*dogmatisme du matérialisme éliminateur*» qui est, ajoute-t-il, «*plus souvent la thèse de philosophes que de spécialistes de la neurobiologie des comportements*» (5).

### La théorie du double aspect : quel effet cela fait-il d'être une chauve-souris ?

Mais comment contester la thèse du matérialisme éliminativiste, qui suppose que tous les aspects de la pensée, objectifs et subjectifs, peuvent être décrits sous forme de processus physiques élémentaires, autrement que par des arguments moraux, des résistances, des répugnances à admettre une thèse trop prosaïque ? En fait, la thèse matérialiste suscite une interrogation : peut-on «éliminer» la dimension subjective du psychisme en affirmant son identité avec un état psychique ? Ou, en d'autres termes, est-ce que la subjectivité (sensation de douleur, impression de beauté, sentiment de colère, etc.) pourrait être supprimée dans l'esprit du sujet sans que cela change ses réactions ?

Descartes soutenait à propos des animaux une telle position, strictement matérialiste. Si l'on frappe un chien, affirme-t-il, celui-ci va pousser de petits couinements aigus et se sauver, mais il ne souffrira pas. Ses couinements, sa fuite sont des réactions naturelles de l'organisme qui ne s'accompagnent en fait d'aucune sensation de douleur. Tout comme les sons d'une clochette qu'on secoue : elle sonne, fait du bruit, mais elle ne sent rien... Cette théorie cartésienne sera longtemps partagée par les scientifiques positivistes béhavioristes qui, supposant que l'animal n'éprouve ni émotions, ni sentiments, ni douleur, soutiennent qu'il pourra être allégrement torturé sur une table de dissection, pour le plus grand profit de la science...

Certains philosophes ont, de leur côté, avancé des arguments en faveur d'une certaine autonomie de la subjectivité. Sans refuser par principe l'idée matérialiste selon laquelle les idées ont bien un support organique, ils ont voulu affirmer que la subjectivité n'est pas identique à l'état physique qui lui correspond. On peut classer ces arguments sous le nom de théorie du «double aspect» : une idée se divise en deux faces indissociables, la face objective et la face subjective, comme les deux côtés d'une médaille.

L'une des premières tentatives dans ce sens est celle du philosophe Thomas Nagel. Dans un article retentissant paru en 1974, il se demande «quel effet cela fait d'être une chauve-souris» (6). On sait, nous dit T. Nagel, que la chauve-souris se dirige dans le noir grâce à un sonar, système perfectionné qui envoie des ultrasons et en perçoit l'écho en

4. De Boeck Université, 1999.
5. J. Delacour, *Biologie de la conscience*, Puf, Que sais-je ?, 1994.
6. «What is it like to be a bat ?», traduit en français dans *Questions mortelles*, Puf, 1984.

retour. Ce dispositif lui permet d'explorer son environnement aussi bien que nous le faisons avec les yeux. Les scientifiques savent parfaitement aujourd'hui comment fonctionne le système d'échoïsation de la chauve-souris. Pourtant, nous dit T. Nagel, cette connaissance ne permettra jamais d'éprouver subjectivement ce que ressent la chauve-souris. La subjectivité est une part irréductible à l'explication scientifique.

Un argument similaire a été avancé par le philosophe australien Franck Jackson avec l'exemple de Mary et des couleurs (*voir l'encadré ci-dessous*). L'argument de F. Jackson est destiné à prouver

## Quand Mary découvre les couleurs

Franck Jackson a recours à une « expérience de pensée » particulière (1). Imaginons que Mary soit une jeune fille élevée depuis sa naissance sans connaître les couleurs. Elle souffre, par exemple, d'un trouble visuel très particulier et que l'on nomme l'achromatopsie qui lui fait voir le monde en noir et blanc comme dans un vieux poste de télévision (2). Cela ne l'empêche pas de suivre des études, et de devenir une brillante neurologue. Mary va se spécialiser justement dans la neurophysiologie de la vision. Supposons qu'elle acquiert ainsi toutes les connaissances scientifiques que l'on puisse obtenir concernant la vision des couleurs. Elle sait donc exactement ce qui se produit dans notre système visuel lorsque nous voyons des tomates mûres ou le ciel bleu, bien qu'elle n'en ait jamais vu le rouge ou le bleu.

Alors qu'arrivera-t-il lorsque Mary sera guérie et pourra sortir de son monde en noir et blanc, demande F. Jackson ? Apprendra-t-elle quelque chose ou non ? Il répond : *« Il semble parfaitement évident qu'elle apprendra quelque chose au sujet du monde et de l'expérience visuelle que nous en avons. Mais alors, il s'ensuit inévitablement que la connaissance qu'elle avait précédemment était incomplète. Elle disposait de toute l'information physique. Il existe donc, en plus de cette totalité d'informations physiques, quelque chose qu'elle ignorait encore et le physicalisme est faux. »* (3)

1. Les expériences de pensée, prisées naguère par les philosophes scolastiques, sont des scénarios imaginaires mettant en scène des personnages dans des situations extrêmes et qui permettent de « tester » théoriquement une hypothèse. On se demande, par exemple : que se passerait-il si un cerveau pouvait fonctionner sans corps ? La chambre chinoise de Searle, le test de Turing sont des exemples d'expériences de pensée.
2. En fait, F. Jackson suppose qu'elle est restée enfermée dans une pièce noire et blanche et ne voit donc que ces deux couleurs. Sur l'achromatopsie, voir le livre d'Oliver Sacks, *L'Ile en noir et blanc*, Seuil, 1997.
3. « Epiphenomenal *qualia* », in *Philosophical Quaterly*, n° 32, 1982.

l'existence d'une réalité subjective, qu'il nomme « *qualia* épiphénoménales » (titre de son article). Cette expression bien complexe désigne des propriétés (ou qualités = *qualia*) qui ne sont pas réductibles aux seules informations physiques. L'adjectif « épiphénoménales » signifie que les *qualia* – la partie subjective de la conscience – ne seraient au fond qu'un épiphénomène, une peinture supplémentaire que l'on donne aux choses, mais qui n'aurait pas de fonction particulière.

Cette dernière affirmation mérite pourtant examen, car elle conduit à s'interroger : qu'y a-t-il de plus dans la subjectivité qui ne se trouve dans un simple état organique ? La subjectivité n'est-elle qu'un épiphénomène, une connaissance supplémentaire, mais qui est au fond inutile ? Est-ce que le fait de ressentir une douleur, d'être triste, de trouver quelque chose de beau n'est qu'un épiphénomène, une impression subjective sans importance pour le fonctionnement de l'organisme lui-même ?

L'hypothèse d'une relation de causalité entre la subjectivité (souffrance, amour, désir, croyance) et la réaction qui s'ensuit fera l'objet de développements spécifiques, très techniques et sophistiqués, sur l'intentionnalité (7).

### La théorie de l'émergence : le tout est plus que la somme des parties

La théorie de l'émergence est une autre façon de concevoir les rapports entre cerveau et pensée. Cette thèse est défendue par un philosophe comme John R. Searle (8) (*voir l'encadré page suivante*) et partagée par certains biologistes. Le principe en est le suivant : si la pensée exige bien un support matériel pour exister, elle n'apparaît que comme « propriété émergente » d'un groupe neuronal et ne se trouve dans aucun des neurones pris isolément. De la même façon, l'eau et ses propriétés physiques de liquidité « émergent » de la combinaison d'hydrogène et d'oxygène, mais aucun des constituants ne contient les propriétés de l'eau. Dans cette optique, un processus mental pourrait émerger d'interactions entre neurones, tout comme un « esprit d'équipe » peut subvenir au sein d'un groupe de footballeurs qui jouent ensemble régulièrement sans que l'on puisse localiser cet « esprit » chez ces joueurs pris séparément. Tout en restant matérialiste, la théorie de l'émergence refuse donc de penser qu'une approche strictement neuronale puisse résoudre à elle seule la question du fonctionnement de la pensée.

La théorie de l'émergence est proche des thèses de l'auto-organisation défendues par Edgar Morin (9). Elle est également compatible avec les approches connexionnistes du fonctionnement du cerveau. L'idée d'émergence comme celle d'auto-organisation admet, sur le plan des méthodes, l'autonomie de la science psychologique par rapport à la

7. On peut prendre connaissance de ce débat dans D. Pinkas, *La Matérialité de l'esprit*, La Découverte, 1995 ; P. Jacob, *Pourquoi les choses ont-elles un sens ?*, O. Jacob, 1997 et P. Engel, *Introduction à la philosophie de l'esprit*, La Découverte, 1994. Voir aussi l'entretien avec P. Jacob dans cet ouvrage.
8. J. Searle, *L'Intentionnalité* (chap. 10), Minuit, 1985 et *La Redécouverte de l'esprit* (chap. 5), Gallimard, 1995.
9. *La Connaissance de la connaissance*, t. 3 de *La Méthode*, Seuil, 1986.

## La redécouverte de l'esprit

John R. Searle, professeur de philosophie à Berkeley (Californie) s'est rendu célèbre une première fois en élaborant, en 1969, la théorie des « actes de langage ». *La Redécouverte de l'esprit* (1), livre publié aux Etats-Unis en 1992, y a fait quelque bruit car il renvoie dos à dos les penseurs les plus fameux de la discipline. Dans ce paysage compliqué, la position de J. Searle est tranchée et relativement atypique : le cerveau et la pensée sont des réalités tellement spécifiques que toute tentative de les comparer à autre chose (organe plus simple, machine ou ordinateur) est vouée à l'échec. Une bonne partie du livre est consacrée à l'exposé critique de ce que J. Searle nomme les *« conceptions matérialistes actuellement à la mode en philosophie et en sciences cognitives »*. Il leur reproche leur incapacité à assumer leur objectivité autrement qu'en mutilant l'activité mentale humaine de ses caractéristiques les plus évidentes : celle d'être consciente, intentionnelle et subjective. Du *« matérialisme éliminationniste »* au *« fonctionnalisme de l'ordinateur »*, aucune des thèses de la philosophie de l'esprit ne s'attache, selon lui, à décrire la spécificité de l'esprit. J. Searle regrette-t-il pour autant les mystères du spiritualisme ? Nullement, mais la conception qu'il propose est antiréductionniste. Il tient à rappeler, d'abord, que le cerveau est un organe vivant (et non un ensemble de circuits électriques), et ensuite que la conscience n'est pas une illusion, mais la forme même du mental. Esquivant l'écueil du dualisme (l'esprit d'un côté, le cerveau de l'autre), J. Searle explique que la conscience peut se comparer à une propriété « émergente » du cerveau. Elle lui est liée par des relations causales, mais appartient à autre ordre de phénomènes que les composants physico-chimiques élémentaires qu'on y observe (comme la solidité de la glace n'est pas une propriété des molécules d'$H_2O$, mais de leurs liaisons). La source principale d'erreur, pour J. Searle, réside dans le transport abusif de modèles d'une discipline à une autre, ou d'un plan à un autre. Il conçoit très bien qu'une activité cérébrale profonde soit présente dans des réseaux de neurones, mais il faut bien préciser qu'à ce niveau elle ne contient, dit-il, ni « symboles », ni « information ». Est-ce déjà du « mental » ? Réciproquement, si les sciences cognitives veulent expliquer la conscience et le mental « sérieusement », elles doivent expliquer la subjectivité, l'intentionnalité et la croyance.

NICOLAS JOURNET

1. J.R. Searle, *La Redécouverte de l'esprit*, Gallimard, « Essais », 1995.

biologie – de même que la biologie n'est pas réductible à une simple branche de la chimie (et que la chimie n'est pas réductible à la physique) parce que chacune aborde les faits à un certain niveau de réalité. Dans cette perspective, les rapports entre psychologie et neurosciences ne doivent plus être conçus comme des rapports de sujétion. Comme le fait remarquer le psychologue Paul Fraisse, *« les rapports entre cerveau et processus mentaux ne peuvent être expliqués qu'en prenant en compte l'existence de niveaux d'organisation de la matière »* (10).

**A lire sur la philosophie de l'esprit**

- J.-F. Dortier (dir.), *Le Cerveau et la Pensée*, Sciences Humaines Editions, 1999.
- P. Engel, *Introduction à la philosophie de l'esprit*, La Découverte, 1994.
- J.-N. Missa, *L'Esprit-cerveau. La philosophie de l'esprit à la lumière des neurosciences*, J. Vrin, 1993.
- V. Descombes, *La Denrée mentale*, Minuit, 1995.
- B. Andrieu, *La Neurophilosophie*, Puf, Que sais-je ?, 1998.

**Quelques auteurs de référence**

- J.R. Searle, *La Redécouverte de l'esprit*, Gallimard, 1995.
- Patricia Churchland, *Neurophilosophie. L'esprit-cerveau*, Puf, 1999.
- D. Dennett, *La Conscience expliquée*, O. Jacob, 1993.

### Le temps n'est pas dans l'horloge : le fonctionnalisme

Une autre façon d'aborder les liens entre cerveau et pensée a pris une place de choix dans le débat : le fonctionnalisme. Cette approche a été soutenue principalement par les Américains Jerry Fodor et Hilary Putnam (11). C'est une position ingénieuse qui consiste à « contourner » le débat matière/esprit. L'idée de base est la suivante. Pour mesurer le temps, on peut utiliser des supports différents : une horloge mécanique, une montre à quartz, un cadran solaire, une clepsydre. Chacune de ces techniques répond à la même fonction : donner l'heure.

La même fonction pouvant être obtenue par des dispositifs totalement différents, il n'y a pas besoin d'une description exhaustive de son support matériel pour l'étudier. H. Putnam exprime cela à partir d'un exemple très simple : *« Selon le fonctionnalisme, le comportement d'une machine à calculer, par exemple, n'est pas expliqué par la physique de la machine à calculer. Il est expliqué par le programme de la machine. »* Même si, *« bien entendu, ce programme est réalisé en une physique particulière »* (12).

On peut donc dissocier complètement la fonction de son support et étudier l'un sans connaître l'autre. Sans prétendre que le cerveau et l'esprit sont réellement de natures différentes, le fonctionnalisme postule que l'on peut et l'on doit prendre en compte la logique d'une fonction mentale indépendamment de son support organique. L'approche physico-chimique des phénomènes mentaux n'est d'ailleurs pas même économique. Vouloir explorer les pensées en observant les neurones à l'œuvre, c'est un peu comme vouloir comprendre le sens d'une chanson des Beatles uniquement en analysant les fréquences sonores qu'elle produit ; ou bien vouloir expliquer le fonctionne-

10. *Psychologie de demain*, Puf, 1988.
11. H. Putnam a par la suite changé d'opinion sur le sujet. Voir *Représentation et Réalité*, Gallimard, 1990.
12. *Mind, Language and Reality, Philosophical papers*, vol. 2, Cambridge University Press, 1979.

ment d'une banque uniquement par la physiologie de son personnel ! Ce serait un travail immense et inutile, et sans doute non pertinent.

La thèse fonctionnaliste a été reprise par J. Fodor qui l'exprime par une analogie avec l'ordinateur. Pour lui, la pensée entretient avec le cerveau le même rapport qu'un programme informatique avec l'ordinateur. On peut parfaitement faire exécuter un programme informatique (*software*) sur différents supports (*hardware*), y compris avec un papier et un crayon. Ce qui compte pour comprendre le programme, c'est sa logique, la série d'instructions qu'il contient et non le support matériel sur lequel il sera exécuté. Pour comprendre la pensée, il faut donc s'intéresser à la logique mise en œuvre dans les opérations mentales (13).

13. Cette thèse sera reprise par D. Marr à propos de l'étude de la vision.

# LE MYSTÈRE DE L'INTENTIONNALITÉ

## ENTRETIEN AVEC PIERRE JACOB*

*Les croyances, les désirs et les intentions humaines font appel à une propriété fondamentale de l'esprit : celle de se représenter des objets qui ne sont pas matériellement présents, ou bien même qui n'existent pas.*

***Sciences Humaines :* L'un des objectifs actuels de la philosophie de l'esprit est d'éclairer le mystère de l'« intentionnalité ». Pouvez-vous expliquer ce qui se cache derrière cette formule ?**

**Pierre Jacob :** Le mot « intentionnalité » veut pratiquement dire la même chose que « représentation ». Il faut le distinguer du mot « intention », qui a une acception plus précise. Les intentions (projet, tension vers quelque chose) sont des états mentaux parmi d'autres (les croyances, les désirs, etc.) qui possèdent tous l'intentionnalité. Dans ce sens, le mot vient du latin *intentio* et a été réhabilité par le philosophe Franz Brentano à la fin du XIXe siècle. Pour un matérialiste, contrairement à un dualiste comme Descartes, les processus de pensée sont des processus physiques, chimiques et biologiques. L'« intentionnalité » désigne donc la capacité qu'ont les systèmes nerveux de certains organismes de représenter des aspects de l'environnement. Beaucoup de systèmes physiques complexes n'ont vraisemblablement pas cette capacité : les galaxies, les étoiles, les océans, les acides nucléiques, etc. En revanche, certains animaux semblent capables de former des représentations.

L'intentionnalité est un mystère, au moins pour deux raisons. Premièrement, avoir l'intentionnalité, c'est pouvoir penser à quelque chose de très éloigné de soi dans l'espace : à San Francisco, à Jupiter. C'est aussi pouvoir penser à des choses du passé, comme à Jules César ou au Big Bang. C'est aussi penser quelque chose de faux, d'inexistant ou d'impossible, comme croire que le plus grand des nombres entiers est pair. Comment un système physique peut-il engendrer ces pensées ? Deuxièmement, on constate que ni les astronomes, ni les physiciens, ni les chimistes, ni la plupart des biologistes n'expliquent le comportement des choses qu'ils étudient en leur attribuant des représentations.

* *Directeur de recherche au CNRS, auteur de* Pourquoi les choses ont-elles un sens ?, *O. Jacob, 1997.*

***SH :* En quoi la difficulté de porter un regard objectif sur les propriétés de l'esprit constitue-t-elle une question philosophique ?**

**P.J. :** Si la philosophie veut contribuer à clarifier le mystère de l'intentionnalité, elle a tout intérêt à tenir compte des progrès des neurosciences et des sciences cognitives. L'intentionnalité pose deux problèmes distincts et complémentaires. Premier problème : comment un dispositif physique et biologique – un cerveau humain, par exemple – fait-il pour fabriquer des représentations ? Une chose est une représentation – mentale ou non mentale – si elle a des propriétés sémantiques : un énoncé verbal, une photographie, un panneau routier ont des propriétés sémantiques. Certains états mentaux ont une propriété sémantique. Tous n'en ont pas : les humeurs, les émotions sont des états mentaux qui ne représentent rien. Si nous voulons comprendre le mystère de l'intentionnalité, il faut essayer de savoir en vertu de quelle propriété physique, chimique ou biologique un dispositif matériel parvient à fabriquer des représentations.

Le second problème est celui de son rôle causal. Je viens de dire qu'une représentation a forcément une propriété sémantique. En bon matérialiste, je crois aussi qu'elle a des propriétés physiques et, s'il s'agit d'une représentation mentale (cérébrale, donc), également des propriétés chimiques et biologiques. Ces propriétés physiques, chimiques, biologiques ne sont-elles pas les seules à expliquer le comportement de l'ensemble du dispositif ? La dimension sémantique a-t-elle un rôle à jouer et lequel ?

***SH :* Voyons le premier problème.**

**P.J. :** C'est le problème de la « naturalisation » de l'intentionnalité. Si vous êtes matérialiste, et si vous constatez que la majorité des spécialistes des sciences de la nature n'expliquent pas le comportement des êtres qu'ils étudient en leur attribuant l'intentionnalité, vous avez le choix entre deux grandes attitudes. Vous pouvez supposer que même si elle fait défaut à nombre de systèmes physiques, l'intentionnalité n'en est pas moins une propriété authentique des systèmes nerveux de certains êtres vivants complexes. Cette première attitude est dite « réaliste » parce qu'elle considère l'intentionnalité comme réellement présente dans le système nerveux.

L'autre attitude consiste à ne pas considérer l'intentionnalité comme une propriété authentique du système auquel on l'attribue. Ce n'est pas comme lorsqu'on lui attribue une propriété physique ou chimique qui, elle, est considérée comme authentique par définition. Attribuer une croyance à un système physique, c'est simplement adopter sur le système physique une attitude qui facilite la prédiction de son comportement. C'est une attitude qui nous est commode : si l'on n'est ni physicien ni chimiste, alors c'est commode d'attribuer une représentation au système physique pour prévoir son comportement. Le logicien américain Willard Van Orman Quine est un bon exemple de ces matérialistes qui répudient le réalisme de l'intentionnalité : selon lui, dans la vie pratique on ne peut pas se passer d'attribuer à nos congénères des croyances ou des intentions, mais la notion de croyance n'a pas sa place dans une authentique science de l'homme.

***SH :* Pourriez-vous préciser la différence entre ces deux points de vue si on les applique à un objet précis ?**

**P.J. :** Imaginez qu'un jour, en vous promenant à marée basse sur une plage, vous découvriez une inscription reproduisant un vers de Baudelaire. Supposez que vous découvriez aussi que cette inscription a été tracée par les pattes d'une mouette. Admettons que la mouette ne voulait rien dire : c'est une pure coïncidence si elle a tracé le vers de Baudelaire.

D'un point de vue réaliste, l'empreinte des pas de la mouette est dénuée d'intentionnalité. En effet, pour un réaliste, il y a une différence fondamentale entre ce que les philosophes nomment l'intentionnalité « originaire », ou « primitive », et l'intentionnalité « dérivée ». Un individu doué d'un cerveau suffisamment complexe possède l'intentionnalité originaire. Le livre qu'il écrit, aussi fidèle soit-il à sa pensée, ne possède qu'une intentionnalité dérivée.

Pour un adversaire du réalisme, en revanche, l'intentionnalité n'est de toute manière pas une propriété authentique du cerveau de l'individu, et distinguer deux degrés d'intentionnalité n'a pas de sens. C'est la position de Quine, dont j'ai parlé plus haut, et c'est aussi celle du philosophe Daniel Dennett.

On peut mieux la comprendre en prenant l'exemple de l'ordinateur. Un ordinateur est un système physique (mécanique, électrique) qui produit et consomme des symboles (des chiffres, des mots). Nous, êtres humains, interprétons ces symboles et leur attribuons une signification. Quelle différence y a-t-il entre ce qu'un être humain fait avec un symbole et ce qu'un ordinateur fait avec ce même symbole ? Parfois, elle semble mince. Lorsque nous jouons aux échecs contre une machine, nous lui attribuons facilement des représentations, telles que le désir de gagner, ou des croyances sur la position des pièces sur l'échiquier. Quelle différence y a-t-il entre nos croyances et nos désirs et ceux d'un ordinateur ?

Dennett est prêt, comme chacun de nous, à nier que les états internes d'un ordinateur puissent être des croyances et des désirs authentiques, semblables aux nôtres. Il reconnaît qu'un ordinateur n'attribue pas véritablement de signification aux symboles qu'il manie. Il est donc d'accord avec l'idée qu'un ordinateur n'a pas vraiment d'intentionnalité. Mais il pose la question suivante : qu'est-ce qui nous prouve que nous, êtres humains, soyons si différents ? Si c'est par commodité que nous attribuons des désirs et des croyances à l'ordinateur, n'est-ce pas la même chose lorsque nous attribuons des représentations, des croyances et des désirs à un de nos congénères ? En suggérant qu'elle peut être tout aussi factice chez l'homme, Dennett jette ainsi le doute sur l'existence d'une intentionnalité réelle, « originaire ». Comme chez Quine, l'intentionnalité est selon lui une commodité pratique sans existence objective.

Certains matérialistes sont encore plus hostiles au réalisme de l'intentionnalité que Dennett. Ce sont les matérialistes qui se qualifient eux-mêmes d'« éliminativistes ». Pour eux, les termes comme « représentation », « croyance » ne désignent rien du tout, car ils ne désignent pas d'état cérébral. L'utilité descriptive ou explicative de ces mots est selon eux comparable à l'utilité descriptive et explicative de mots qui ne désignent aucune réalité physique : le mot « fantôme », le mot « fée », ou encore « phlogistique », un mot que les chimistes ont employé jusqu'à Lavoisier, mais qui a été éliminé depuis et remplacé par le mot « oxygène ».

***SH :* Quelles seraient les conséquences d'un point de vue réaliste ?**

**P.J. :** Comme je l'ai dit, la position réaliste sur l'intentionnalité, que je soutiens personnellement, amène à distinguer entre l'intentionnalité originaire et l'intentionnalité dérivée. On dira, par exemple, que les symboles linguistiques tirent leur intentionnalité dérivée de l'intentionnalité originaire des états mentaux des individus qui les utilisent pour communiquer entre eux.

Certains partisans du réalisme de l'intentionnalité, comme Jerry Fodor, soutiennent que nos états mentaux dérivent leur intentionnalité de l'intentionnalité encore plus fondamentale des symboles d'un «langage de la pensée». Une formule du langage de la pensée ne serait autre qu'une assemblée de neurones dans un cerveau individuel. De la même manière, un exemplaire du mot français «liberté» peut être une inscription à la craie rose sur un tableau noir, en un lieu et un instant donnés. Une formule du langage de la pensée aurait donc, comme tout symbole, deux faces : d'un côté, des propriétés physiques, chimiques, biologiques et syntaxiques, qui sont non sémantiques et, de l'autre, une propriété sémantique. Naturaliser l'intentionnalité, ce serait démontrer quelles propriétés non sémantiques de ces assemblées de neurones confèrent à celles-ci leur intentionnalité, c'est-à-dire leur signification.

***SH :*** **Mais comment expliquer que ce langage profond ait un contenu et puisse porter sur les objets du monde qui nous entoure ?**

**P.J. :** La solution proposée par le philosophe américain Fred Dretske s'appuie d'abord sur la théorie de l'information. L'idée de base est qu'un dispositif récepteur véhicule une information sur un état de choses de l'environnement s'il est sous la dépendance «nomique» de cet état de choses. «Nomique» vient du grec *nomos*, qui signifie «loi», et veut dire qu'une relation nécessaire et objective existe entre un phénomène et un autre. Ainsi, les volutes de fumée signalent le feu qui les engendre ; le nombre des anneaux concentriques d'un tronc d'arbre véhicule une information sur l'âge de l'arbre ; la dilatation d'une barre métallique véhicule une information sur la température ambiante ; une empreinte digitale véhicule une information sur la personne qui l'a déposée, etc.

Mais cette conception informationnelle se heurte immédiatement au problème de l'erreur représentationnelle. Rappelez-vous que l'intentionnalité, c'est la capacité de représentation. Ce qui caractérise une représentation, c'est qu'elle peut être fausse : on peut avoir des croyances fausses et des désirs portant sur des objets inexistants. Or, la théorie informationnelle proposée par Dretske, elle, ne permet pas l'existence de l'erreur. Prenons un exemple. La longueur d'une barre métallique peut être dite sous la dépendance «nomique» de la température ambiante : l'une varie en même temps que l'autre, et en ce sens on peut dire que les variations de longueur de la barre véhiculent une information sur la température. Mais la barre ne peut pas «mentir», ni se tromper sur la température.

Donc, on ne peut pas dire que la barre métallique représente la température : elle n'a pas d'intentionnalité, ni primaire, ni dérivée.

C'est pourquoi Dretske a éprouvé la nécessité d'ajouter une composante dite «téléosémantique» à sa théorie, qui rejoint en partie les idées d'autres philosophes comme Ruth Millikan et David Papineau. L'idée de départ de la téléosémantique est la suivante : ce qui permet à un système physique d'avoir des représentations est non seulement qu'il véhicule une information, mais aussi qu'il possède une *fonction* informationnelle. A la différence d'une simple barre métallique, le thermomètre à mercure peut «se tromper», en indiquant 30 °C au lieu de 15 °C si, par exemple, la pipette en verre contenant le mercure est fêlée. Un thermomètre non seulement varie en même temps que la température, mais doit également indiquer la bonne température : c'est là sa fonction. S'il n'avait pas cette fonction, on ne pourrait pas dire qu'il l'accomplit bien ou mal. Si le thermomètre ne pouvait se tromper, il ne pourrait pas *représenter* la température. La représentation se situe donc dans l'écart entre l'information véhiculée par le thermomètre et l'information qu'il a pour fonction de véhiculer.

L'idée de base de la téléosémantique, à laquelle je souscris, est qu'un dispositif physique peut représenter des choses s'il a une fonction informationnelle. Mais d'où le thermomètre tire-t-il sa fonction informationnelle ? Non pas de lui-même, mais de l'ingénieur qui l'a conçu. L'intentionnalité du thermomètre est donc «dérivée» de celle de l'ingénieur, et il en va ainsi de tous les objets fabriqués par l'homme : ces objets n'ont de fonction que parce qu'ils ont été sélectionnés par l'homme à cet effet. Il est clair qu'un dispositif physique tire sa fonction informationnelle d'un processus de sélection.

Une fois cela posé, on se trouve face à la même question : de quoi le cerveau de l'homme peut-il tirer sa fonction ? Existe-t-il des processus sélectifs non intentionnels (naturels) auxquels le cerveau humain a pu être soumis ? Il en existe au moins un : la sélection naturelle, qui est à l'œuvre dans l'évolution de tous les organismes vivants.

C'est cette idée que Millikan, Dretske et Papineau appliquent aux fonctions informationnelles des systèmes nerveux. Les systèmes sensoriels des animaux, par exemple celui de la vision, peuvent produire des états qui véhiculent une information sur l'environnement. Ces systèmes sensoriels dérivent leur fonc-

tion informationnelle de l'évolution phylogénétique par sélection naturelle : cela veut dire que, dans la compétition entre les animaux qui avaient certains systèmes informationnels et ceux qui n'en avaient pas, les premiers, à la différence des seconds, ont survécu à l'épreuve de la sélection. Ce mécanisme sélectif confère une *fonction* informationnelle aux états cognitifs d'un individu. La possibilité de la méprise représentationnelle dépend donc du fait qu'un système informationnel a une *fonction*. Ainsi explique-t-on que la méprise représentationnelle soit un aspect intrinsèque de l'intentionnalité et qu'elle n'existe de manière originaire que chez des êtres soumis à la sélection naturelle, c'est-à-dire des êtres vivants.
Je pense que notre meilleur espoir actuel d'éclairer l'intentionnalité – c'est-à-dire le mystère de la représentation – réside dans une telle combinaison d'idées.

Propos recueillis par
NICOLAS JOURNET
(*Sciences Humaines*, n° 62, juin 1996)

**A lire sur le sujet...**


- P.M. Churchland, *Neurophilosophy, Towards a Unified Science of the Mind*, MIT Press, 1986.
- D. Dennett, *La Stratégie de l'interprète*, trad. P. Engel, Gallimard, 1990.
- F. Dretske, *Knowledge and the Flow of Information*, MIT Press, 1981.
- F. Dretske, *Explaining Behavior*, MIT Press, 1988.
- J. Fodor, *Psychosemantics, the Problem of Meaning in the Philosophy of Mind*, MIT Press, 1987.
- R.G. Millikan, *Language, Thought and Other Biological Categories*, MIT Press, 1984.
- R.G. Millikan, *White Queen Psychology and Other Essays for Alice*, MIT Press, 1993.
- E. Pacherie, *Naturaliser l'intentionnalité*, Puf, 1993.
- D. Papineau, *Reality and Representation*, Blackwell, 1987.
- W.V.O. Quine, *Le Mot et la Chose*, trad. P. Gochet, Flammarion, 1977.
- P. Jacob, *What Minds Can Do ? Intentionality in a Non-Intentional World*, Cambridge University Press, 1996.

**Jean-François Dortier***

# PHILOSOPHIE DE LA PERCEPTION**

**Certains philosophes avaient compris, bien avant l'invention de la psychologie moderne, que la perception opère comme un filtre qui transforme les données du monde extérieur. Mais, dès lors, comment s'opère la cohérence entre ce que l'on perçoit et la réalité ?**

Les images que nous voyons sont-elles un reflet fidèle de la réalité extérieure ? Ne sont-elles pas déformées par notre jugement ou, pire, le produit de notre imagination ?
La perception du monde est un vieux problème qui hante la philosophie depuis toujours. D'Aristote à Heidegger, pas un des grands noms de la philosophie qui n'ait affronté la question et tenté de lui fournir une réponse originale, à défaut d'être définitive… Trois grands types d'approche ont été proposés : la solution réaliste, subjectiviste, et phénoménologique.

### Le réalisme

Pour l'approche réaliste, percevoir n'est rien d'autre que capter des informations du monde réel. Dans cette optique – qui correspond au sens commun –, nos sens sont considérés comme un réceptacle vide sur lequel viennent se déposer les informations venues du monde extérieur. Si je vois un arbre placé devant moi, et que sa présence s'impose à moi, c'est pour deux raisons simples :
a) l'arbre a bien une existence réelle indépendante de mon imagination ;
b) l'image reçue constitue une copie fidèle de l'original.
Nicolas de Malebranche fait dire à l'un des protagonistes de ses *Entretiens métaphysiques* : « *Cette terre est réelle : je la sens bien. Quand je frappe du pied, elle me résiste. Voilà qui est solide, cela !* »

* Rédacteur en chef du magazine *Sciences Humaines*.
** *Sciences Humaines*, n° 49, avril 1995.

### Le subjectivisme

Mais d'autres philosophes ont apporté de nombreuses objections à la thèse réaliste, trop simple à leurs yeux pour être vraie. On a d'abord fait remarquer que le sujet n'a accès qu'à ses propres perceptions et que rien ne permet, en toute rigueur, de dire que le réel est conforme à ses impressions. Lorsque je rêve, je vois, je ressens comme si les images étaient réelles. Pourtant, dès mon réveil, je constate que ce monde a disparu, qu'il était donc un produit de mon imagination et non de la réalité. Dans sa forme « radicale », cet idéalisme nie tout simplement l'existence du monde extérieur : c'est le solipsisme de George Berkeley (1685-1753). Dans sa forme « modérée », celle de Kant, le réel existe sans doute, mais il ne nous est pas connaissable tel qu'il est « en soi ». Nous ne pouvons le percevoir qu'à travers nos catégories mentales.

Deuxième argument : nos perceptions peuvent nous tromper. Ainsi, une expérience attribuée à Aristote montre que si l'on croise son index et son médium et que l'on fait rouler une bille entre eux, on sent deux billes au lieu d'une. Beaucoup de philosophes classiques ont remarqué combien notre perception peut « déformer le réel ». Ainsi, note Descartes, tous les matins nous voyons le Soleil se lever et tourner autour de la Terre... quand bien même nous savons maintenant que c'est la Terre qui tourne autour du Soleil.

Enfin, nos sens sont limités et ne nous donnent accès qu'à une partie du réel. De même que l'aveugle ne sait pas ce qu'est la vue, peut-être n'avons-nous pas accès à certaines dimensions de la réalité ? Aujourd'hui, la physique nous montre que notre vue n'a accès qu'à une frange limitée du spectre lumineux (de l'infrarouge à l'ultraviolet), de même que nous n'entendons pas certains ultrasons audibles par les chiens. Plus profondément, on peut se demander si l'espace à trois dimensions que nous percevons est un attribut de la réalité ou un « cadre mental ». Pour Kant, les choses étaient claires : il écrivait en 1770 que *« L'espace n'est pas quelque chose d'objectif ni de réel (...) mais quelque chose de subjectif et d'idéal, issu, selon une loi fixe, de la nature de l'esprit à la manière d'un schéma destiné à coordonner l'ensemble de tout ce qui vient de l'extérieur par les sens. »* Admettons alors que notre perception est un « filtre » de la réalité et donc que notre vision est, au mieux, déformée. Comment s'opère alors le « raccordement » au monde ? Comment se fait-il que nous ne soyons pas en permanence abusés par nos sens ? La difficulté avait déjà été soulignée par Leibniz. Si la perception est « modulée » par mon jugement, comment se fait-il que je ne puisse voir n'importe quoi, selon mes caprices ?

Une première hypothèse est que si l'on ne filtrait pas la réalité, celle-ci apparaîtrait comme un immense fatras d'informations sans ordre ni cohérence. Je ne verrais pas devant moi un livre ouvert, que je peux lire, mais mon esprit serait assailli par un flot des données environnantes dues à ma vue panoramique, aux bruits extérieurs. Nous serions noyés dans un flux de données incohérentes. Pour voir quelque chose, il faut filtrer l'information. Filtrer consiste à

sélectionner en fonction d'un but, d'une intention. Percevoir, c'est filtrer ; voir, c'est viser. Il en va sans doute ainsi pour la mémoire. Si nous disposions d'une mémoire absolue, parfaite, étrangère à l'oubli, notre cerveau serait envahi par une telle masse de données que les choses importantes à retenir seraient noyées dans le flot des souvenirs. La mémoire sélective est donc un filtre utile. Filtrer l'information consiste justement à sélectionner des données, à mettre de l'ordre parmi la masse infinie de faits et d'images qui se présentent à soi, à leur assigner un sens.
« Sens », « mise en forme », « intentionnalité »… telles sont les notions clés qui résument justement l'approche phénoménologique de la perception.

### La phénoménologie

La phénoménologie a été « inventée » par le philosophe allemand Edmund Husserl (1859 1938) au début de ce siècle. Elle se démarque à la fois d'un objectivisme centré sur la réalité du monde extérieur et d'un psychologisme centré sur les seules données du monde intérieur. L'approche phénoménologique écarte ces deux perspectives et prend comme point de départ la relation qui s'établit entre « moi » et « le monde ». Nous sommes comme « jetés dans le monde », et c'est cette relation qu'il nous faut comprendre (1).
« *C'est par notre corps*, nous dit Maurice Merleau-Ponty dans *La Phénoménologie de la perception* (2), *que nous percevons le monde. Ce corps vit, agit, ressent, voit. Il est en relation avec le monde. Il n'est pas un observateur objectif, il n'est pas non plus une pure "intériorité absolue". Cette pomme placée devant moi possède une signification par la relation que je noue avec elle : elle devient un fruit comestible, un objet que l'on peut admirer ou peindre, le symbole du péché originel… Ces propriétés ne sont pas des attributs "internes" de la chose même, ni une seule donnée de ma conscience : c'est un rapport qui unit l'homme et le monde.* »
Percevoir, c'est donc assigner une signification aux objets, leur donnant un sens, leur attribuant une « forme » particulière. Cette « forme » que l'on attribue aux choses perçues n'est pas cependant un cadre préconçu et arbitraire, dépendant de mon seul caprice.
E. Husserl fait remarquer que la catégorie « cercle » qui me sert à désigner un certain nombre d'objets n'est pas un « fait » existant dans la réalité. Il n'existe pas dans la nature de cercle parfait, mais des objets plus ou moins ronds, plus ou moins réguliers, aux tailles différentes…
Est-ce pour autant un produit de notre esprit ? Non, répond E. Husserl, c'est par la perception de différentes formes rondes et la capacité à y trouver une unité que j'ai construit la notion de cercle, que j'ai « donné forme » à tel ou tel objet à l'apparence ronde. Il en est ainsi de toutes les notions que j'emploie pour décrire la réalité perçue. Arbre, maison, table… Ces significations s'établissent dans un rapport au

1. « *Il ne s'agit pas d'aller chercher à l'un des pôles de la relation son explication, puisque aussi bien c'est la relation elle-même qui donne leur sens aux deux pôles qu'elle unit.* » (J.-F. Lyotard, *La Phénoménologie*, Puf, « Que sais-je ? », rééd. 1999).
2. Gallimard, 1957.

monde ; elles ne sont ni dans l'objet, ni dans ma seule conscience.
Sans cette « mise en forme », le monde n'aurait pas de sens. C'est la rencontre entre la pensée et le monde qui donne sens aux choses. L'homme est « ouvert » au monde et c'est dans cette relation que le sens se constitue.

**Jean-François Dortier***

## *Le pragmatisme :*
# À quoi servent les idées ?**

**Pour le pragmatisme, qui a profondément marqué la philosophie aux Etats-Unis, il n'existe pas de vérités absolues, mais des connaissances plus ou moins utiles. Et cela vaut autant pour les croyances ordinaires que pour les connaissances scientifiques, pour les valeurs morales que pour les doctrines politiques.**

De 1871 à 1876, à une époque où «*les philosophes en Amérique sont aussi rares que les serpents en Norvège*» (1), se réunit régulièrement à Cambridge (Massachusetts), tout près de l'université de Harvard, un petit club de penseurs (philosophes, psychologues, juristes, logiciens) pour y discuter de philosophie, de morale, de politique et de diverses questions scientifiques. Au nombre des membres de ce petit groupe figure Charles Sanders Peirce (1839-1914), un logicien et physicien qui travaille à l'Institut géodésique. C.S. Peirce est manifestement le leader intellectuel du groupe. Son ami William James (1842-1910) en est l'autre figure marquante. Fils d'un universitaire de grande renommée et frère de l'écrivain Henry James, William, après avoir longuement hésité entre la médecine et la peinture, est devenu professeur de psychologie à Harvard. Il y créera le premier laboratoire de psychologie expérimentale.

C.S. Peirce et W. James sont à l'origine d'une doctrine qui aura une influence décisive sur la pensée américaine : le pragmatisme.

### L'« esprit de laboratoire » de Charles Sanders Peirce

Le premier point commun des membres de ce petit groupe, qu'ils ont baptisé ironiquement le «Club métaphysique», est justement leur critique de la pensée métaphysique, c'est-à-dire d'une philo-

* Rédacteur en chef du magazine *Sciences Humaines*.

** *Sciences Humaines*, n° 93, avril 1999.

1. Comme l'écrira J.H. Hall en 1879.

sophie purement spéculative qui prétend connaître la « Vérité » ultime sur le monde.

C.S. Peirce, W. James et leurs amis sont d'accord pour admettre qu'une démarche nouvelle est nécessaire pour faire sortir la pensée de sa gangue métaphysique. La « Vérité », entendue comme une adéquation parfaite entre l'idée et le monde, est un mirage de l'esprit. Il faut se défaire des idées générales, et souvent inconsistantes, que produit la pensée métaphysique (c'est-à-dire la philosophie spéculative), pour atteindre des connaissances à la fois plus concrètes et vérifiables par l'expérience.

Dans un texte intitulé « Comment se fixent nos croyances » (1), C.S. Peirce expose pour la première fois les principes du pragmatisme. Nos idées ne sont pas des vérités universelles, mais des outils destinés à résoudre des problèmes pratiques. Les croyances – des idées communes aux théories scientifiques – sont des guides de l'action. Elles se stabilisent lorsqu'elles sont bien adaptées à un milieu donné. Elles sont remises en cause lorsque des problèmes nouveaux surgissent. Des nouvelles croyances ou idées, provisoirement plus adaptées, prennent alors le relais. Telle est la conception adaptative de la pensée que propose le pragmatisme.

Dans « Comment rendre nos idées claires », publié un an plus tard (2), C.S. Peirce tire de sa vision de la connaissance une importante conclusion de méthode. Les idées ne peuvent progresser qu'en se donnant une formulation opératoire, propre à pouvoir être expérimentée et à diriger l'action. La véritable portée d'une théorie se mesure aux propositions que l'on peut valider par l'expérience. La robustesse d'une connaissance est liée à l'efficacité des actions qu'elle dirige correctement.

Penser correctement, c'est donc apprendre à transformer les discours vagues et généraux en propositions dont la portée est clairement délimitée et ayant des conséquences mesurables. Voilà, selon C.S. Peirce, *« comment* (on peut) *rendre nos idées claires »*. Il définit donc le pragmatisme comme un *« esprit de laboratoire »*. Pour lui, la portée d'une théorie ou d'une croyance *« réside uniquement dans les effets concevables qu'elle est susceptible d'avoir sur la conduite de la vie »*.

### Le pragmatisme de William James

W. James partage une grande partie des idées de son ami C.S. Peirce, et il va s'en faire le propagandiste à travers des conférences, des brochures et des livres, diffusés tant aux Etats-Unis qu'en Europe. Il réussit ainsi à gagner à sa doctrine de nombreux adeptes. Mais cette vulgarisation n'ira pas sans reformulations et déformations des thèses initiales de C.S. Peirce. Ce dernier prendra bientôt poliment ses distances avec les thèses de son ami. Alors que C.S. Peirce est un esprit rigoureux jusqu'au scrupule, qui sans cesse reprend et retravaille sa pensée, W. James est plus soucieux de diffuser les thèses que d'explorer les moindres recoins du pragmatisme. Dans ses *Principes de psychologie* (1890), puis dans

1. Traduit dans C.S. Pierce, *Textes anticartésiens*, Aubier, 1984.
2. *Idem*.

*Le Pragmatisme* (1907), petite brochure qui connaîtra un grand succès, il offre de la doctrine pragmatiste une présentation simplifiée et radicale.

Influencé par Darwin, W. James propose de la pensée une vision strictement adaptative et utilitaire. Il étend cette conception des idées autant aux connaissances du monde physique qu'aux conceptions morales et religieuses. Il n'existe pas de « Bien » absolu, pas plus qu'il n'existe de « Vérité » ultime. Les idées morales sont des supports pour l'action. C'est à l'aune de leur efficacité que l'on doit mesurer leur valeur. W. James rejette donc les faiseurs de systèmes qui prétendent fonder une morale, une justice ou un ordre politique parfait à partir de quelques principes premiers et universels. L'une des conséquences de la doctrine pragmatiste de W. James – que l'on a qualifiée d'« empirisme radical » – est le pluralisme. S'il n'admet pas que l'on puisse atteindre une « Vérité » absolue, en revanche existent nombre de vérités partielles, dont la portée ou l'utilité sont relatives, acceptables selon le contexte.

### John Dewey : la pensée en action

Presque au même moment où W. James et C.S. Peirce conçoivent ensemble le pragmatisme, un autre penseur, John Dewey (1859-1952), crée une philosophie voisine qu'il nomme « instrumentalisme ». Elle repose sur les mêmes principes : critique de la métaphysique, rôle de l'expérience dans la formation des idées, refus de tout dogmatisme et acceptation du pluralisme sur le plan moral, politique et éducatif.

Tout comme C.S. Peirce et W. James, J. Dewey n'est pas un philosophe en chambre. Arrivé à l'université de Chicago en 1896 pour y enseigner la philosophie, il y adjoint bientôt un cours de psychologie expérimentale, un autre de pédagogie. Puis il fonde la première école expérimentale (qu'on appellera plus tard Ecole Dewey). Esprit encyclopédique, observateur attentif du monde contemporain, grand voyageur, J. Dewey est également un intellectuel engagé. Converti par son épouse au libéralisme (au sens anglo-saxon de « progressiste »), il devient un ardent défenseur de la liberté d'opinion, de la démocratie, du progrès social. Il participe aux grands débats politiques de son temps et assume des responsabilités syndicales et associatives. En 1937, il interrompt l'écriture de son grand *Traité de logique* pour présider la commission d'enquête destinée à innocenter Trotsky des accusations staliniennes.

Toute la philosophie de J. Dewey est liée à sa conception de l'expérience vécue. La vie entière est conçue comme une suite d'expériences. De là découle sa conception de la pensée, de l'éducation, de la vie politique.

Dans *How We Think* (1910), J. Dewey soutient que la pensée de l'homme de la rue, comme celle de l'homme de science, s'apparente à un processus d'expérimentation continue. En état de repos, la pensée n'a nul besoin d'entrer en action. Confrontés à un problème (théorique ou pratique), il nous faut mettre en marche notre réflexion. Alors que l'animal suit ses instincts, l'être humain fait appel à la pensée, qui est un auxiliaire de l'action. Il analyse la situation (production de données), formule des hypothèses (idées), les expérimente (pratiquement ou mentalement), examine le résultat. Si cela ne convient pas, il doit alors trouver une autre réponse. Ainsi naissent, vivent et meurent les idées.

Cette vision expérimentale de la pensée a des répercussions sur sa conception de l'éducation. L'enseignement doit être conçu sur ce modèle de la *«pensée laboratoire»*. Tout part de sa conception de la pensée comme confrontation de l'individu aux problèmes. L'école n'est pas *«préparatoire à la vie, elle est la vie»*, écrit-il dans son *Credo pédagogique*. L'école est donc un laboratoire, qui doit se construire sur la base des expériences et des questions-réponses que se pose l'enfant (*«learning by doing»*).

Cela dit, la pédagogie de J. Dewey ne formule pas de recettes pédagogiques universelles. Il faut laisser la place à l'éducation manuelle autant qu'intellectuelle. Les pratiques pédagogiques peuvent varier selon l'âge des enfants, la matière enseignée, les buts que l'on se fixe... L'école n'enseigne pas des réponses définitives : elle doit apprendre au contraire à se confronter sans cesse à de nouvelles expériences.

Sur le plan politique, le pragmatisme de J. Dewey conduit à la justification de la démocratie, non comme régime idéal, mais comme système qui permet de corriger ses erreurs, d'expérimenter des solutions, puis de les rectifier au besoin. Les problèmes sociaux, comme la pensée, ne doivent être traités à partir d'un modèle préétabli. C'est en fonction des problèmes du temps qu'il faut imaginer des solutions nouvelles, les confronter par le débat. L'expérimentation, la critique et la confrontation des opinions tiennent une grande place dans cette vision pragmatique de la politique.

### Déclin et renouveau du pragmatisme

Dans le sillon de C.S. Peirce, W. James et J. Dewey, une seconde génération de penseurs pragmatistes va développer le pragmatisme dans différents domaines : la logique avec Clarence I. Lewis (1883-1964), la sémiologie avec Charles Morris (1901-1979), la philosophie politique avec Sidney Hook (1902-1989).

En Europe, le pragmatisme aura peu d'échos. Globalement, la pensée européenne est hostile à une théorie qui lui semble trop utilitaire, instrumentale, prosaïque... Bertrand Russell n'hésitera pas à proférer une condamnation sans appel : *«Les deux qualités que je tiens pour importantes sont l'amour de la vérité et celui de notre prochain. Je trouve que l'amour de la vérité est obscurci en Amérique par l'esprit du commerce dont le pragmatisme est l'expression philosophique, et que l'amour du prochain y est entravé par la morale puritaine.»*

Après la Seconde Guerre mondiale, le pragmatisme va connaître un certain déclin aux Etats-Unis. La philosophie analytique, issue des travaux du Cercle de Vienne, s'impose à partir des années 50 comme la pensée dominante aux Etats-Unis. Elle conserve du pragmatisme la formulation d'une langue claire et le refus de la métaphysique. En un sens, elle est pourtant une lointaine parente du pragmatisme. Dans ce cas, on peut alors admettre que *«toute*

**A lire sur le sujet...**

**William James**

Les principaux ouvrages de W. James *(Principes de psychologie, Le Pragmatisme, Les Variétés de l'expérience religieuse)* ne sont plus disponibles en français.

Sont disponibles :

- *La Signification de la vérité*, Antipodes, 1998.
- *Conférences sur l'éducation*, L'Harmattan, 1996.

**Charles S. Peirce**

- *Le Raisonnement et la Logique des choses. Les conférences de Cambridge (1898)*, Cerf, 1995.
- *Textes anticartésiens*, Aubier-Montaigne, 1984.
- *Ecrits sur le signe*, Seuil, 1978.

**John Dewey**

Parmi une abondante production philosophique et pédagogique, sont disponibles en français :

- *Logique*, Puf, 1993.
- *Démocratie et Education*, Armand Colin, 1983.

**Richard Rorty**

- *L'Espoir au lieu du savoir. Introduction au pragmatisme*, Albin Michel, 1995.
- *Objectivisme, Relativisme et Vérité*, Puf, 1994.
- *Conséquences du pragmatisme. Essais (1972-1980)*, Seuil, 1993.
- *Contingence, Ironie et Solidarité*, Armand Colin, 1993.
- *Science et Solidarité. La vérité sans le pouvoir*, Eclat, 1990.
- *L'Homme spéculaire*, Seuil, 1990.

**Présentations en français**

- Michel Meyer (dir.), *La Philosophie anglo-saxonne*, Puf, 1994.
- Gérard Deledalle, *La Philosophie américaine*, De Boeck, 1993.
- Pierre Gauchotte, *Le Pragmatisme*, Puf, « Que sais-je ? » n° 2688, 1992.

*la philosophie contemporaine anglo-saxonne serait, dans ce cas, l'héritière indirecte du pragmatisme»*, comme l'écrit Gérard Deledalle (3).

A partir des années 80, un «néo-pragmatisme» va cependant émerger aux Etats-Unis. Richard Rorty (né en 1931), enseignant à l'université de Virginie, est incontestablement l'artisan principal de ce renouveau (4). Considéré aujourd'hui comme l'un des grands noms de la philosophie américaine, il s'est fait le défenseur de la tradition pragmatique qu'il interprète d'une manière assez souple. En quelques années, il réussit à faire tourner une bonne part du débat philosophique américain autour de ses thèses et conquiert une certaine aura en Europe.

De W. James, C.S. Peirce, J. Dewey, il retient l'idée générale qu'il n'est pas, en matière philosophique, scientifique ou morale, de vérité absolue. Le pragmatisme propose une vision contextualisée et instrumentale de la pensée. Le propre de la science n'est pas de dire la «Vérité», mais au contraire de présenter des hypothèses acceptables qui seront un jour réfutées. *«La vérité vit à crédit»*, disait W. James. Mais c'est surtout en matière d'éthique et de politique que R. Rorty défend le pragmatisme. En matière morale, nous dit-il, il est vain de vouloir, comme l'a voulu Kant, trouver des justifications universelles pour prouver la nécessité de la solidarité entre les hommes.

Dès lors, faut-il sombrer dans le relativisme, le scepticisme, voire le cynisme ? Non, affirme R. Rorty : faire le bien est un acte libre qui ne peut se justifier que par lui-même. La solidarité entre les hommes ne peut être établie sur une quelconque nature humaine ou raison universelle. Les philosophes perdent leur temps à vouloir chercher une vérité ultime qui rassemble toutes les

3. G. Deledalle, *La Philosophie américaine*, De Boeck, 1993.

4. Bien que l'on associe également au néo-pragmatisme des auteurs comme Hilary Putnam, Donald Davidson, Nelson Goodman.

consciences. La solidarité, la justice, l'espoir d'un monde meilleur ne peuvent venir que d'un acte libre. Si un idéal de justice, de solidarité peut voir le jour, c'est par choix délibéré des hommes, soutenu par les rêves des poètes, des romanciers, des utopistes qui en montrent la possibilité, et non par la démonstration de philosophies qui en prouveraient la nécessité.

En tant que théorie de la connaissance, le pragmatisme a connu de nombreuses critiques. On lui a reproché notamment de se contredire lui-même, de manquer de cohérence interne. De plus, tous les observateurs admettent qu'il n'existe pas une doctrine pragmatiste unifiée, mais plutôt une famille de pensée réunissant des auteurs dont les thèses sont parfois contradictoires. C.S. Peirce refusait quant à lui d'envisager le pragmatisme comme une nouvelle philosophie. Il y voyait plutôt une méthode invitant à se dégager des idées creuses et générales, pour tenter de formuler avec rigueur des propositions vérifiables. Pour R. Rorty, c'est une posture antifondamentaliste, un appel à reprendre sa liberté de pensée face à tous les faiseurs de systèmes. C'est d'ailleurs à la fraîcheur de ton qui anime ses écrits, à son goût pour l'ironie – plus qu'à la rigueur de ses énoncés – que le pragmatisme de R. Rorty doit une partie de sa séduction actuelle.

Edgar Morin*

# VERS UN NOUVEAU PARADIGME**

**La pensée de la complexité se présente comme un nouveau paradigme né à la fois du développement et des limites des sciences contemporaines. Elle n'abandonne pas les principes de la science classique mais les intègre dans un schéma plus large et plus riche.**

La complexité : tel est le défi majeur de la pensée contemporaine, qui nécessite une réforme de notre mode de pensée. La pensée scientifique classique s'est édifiée sur trois piliers que sont l'« ordre », la « séparabilité », la « raison ». Or, les assises de chacun sont aujourd'hui ébranlées par les développements mêmes des sciences qui s'étaient à l'origine fondées sur ces trois piliers.

## Les piliers de la science classique

La notion d'« ordre » se dégageait d'une conception déterministe et mécaniste du monde. Tout désordre apparent était considéré comme le fruit de notre ignorance provisoire. Derrière ce désordre apparent, il y avait un ordre caché à découvrir.

Cette idée d'un ordre universel a été remise en cause d'abord par la thermodynamique qui a reconnu dans la chaleur une agitation moléculaire désordonnée, puis par la microphysique, puis par la cosmophysique, et aujourd'hui par la physique du chaos. Les idées d'ordre et de désordre cessent de s'exclure absolument l'une l'autre : d'une part, un ordre organisationnel peut naître dans des conditions voisines de la turbulence ; d'autre part, des processus désordonnés peuvent naître à partir d'états initiaux déterministes.

La pensée complexe, loin de substi-

* Sociologue, philosophe, directeur de recherche émérite au CNRS. Parmi ses nombreux ouvrages : *La Complexité humaine*, Flammarion, 1994, et *La Méthode*, 4 vol., au Seuil.

** *Sciences Humaines*, n° 47, février 1995.

tuer l'idée de désordre à celle d'ordre, vise à mettre en dialogique (1) l'ordre, le désordre et l'organisation.

Le deuxième pilier de la pensée classique est la notion de « séparabilité ». Elle correspond au principe cartésien selon lequel il faut, pour étudier un phénomène ou résoudre un problème, les décomposer en éléments simples. Ce principe s'est traduit dans le domaine scientifique, d'une part, par la spécialisation puis l'hyperspécialisation disciplinaire, d'autre part, par l'idée que la réalité objective puisse être considérée sans tenir compte de son observateur.

Or, depuis un quart de siècle se sont développées des « sciences systémiques » qui relient ce qui est étudié séparément par les disciplines traditionnelles. Leur objet est constitué par les interactions entre éléments et non plus par leur séparation. L'écologie-science a pour objet les écosystèmes et la biosphère, qui sont des ensembles de constituants interdépendants qui relèvent séparément de la zoologie, de la botanique, de la microbiologie, de la géographie, des sciences physiques, etc. Les sciences de la Terre envisagent notre planète comme un système complexe qui s'autoproduit et s'auto-organise ; elles articulent entre elles des disciplines autrefois séparées comme l'étaient la géologie, la météorologie, la vulcanologie, la sismologie, etc.

Autre aspect de la séparabilité : celui de la disjonction entre l'observateur et son observation. Elle a également été remise en cause par la physique contemporaine. En microphysique nous savons, depuis Werner Heisenberg, que l'observateur interfère avec son observation. Dans les sciences humaines et sociales, il paraît de plus en plus évident qu'il n'existe aucun sociologue ou économiste qui pourrait trôner, tel Sirius, au-dessus de la société. Il est un fragment à l'intérieur de cette société, et la société, en tant que tout, est à l'intérieur de lui. La pensée complexe ne remplace pas la séparabilité par l'inséparabilité, elle appelle à une dialogique qui utilise le séparable mais l'insère dans l'inséparable.

Le troisième pilier de notre mode de pensée est celui de la logique inductive-déductive-identitaire identifiée à une raison absolue. La raison classique reposait sur les trois principes d'induction, de déduction et d'identité (c'est-à-dire le rejet de la contradiction). Le premier coup de boutoir à été donné par Karl Popper contre l'induction, qui permettait de tirer des lois générales d'exemples particuliers. K. Popper a justement fait remarquer que l'on ne pouvait, en toute rigueur, induire une loi universelle telle que « tous les cygnes sont blancs » du seul fait qu'on n'en avait jamais vu de noir. L'induction a incontestablement une valeur heuristique, mais non valeur de preuve absolue. Le théorème d'incomplétude de Kurt Gödel montre par ailleurs qu'un système déductif formalisé ne peut trouver en lui-même la démonstration absolue de sa validité. C'est ce qu'a montré également Alfred Tarski dans sa logique sémantique : aucun système ne dispose de moyens suffisants pour s'auto-expliquer. Il est dans certains cas possible de trouver preuve ou explication dans des métasystèmes, mais ceux-ci comportent également en eux une

1. Voir mots clés en fin d'ouvrage.

brèche. On peut certes élaborer des «métapoints de vue» : par exemple, pour connaître ma société, je peux comparer entre elles les sociétés contemporaines, étudier par contraste les sociétés de l'Antiquité, ou même imaginer des sociétés «possibles». Cela me permet d'édifier une sorte de mirador à partir duquel je peux observer d'autres sociétés extérieures tout en demeurant à l'intérieur de la mienne. Mais en aucun cas il n'existe de métasystème théorique qui permettrait de dépasser notre condition sociale ou notre condition humaine, c'est-à-dire de faire de nous des êtres métasociaux et métahumains.

Enfin, les développements de certaines sciences comme la microphysique ou la cosmophysique sont arrivées de façon empirico-rationnelle à des contradictions insurmontables comme celles concernant l'apparente double nature contradictoire de la particule (onde/corpuscule) et celles concernant l'origine de l'univers, de la matière, du temps, de l'espace.

Ainsi, si nous ne pouvons nous passer de la logique inductive-déductive-identitaire, celle-ci ne peut être l'instrument de la certitude et de la preuve absolues. La pensée complexe appelle, non l'abandon de cette logique, mais une combinaison dialogique entre son utilisation segment par segment et sa transgression dans les trous noirs où elle cesse d'être opérationnelle.

### Les trois théories

Ordre, séparabilité et raison absolue, ces trois piliers de notre mode de pensée ont donc été ébranlés par les développements des sciences contemporaines. Dès lors, comment s'acheminer dans un univers où l'ordre n'est plus absolu, où la séparabilité est limitée, où la logique elle-même comporte des trous ? Tel est le problème auquel s'affronte la pensée de la complexité.

Une première voie d'accès est ce que l'on peut appeler aujourd'hui «les trois théories» que sont la théorie de l'information, la cybernétique et la théorie des systèmes. Ces trois théories, cousines et inséparables, sont apparues au début des années 40 et se sont mutuellement fécondées.

• **La théorie de l'information** est un outil de traitement de l'incertitude, de la surprise, de l'inattendu. Ainsi, l'information qui indique quel est le vainqueur d'une bataille résout une incertitude; celle qui annonce la mort subite d'un tyran apporte l'inattendu en même temps que la nouveauté.

Ce concept d'information permet d'entrer dans un univers où il y a à la fois de l'ordre (la redondance), du désordre (le bruit), et d'en extraire du nouveau (l'information elle-même). De plus, l'information peut prendre une forme organisatrice (programmatrice) au sein d'une machine cybernétique. L'information devient alors ce qui contrôle l'énergie et ce qui donne autonomie à une machine.

• **La cybernétique** est en elle-même une théorie des machines autonomes. L'idée de rétroaction, qu'introduit Norbert Wiener, rompt avec le principe de causalité linéaire en introduisant l'idée de boucle causale. A agit sur B et B agit en retour sur A. La cause agit sur l'effet, et l'effet sur la cause comme dans un système de chauffage où le thermostat

# Histoire de l'idée de complexité

**Les précurseurs**

Dans la tradition philosophique occidentale, plusieurs grands penseurs ont compris l'importance de l'idée de complexité et des limites de la « raison pure » : Héraclite, Kant, Hegel, Nietzsche, Husserl...

C'est sans doute Pascal qui a le mieux perçu les logiques contradictoires fondatrices de la réalité physique et humaine et l'impossibilité de réduire ce monde à un ensemble de composants simples.

**Théorie des systèmes et cybernétique**

Etats-Unis, fin des années 40 : un bouillonnement intellectuel se produit autour d'une communauté de savants qui donne naissance à la cybernétique (Norbert Wiener), à la théorie des systèmes et à la théorie de l'information (Claude Shannon). Parallèlement sont inventés l'ordinateur et l'informatique, et les premiers systèmes de pilotage électroniques.

**Les conférences Macy**

Les conférences Macy, de 1946 à 1953, furent organisées à New York sous l'égide de la Fondation Macy. Ces neuf conférences rassemblèrent un groupe de scientifiques d'horizons divers autour des thèmes fondateurs des théories de la complexité. Le mathématicien J. von Neumann, l'anthropologue Gregory Bateson, le sociologue Paul Lazarsfeld, le psychologue Kurt Lewin, le neurophysiologiste Warren McCulloch, le mathématicien N. Wiener y sont présents parmi d'autres. On y parle de systèmes, de cybernétique, de complexité, de sciences de l'esprit... Heinz von Foerster fut le secrétaire de ces conférences.

**L'ordre par le bruit**

En 1960, H. von Foerster formule la notion d'ordre par le bruit (*order from noise*). Exemple : il imagine un dispositif de cubes, aimantés sur trois faces qui s'assemblent spontanément en une architecture structurée après avoir été mis en tas, puis secoués. En 1968, Ludwig von Bertalanffy publie *La Théorie générale des systèmes.*

**Théorie du chaos**

Sensibilité aux conditions initiales, attracteurs étranges, fractals... La théorie du chaos fait son apparition en météorologie puis dans les sciences de la nature. Parallèlement, d'autres théories, comme la théorie des catastrophes du mathématicien René Thom, font leur apparition.

**L'auto-organisation**
**1977 :** Ilya Prigogine reçoit le prix Nobel pour ses recherches sur les structures dissipatives. En biologie, Henri Atlan formalise une théorie de l'organisation par le « bruit » (c'est-à-dire le hasard, le désordre) applicable aux systèmes vivants (*Le Cristal et la Fumée*, 1979). Francisco Varela et Humberto Maturana, biologistes chiliens, proposent une théorie des « machines autoproïétiques » (= « productrices de soi »).
**De 1977 à 1992 :** E. Morin publie *La Méthode* : quatre volumes consacrés à la pensée de complexité.
**1987 :** création du Santa Fe Institute (Etat du Nouveau-Mexique, Etats-Unis), centre de recherche pluridisciplinaire consacré aux sciences de la complexité.

J.-F.D.

règle la marche de la chaudière. Ce mécanisme dit de « régulation » est ce qui permet l'autonomie d'un système, ici l'autonomie thermique d'un appartement par rapport à la température extérieure.

Comme Walter B. Cannon l'a très bien montré dans *The Wisdom of Body* (1930), dans le cas d'un organisme vivant, l'« homéostasie » est un ensemble de processus régulateurs fondés sur de multiples rétroactions. La boucle de rétroaction (appelée *feed-back*) permet, sous sa forme négative, de stabiliser un système, de réduire la déviance, comme c'est le cas pour l'homéostasie. Sous sa forme positive, le *feed-back* est un mécanisme amplificateur, par exemple dans la situation de la montée aux extrêmes d'un conflit armé. La violence d'un protagoniste entraîne une réaction violente qui, à son tour, entraîne une réaction encore plus violente. De telles rétroactions, inflationnistes ou stabilisatrices, sont légion dans les phénomènes économiques, sociaux, politiques ou psychologiques. L'idée de rétroaction avait été pressentie par Marx lorsqu'il disait que l'infrastructure matérielle d'une société produit la superstructure (sociale, politique, idéologique), mais qu'en retour la superstructure rétroagit sur l'infrastructure matérielle…

• **La théorie des systèmes** jette également les bases d'une pensée de l'organisation. La première leçon systémique est que « le tout est plus que la somme des parties ». Cela signifie qu'il existe des qualités émergentes qui naissent de l'organisation d'un tout, et qui peuvent rétroagir sur les parties. Ainsi, l'eau a des qualités émergentes par rapport à l'hydrogène et l'oxygène qui la constituent. J'ajoute que le tout est également moins que la somme des parties car les parties peuvent avoir des qualités qui sont inhibées par l'organisation de l'ensemble. La théorie des systèmes nous aide également à penser les hiérarchies des niveaux d'organisation, les sous-systèmes et leurs imbrications, etc.

L'ensemble de ces trois théories – théorie de l'information, cybernétique et théorie des systèmes – nous introduit dans un univers des phénomènes organisés où l'organisation se fait avec et contre le désordre.

• **L'auto-organisation.** A ces trois théories, il faut ajouter les développements conceptuels apportés par l'idée d'auto-organisation. Ici, des noms doivent être mentionnés : ceux de John von Neumann, de Heinz von Foerster, de Henri Atlan et d'Ilya Prigogine. Dans sa théorie des automates auto-organisateurs, J. von Neumann s'est posé la question de la différence entre machines artificielles et « machines vivantes ». Il a pointé ce paradoxe : les éléments des machines artificielles sont très bien usinés, très perfectionnés, mais se dégradent dès que la machine commence à fonctionner. En revanche, les machines vivantes sont composées d'éléments très peu fiables, comme les protéines, qui se dégradent sans cesse. Mais ces machines possèdent d'étranges propriétés de se développer, de se reproduire, de s'autorégénérer en remplaçant justement les molécules dégradées par de nouvelles et les cellules mortes par des cellules neuves. La machine artificielle ne peut se réparer elle-même, s'auto-organiser et se développer, alors que la machine vivante se régénère en permanence à partir de la mort de ses cellules selon la formule d'Héraclite « vivre de mort, mourir de vie ».

L'apport de H. von Foerster réside dans sa découverte du principe de l'« ordre par le bruit » (*order from noise*). Ainsi, des cubes aimantés sur deux faces vont organiser un ensemble cohérent par assemblage spontané sous l'effet d'une énergie non directionnelle, à partir d'un principe d'ordre (l'aimantation). On assiste donc à la création d'un ordre à partir du désordre.

H. Atlan a pu alors concevoir sa théorie du « hasard organisateur ». On retrouve une dialogique ordre/désordre/organisation à la naissance de l'univers à partir d'une agitation calorifique (désordre) où, dans certaines conditions (rencontres au hasard), des principes d'ordre vont permettre la constitution des noyaux, des atomes, des galaxies et des étoiles. On retrouve encore cette dialogique lors de l'émergence de la vie par rencontres entre macromolécules au sein d'une sorte de boucle autoproductrice qui finira par devenir auto-organisation vivante. Sous des formes les plus diverses, la dialogique entre l'ordre, le désordre et l'organisation, via d'innombrables inter-rétroactions, est constamment en action dans les mondes physique, biologique et humain.

I. Prigogine, avec sa thermodynamique des processus irréversibles, a introduit d'une autre façon l'idée d'organisation à partir du désordre. Dans l'exemple des tourbillons de Benard, on voit comment des structures cohérentes se constituent et s'auto-entretiennent, à partir d'un certain seuil d'agitation et en deçà d'un autre seuil, dans des conditions qui seraient celles d'un désordre croissant. Bien entendu, ces organisations ont besoin d'être alimentées en énergie, de consommer, de « dissiper » de l'énergie pour se maintenir.

Dans le cas de l'être vivant, celui-ci est assez autonome pour puiser de l'énergie dans son environnement, et même d'en extraire des informations et d'en intégrer de l'organisation. C'est ce que j'ai appelé l'« auto-éco-organisation ».

La pensée de la complexité se présente donc comme un édifice à plusieurs étages. La base est formée à partir des trois théories (information, cybernétique et système) et comporte les outils nécessaires pour une théorie de l'organisation. Vient ensuite un deuxième étage avec les idées de J. von Neumann, H. von Foerster et I. Prigogine sur l'auto-organisation.

A cet édifice, j'ai voulu apporter des éléments supplémentaires. Notamment trois principes : le principe dialogique, le principe de récursion et le principe hologrammatique.

• **Le principe dialogique** unit deux principes ou notions antagonistes, qui apparemment devraient se repousser l'une l'autre, mais qui sont indissociables et indispensables pour comprendre une même réalité. Le physicien Niels Bohr a, par exemple, reconnu la nécessité de penser les particules physiques à la fois comme corpuscules et comme ondes. Comme le dit Pascal : *« Le contraire d'une vérité n'est pas l'erreur mais une vérité contraire. »*

N. Bohr le traduit à sa façon : *« Le contraire d'une vérité triviale est une erreur stupide, mais le contraire d'une vérité profonde est toujours une autre vérité profonde. »* Le problème est donc d'unir des notions antagonistes pour penser les processus organisateurs, productifs et créateurs dans le monde complexe de la vie et de l'histoire humaine.

• **Le principe de récursion organisationnelle** va au-delà du principe de la rétroaction (*feed-back*) ; il dépasse la notion de régulation pour celles d'autoproduction et d'auto-organisation. C'est une boucle génératrice dans laquelle les produits et les effets sont eux-mêmes créateurs de ce qui les produit. Ainsi nous, individus, sommes les produits d'un système de reproduction issu du fond des âges, mais ce système ne peut se reproduire que si nous-mêmes nous en devenons les producteurs en nous accouplant. Les individus humains produisent la société dans et par leurs interactions, mais la société, en tant que tout émergeant, produit l'humanité de ces individus en leur apportant le langage et la culture.

• **Le principe hologrammatique** met en évidence cet apparent paradoxe de certains systèmes, où non seulement la partie est dans le tout, mais où le tout est également dans la partie. Ainsi, chaque cellule est une partie d'un tout – l'organisme global –, mais le tout est lui-même dans la partie : la totalité du patrimoine génétique est présente dans chaque cellule individuelle. De la même façon, l'individu est une partie de la société, mais la société est présente dans chaque individu en tant que tout à travers son langage, sa culture, ses normes…

On le voit, la pensée complexe propose un certain nombre d'outils de pensée issus des trois théories, des conceptions de l'auto-organisation, et qui développe ses outils propres. Cette pensée de la complexité n'est nullement une pensée qui chasse la certitude pour mettre l'incertitude, ou qui chasse la séparation pour mettre à la place l'inséparabilité, ou encore qui chasse la logique pour s'autoriser toutes les transgressions.

La démarche consiste au contraire à faire un aller et retour incessant entre certitudes et incertitudes, entre l'élémentaire et le global, entre le séparable et l'inséparable. De même, on utilise la logique classique et les principes d'identité, de non-contradiction, de déduction, d'induction, mais on connaît leurs limites, on sait que, dans certains cas, il faut les transgresser. Il ne s'agit donc pas d'abandonner les principes de la science classique – ordre, séparabilité et logique – mais de les intégrer dans un schéma qui est à la fois plus large et plus riche. Il ne s'agit pas d'opposer un holisme global et donc creux à un réductionnisme systématique ; il s'agit de rattacher le concret des parties à la totalité. Il faut articuler les principes d'ordre et de désordre, de séparation et de jonction, d'autonomie et de dépendance, qui sont en dialogique (complémentaires, concurrents et antagonistes) au sein de l'univers. En somme, la pensée complexe n'est pas le contraire de la pensée simplifiante, elle intègre celle-ci ; comme dirait Hegel, elle opère l'union de la simplicité et de la complexité, et même, dans le métasystème qu'elle constitue, elle fait apparaître sa propre simplicité. Le paradigme de complexité peut être énoncé non moins simplement que celui de simplification : ce dernier impose de disjoindre et de réduire ; le paradigme de complexité enjoint de relier tout en distinguant.

JEAN-FRANÇOIS DORTIER*

# LUDWIG WITTGENSTEIN : LE PHILOSOPHE RADICAL**

**« *Le but de la philosophie est la clarification logique de la pensée.* » Et, de fait, Ludwig Wittgenstein (1889-1951), auteur de cet aphorisme, considéra, une fois rédigé son *Tractatus*, qu'il avait clarifié sa pensée et qu'il pouvait cesser son activité philosophique. Homme d'un livre, il fascina ses contemporains autant par son génie que par les méandres de sa vie.**

LE PERSONNAGE de Ludwig Wittgenstein relève d'un genre particulier : celui du penseur solitaire, en rupture avec le monde, et dont la vie, autant que la pensée, a fasciné ses contemporains. Une vie qui débute à Vienne en 1889, à l'époque où la capitale autrichienne rassemble toute l'élite intellectuelle européenne, de Robert Musil à Joseph Schumpeter, de Gustav Malher à Sigmund Freud, de Georges Lukács à Karl Kraus.

### Le génie et la mort

La famille de Ludwig semble frappée par deux lourds fardeaux, le génie et le suicide. Le génie d'abord : à 20 ans, son père Karl a déjà composé un opuscule philosophique et s'est expatrié seul aux Etats-Unis, avec pour tout bagage un violon. De retour en Autriche, il fait rapidement fortune comme maître des forges. Magnat de l'industrie, sa richesse est monumentale, équivalente à celle des Krupp en Allemagne. Personnage éclatant, mondain, autoritaire, anticonformiste (il refuse l'anoblissement proposé par l'Empereur), il brille en tout : musicien, il est aussi intellectuel (il écrit des articles d'économie et de philosophie), amateur d'art et mécène. Le tout-Vienne défile chez lui : Brahms, Malher sont venus jouer dans le palais familial, orné de tableaux de Klimt et de sculptures de Rodin.

Mais la richesse et la gloire ne font pas forcément le bonheur. Karl aura huit

* Rédacteur en chef du magazine *Sciences Humaines*.

** *Sciences Humaines*, n° 99, novembre 1999.

enfants, dont cinq fils. Mais – poids écrasant du père ? névrose familiale héréditaire ? – trois des frères de Ludwig vont se suicider… Lui-même a noté dans son journal avoir souvent songé à mettre fin à ses jours. Paul, le quatrième frère, deviendra pianiste virtuose, mais perdra un bras lors de la grande guerre : c'est pour lui que Ravel a composé le *Concerto pour la main gauche.*

Ludwig, lui, est un garçon solitaire, tourmenté et passionné. Petit, il aime le bricolage, la mécanique, et rêve de devenir un ingénieur. L'histoire a voulu que Ludwig croise, au lycée de Linz, un autre élève, au nom tristement célèbre : Adolf Hitler. Sur une photo de classe, on peut même les voir tous les deux. Autour de cette rencontre fortuite, on a bâti une hypothèse plus que douteuse. Ce serait au contact du jeune Ludwig qu'Hitler aurait commencé à haïr les Juifs et promis leur éradication. Toute sa vie, le *Führer* aurait été hanté par le spectre du génial Wittgenstein…

Engagé dans des études d'ingénieur, Ludwig y découvre les mathématiques pures et se passionne pour elles. En 1912, il a 23 ans et part à Cambridge pour s'y consacrer pleinement. C'est là qu'il rencontre Bertrand Russell. Celui-ci est alors l'une des grandes figures de l'*intelligentsia* anglaise. Philosophe, logicien et redoutable polémiste engagé dans de multiples combats politiques, il s'interroge sur les fondements logiques des mathématiques et sur la possibilité d'en faire une base solide pour les sciences et la philosophie. D'emblée, il entame avec L. Wittgenstein, qui n'est alors qu'un jeune étudiant, un dialogue d'égal à égal. B. Russell a raconté plus tard qu'au terme de son premier trimestre de cours, L. Wittgenstein était venu le voir en lui demandant : *« Voulez-vous me dire si je suis complètement idiot ou non ? Si je le suis, je deviendrai aéronaute, mais si ce n'est pas le cas, alors je deviendrai philosophe. »* Et B. Russell ajoute : *« Il m'apporta alors un texte qu'il avait écrit, après avoir lu seulement la première phrase, je lui dis : Non, vous ne devez pas devenir aéronaute. »*

Quand son père meurt, en 1913, le jeune Ludwig, garçon ombrageux, solitaire, en rupture avec son milieu, refuse de se rendre à son enterrement. Il se débarrasse d'un énorme héritage qu'il fait distribuer à quelques amis. Ludwig débute alors une vie d'ermite. Il s'installe en Norvège, dans une cabane construite de ses mains. Puis, au début de la guerre, il s'engage comme volontaire dans l'armée autrichienne. C'est durant cette période qu'il termine ce qui deviendra le *Tractatus logico-philosophicus.*

### Le Tractatus logico-philosophicus

Le *Tractatus* se présente comme un ouvrage curieux : une petite brochure de 80 pages, divisée en une suite de formules laconiques, chacune numérotée comme un théorème : *« 1. Le monde est tout ce qui a lieu »* ou *« 6373. Le monde est indépendant de ma volonté. »*

Le thème central du livre porte sur la correspondance entre le monde et le langage, et notamment sur la capacité de constituer une langue rigoureuse qui puisse représenter exactement la réalité. L'enjeu théorique – fort débattu à l'époque – consiste à délimiter, dans le langage, ce qui relève de la véritable connaissance de ce qui n'est que spéculation métaphysique, vide de sens. Le monde est d'abord conçu comme *«la totalité des faits, non des choses»*, ou comme *«tout ce qui a lieu»*. L. Wittgenstein se refuse à tout essentialisme. Les faits, rien que des faits : *«Le chien aboie»* est un fait. Et l'on peut décomposer le monde en une série de faits ou d'*«états du monde»* élémentaires.

De son côté, le langage est formé de propositions, elles aussi décomposables en formules élémentaires : *«Il pleut»*; *«Marie joue avec Claire»*... Ces propositions sont considérées comme des images de la réalité. Elles ne sont vraies ou fausses qu'en tant qu'elles correspondent ou non à un état donné du monde.

Les propositions du langage sont reliées entre elles par des règles d'assemblage logique (si, alors, ou bien, ne pas) qui peuvent refléter une organisation du monde possible. Les propositions tirent leur validité de leur cohérence logique et de leur correspondance avec le monde. En dehors de cela, tout n'est que bavardage. *«Dieu est tout-puissant»*, *«cette fleur est belle»* sont des propositions qui n'ont pas de vraie signification, puisqu'elles ne portent pas sur une correspondance entre une proposition et un fait tangible. La beauté est un jugement de valeur et non un état de fait, Dieu n'est pas une réalité observable. Seules donc les sciences de la nature, qui portent sur le monde physique, ont une validité.

La tâche de la philosophie, s'il en reste une, n'est pas de dire la vérité, mais d'élucider les propositions du langage : *«4112. Le but de la philosophie est la clarification des pensées.»* Tous les discours qui relèvent de l'éthique ou de l'esthétique n'ont aucun sens du point de vue d'un langage vraiment rigoureux. Ils ne peuvent être tenus sans tomber dans la vacuité et la confusion. L. Wittgenstein écrit : *«6421. C'est pourquoi il ne peut y avoir de propositions éthiques»* car *«(...) les propositions ne peuvent rien exprimer de supérieur»*...

Le résultat est donc brutal : en dehors des propositions qui portent sur les faits, il n'y a rien qui puisse être dit. Conséquence : *«Sur ce dont on ne peut parler, il faut se taire.»* Telle est la célèbre formule sur laquelle se conclut le *Tractatus*.

A partir de là, L. Wittgenstein considère qu'il a mis un point final à son travail, et qu'il a peut-être clos celui de la philosophie... A peine publié, en anglais en 1921, puis en allemand en 1922, avec une préface de B. Russell, le texte de L. Wittgenstein suscite un grand retentissement dans la communauté intellectuelle. Il devient le manifeste du Cercle de Vienne, un groupe de philosophes, mathématiciens et physiciens réunis autour de Moritz Schlick, qui s'attellent alors à fonder une nouvelle philosophie de la connaissance : le positivisme logique, qui affirme que seuls le recours aux «faits» (et donc le positivisme) et la démonstration rigoureuse (et par conséquent, la logique) ont place dans un discours scientifique. Pour le Cercle de Vienne, le *Tractatus* est une formidable machine de guerre contre toutes les philosophies spéculatives, les discours idéologiques et les verbiages inutiles.

Mais L. Wittgenstein n'a cure des débats qui ont lieu autour de son livre. Il

## Les deux Wittgenstein

**Avec le premier Wittgenstein,** celui du *Tractatus*, nous sommes dans la peau d'un logicien qui est dans un rapport « contemplatif » au monde. Les questions qui le tourmentent sont de nature suivante : *« Quand je dis qu'une porte est ouverte ou fermée »*, est-ce que j'exprime une loi du monde physique (la porte ne peut avoir que deux états) ou s'agit-il d'une contrainte logique (le contraire de A est non-A) ? Penser ce rapport entre la logique (identifiée au langage et à la pensée en général) et les états du monde, tel est le projet du *Tractatus*.

**Avec le second Wittgenstein,** l'homme d'action prend le pas sur le logicien. Les problèmes humains de communication (*« donner un ordre, décrire un objet, rapporter un événement, inventer une histoire, deviner des énigmes, faire un mot d'esprit, solliciter, remercier, maudire, saluer, prier… »*) ne visent pas à décrire un état du monde mais ont pour but d'agir sur autrui. Dès lors, le sens des mots n'est pas à chercher dans un rapport entre un signe et une chose, mais naît d'une convention prenant sa source dans les interactions humaines et les *« jeux de langage »* entre personnes. Le mot *« stop ! »* ne dit rien sur le monde ; il indique simplement qu'il est temps de s'arrêter. On trouve cette version pragmatique du langage dans les *Investigations philosophiques* (1953).

**Ouvrages de Ludwig Wittgenstein**
- *Tractatus logico-philosophicus* (1921), Gallimard, 1994.

Après sa mort, on publiera plusieurs ouvrages d'après ses notes et manuscrits :
- *Investigations philosophiques* (1953), publié en annexe du *Tractatus logico-philosophicus*, Gallimard, 1986 ;
- *Le Cahier bleu et le Cahier brun* (1933-1935), Gallimard, 1996 ;
- *Leçons sur la liberté de la volonté*, Puf, 1998 ;
- *Leçons et Conversations*, Folio, 1992.

**Ouvrages sur Ludwig Wittgenstein**
- J. Schulte, *Lire Wittgenstein*, Editions de l'Eclat, 1992.
- J. Bouveresse, *Wittgenstein, la rime et la raison*, Editions de Minuit, 1973.
- G. Locke, *Wittgenstein, philosophie, logique, thérapeutique*, Puf, 1992.

les méprise même et refuse de se joindre aux discussions du Cercle. Jugeant sa démonstration définitive et sa tâche terminée, il décide d'arrêter là sa carrière de philosophe. Après avoir fini de distribuer la fortune de son père, il envisage d'abord d'entrer au couvent et passe quelques mois au monastère de Klosterneuburg, près de Vienne, comme… aide-jardinier. Puis il s'inscrit dans une école d'instituteurs en 1920 et exerce pendant six ans dans des villages de Basse-Autriche. Pendant cette période, il rédige un manuel pour écoliers.

Un jour de 1926, L. Wittgenstein, aussi sévère avec les autres qu'avec lui-même, brutalise une de ses petites élèves. Face aux protestations des parents, il décide alors de démissionner. Il retourne quelques mois pratiquer le jardinage chez les moines. Sa sœur Gretl, prenant sans doute en pitié son jeune frère, l'invite à la rejoindre chez elle. Elle a le projet de construire une grande maison à Vienne. Pendant deux ans, Ludwig se fait donc architecte et bâtisseur…

### Le second Wittgenstein

En 1929, sur proposition de B. Russell et George E. Moore, L. Wittgenstein accepte de rompre son isolement et de rejoindre le prestigieux Trinity College de Cambridge, où il devient enseignant. Professeur iconoclaste et marginal, adulé par quelques étudiants, une légende s'instaure autour de lui. Comment ne pas être fasciné par cet esprit hors du commun, qui préfère aller voir des westerns et lire des romans policiers plutôt que d'étudier les philosophes, qui s'habille sans aucun souci de son apparence, qui peut abandonner ses cours pour séjourner dans sa cabane en Norvège ? Il projette même un temps de s'installer en Russie comme… médecin !

Durant ses années d'enseignement, L. Wittgenstein ne publie aucun livre. Il se contente de noter ses réflexions dans ses « carnets » (ils seront édités ultérieurement sous le titre *Le Cahier bleu et le Cahier brun*) et de donner des leçons que certains de ses étudiants consignent religieusement (*Leçons et Conversations*). Il rédige par intermittence un ouvrage, *Investigations philosophiques*, qui ne sera publié qu'après sa mort.

Pourtant, une nouvelle philosophie est en préparation. Ce que l'on a nommé la « seconde philosophie » de L. Wittgenstein constitue une rupture avec le *Tractatus* et sa précédente théorie du « langage-image ». Dans le *Cahier brun*, le langage n'est plus envisagé sous l'angle de la description du monde, mais comme un outil de communication. Les expressions *« va-t-en »*, *« bon Dieu ! »*, *« je te maudis ! »* ou *« passe-moi le sel »* ne racontent pas le monde. Elles s'inscrivent dans un contexte de communication et ont d'abord une fonction pratique : demander, ordonner, jurer, imaginer, refuser.

L. Wittgenstein parle de *« jeux de langage »* pour évoquer les interactions verbales qui se produisent entre individus. De plus, ajoute le philosophe, le sens d'une expression (*« il est beau »*) peut changer d'une personne à l'autre, en fonction du contexte, du lieu. Se dessine donc une conception pragmatique du langage, c'est-à-dire tournée vers l'action. La communication est fortement dépendante du contexte.

Tout comme le *Tractatus* a été à l'origine du positivisme logique, la seconde période de la pensée de L. Wittgenstein va susciter un autre courant de pensée. Sous son influence se forme, à Cambridge, un mouvement que l'on qualifiera par la suite de « philosophie du langage ordinaire», réunissant des auteurs comme John Lee Austin (le père de la pragmatique), Peter F. Strawsson ou Gilbert Ryle. Mais L. Wittgenstein, lui, n'a cure des courants qui s'agitent autour de lui. Durant la guerre, il abandonne à plusieurs reprises les cours pour le service civil. Entre 1941 et 1944, on le voit laborantin, puis aide-infirmier dans des hôpitaux de Londres et de Newcastle… A la fin de la guerre, malade et fatigué, il rejoint de nouveau son poste à Cambridge, mais continue d'entrecouper ses enseignements de séjours en Irlande, dans un village de pêcheurs où il vit seul, ou en Norvège. Atteint du cancer, il meurt en avril 1951, à l'âge de 62 ans.

### La portée de son œuvre

Avec Martin Heidegger, Ludwig Wittgenstein est l'un des deux philosophes qui ont révolutionné la philosophie au XXe siècle. Il est à l'origine de ce que l'on a nommé le *linguistic turn* (tournant linguistique) de la pensée anglo-saxonne, qui oriente la philosophie vers les problèmes d'analyse du langage (d'où le nom de «philosophie analytique» qui désigne cette orientation).

Une version héroïque de sa vie peut le montrer comme un génie solitaire, indifférent aux biens matériels et aux titres de gloire. Son comportement est aussi le signe d'une lourde culpabilité, d'une homosexualité honteuse, d'une attitude autodestructrice, d'un mal-être qui l'ont tourmenté toute sa vie.

Ses écrits souvent énigmatiques, fragmentaires, sans cesse remaniés et qu'il n'a pas lui-même toujours jugé bon de publier, sont propices aux commentaires sans fin. Ne disait-il pas, en avant-propos de son *Tractatus* : *«Ce livre ne sera peut-être compris que par qui aura déjà pensé lui-même les pensées qui s'y trouve exprimées – ou du moins des pensées semblables»* ?

Chapitre VII

# En quête de sens

# À LA RENCONTRE DE L'AUTRE

## ENTRETIEN AVEC TZVETAN TODOROV*

*Après avoir été à la pointe de l'analyse des textes littéraires pendant une vingtaine d'années, Tzvetan Todorov s'est de plus en plus interrogé sur des problèmes tels que la rencontre des cultures, le totalitarisme, le besoin de sociabilité de l'être humain.*

***Sciences Humaines :* Vous êtes bulgare d'origine et vivez depuis de longues années en France, où vous avez accompli toute votre carrière. Pouvez-vous nous décrire, en quelques mots, votre parcours personnel et universitaire ?**

**Tzvetan Todorov :** Etant né en Bulgarie, j'ai reçu toute mon éducation, y compris universitaire, dans un contexte communiste. A l'université, j'ai étudié les littératures slaves dans la langue du pays. C'est à ce moment, j'avais alors 24 ans, que j'ai eu l'occasion de venir pour un an en Occident. J'ai choisi Paris sans hésiter, parce que cette ville avait pour nous Bulgares une sorte d'auréole, sans qu'on puisse dire exactement pourquoi. J'étais donc venu, en principe, pour passer une année de travail après la fin de mes études supérieures, mais cette période s'est prolongée. Finalement, je suis resté en France, j'y ai fondé un foyer, j'y ai exercé mon activité professionnelle et je suis devenu Français par naturalisation.

***SH :* Comment s'est opérée votre insertion au sein de la communauté scientifique française ?**

**T.T. :** En arrivant en France, j'avais un équivalent de la maîtrise, ce qui correspondait à la fin des études supérieures en Bulgarie. Je souhaitais alors faire de la théorie littéraire, c'est-à-dire travailler sur les formes du discours littéraire, mais il n'existait rien de tel dans le milieu universitaire français. A cette époque, les analyses littéraires en France consistaient toujours en l'étude conjointe de l'homme et de l'œuvre, celle-ci étant essentiellement un moyen de comprendre l'homme, lequel devenait à son tour, par une circularité bien connue, le moyen de mieux comprendre l'œuvre. Il n'y avait donc pas de réflexion globale sur le discours littéraire. Cela n'empêchait pas de grands critiques d'écrire de très beaux livres. Mais ce n'était pas l'orientation qui m'intéressait.

** Directeur de recherche au CNRS. Il a publié notamment :* Face à l'extrême, *Seuil, 1991 ;* L'Homme dépaysé, *Seuil, 1996 ;* Le Jardin imparfait, *Grasset, 1998.*

J'étais donc assez découragé, jusqu'à ce que je fasse la connaissance de Roland Barthes, dont j'ai suivi le séminaire, pour la première fois, en automne 1963. C'est avec lui que j'ai ensuite fait un doctorat de troisième cycle, qui est devenu mon premier livre, *Littérature et Signification*, publié en 1967.
R. Barthes était un professeur très libéral, qui ne cherchait pas du tout à nous endoctriner. C'était plutôt le contraire, il se laissait influencer par ses auditeurs. J'ai donc beaucoup appris de lui, mais sur un plan plus humain que strictement intellectuel.
Mon premier travail universitaire en arrivant en France a été de traduire les textes des formalistes russes (1). Ce travail a donné lieu au recueil *Théorie de la littérature* qui a fait connaître des textes ignorés en France. J'ai alors travaillé avec des personnes comme Gérard Genette qui, regroupées autour de R. Barthes, avaient ce même désir de réfléchir à une théorie globale de la littérature qui ne s'épuiserait pas dans la connaissance de telle ou telle œuvre. Cela a donné lieu au numéro 4 de la revue *Communications* consacré à la sémiologie, puis au numéro 8, sur l'analyse structurale du récit, auxquels j'ai participé, puis à d'autres sur le vraisemblable, la rhétorique, etc.

***SH :* Ce fameux numéro 8, qui a été réédité depuis sous forme de livre…**

**T.T. :** Effectivement. Dans ce numéro, j'ai fait connaître des traditions étrangères sur l'analyse du récit, par exemple ce qui s'était fait en Allemagne dans les années 20 ou 30, ou aux Etats-Unis et en Angleterre. Par la suite, j'ai continué ce travail en dirigeant, avec mon ami G. Genette, la collection Poétique aux éditions du Seuil. Nous avons ainsi fait traduire divers ouvrages allemands, anglais ou russes, pour les mettre à la disposition des étudiants français.
A la suite des événements de mai 68, a été créée l'université Paris-VIII. Je faisais partie des comités qui préparaient le programme de cette université, et qui ont pu organiser le programme d'enseignement de la littérature d'une façon très différente. Et, petit à petit, cette façon nouvelle s'est imposée assez largement dans les facultés françaises.
Au début des années 70, j'ai surtout travaillé autour du récit ; mes études sur le sujet ont été réunies en deux ouvrages : *Poétique de la prose* et *Les Genres du discours*, qui est paru en poche sous le titre *La Notion de littérature*.

***SH :* En quoi consiste précisément votre apport dans ce domaine ?**

**T.T. :** Ma contribution est allée essentiellement dans deux directions. D'une part, j'ai joué un rôle de médiateur entre différentes traditions nationales (française, anglo-américaine, allemande et russe), mais aussi entre différentes écoles de pensées, par exemple les études littéraires, la linguistique, l'esthétique, la philosophie du langage, la rhétorique, l'herméneutique.

D'autre part, je me suis particulièrement intéressé à un type de récit qui progresse non par l'addition de nouveaux événements, mais par l'amélioration de notre connaissance des mêmes événements. Il est du reste plus exact de parler, non de deux types de récits, mais de deux principes qui sont à l'œuvre dans tout récit, un principe de succession et un principe de transformation.

Je me suis ensuite beaucoup intéressé à l'analyse du sens, en étudiant comment les différentes phrases se combinent au sein d'un texte pour créer son sens. C'est un problème qui concerne non seulement des textes littéraires mais également philosophiques ou politiques. J'ai travaillé sur ce thème pendant plusieurs années, ce qui a conduit à des livres comme *Symbolisme et Interprétation* ou *Théories du symbole*. Je m'intéressais aussi à des questions d'histoire de la critique et d'histoire de l'esthétique. Tout cela jusqu'à la fin des années 70, époque à partir de laquelle un tournant majeur s'est produit dans mon travail.

***SH :* Précisément, à partir des années 80, vous changez sensiblement de centre d'intérêt. Après avoir été théoricien de la littérature, vous abordez des thèmes de société et de morale.**

**T.T. :** Pour comprendre l'origine du changement d'orientation de mes travaux, il faut remonter au fait dont je vous ai déjà parlé, à savoir l'idéologie très rigide qui dominait l'enseignement en Bulgarie. Quand je suis venu en France, l'une de mes principales motivations était de conduire mes études littéraires en dehors du champ de l'idéologie, c'est-à-dire en faisant abstraction des options politiques, morales, et même esthétiques. Mais, au fil des ans, l'idée que tout ce qui vient de la société ne peut être qu'oppression et mensonge m'a quitté. L'intégration en France avait progressivement fait de moi quelqu'un de différent.

J'ai alors ressenti une sorte d'inquiétude, j'ai eu soudain l'impression que je passais mon temps à perfectionner un instrument dont je n'osais pas me servir. Je clamais la supériorité de l'analyse structurale des textes sans savoir véritablement quel résultat cela pouvait donner. Dès lors, je me suis demandé sur quel objet d'étude pouvait s'appliquer cet outil. Je pense aujourd'hui qu'il ne peut pas y avoir de séparation étanche entre le sujet qui étudie et l'objet étudié ; en d'autres termes, qu'on ne progresse véritablement en sciences humaines que si une partie de l'expérience du sujet se trouve impliquée dans l'objet investi. Ce qui n'est évidemment pas le cas en sciences naturelles lorsque, par exemple, vous étudiez les plantes ou les mollusques.

A partir de ce moment, je ne me suis plus occupé que d'objets pour lesquels je me sentais existentiellement motivé. Mon premier travail dans ce sens a été le livre intitulé *La Conquête de l'Amérique*. Ce thème me touchait particulièrement puisqu'il concernait la rencontre des cultures, la problématique de l'unité du genre humain et de la diversité des cultures, et que je vivais moi-même dans un pays ayant une culture assez différente de celui dans lequel j'avais grandi.

Je me suis tourné plus particulièrement vers la conquête du Mexique parce que cette histoire est très bien documentée. Il y a non seulement des récits de *conquistadores*, de missionnaires et de voyageurs de toutes sortes, ainsi que des textes de philosophes fascinés par cette région du monde, mais également de nombreux documents provenant de l'autre bord, qui expriment le regard des vaincus en quelque sorte.

***SH :* Quelle conclusion avez-vous tirée de ces lectures ?**

**T.T. :** Dans ce livre, j'aborde deux grands thèmes. L'un concerne les modalités de la communication. Les historiens, même ceux qui se préoccupent de la culture ou des mentalités, ont rarement prêté attention aux manières d'interpréter et de communiquer. Or, en lisant les récits de la rencontre entre Cortès et Moctezuma, j'ai été frappé par la manière radicalement différente qu'ils avaient de communiquer. Pour les Aztèques, la communication est avant tout soumise aux règles d'un rituel, alors que pour Cortes, qui est en quelque sorte un curieux disciple de Machiavel, elle est purement instrumentalisée ; seul compte le but, et il est prêt à prendre toutes les libertés avec les codes existants. Cette différence peut, me semble-t-il, éclairer la surprenante victoire de la poignée d'Espagnols sur l'immense armée aztèque.

Le second thème concerne la rencontre avec « l'autre ». Ma

thèse était ici qu'il y a deux voies complémentaires conduisant à son élimination : on reconnaît sa différence, mais on le juge inférieur ; ou on le juge notre égal, mais alors on ignore son identité. L'aboutissement de l'un est l'esclavage, de l'autre, l'assimilation coloniale.

***SH :* Quelques années plus tard, vous avez à nouveau abordé la problématique « pluralité des cultures – unité du genre humain » dans *Nous et les autres*, qui est un livre d'histoire de la pensée française.**

**T.T. :** En effet, à la suite de mes travaux sur la conquête de l'Amérique, je souhaitais développer l'analyse conceptuelle du regard porté sur les autres peuples. Pour ce faire, je me suis tourné vers les discours sur ce sujet, en me limitant à la tradition française située entre Montaigne et Lévi-Strauss. J'ai choisi une quinzaine d'auteurs qui m'ont paru les plus représentatifs, en analysant leur pensée au travers de grandes thématiques telles que les jugements universels ou relatifs, la race, la nation, l'exotisme.

Je dégage du dialogue avec ces auteurs l'idée qu'on ne peut blâmer les Lumières pour le détournement de la pensée humaniste (incarnée à son mieux par Montesquieu et Rousseau) qu'allait accomplir le XIXe siècle, notamment au travers du scientisme, du nationalisme ou de l'individualisme extrême.

Je soutiens également une thèse, plus philosophique, qui est la définition et la défense d'un nouvel humanisme, un humanisme critique, qui maintient la référence universelle sans ignorer l'importance des cultures ou des sociétés particulières.

***SH :* Vous vous êtes également intéressé plus récemment au totalitarisme.**

**T.T. :** Depuis ma réorientation, tous mes écrits se situent dans cette optique de compréhension des comportements humains, mais abordés sous divers aspects. Un deuxième thème, qui a succédé à celui de la rencontre des cultures, a été celui du totalitarisme. A nouveau, j'ai été sensibilisé à ce sujet par mon expérience personnelle antérieure. La chute du mur de Berlin, en 1989, m'a permis de trouver le détachement nécessaire pour étudier le totalitarisme comme un objet séparé de moi-même. Tant que le système communiste restait en place, ne serait-ce que par le fait que mes parents vivaient toujours en Bulgarie, j'avais le sentiment qu'une partie de moi-même était toujours sous ce régime. Et je n'aurais pu savoir s'il s'agissait de ma part d'un acte de connaissance ou de militantisme.

Mon interrogation sur le totalitarisme s'est focalisée sur la vie morale de l'individu, car je considérais que les conditions extrêmes dans les camps pouvaient jouer le rôle de loupe sur la structure élémentaire de la vie morale. Le livre qui en a résulté, *Face à l'extrême*, se situait dans le droit fil des travaux plus récents, mais était encore plus éloigné de ce que j'avais fait antérieurement, puisqu'il n'y était plus question de langage.
Dans ce livre, je développe d'abord une analyse des vertus, en distinguant les vertus héroïques et les vertus quotidiennes. Il y a plusieurs différences entre elles, notamment le fait que les dernières sont nécessairement au service d'autres êtres humains concrets et individuels, tandis que les premières servent en principe des abstractions comme la perfection humaine ou l'idéal héroïque, la patrie ou le prolétariat mondial.
J'essaie aussi de rendre plus concrète la thèse de la banalité du mal et j'analyse les attitudes qui la facilitent : fragmentation, dépersonnalisation, jouissance du pouvoir. Je réfléchis enfin aux usages que nous pouvons faire du passé : je plaide contre la sacralisation, pour une certaine instrumentalisation. J'ai poursuivi cette réflexion dans un autre petit livre, *Les Abus de la mémoire*, et j'ai analysé par ailleurs un cas particulier, assez proche des précédents, dans *Une tragédie française*.

***SH :* Précisément, dans *Face à l'extrême*, vous écrivez qu'on ne peut pas tirer du totalitarisme un enseignement nouveau sur l'homme. Or, il me semble qu'une question centrale est précisément pour vous : *« Qui est l'homme pour agir comme il le fait ? »***

**T.T. :** Je serai fidèle à Rousseau qui est ici un peu mon philosophe de référence lorsqu'il écrit que nous sommes mauvais par les mêmes choses qui nous conduisent à être bons, c'est-à-dire notre sociabilité, le fait que nous vivons les uns avec les autres, et par notre liberté.
S'il y a quelque chose qui définit l'homme, c'est ce que Rousseau appelait la perfectibilité, la capacité de changer. L'homme n'a pas de nature, il n'a que des cultures, et son identité réside dans la possibilité d'avoir telle ou telle culture.

***SH :* Dans l'un de vos ouvrages suivants, *La Vie commune*, votre attention porte sur les relations interpersonnelles.**

**T.T. :** En effet, après avoir analysé les rapports entre communautés, j'ai voulu approfondir un autre aspect de l'altérité : les relations à autrui. Dans cet ouvrage, j'aborde ce thème plutôt par le biais de l'histoire des idées, mais en nourrissant également ma réflexion par la psychologie, la sociologie et l'anthropologie. Il s'agit, en quelque sorte, d'un travail d'anthropologie générale, une discipline qui ne mérite peut-être pas d'exister de façon indépendante, mais qui est un peu l'axe commun des sciences humaines, qui consiste à s'interroger sur ce qu'est l'homme. Mon propos est que l'homme est toujours social, et qu'une aspiration essentielle, dans ses relations avec autrui, est le besoin de reconnaissance. Je continue actuellement ce travail, mais sous une forme plus historique, en étudiant comment des penseurs et des écrivains ont formulé un certain idéal de l'autonomie humaine. Je pose notamment la question de savoir si l'humanisme est nécessairement un individualisme.

***SH :* Que voulez-vous dire ?**

**T.T. :** Le terme humanisme peut être utilisé de diverses manières. D'un côté, c'est la philosophie sous-jacente à la démocratie. Mais un usage fallacieux de ce mot a aussi servi de camouflage à la politique coloniale tout au long du XIXe siècle. On peut aussi parler d'humanisme dans un autre sens, pour faire l'éloge de l'homme, pour exprimer la croyance personnelle en la valeur de l'être humain. Ce n'est pas ma position, car l'être humain a amplement démontré qu'il est capable des pires avanies.

Selon moi, l'humanisme est une conception qui s'oppose à la doctrine sous-jacente à la société traditionnelle, sur la légitimité de la loi. Est-ce que la loi, c'est-à-dire la règle de vie dans une société, est bonne et légitime parce qu'elle nous est donnée par la tradition, par l'histoire, par Dieu, ou parce que c'est nous qui l'avons voulue ? La démocratie a commencé à partir du moment où l'on a basculé de la première réponse à la seconde.

Pour moi, l'humanisme consacre certes le principe d'autonomie de la personne et de la communauté, mais ajoute à cela que cette autonomie est nécessairement liée au maintien de la dimension sociale et de valeurs qui dépassent l'individu. C'est, comme le dit le philosophe Emmanuel Levinas, un humanisme de l'autre homme, c'est-à-dire que seul autrui peut constituer une valeur suprême pour moi. L'humanisme postule ainsi qu'il y a des valeurs supérieures à moi-même pour lesquelles je peux sacrifier ma vie, qu'il s'agisse, par exemple, de la patrie ou d'un autre être humain comme mon enfant ou ma femme.

Mon travail actuel porte donc sur la tradition humaniste française, de Montaigne à Benjamin Constant, en passant par Descartes et Rousseau. J'essaie de montrer que, chez ces penseurs, l'exigence d'autonomie n'entraîne pas la destruction du tissu social («l'individualisme»), ni le renoncement à toute valeur transcendante («le matérialisme»).

Propos recueillis par
JACQUES LECOMTE
(*Sciences Humaines*, n° 72, mai 1997)

1. Groupe de critiques littéraires et de linguistes actifs en Russie entre 1915 et 1930. Ils ont été les premiers à analyser la structure des textes littéraires, par exemple le déroulement de l'intrigue, la position du narrateur ou l'organisation rythmique d'un vers.

PHILIPPE VAN DEN BOSCH*

# LE BONHEUR EN PHILOSOPHIE**

**Les réflexions philosophiques sur le bonheur trouvent leur source dans l'Antiquité. Certaines traditions privilégient le bonheur aux dépens de la morale ; d'autres prônent l'assouvissement des désirs, mais d'autres encore plaident pour le renoncement aux plaisirs.**

LE BONHEUR fut sans doute le premier objet de la philosophie. Aussi n'est-il guère possible de comprendre les démarches des grands philosophes fondateurs, ceux de l'Antiquité, mais aussi ceux des temps modernes, si l'on ne saisit pas leur rapport au bonheur. Et si l'on estime qu'il y a aussi une forme de pensée philosophique au sein des religions hindouiste et bouddhiste, force est de remarquer que le bonheur y constitue également une question centrale.

Tout cela n'est guère étonnant, car le bonheur est d'abord le but poursuivi par tout homme, dès lors qu'il se donne une fin propre. En effet, pourquoi travaille-t-on, si ce n'est pour gagner de l'argent ? Et pourquoi veut-on de l'argent, si ce n'est pour pouvoir acheter les choses dont on a envie ? Et pourquoi veut-on satisfaire ses envies, si ce n'est pour être heureux ? Et si l'on cherche plutôt à exercer une activité plaisante, c'est encore en vue d'être heureux. Chaque chose plus ou moins subalterne que l'on désire, chaque action que l'on accomplit a donc pour but ultime le bonheur. Les choses n'ont de valeur que parce qu'elles contribuent soit à notre survie, soit à notre bonheur. Il y a cependant une autre fin que les hommes poursuivent, c'est le bien moral : certains se battent pour la justice, se dé-

* Professeur agrégé de philosophie en classes préparatoires littéraires à l'Institution Sainte-Geneviève à Meaux, auteur de *La Philosophie et le Bonheur*, Flammarion, 1997 ; *La Philosophie et l'Amour*, Le Pommier, 2000, à paraître.

** *Sciences Humaines*, n° 75, août/septembre 1997.

vouent à de nobles causes, en sacrifiant éventuellement leur bonheur. L'homme se trouve donc en face de deux fins possibles pour son existence, le bien et le bonheur, qui ne coïncident pas toujours. C'est évidemment une alternative majeure, mais force est de constater que si les hommes devraient se préoccuper du bien et de la justice, tous ne le font pas, alors que tous poursuivent effectivement le bonheur.

Dire que le bonheur est la fin ultime des hommes ne suffit pourtant pas à le définir. Il faut encore en saisir l'essence. Nous nous heurtons ici à une objection : on ne peut donner aucune définition générale de ce terme puisque telle personne pense trouver son bonheur dans l'amour, telle autre dans la gloire, etc. Mais c'est là confondre la diversité des moyens du bonheur avec cet état lui-même, qui doit bien avoir quelque chose d'identique en chaque homme pour qu'on puisse légitimement le désigner du même terme.

Le bonheur est un état de satisfaction, chacun l'accordera, et même de satisfaction durable. En effet, un plaisir, une joie, *un* bonheur ne font pas encore *le* bonheur. Le plaisir et la joie proviennent de la satisfaction de nos désirs, mais il faut que tous nos désirs soient satisfaits pour parvenir au bonheur. En effet, si un désir demeure inassouvi, il nous fait souffrir et ruine notre bonheur. L'homme qui a presque tout pour être heureux, mais à qui manque une seule chose, telle que la santé ou l'amour partagé, est en fait bien malheureux. C'est pourquoi Kant définit le bonheur comme la totalité des satisfactions possibles.

Mais curieusement, si tous les hommes courent après le bonheur, presque aucun ne prend le temps de réfléchir à ce qu'il est véritablement, et au moyen de le conquérir. Le philosophe est précisément celui qui se pose ces questions, qui pense qu'il a besoin d'une stratégie pour conquérir le bonheur, d'une nouvelle manière de mener sa vie, ce qui s'appelle originellement une sagesse. La sagesse, la *sophia* en grec, désigne en effet la méthode du bonheur, la connaissance de l'art de conduire sa vie et, par extension seulement, le savoir en général.

### Le bonheur aux dépens de la morale…

Parmi les premiers penseurs à avoir proposé une sagesse se trouvent les sophistes. Nous connaissons surtout certains d'entre eux, tels Gorgias ou Protagoras, parce que Platon (428-348 av. J.-C.) les a transformés en personnages de ses dialogues. Pour être heureux, affirment-ils, il faut pouvoir satisfaire tous ses désirs. Ce qui implique d'avoir le maximum de richesse et de pouvoir. Comme, pour être vraiment libre, il faut n'avoir personne qui vous commande, il faut être à la tête de la société.

Mais comment parvenir au pouvoir ? Selon la doctrine sophiste, telle que nous la rapporte Platon, aucune science, aucun talent particuliers ne sont nécessaires, si ce n'est de savoir parler : l'art rhétorique. Le pouvoir s'arrache en effet par la conviction, surtout en démocratie. Pour cela, il ne faut pas hésiter à faire des promesses que l'on ne tiendra pas et à mentir. Bref, pour réussir dans la

vie et obtenir le bonheur, il faut se débarrasser de tout scrupule. La morale n'a été inventée que par les êtres faibles pour se protéger des exactions des forts, mais ceux qui possèdent la force ne doivent pas se soumettre à cette justice purement conventionnelle. Ils doivent obéir à la justice naturelle, qui veut que le plus fort domine. Friedrich Nietzsche (1844-1900) reprendra et approfondira cette idée des sophistes sur l'origine et la valeur de la morale.
Les recherches actuelles tendent cependant à reconnaître chez les premiers sophistes une dimension humaniste et démocratique, ce qui les distingue de leurs disciples versant dans le cynisme politique que fustige Platon.

### … ou la morale aux dépens du bonheur

La doctrine des sophistes est à la fois logique et parfaitement immorale. Elle a suscité des réactions violentes de défense des valeurs traditionnelles menacées. Les religions ont affirmé le caractère sacré de ces valeurs, et ont subordonné le bonheur de l'homme au respect de la morale. Des mouvements similaires ont agité la pensée hébraïque : le bonheur ne sera donné par le Tout-Puissant qu'à ceux qui auront respecté les lois divines. Mais cette préséance ne se vérifie pas dans le monde : Job, le juste, est misérable et malheureux, alors que des crapules sont florissantes. D'où la nécessité d'affirmer que la récompense de la vertu se fera plus tard, lors du règne du Messie, ou du retour de l'Age d'or, ou même, plus radicalement, dans un autre monde, lors de la vie après la mort. Conception qui se renforcera avec le christianisme, mais que l'on trouve d'abord dans les religions orphiques venues d'Orient qui prospéraient en Grèce et influencèrent la pensée de Platon. Selon elles, l'homme doit en cette vie se purifier du mal qui est en lui, des appétits corporels, afin de libérer son âme qui pourra enfin goûter le bonheur après la mort. Si le bonheur terrestre va contre la morale, il doit être sacrifié. Il faut en cette vie se soucier uniquement d'obéir aux lois morales, qui sont des lois divines. La raison qui voudrait, par ses calculs, nous procurer le bonheur, est d'essence mauvaise, voire diabolique.
Les mêmes thèses se retrouvent chez Martin Luther (1483-1546), et chez Blaise Pascal (1623-1662), avec le célèbre argument du pari, enfin chez Søren Kierkegaard (1813-1855), trois penseurs qui, par-delà leurs différences, partagent la certitude que l'homme est essentiellement mauvais, à cause du péché originel. Pour S. Kierkegaard, l'attitude existentielle juste, l'attitude religieuse, est de renoncer à tout bonheur terrestre.
Emmanuel Kant (1724-1804) affirme de son côté qu'il ne faut pas confondre la morale, visée du bien, et la sagesse, méthode du bonheur. La première prime, et obéir à la loi morale exige que nous sacrifiions parfois notre intérêt et notre bonheur. Certes, selon Kant, le bonheur n'est pas absolument exclu, à condition qu'il soit obtenu dans le strict respect de la loi morale. Il affirme même qu'il y a un devoir d'être heureux, comme de se cultiver, car un homme heureux sera soumis à moins de tentations et pourra plus aisément

accomplir son devoir. Mais, d'un autre côté, notre conscience est obscure à elle-même, nous ne savons jamais si nous faisons le bien par devoir ou pour un motif intéressé, comme un désir de gloire. Dès lors, puisque celui qui fait le bien *avec* plaisir peut aussi le faire seulement *par* plaisir, et non par devoir, donc sans valeur morale, le seul moyen de se prouver à soi-même sa moralité sera de sacrifier son bonheur au devoir, et Hegel n'a pas tort d'affirmer qu'en leur sens profond, les exigences morales kantiennes excluent notre bonheur.
Cependant, toute la pensée d'inspiration chrétienne n'est pas aussi pessimiste. Saint Thomas d'Aquin opère une synthèse entre morale chrétienne et sagesse grecque. Il affirme que les lois divines ne sont pas seulement des interdits frustrants, mais constituent la véritable sagesse. Le bonheur se trouve dans l'amour du prochain, mais cela ne devient compréhensible qu'à partir des sagesses antiques.

### Savoir se contenter de ce que l'on a

Si la pensée d'inspiration morale et religieuse s'attache surtout à affirmer le caractère absolu des valeurs, d'autres approches, plus philosophiques, s'opposent à la doctrine des sophistes sur un terrain différent, celui de l'efficacité de leur méthode du bonheur. Platon prend ainsi les sophistes comme adversaires philosophiques privilégiés. Parmi les multiples arguments qu'il leur objecte, l'un des principaux est le suivant : rechercher le maximum de pouvoir en vue de satisfaire tous ses désirs, afin de parvenir au bonheur, est parfaitement illusoire. En effet, plus notre pouvoir augmente, plus nos désirs s'accroissent. Donc, plus grande est la quantité de désirs inassouvis, et aussi notre insatisfaction et notre souffrance. L'expérience montre de fait que les pauvres ne désirent que peu de choses, qui sont aisées à se procurer, alors que les riches désirent toujours avoir davantage, et souffrent affreusement de la moindre babiole qui leur manque. Dès lors, le tyran n'est pas le plus heureux des hommes, mais le plus malheureux ; lui qui croit commander aux autres hommes est en fait esclave de ses désirs.
Cette analyse peut servir de fondement à presque toutes les sagesses développées ultérieurement. Toutes tendent à affirmer qu'il convient plutôt de viser la modération, voire la suppression des désirs. L'une des plus célèbres sagesses, celle d'Epicure (341-270 av. J.-C.), est d'ailleurs aussi l'objet des plus vastes contresens. Certes, Epicure pense, en matérialiste et en sensualiste, que l'on parvient au bonheur par l'accumulation du plaisir, mais il ne faut pas, selon lui, poursuivre tous les plaisirs, car ils peuvent se révéler néfastes et nous faire souffrir. Il convient plutôt d'opérer un tri, de rejeter les désirs qui ne sont ni naturels, ni nécessaires à notre paix, bref, de mener une vie ascétique. Epicure en vient à redéfinir le plaisir d'une façon originale comme simple absence de souffrance, comme absence de troubles passionnels dans l'âme, c'est-à-dire comme « ataraxie ». La tradition qui fait de l'épicurien un bon vivant est donc un parfait contresens. Une semblable redéfinition du bonheur se trouve au sein du bouddhisme *(voir l'encadré ci-contre)*.

## Du bouddhisme à Schopenhauer

Le bouddhisme séduit beaucoup d'Occidentaux, mais qui en restent souvent à son sujet à de simples images de spiritualité, sans en comprendre le sens réel. Or, même s'il s'est éparpillé en de multiples religions, l'enseignement du Bouddha a d'abord été une sagesse strictement philosophique, plus radicale en un sens que celles de l'Antiquité grecque. Pour lui, tout désir nous voue à la souffrance et est mauvais, donc à éliminer. Le bouddhisme vise dès lors à tuer tout désir en nous, y compris celui de vivre et d'être un individu. Celui qui y parvient atteindra le « nirvana », état de délivrance du désir et des souffrances ; il cessera de se réincarner, de vivre des existences malheureuses, et se fondra dans l'Absolu, principe rigoureusement impersonnel, à l'opposé du Dieu judéo-chrétien.

Logiquement, le bouddhisme ne peut être qu'une religion sans dieu, même s'il s'est historiquement mélangé à toutes sortes de croyances populaires. De fait, ses idées fondamentales seront reprises au XIXe siècle par Arthur Schopenhauer (1788-1860), qui se proclame strictement athée. Pour lui, l'existence procède du vouloir-vivre, et est absurde, puisqu'elle est essentiellement souffrance et qu'elle ne mène à rien. En effet, Dieu n'existant pas, il n'y a ni paradis, ni récompense, ni bonheur qui nous attendent.

La seule chose que nous ayons à faire, c'est de tuer en nous le vouloir-vivre, afin d'échapper à la vaine souffrance de l'existence. Des penseurs contemporains, comme Clément Rosset ou André Comte-Sponville, reprennent certaines de ces vues, et tentent sur ces prémisses d'élaborer des sagesses tragiques qui échappent à un tel pessimisme. Trop souvent, ces sagesses prônent la négation de toute espérance et de toute ambition. Il est cependant possible d'envisager une sagesse davantage compatible avec la dignité humaine (1).

P. V.D.B.

1. P. Van den Bosch, *La Philosophie et le Bonheur*, Flammarion, 1997.

Les stoïciens, dont l'école philosophique, née en Grèce au IIIe siècle avant J.-C., a rayonné dans l'Empire romain jusqu'au IIe siècle après J.-C., proposent une sagesse qui deviendra proverbiale, entérinée par l'adjectif « stoïque ». Ils se fondent sur l'absolue liberté de la volonté humaine. La plupart des hommes en usent bien mal, puisqu'ils désirent ce qui ne dépend pas d'eux, mais des autres et de la Nature. Désirant la richesse, la puissance, l'amour ou la gloire, qu'ils ne sont nullement certains d'obtenir ou de conserver, les hommes se rendent malheureux. Le secret du bonheur réside donc dans le bon usage de sa volonté, dans la maîtrise de ses pensées et de ses opinions. Il suffit de vouloir ce qui arrive pour être comblé. Il faut plier sa volonté à l'ordre de la Nature, ce qui est d'autant plus aisé que cet ordre est non seulement nécessaire, mais aussi bon. Accorder sa volonté au cours de la Nature, c'est vouloir tout ce qui advient, et dès lors, puisqu'on obtient précisément ce que l'on voulait, c'est être heureux. Dans le vaste Empire romain, où chaque homme se sentait écrasé et frappé d'impuissance, cette sagesse séduisit toutes les classes sociales, puisque les deux plus illustres représentants du stoïcisme sont Epictète (v. 50-125 ou 130 apr. J.-C.), qui était esclave, et Marc Aurèle (121-180 apr. J.-C.), qui n'était autre que l'empereur !

La sagesse stoïcienne suppose que nous ayons tout pouvoir sur nos volontés, y compris sur nos désirs. Le rapport entre ces deux termes est analysé plus profondément par René Descartes (1596-1650), dans son traité *Des Passions de l'âme*. Descartes avait initialement une tout autre approche du bonheur. Ivre de ses premières découvertes fondant la science moderne, il avait pensé que le développement complet des sciences et de leurs applications techniques rendrait l'homme *« comme maître et possesseur de la Nature »*, et capable de conquérir le bonheur. Puis, s'apercevant qu'il ne saurait le mener à bien en sa seule vie, il songea à trouver un autre moyen de parvenir au bonheur, et s'avisa qu'il valait mieux *« tâcher de changer ses désirs plutôt que l'ordre du monde »*, renouant ainsi avec la vieille sagesse stoïcienne.

### Aspirer à la connaissance

Si la plupart des sagesses insistent sur la limitation des désirs, jugés mauvais et responsables de nos souffrances, un autre courant attend le bonheur d'une élévation de nos désirs sur des objets supérieurs, et exalte l'importance de la connaissance. C'est le cas de Platon, qui affirme que le désir doit s'élever graduellement de l'amour vulgaire des beaux corps, à l'amour de la beauté des âmes et des sciences, à l'amour des Idées de Beau, de Bien et de toutes les Idées, qui sont les réalités véritables. Platon se demande toutefois si la béatitude de la contemplation des Idées n'est pas réservée à une existence de l'âme après la mort corporelle. Pour Aristote (384-322 av. J.-C.), le bonheur est légitimement la fin poursuivie par tous les hommes, et c'est dès ce monde que nous pouvons jouir de la compréhension de l'ordre de l'univers, la pratique de la philosophie spéculative s'identifiant avec la vraie sagesse. Mais, reconnaît Aristote, cette vie contemplative présuppose tout un ensemble de conditions, telles que la sécurité, la paix, l'aisance matérielle, le loisir, la délivrance de la servitude du travail.

Spinoza (1632-1677) opère une relecture stupéfiante de ces thèmes, à travers une réévaluation complète du désir, qui inspirera beaucoup Gilles Deleuze. Le désir est une force vitale positive, et toute joie, qui indique toujours un accroissement de notre force, est bonne. Par ailleurs, la connaissance des causes qui nous font agir nous libère des passions tristes, et nous mène à la béatitude. C'est pourquoi le grand livre de Spinoza, *L'Ethique*, s'ouvre sur une connaissance métaphysique complète de Dieu, identifié à la Nature, se poursuit par une science de l'homme et de sa psychologie, pour s'achever en traité de la liberté et du bonheur.

Friedrich Hegel (1770-1831) lui aussi pense que le bonheur procède de la connaissance, qui peut seule nous réconcilier avec le réel. Il assigne pour but à son grandiose système philosophique de nous faire comprendre quel est l'ordre et la rationalité du monde, et que le développement de l'univers naturel et surtout historique est orienté vers une fin : la réalisation de l'Esprit. Si l'homme perçoit que le monde n'est pas absurde, s'il s'arrache aux conceptions moralisatrices de types religieux et kantien, qui condamnent tout ce qui est au nom d'un Bien irréalisable, s'il cesse d'être déchiré entre une réalité désespérante et un idéal inaccessible, alors il se sentira de nouveau «chez lui» dans le monde, et pourra y être heureux.

Les utilitaristes Jeremy Bentham (1748-1832) et John Stuart Mill (1806-1873) se réclament des Grecs et prétendent que les valeurs morales et les lois légitimes ne sont fondées que sur la recherche de bonheur, ou plus précisément du maximum du bonheur pour le plus grand nombre. Cette conception modèlera l'esprit américain jusqu'à ce que ses limites apparaissent de nos jours et provoquent l'accueil enthousiaste aux Etats-Unis de la pensée de type kantien représentée par la théorie de la justice de John Rawls.

### Le bonheur oublié et retrouvé

Au XIX<sup>e</sup> siècle, hormis l'utilitarisme anglo-saxon, la question du bonheur dans la philosophie est souvent relativisée, voire repoussée. Ce mouvement culmine chez F. Nietzsche, qui fait du bonheur un but mesquin d'homme faible. C'est le *«dernier homme»* qui a inventé le bonheur, dit-il. C'est l'homme contemporain, avatar du nihilisme, de l'effondrement généralisé de toutes les pseudo-valeurs platonico-judéo-chrétiennes, l'homme du troupeau, décadent, malade, stérile, qui a peur de souffrir, et cherche en toutes choses sécurité et garanties. Or, il faut dépasser l'humain et inventer le «sur-humain», l'être fort, créateur de valeur, qui saura dire oui au monde, qui, par sa surabondance de force, consumera sa vie par tous les bouts, et acceptera de payer de grandes joies au prix de grandes souffrances, au lieu de chercher un petit bonheur tranquille.

Curieusement, la préoccupation du bonheur semble disparaître de la pensée des deux pères de la philosophie du XX<sup>e</sup> siècle, Edmund Husserl (1859-1938) et Martin Heidegger (1889-1976) et de leurs disciples. E. Husserl se concentre sur la connaissance et la vérité, à partir de la conscience; Heidegger, sur la saisie pensante de l'être et sur la déconstruction de la métaphysique. Le problème du bonheur semble se déplacer vers le champ des sciences humaines, de la sociologie et de la psychologie, notamment de la psychanalyse. Par ailleurs, la question du bonheur apparaît médiatisée par la question politique. Depuis Karl Marx (1818-1883), il est entendu que l'humanité ne goûtera le bonheur qu'après une libération politique, donc une révolution. Dès lors, il n'y a plus lieu de s'interroger sur une sagesse individuelle, comme dans l'Antiquité. C'est sans doute pourquoi il faut attendre notre époque d'effondrement de l'espoir dans la politique, comme dans les progrès technologiques ou sociaux, pour voir ressurgir, sous la forme d'une aspiration populaire à la philosophie, cette obsédante question du bonheur.

# CONSTRUIRE SON BONHEUR

## Entretien avec Robert Misrahi*

*Selon le philosophe Robert Misrahi, le bonheur n'est pas le fruit spontané d'événements agréables qui surviennent dans la vie de l'individu, mais l'aboutissement d'une construction personnelle réfléchie.*

***Sciences Humaines :* Pourquoi avoir choisi le bonheur comme thème central de votre recherche philosophique ?**

**Robert Misrahi :** Ma première démarche est évidemment la recherche de la nature humaine. Mais parallèlement, il y a eu mon vécu, qui fut particulièrement difficile, puisque j'ai perdu la moitié de ma famille lors des persécutions nazies. Dans une telle situation, ou bien on se laisse couler dans le malheur et la souffrance, ou bien on réagit fortement et on tente d'aller vers quelque chose. Mais vers quoi ? Dès lors, l'enjeu qui consiste à se demander ce qu'est l'être humain n'est pas une question abstraite, mais prend toute sa substance à partir de l'expérience ; expérience du malheur certes, mais qui, à partir d'une crise, commence à dessiner un désir d'accéder à quelque chose.

J'ai ainsi pris conscience qu'au cœur de la nature humaine se situe le désir, au sens large et philosophique du terme, en tant que mouvement vers l'avenir. L'homme est désir, c'est-à-dire désir de joie. Ce n'est pas le tragique qui définit la condition humaine, mais la joie.

* *Philosophe, professeur émérite à l'université Paris-I. Il a publié notamment* Qu'est-ce que la liberté ?, *A. Colin, 1998 ;* Qu'est-ce que l'éthique ? : éthique et bonheur, *A. Colin, 1997 ;* Traité du bonheur, *vol. I :* Construction d'un château *; vol. II :* Ethique, politique et bonheur, *Seuil, 1981 et 1983.*

***SH :* Mais concrètement, comment peut-on être heureux selon vous ?**

**R.M. :** On considère habituellement que le bonheur et la joie sont des événements spontanés. Ainsi, la joie serait une émotion agréable, et le bonheur serait la somme de ces émotions. Mais si on en reste là, on est sûr d'échouer dans la recherche du bonheur, parce qu'on reste alors dépendant des événements extérieurs, qui sont fragiles et éphémères. On doit donc nécessairement faire intervenir une réflexion, qui va non seulement permettre de penser les expériences spontanées, mais qui va surtout créer un état d'esprit rendant possible une conception plus juste du bonheur. Car le bonheur est une nouvelle manière d'exister qui découle d'un changement radical de notre regard sur le monde, ce que j'appelle une conversion philosophique. Il s'agit de prendre conscience du fait que la signification des choses du monde est produite par le sujet et non pas imposée à lui. Tout part du sujet et va vers les choses, même la souffrance morale. Prenons, par exemple, l'indignation devant un événement injuste. En fait, cet événement n'est injuste que par référence à notre système de valeurs, c'est-à-dire ici la réciprocité. L'intérêt de ce renversement du regard, c'est de nous mettre en présence de notre pouvoir créateur, de notre liberté créatrice.

***SH :* Quelles sont les principales composantes du bonheur ?**

**R.M. :** Il y a trois contenus fondamentaux du bonheur : la joie de fonder sa liberté, l'amour, et la jouissance du monde. Tout d'abord, la réflexion, qui est à la fois l'instrument fondamental de la construction du bonheur et la première pierre de cette construction, permet à l'individu de devenir vraiment la source de ses décisions concernant le style de vie qui lui semble préférable à tout autre. La deuxième composante est l'amour. Une fois que l'individu a fondé sa liberté, il va rencontrer un nouvel élément du bonheur qui est la relation positive à autrui, dans l'amour, l'amitié et le lien social. Mais là encore, on ne peut pas se contenter de l'affirmation évidente selon laquelle la relation à autrui fait partie du bonheur. Se borner à cela nous placerait au niveau de la spontanéité dont j'ai parlé tout à l'heure, avec toutes ses limites. On rencontrerait alors tous les problèmes liés aux relations sociales : difficultés de communication dans le couple, conflits politiques, etc. On constate ici la fécondité de la conversion philosophique. L'individu fondateur doit opérer une conversion du regard sur autrui, qui ne va plus être perçu comme un objet, comme c'est le plus souvent le cas, mais reconnu comme un sujet. Et si chacun porte ce regard sur l'autre, les individus vont renoncer au conflit et construire leurs relations sur de nouvelles bases, sur la réciprocité et la générosité, alors qu'elles sont habituellement fondées sur la réversibilité, c'est-à-dire sur l'échange de type donnant-donnant, et sur les conflits de pouvoir.

***SH :* Le troisième et dernier élément du bonheur que vous avez évoqué est la jouissance du monde.**

**R.M. :** Effectivement, car pour être heureux, il faut savoir se réjouir du monde. Il y a ainsi la joie contemplative, qui consiste à apprécier la beauté de la nature, ou la qualité des œuvres d'art, ou encore la richesse d'un texte poétique ou d'une fiction. Il y a également la joie de l'action, qui est la manifestation du pouvoir créateur du sujet. Certains individus trouveront plus de bonheur dans telle forme de jouissance du monde, d'autres dans telle autre. On ne peut donc pas proposer un modèle *a priori* du bonheur qui s'imposerait à tous. Mais dans toutes les formes de bonheur que les individus inventent, doivent au moins être présentes les deux dimensions fondamentales suivantes : la réflexion, fondatrice de la liberté et de l'autonomie, et la réciprocité, fondatrice de la prise de conscience d'autrui.

***SH :* Mais votre conception du bonheur ne fait-elle pas fi des déterminismes sociaux et des contraintes qui pèsent sur l'individu ?**

**R.M. :** Je suis bien conscient de la réalité du malheur et de la souffrance. Mais justement, le bonheur dont je parle ne consiste pas à croire que les choses s'arrangeront toutes seules. Il faut bien comprendre que le bonheur est à la fois ce qui est le plus profondément désiré et le moins spontané. Par ailleurs, les déterminismes sociaux sont relatifs : ils résultent toujours des actions d'individus libres qui se lient eux-mêmes aux institutions qu'ils créent. C'est donc à l'individu de construire le bonheur, mais l'accès au bonheur n'est possible que dans une société fournissant les conditions sociales minimales pour poursuivre ce projet, en l'occurrence l'éducation, la santé, les droits civiques, etc. Sur le plan social et politique, la démocratie est le meilleur des régimes parce qu'elle défend la liberté des individus. Or, si un sujet n'est pas libre, il ne peut accéder à la joie. La liberté est donc une condition nécessaire mais insuffisante de la joie. Ainsi, écouter de la musique sous contrainte s'oppose au plaisir qu'on pourrait y prendre. Mais parallèlement, ce n'est pas la liberté d'accès à la musique qui fait la jouissance de la musique. Il faut également apprendre à se réjouir du monde. En conclusion, il s'agit toujours, pour les individus associés, d'accéder à une existence qui soit à la fois plénitude, signification et dynamisme.

Propos recueillis par
JACQUES LECOMTE
(*Sciences Humaines*, n° 75, août-septembre 1997)

# LES PENSEURS DE LA LIBERTÉ

XVIIe siècle | XVIIIe siècle

## Le débat sur le libre arbitre

La question de l'existence du « libre arbitre » chez l'être humain a fait l'objet d'un long débat où se sont exprimés philosophes et théologiens du XIVe au XVIIe siècle.

**Thomas d'Aquin** (1225-1274) estime que les animaux agissent par instinct, l'être humain d'après un jugement. Ce dernier possède le libre arbitre, sinon il ne pourrait se conformer aux préceptes énoncés par Dieu.

**Didier Erasme** (vers 1469-1536) et **Martin Luther** (1483-1546) se sont fortement opposés sur ce thème. Selon Erasme, l'homme est doté du libre arbitre, qui est *« la force de la volonté humaine, grâce à laquelle l'homme peut s'attacher aux choses qui conduisent au salut éternel, ou s'en détourner »*. Luther, au contraire, considère que *« le libre arbitre n'appartient qu'à Dieu »*.

**René Descartes** (1596-1650) réconcilie la toute puissance divine et la liberté humaine : l'homme dispose d'une liberté infinie par laquelle il porte *« l'image et la ressemblance de Dieu »*. C'est du bon usage du libre arbitre *« que vient le plus grand et le plus solide contentement de la vie. »*

**Baruch Spinoza** (1632-1677) rejette l'idée de libre arbitre. Il estime que *« la volonté ne peut être appelée cause libre, mais seulement cause nécessaire »*, c'est-à-dire qu'elle nécessite une cause. En fait, selon Spinoza, *« les hommes se trompent en ce qu'ils pensent être libres »*, parce qu'ils ignorent les causes qui les poussent à agir.

## E. Kant, la liberté comme autonomie

**Emmanuel Kant** (1724-1804) a surtout insisté sur la notion d'autonomie, en tant qu'aptitude humaine à respecter des principes moraux dictés par la raison et la volonté personnelle. Le respect de la loi morale est donc le signe par excellence de l'existence de la liberté humaine.

## Le libéralisme politique

Le libéralisme politique fut pris en Angleterre et aux Provinces-Unies au XVIIe siècle comme idéologie de combat contre l'absolutisme monarchique et les autorités religieuses.

**John Locke** (1632-1704) en a énoncé le premier les principes : le but de l'organisation politique n'est pas de renforcer la puissance de l'Etat mais d'offrir aux individus la liberté de penser, croire, circuler, organiser leur vie comme ils l'entendent dès lors que la liberté d'autrui n'est pas menacée.

**Montesquieu** (1689-1755) développe l'idée de la division des pouvoirs (entre autorité religieuse et politique, entre exécutif et législatif) qui garantit contre l'arbitraire de l'Etat.

Le libéralisme politique est représenté en France au XIXe siècle par des hommes comme : **Benjamin Constant** (1767-1830), inlassable dénonciateur de la tyrannie et des régimes despotiques (jacobin ou bonapartiste) auteur de *La Liberté des Anciens et des Modernes* ; **François Guizot** (1787-1874) ou **Alexis de Tocqueville** (1805-1859).

## Le libéralisme économique

Le libéralisme économique repose sur deux idées simples : le libre-échange est à la fois le meilleur stimulant de la production et le meilleur dispositif de répartition de richesses.

Les économistes « classiques » qui ont donné forme au credo libéral sont : **Adam Smith** (1723-1790), **David Ricardo** (1772-1823), **Jean-Baptiste Say** (1767-1832), **John Stuart Mill** (1806-1873). Leur libéralisme n'est cependant pas radical ; ils ne s'opposent pas à toute intervention de l'Etat pour répartir les richesses.

**XIXᵉ siècle** **XXᵉ siècle**

## Existentialistes : la liberté comme angoisse

L'existentialisme correspond à une famille de pensée philosophique et non à une « école » aux frontières très précises. On y inclut généralement des penseurs comme **Søren Kierkegaard, Martin Heidegger, Jean-Paul Sartre, Karl Jaspers, Gabriel Marcel.**

Ces philosophes ont en commun plusieurs thèmes de réflexion : le sens de l'existence, l'homme face à la mort, la liberté, la subjectivité individuelle. L'existentialisme s'intéresse au vécu du sujet, à ses états d'âme – l'angoisse, l'ennui, le désespoir face à la liberté, le temps qui passe et la mort – qui sont le lot de la condition humaine.

Pour le Danois **Søren Kierkegaard** (1813-1855), l'homme vit dans l'angoisse parce qu'il ne peut trouver de réponses assurées aux grandes questions qui le tourmentent : il est sommé de choisir, mais ne sait que choisir. Il vit dans le « vertige des possibles » (*Le Concept d'angoisse,* 1844).

Dans *L'Etre et le Temps,* **Martin Heidegger** (1889-1976) fait une analyse « existentiale » de l'homme (le *Dasein*) « jeté dans le monde » qui éprouve comme un « souci », une inquiétude existentielle liée à sa liberté et sa conscience de la mort.

Chez **Jean-Paul Sartre** (1905-1980), on retrouve le thème de la liberté et de l'engagement. Sartre refuse toute vision « naturaliste » et déterministe de l'humain qui l'enfermerait dans un destin qui le dépasse. Ni Dieu, ni nature ne commandent à l'homme ce qu'il doit faire. La vie humaine est contingente et dépourvue de sens. Cette contingence ou « facticité » est le fondement de la liberté humaine mais aussi son angoisse. Cette liberté est aussi la source de l'« engagement » qui ne peut trouver d'autres raisons qu'en lui-même.

## L'anarchisme

Les penseurs anarchistes, tels que **Michel Bakounine** (1814-1876) et **Piotr Kropotkine** (1842-1921), estiment que la liberté recouvre deux aspects liés entre eux. Il y a, d'une part, la liberté individuelle, faite d'autonomie et de respect d'autrui. Ainsi, Bakounine déclare : *« Je ne deviens libre que par la liberté d'autrui. »* Il y a, d'autre part, la liberté politique et sociale à venir, lorsque l'humanité aura éliminé les pouvoirs de l'Etat, de l'Eglise et de l'armée.

**Max Stirner** (1806-1856) partage l'idée que l'Etat aliène l'individu. Mais alors que les autres anarchistes valorisent l'idée de solidarité, il affirme que l'individu est unique et doit en appeler aux forces créatrices du Moi. Il est le pionnier de l'anarchisme individualiste.

## I. Berlin et les deux libertés

Historien des idées et philosophe, **Isaiah Berlin** (1909-1997) a introduit une célèbre distinction entre deux types de liberté :
– la liberté négative qui renvoie simplement au fait de ne pas être entravé dans la réalisation de ce que nous souhaitons faire (s'exprimer sans censure, liberté de circulation...) ;
– la liberté positive qui suppose un véritable pouvoir d'action : celui de contrôler les décisions publiques ou d'y prendre part.

(*Eloge de la liberté*, Calmann-Lévy, 1988).

A partir des années 1870, les « **néoclassiques** » regroupent les marginalistes (**Léon Walras** et **Vilfredo Pareto, Alfred Marshall, William Jevons, Karl Menger**, etc.) qui ont reformulé la théorie classique (modèle microéconomique du marché autoéquilibré). Les marginalistes ne sont pas, comme on le lit trop souvent, des libéraux doctrinaires et radicaux.

Dans les années 80, on voit ressurgir – surtout aux Etats-Unis – des « **néo-libéraux** » qui prônent un retrait de l'Etat dans les affaires économiques et la plus grande liberté possible dans l'économie. Ce courant est représenté par **Friedrich von Hayek** (1899-1992), le monétarisme de **Milton Friedman** (né en 1912), la théorie de l'offre de **Arthur B. Laffer** (né en 1941) et les libertariens (**James Buchanan**, **Robert Nozick**...) qui radicalisent à l'extrême les conceptions libérales en prônant la privatisation quasi totale des services publics.

**Marc Neuberg***

# LIBRE ARBITRE, AUTONOMIE ET RAISON PHILOSOPHIQUE**

**Pour les philosophes, la liberté surpasse l'absence de contrainte. Elle s'exprime par le concept d'autonomie, c'est-à-dire la capacité à se donner sa propre loi, en fonction de critères rationnels.**

Nul n'aime vivre dans la contrainte. Est-ce à dire que tous les hommes aiment la liberté ? *« Certainement pas*, diront les esprits ténébreux. *Voyez donc le peu d'empressement des gens à se défaire d'autorités que seules la coutume ou la force appuient, et voyez l'enthousiasme avec lequel certains, et parfois des peuples entiers, se soumettent à quelque meneur habile ou exalté. »*

Le pessimiste a peut-être raison. Mais il se réfère manifestement à une liberté autre que celle dont tout homme ressent la privation. Tout homme prise au moins une forme de liberté : l'absence de contrainte et l'accord avec soi-même. Je qualifierai cette liberté de « factuelle », non qu'elle soit toujours présente dans les faits (ce n'est pas le cas), mais parce qu'elle n'implique aucune vision d'un idéal humain : la liberté factuelle n'est pas encore l'autonomie.

L'autonomie, c'est la promesse de toute philosophie. Le souhait des philosophes de la tradition rationaliste (platoniciens, stoïciens ou kantiens) est de prouver qu'un être rationnel qui prise la liberté désire aussi l'autonomie, qu'un homme qui se contente de sa liberté factuelle est soit en contradiction avec lui-même, soit dans l'ignorance de sa véritable nature.

S'agit-il d'un pur rêve, comme le prétendent les sceptiques et les penseurs de tradition empiriste ? C'est là une des

* Chercheur en philosophie. Il a notamment publié *La Responsabilité, questions philosophiques*, Puf, 1997, et *Philosophie de l'action*, Académie des sciences de Bruxelles, 1993.

** *Sciences Humaines*, n° 86, août/septembre 1998.

grandes questions philosophiques. La liberté factuelle manque peut-être de grandeur, comparée à l'idéal d'autonomie. Mais la rejeter, pour cela, en la considérant comme incomplète et superficielle est pur dogmatisme.

Le premier composant de la liberté factuelle est la liberté de l'action : pouvoir faire ce que l'on veut, sans en être empêché par la volonté d'autrui. Cette liberté ne peut être totale dans l'état de société, ce qui amène le problème de la liberté politique, c'est-à-dire de savoir dans quelle mesure et selon quelles modalités il est légitime de contrecarrer les volontés des individus.

Le concept commun de liberté ne se limite pas à ce premier aspect. Parmi les choses que nous faisons volontairement, il y en a que nous aurions préféré ne pas faire et ne pas vouloir. Ainsi, flatter un puissant est une action parfois ressentie comme servile et méprisable, par celui-là même qui l'accomplit. Comment expliquer que l'on puisse ressentir comme méprisable et asservissant un acte volontaire ? Cela peut être dû à la présence, à côté des raisons de vouloir flatter, d'autres raisons de ne pas vouloir agir de la sorte, liées à notre idée de la valeur d'un être humain. Que l'acte soit ressenti comme asservissant signifie que l'homme est sensible à un second aspect de la liberté, la liberté de la volonté, c'est-à-dire l'accord de la volonté avec elle-même, l'état de celui qui, voulant telle chose, acquiesce à ce vouloir.

La liberté factuelle réside donc dans un double accord : l'accord de l'acte avec la volonté et l'accord de la volonté avec elle-même. La réflexion philosophique a pour rôle d'éprouver la consistance interne et la cohérence de ce concept de liberté avec notre savoir sur l'homme et la nature. Mais suivre les analyses des philosophes, n'est-ce pas courir le risque, avec certains, de se voir démontrer que la liberté que l'on croyait posséder n'est qu'illusion ? ou bien de s'entendre dire, par d'autres, que si nous sommes effectivement libres, ce n'est pas – ou pas seulement – pour les raisons que nous croyons ?

### Le libre arbitre et ses limites

Cette dernière position est celle des partisans du libre arbitre. « *Vous vous croyez libre,* disent-ils, *quand vous agissez selon votre vouloir et en acquiesçant à ce que vous voulez. Or, vous n'êtes libres que si votre vouloir lui-même l'est.* » Prenez des amoureux concluant mariage. Ils sont puissamment motivés par un faisceau de raisons, désirs et penchants les poussant au consentement, à tel point qu'un refus semble une impossibilité psychologique. Cependant, nous pensons, et les intéressés de même, que leur consentement est libre. Or, ils ne sont plus libres au niveau de leurs motifs et raisons d'agir. Dès lors, si l'on maintient que leur choix est libre, il faut admettre que la volonté n'est pas la résultante des éléments nous inclinant vers tel parti : nos choix procèdent en dernier ressort d'un acte de volonté totalement libre, c'est-à-dire non conditionné par nos raisons d'agir, motifs et autres penchants.

L'objection classique à cette idée de libre arbitre est qu'elle est absurde : notre intelligence se refuse à concevoir un choix radicalement indéterminé. La remarque est juste mais ne désarme pas les partisans du libre arbitre. Que la liberté contredise la raison ne constitue pas, pour eux, un argument contre la liberté, mais montre les limites de la raison (1). Face à cette logique, toute argumentation est vaine : si l'inintelligibilité du libre arbitre fait sa vertu, toute contestation de sa rationalité en ajoute à sa gloire.

Cette conception a toutefois un talon d'Achille. Car elle ne prétend tout de même pas au titre de vérité inspirée. «*La notion de libre arbitre a beau être incompréhensible,* disent ses partisans, *nous y sommes pourtant conduits par la raison dès que nous voulons justifier notre croyance commune en la liberté de nos choix.*» Mais cette notion conduit à son tour à une conséquence heurtant de front la croyance commune qu'elle prétend fonder : elle force à conclure à l'idiotie morale généralisée (2). En effet, être incapable d'expliquer pourquoi, en fin de compte, on a agi ainsi et pas autrement, c'est idiotie morale. Or, l'hypothèse d'une volonté non causée a précisément pour conséquence que fondamentalement, nos actes et nos choix sont inexplicables. Certes, nous croyons agir et prendre des décisions pour des raisons estimées les meilleures, et nous pensons que ces raisons expliquent nos actions et fondent notre responsabilité. Cependant, la thèse du libre arbitre implique que cela n'est jamais l'explication ultime. Qu'il n'y a pas d'explication ultime. Qu'en fait, le choix libre est synonyme de choix inexplicable. Ce qui nous rend incompréhensible à nous-même et les uns aux autres.

Mais cette idiotie morale, nous n'y croyons pas : chacun de nos actes et tout échange humain l'infirment. Les esprits dépités concluront ceci : notre croyance à la liberté présuppose le libre arbitre, c'est là une chimère, d'où notre liberté est elle-même chimérique. En quoi ils accordent à leurs adversaires au moins ceci : la liberté est inconcevable sans libre arbitre. C'est ce que conteste la philosophie empiriste.

### De la liberté de choix à la liberté de l'action

Les philosophes empiristes refusent de parler de liberté de la volonté, ou plutôt, entendent l'exprimer entièrement en termes de liberté de l'action. Pour reprendre notre exemple, les mariés donnent leur consentement librement car personne ne les en empêche. Et personne ne les y contraint, puisqu'au cas où ils changeraient d'avis, personne ne les empêcherait d'agir selon leur nouvelle volonté.

Le point délicat de cette solution est qu'en rabattant ainsi la liberté de choix sur la liberté de l'action, l'empirisme aplatit du coup la notion de personne humaine. L'article «Liberté» du *Dictionnaire philosophique* de Voltaire en est une bonne illustration (3). Voltaire y met en scène un dialogue entre un esprit empiriste, supposé éclairé, et un personnage empêtré dans des conceptions théologico-métaphysiques. L'empiriste, ayant exposé que la liberté est

1. C'est, en des formes différentes, ce que prétendent notamment Descartes, Kant ou Bergson.
2. F.H. Bradley, *Ethical Studies*, Clarendon Press, 1962.
3. Voltaire, *Dictionnaire philosophique*, Garnier-Flammarion, 1964.

uniquement le pouvoir de faire ce qu'il veut, se voit objecter qu'à ce compte il n'y a plus de différence entre la liberté de l'homme et celle d'un chien : voyant un lièvre, le chien veut le poursuivre et est libre de le faire s'il n'est pas attaché ou blessé aux pattes. Or, assimiler notre liberté à celle des bêtes, c'est faire injure à l'homme car, dit l'opposant, *«j'ai une âme qui raisonne beaucoup et (...) mon chien ne raisonne guère. Il n'a presque que des idées simples, et moi j'ai mille idées métaphysiques»*.

L'objection est un peu courte, car l'empirisme n'ignore pas que l'homme dispose de ressources rationnelles incomparablement plus riches que celles de l'animal. Et, surtout, cette puissance rationnelle le met en mesure de gouverner ses appétits, de renoncer à des plaisirs immédiats afin de ne pas compromettre des fins plus lointaines comportant des satisfactions plus grandes (4). La différence de degré entre la liberté de l'animal et celle de l'homme nous fait dire que l'homme n'est pas tributaire de sa nature.

Toutefois, il ne s'agit pas d'une liberté d'essence différente, au sens où l'homme échapperait radicalement à la nature. Nul, même l'homme le plus sage, ne saurait agir hors nature. D'où, pour en revenir au métaphysicien et à son chien, cette réplique de l'empiriste voltairien : *«Eh bien ! vous êtes mille fois plus libre que lui : c'est-à-dire vous avez mille fois plus de pouvoir de penser que lui; mais vous n'êtes pas libre autrement que lui.»*

En quoi, justement, Voltaire et l'empirisme classique ont tort. La liberté de l'homme ne se limite pas à une liberté d'action élargie. En effet, l'homme n'évalue pas seulement le monde en fonction de ses désirs, et ses désirs en fonction de leur réalisation dans le monde. Il évalue aussi ses désirs en fonction des valeurs auxquelles il adhère.

Cet aspect n'est pas pris en compte par la notion de liberté de l'action. En effet, on peut être libre de faire une chose avec laquelle on est intérieurement en désaccord. La liberté de l'action n'est donc pas le tout de la liberté humaine, qui est aussi liberté de la volonté (5). Cette liberté de la volonté n'est pas le pouvoir de vouloir une chose ou son contraire, indifféremment. C'est le pouvoir de la volonté de se mettre en accord avec elle-même.

Tout homme en dispose dans une certaine mesure. Il est vrai que ce pouvoir n'est pas absolu et qu'il est inégalement réparti. Tout le monde n'est pas un athlète de la volonté et, d'ailleurs, un athlète moral à la personnalité déchirée peut échouer à réaliser un accord intérieur, tandis qu'un individu doté au départ d'un naturel heureux ou équilibré y arrive aisément. Injustice ontologique, si l'on veut. Mais s'en plaindre serait stérile. Il s'agit d'en tirer les conséquences, dont la plus importante est celle-ci : on n'a pas à juger nos semblables comme si chacun était absolument maître de soi ou pourrait l'être. Ce ne serait point justice mais férocité.

4. J. Locke, *Essai philosophique concernant l'entendement humain*, livre II, XXI.
5. H. Frankfurt, « La liberté de la volonté et la notion de personne », dans M. Neuberg (dir.), *Théorie de l'action*, Mardaga, 1991.

### Se fixer sa propre loi

On estimera peut-être le concept de liberté factuelle sans grandeur car compatible avec une vie médiocre. Ainsi, le conformiste ou l'opportuniste ne peuvent-ils, en fin de compte, être aussi libres qu'un héros moral ? La remarque est pertinente, mais ne constitue pas une objection. En effet, ce concept de liberté factuelle ne définit pas un idéal humain, mais l'une des choses nécessaires à l'homme pour être heureux. Or, de même qu'il y a des béotiens bienheureux, il y a des personnes se sentant libres tout en n'étant pas autonomes.

Précisons, car la confusion est fréquente, que le concept commun d'autonomie n'est pas l'idéal de l'autonomie conçu par la réflexion philosophique. La variété courante de l'autonomie – décider de sa vie par soi-même, ne pas subir la tutelle d'une autorité parentale, politique ou religieuse – n'excède guère la liberté factuelle : on désire ne pas être contraint d'agir contrairement à ce que l'on estime désirable. Avoir réalisé cette autonomie ne dit strictement rien quant à l'excellence, morale ou autre, de l'individu ; elle est, par exemple, compatible avec une vie égoïste.

L'idée philosophique d'autonomie va plus loin, elle consiste à vivre selon ce que la raison dit vrai. Aristippe de Cyrène, interrogé sur l'avantage des philosophes, répondit ceci : *« Si toutes les lois étaient supprimées, nous continuerions à vivre de la même façon. »* (6)

L'autonomie, au sens philosophique, rejoint l'auto-nomie, au sens étymologique, c'est-à-dire la capacité de se fixer à soi-même sa propre loi, sur la base de critères rationnels. La réponse d'Aristippe pose l'idéal philosophique de l'autonomie, mais en révèle aussi la nature ambiguë, voire inquiétante.

Commençons par l'interprétation rassurante. Celui dont la vie ne serait pas affectée par la disparition des lois leur obéit par conviction réfléchie. S'il se conforme aux lois, c'est dans la mesure où il estime que les conduites prescrites sont justes et rationnelles en soi. Nous trouvons notamment cette interprétation de l'autonomie chez Kant. Elle y joue un rôle central dans le fondement de la morale. En effet, le sujet autonome, confronté à un problème pratique, suivra une règle d'action absolument désintéressée, se guidant d'après ce qui est juste en soi, c'est-à-dire ce qui serait juste pour une communauté d'êtres purement rationnels (7).

Mais l'être humain n'est pas un pur esprit. Quel avantage peut-il retirer d'agir selon le rationnel en soi, indépendamment de toute fin empirique de vivre, à la limite, comme si le monde n'était pas ? C'est ce que pense notamment Aristippe. Pour lui, la raison est impuissante à établir une quelconque vérité, scientifique ou morale, lois et règles morales n'étant que convention. L'unique chose certaine est l'existence de nos impressions ou affections, par ailleurs incommunicables. Dès lors, la seule règle de vie rationnellement défendable consiste à suivre notre nature ani-

6. Diogène Laërce, *Vies et doctrines des philosophes illustres*, éd. M.-O. Goulet-Cazé, LGF, 1999. Aristippe est, avec Diogène de Sinope, fondateur de l'école cynique, l'un des philosophes ayant poussé l'exigence critique de la pensée socratique jusqu'à des conséquences sociales et morales radicales.

7. E. Kant, *Fondements de la métaphysique des mœurs*, section II.

male, qui d'elle-même cherche le plaisir et fuit la douleur. Aristippe défendait donc un sensualisme extrême, recherchant ou accueillant le plaisir en quelque sorte par principe philosophique et conviction rationnelle. Sa vie n'aurait donc pas été affectée par la disparition des lois, puisqu'il vivait dans l'indifférence aux lois. Et cela, non par égoïsme, mais par souci d'autonomie, par volonté d'obéir à la seule raison désintéressée, qui retient justement le principe du plaisir comme seul principe rationnellement certain. D'autres cas de figure pourraient être envisagés, dont celui du croyant ou du mystique qui, éprouvant les contradictions de la raison, s'abandonne à une révélation. Renonce-t-il à l'autonomie ou en réalise-t-il, au contraire, l'acte suprême ?

On voit que le désir d'une vie accordée à la raison peut conduire à des options existentielles très diverses. Ainsi, Kant et Aristippe sont tous deux des « mordus » de la raison, mais le premier aboutit à une conception de la raison comme fondatrice de la cité, tandis que le second estime au contraire que la raison est impuissante à construire le lien social. La position d'Aristippe est extrême et on peut s'interroger sur sa cohérence. Toutefois, le concept kantien, développé dans toutes ses conséquences, n'est peut-être pas plus acceptable. Ce qui nous amène à une question finale.

### Choisir la raison sceptique

L'idéal philosophique de l'autonomie fait vibrer en nous une corde sensible. Mais sommes-nous vraiment appelés à entrer dans les ordres de la raison, à nous faire saints rationnels avec Kant ou, tel Aristippe, mauvais garçons par méthode ? Paradoxalement, c'est un sceptique qui a le mieux compris ce à quoi nous aspirons. La philosophie, écrit David Hume, ne nous donne aucune réponse certaine à nos questions essentielles (8). Elle doute de tout et doute de son propre doute. Mais, poursuit-il, il est impossible d'échapper à ces questions, à moins de vivre une existence de brute. Nous avons besoin de réponses, même provisoires. Or, parmi les guides se proposant à nous – la religion, la raison exaltée et la raison sceptique – il faut choisir cette dernière. Son incertitude même la recommande, car de ses réponses, au moins, nous sommes sûrs de pouvoir en revenir. Et puis, autre avantage, inestimable : les erreurs de la philosophie sont rarement dangereuses, n'étant le plus souvent que ridicules.

C'est finalement cela la promesse de la philosophie, la promesse socratique : le règne de la raison… ironique.

8. D. Hume, *Traité de la nature humaine*, Livre I, IV.

**Marc Neuberg***

# DE LA RESPONSABILITÉ**

**Chacun de nous adhère à l'idée d'une responsabilité « véritable », que l'on ne peut identifier à la responsabilité juridique. Cette croyance est-elle fondée, ou n'est-elle qu'illusion ? Tel est le problème philosophique de la responsabilité.**

A CHAQUE ÉPOQUE ses idées fausses. Ce que l'idée de liberté fut à un passé récent, celle de responsabilité l'est au présent. Non que la notion de responsabilité soit creuse : les problèmes qu'elle pose sont réels et lancinants. Mais son emploi actuel dans le discours public, et dans une certaine littérature d'édification morale, est largement incantatoire. Ce n'est, en effet, que par un mélange de bons sentiments et d'idées confuses que peut s'expliquer cette chose étonnante à laquelle nous assistons : l'invocation, comme remède à des problèmes sociaux ou individuels, réels ou imaginaires, d'une idée, certes passionnante, mais qui, de toutes les notions philosophiques, est l'une des plus problématiques, fuyantes et instables.

## Que signifie : être responsable ?

**La responsabilité, condition d'imputabilité de nos actes.** Dans une première acception, la responsabilité désigne le fait d'être le sujet approprié d'une sanction juridique ou morale. De façon très générale et à un niveau purement formel, on est responsable en ce sens lorsqu'on est l'auteur de l'acte et du dommage ou du bienfait qui en résulte. Les systèmes juridiques définissent la notion d'auteur par des critères explicites, sinon univoques, les adaptant d'ailleurs aux différents types d'infrac-

* Chercheur en philosophie, Il a notamment publié : *La Responsabilité, questions philosophiques*, Puf, 1997.

** Version abrégée du texte paru dans l'ouvrage collectif *Qu'est-ce qu'être responsable ?*, J.-C. Ruano-Borbalan (dir.), Carré Seita/*Sciences Humaines*, 1997.

tions : contraventions, délits et crimes. A cette première acception de la notion de responsabilité se rattache un sens technique, celui où le droit dit d'un individu qu'il est « responsable de ses actes ». On signifie par là qu'il jouit de capacités volitives et cognitives suffisantes pour se voir, éventuellement, imputer tel acte particulier. En ce sens, tout être humain adulte normalement constitué et en possession de ses moyens est « responsable de ses actes », ce qui ne présume en rien de sa responsabilité quant à une infraction particulière : s'il est établi, par exemple, qu'un prévenu fut victime d'une erreur invincible (une erreur telle que tout homme raisonnablement averti et prudent l'eût commise), il sera excusé.

N'est pas responsable de ses actes, en ce sens technique, la personne tombant sous l'une des causes d'irresponsabilité prévues par la loi, si elle était mineure au moment des faits, notamment, ou bien *« atteinte au moment des faits d'un trouble psychique ou neuropsychique ayant aboli son discernement ou le contrôle de ses actes »* (article 122-1 du code pénal français).

Le concept de responsabilité dont traite plus particulièrement la réflexion philosophique est, selon l'expression convenue, la « responsabilité morale ». Expression quelque peu malheureuse, dans la mesure où elle incite à croire qu'il s'agit de définir une notion justifiant spécifiquement le blâme ou l'éloge moral. L'enjeu est plus large : la philosophie s'interroge sur la possibilité de concevoir une responsabilité « véritable » des agents humains, que ces agents soient ou non tenus pour responsables à l'intérieur d'une pratique sociale de responsabilité. Autrement dit, la question est la suivante : existe-t-il une notion de la responsabilité, fondée en raison, notion à l'aune de laquelle les définitions de la responsabilité contenues dans nos pratiques sociales pourraient être jugées et, le cas échéant, contestées ?

L'enquête philosophique ne présume pas, au départ, l'existence d'une notion rationnelle de responsabilité morale. Ce qui est certain, c'est qu'il existe des pratiques sociales de responsabilité, et il est non moins incontestable que chacun de nous, de façon préréflexive, adhère à l'idée d'une responsabilité « véritable », responsabilité estimée imparfaitement captée (ou pas captée du tout) par les systèmes juridiques. Cette croyance préréflexive est-elle fondée ou n'est-elle qu'illusion ? Tout le problème philosophique de la responsabilité est d'arriver à quelque clarté sur ce point.

**La responsabilité, modalité de l'agir.** Dans un second sens du terme, la responsabilité décrit une modalité de l'action : agir de façon responsable, c'est s'acquitter d'une tâche ou d'un devoir de façon réfléchie, circonspecte, prudente et consciencieuse. Généralement, cette expression s'emploie dans le cadre d'activités professionnelles ou de rôles sociaux (parents, chef d'entreprise, homme politique, etc.) impliquant un ensemble d'obligations relativement complexes et dont la mise en œuvre demande une attention et un soin soutenus.

La responsabilité comme disposition à agir est chose précieuse d'un point de vue social : la confiance que l'on place dans son médecin, son plombier ou les éducateurs de ses enfants, repose sur la croyance que l'on a affaire à des personnes prenant au sérieux « leurs responsabilités ». La responsabilité n'est pas pour autant une vertu morale. En effet, un individu peut agir de façon « responsable » au service de fins ignobles : ainsi, Eichmann fut, dit-on, un fonctionnaire efficace, consciencieux et circonspect. En tant que disposition à agir, la responsabilité est donc tout au plus une vertu instrumentale : sa valeur morale n'est pas intrinsèque, mais dérive de la bonté des fins poursuivies en raison de vertus comme la charité ou le souci d'équité.

Le propre du discours incantatoire est précisément d'extraire la notion de responsabilité de sa fonction subordonnée, pour en faire une sorte de vertu incolore et passe-partout correspondant, selon les contextes, à ce qui s'appelle, en langage précis, souci de justice, esprit de loyauté, sens civique, bienveillance, etc. Cela est caractéristique d'un discours attribuant à une certaine dégénérescence des valeurs morales les maux dont souffrent les sociétés modernes. Certes, on ne veut pas dire que les gens tuent, violent ou volent plus qu'à d'autres époques. On accuse plutôt l'homme moderne d'égotisme moral : l'indifférence à autrui et un culte exacerbé de l'individualisme le conduiraient à ne plus trouver un sens aux devoirs de solidarité, ces obligations situées au-delà du minimum moral (ne pas voler, ne pas tuer, etc.) et néanmoins essentielles à une vie sociale saine.

A supposer que ce diagnostic soit juste, il reste à savoir si le remède proposé – la revitalisation de valeurs comme le sens civique, le patriotisme, la charité, la bienveillance – est applicable. Ces notions ont, il est vrai, un air désuet, presque anachronique. C'est peut-être la raison pour laquelle on préfère parler de responsabilité, terme neutre, moins marqué par la tradition, plus moderne en quelque sorte. Mais ne nous leurrons pas : ou bien le discours incantatoire de la responsabilité peut se traduire en une exigence de renaissance des qualités précitées, ou bien il ne peut se traduire en rien de cela et n'est qu'une coquille vide.

**« Responsabiliser » et « responsabilisation ».** « Responsabiliser » est un néologisme (1963, d'après *Le Robert*) qui, avec sa forme substantivée, se rapporte à des situations, sinon spécifiques, du moins assez répandues dans les sociétés modernes. Les structures économiques et sociales complexes de nos sociétés, du fait qu'elles absorbent les effets de l'action individuelle, la menacent d'une perte de sens. C'est un phénomène propre à toute structure d'action complexe – la production dans une entreprise industrielle, par exemple – mais les problèmes les plus intéressants se posent sans doute dans le cadre de l'Etat providence.

Le premier problème est indépendant de la question du coût économique des systèmes de sécurité sociale. On affirme ainsi que la prise en charge sociale des risques de la vie (maladie, chômage, vieillesse) par un Etat providence trop généreux tend à dévaloriser les vertus sociales de prévoyance et de prudence.

L'individu désapprendrait le sens de l'effort personnel, le goût et la fierté de maîtriser son destin, s'il sait pouvoir compter sur la communauté sociale pour pallier les effets néfastes de son comportement «irresponsable».

Le second problème – plus aisément décidable à première vue – introduit le coût économique de l'Etat providence. La socialisation des risques de santé, par exemple, inviterait à une surconsommation de médicaments, de prescriptions d'analyses médicales, etc., provoquant ainsi une croissance des dépenses de santé disproportionnée par rapport à l'augmentation de l'efficacité réelle des soins.

Définissons, comme façon d'agir responsable, celle qui, adoptée par tout un chacun, permettrait d'éviter l'effet cumulatif. Or, personne n'a une motivation suffisante d'agir de façon responsable dans ces contextes. D'une part, la contribution causale de l'action individuelle à l'effet pervers est minime et cet effet lui-même fort éloigné. D'autre part, l'individu ne pâtit pas, sinon très indirectement, de sa façon «irresponsable» d'agir. Pour casser la logique menant à l'effet pervers, il faut alors «responsabiliser» les individus, c'est-à-dire leur redonner le sens d'une action prudente et réfléchie. Or, ce but ne peut pas être atteint en faisant la morale aux gens, en en appelant à leur conscience et à leur bonne volonté. L'appel moral est impuissant dans ces contextes, non pas parce que les gens sont égoïstes, mais parce qu'ils répugnent à faire des choses absurdes (ou qu'ils croient telles). Bien sûr, si tout le monde agissait de façon responsable, l'effet pervers serait évité. Cependant, l'action responsable n'a de sens, dans ces situations, qu'à la condition, justement, que l'agent ait l'assurance que tout le monde agit de même. A défaut de quoi, l'effet potentiellement bénéfique de son action sera absorbé par le comportement irresponsable des autres. L'action responsable ne réduirait pas l'effet pervers, mais lui assurerait la pérennité. Pour parler en termes moraux : les bonnes actions permettraient aux mauvaises de proliférer en toute impunité.

«Responsabiliser» doit donc signifier : faire en sorte que, pour chaque agent, quelque chose dépende de son choix entre une action responsable ou irresponsable. Ce quelque chose est le plus souvent une économie ou un gain pécuniaire. Mais, au-delà de cet effet matériel, on garantit aussi à chacun que les effets bénéfiques de son action ne seront pas annulés par l'action irresponsable des autres, et c'est cet élément psychologique qui redonne véritablement un sens à l'action responsable. La responsabilisation des individus n'est pas une opération morale, c'est une technique politique. A supposer même qu'il y ait un devoir moral d'éviter certains effets pervers – comme le prétendent certains en ce qui concerne la protection du milieu naturel (*voir l'encadré ci-contre*) –, il faudrait une bonne dose de pédanterie morale pour conclure à une obligation morale, pour chacun, d'agir de façon responsable sans garantie de l'efficacité de son action. Car, après tout, il ne s'agit pas ici de questions mettant en jeu le salut de l'âme ou l'honneur de l'individu.

## Le principe responsabilité de Hans Jonas

Dans un ouvrage bien connu, *Le Principe responsabilité* (1), Hans Jonas attribue à la notion de responsabilité une fonction morale très précise. L'auteur part de la conviction que la science et la technologie modernes ont provoqué une rupture dans le rapport entre l'homme et la nature : l'humanité est désormais capable de modifier radicalement ou même de détruire son environnement naturel. De ce pouvoir résulte, pense Jonas, un nouveau devoir moral de sollicitude envers la nature. L'auteur fait appel, pour étayer cette thèse, à une conception téléologique de la nature aux aspects parfois surprenants (Jonas soutient notamment une sorte de panpsychisme, l'animation de la matière), mais ce qui a surtout frappé les esprits, c'est l'emploi fait de la métaphore de la relation parents-enfants. De même, dit Jonas, que la bonté intrinsèque et la fragilité de la vie d'un enfant sont sources d'obligations pour ses parents et suscitent en eux un sentiment de responsabilité, la dépendance et la fragilité de la nature appellent désormais l'homme à cultiver envers elle une attitude de sollicitude et de responsabilité.

Par « nature », Jonas n'entend évidemment pas l'Univers. La pensée de l'Univers, si elle évoque un sentiment d'admiration (ou d'écrasement), ne saurait susciter un sentiment de responsabilité. Ce qu'il faut comprendre par nature, c'est la biosphère et ses habitants. Mais la métaphore parents-enfants ne tombe-t-elle pas à plat ici tout comme dans le cas de l'Univers ? Certes, l'espèce humaine a quelque capacité de nuisance par rapport à la biosphère. Toutefois, cette capacité est forcément limitée du seul fait que l'homme, s'il modifie trop radicalement son milieu naturel, en sera une des premières victimes. Et, l'espèce humaine disparue, la nature aura certainement des capacités de régénération suffisantes pour la remplacer par d'autres formes de vie.

On peut déplorer l'anéantissement possible ou probable de l'humanité. Toutefois, ce n'est pas là le point de vue de la nature, qui n'en a aucun, mais celui de l'homme lui-même. Qu'est donc, finalement, ce « principe responsabilité », sinon une fioriture entourant d'une aura morale l'intérêt bien compris de l'homme de ne pas scier la branche sur laquelle il est assis ? A moins qu'il ne s'agisse d'une description un peu pathétique de notre devoir de loyauté envers les générations futures.

M.N.

1. *Le Principe responsabilité. Une éthique pour la civilisation technologique*, trad. J. Greisch, Le Cerf, coll. « Passages », 1990.

### La responsabilité en droit pénal

Il convient de faire la distinction entre, d'une part, la pratique institutionnalisée de la responsabilité qu'est le droit pénal, et, d'autre part, l'idée de responsabilité qui est mise à l'épreuve de la raison par la réflexion philosophique.

Une pratique institutionnalisée de la responsabilité se caractérise par la façon dont elle détermine les sujets appropriés d'une sanction légale. Est responsable d'un acte, ou d'un dommage causé, la personne désignée comme responsable selon les critères adoptés et s'appliquant à son cas : dans une pratique de responsabilité, être responsable, c'est être tenu pour tel. Donc, à l'intérieur de cette pratique, et du moment que les critères du système ont été appliqués correctement, il est absurde de chercher à savoir si l'individu tenu pour responsable l'est « vraiment » ou « moralement ». Poser cette question, c'est se placer en dehors de cette pratique, et c'est se référer à une idée de responsabilité plus fondamentale, ou que l'on croit telle.

Les critères de la responsabilité pénale sont complexes dans les détails, mais ces détails ne sont pas forcément intéressants au-delà du domaine de la jurisprudence, et nous nous en tiendrons aux grandes lignes. La responsabilité pénale suppose, premièrement, un élément légal. C'est le principe exprimé par l'adage *Nulla poena sine lege*, pas de peine sans loi. Ce principe interdit notamment tout jugement rétroactif ou encore l'application des lois d'un Etat à des actes commis sur le territoire d'un autre Etat. C'est ce qui explique, par exemple, les difficultés rencontrées par la justice allemande à juger des dirigeants ou exécutants de l'appareil politique ou policier de l'ex-RDA pour des actes qui, s'ils étaient moralement condamnables – donner ou exécuter l'ordre d'abattre les concitoyens essayant de franchir le mur de Berlin –, étaient légaux dans cet Etat. La deuxième exigence, celle d'un élément matériel – normalement, le passage à l'acte – proscrit la condamnation de la seule intention criminelle. C'est le troisième élément, l'élément psychologique, qui va nous occuper plus longuement.

**La notion d'intention en droit pénal.** On peut caractériser cet élément psychologique de façon générale en disant que la loi sanctionne uniquement les infractions accomplies intentionnellement. Quant aux conditions nécessaires et suffisantes pour établir l'intentionnalité, elles sont plus ou moins fortes selon les catégories d'infractions (contraventions, délits, crimes) ou le type de délits ou de crimes.

La notion d'intention pose des problèmes de différents ordres. Un premier problème – interne au droit – concerne la cohérence du droit avec lui-même quant au poids accordé à l'intention. Ainsi, le droit français sanctionne la tentative comme le crime accompli. C'est justifiable d'un point de vue moral comme d'un point de vue de défense sociale. En effet, l'énergie criminelle – moralement condamnable ou socialement dangereuse – est la même, que la tentative ait abouti ou non. Cependant, pour les coups et blessures volontaires, la peine diffère selon les conséquences de l'acte : si un coup de poing a occasionné moins de huit jours d'immobilisation, la loi prévoit une amende de principe, et s'il a occasionné la mort ou l'infirmité, la peine est d'un maximum de vingt années de réclusion. Or, l'intention coupable a pu être la même, ses conséquences plus ou moins graves étant dues à des circonstances ne dépendant pas de l'agent (la constitution de la victime, par exemple). Evidemment, du point de vue de la responsabilité civile, l'auteur d'une infirmité doit des dédommagements plus conséquents. Mais n'y a-t-il pas incohérence à importer cet aspect compensatoire dans la sanction pénale ?

Le second problème touche, lui, au cœur de la notion de responsabilité pénale. Quelle est, peut-on demander, la raison justificative de la décision, prise en droit, de rattacher la responsabilité à la notion d'intention ; et cette raison permet elle de donner une explication unifiée de la façon dont cet élément intervient dans les différents types d'infractions ?

A première vue, cette question paraît oiseuse : si le droit lie la responsabilité à la notion d'intentionnalité, n'est-ce pas pour la simple et évidente raison qu'un agent agissant avec l'intention de causer un certain résultat en est réellement responsable ? Mais les choses ne sont pas si simples ou évidentes. Sans mentionner les arguments philosophiques mettant en doute la rationalité de la notion de responsabilité, et que nous verrons par la suite, il suffit de se rappeler les quelques remarques précédentes, pour trouver insatisfaisante cette réponse de bon sens. Elle ne permet pas, par exemple, d'expliquer pourquoi le droit retient la responsabilité dans les cas de négligence, la notion de négligence excluant celle d'intention de nuire. Certains cas, bien sûr, sont dus à quelque insouciance délibérée, à une décision de ne pas prendre toutes les précautions, mais, très souvent, l'acte négligent tient tout simplement de l'étourderie.

De même, on considère encore que les conséquences prévues mais non voulues d'un acte illicite peuvent être imputées à l'agent. Celui qui a piégé la voiture d'un ministre ne peut pas se disculper de la mort du chauffeur du ministre en disant que c'était là une conséquence prévue mais aucunement voulue. Droit et morale s'accordent sur ce point. Cependant, est-ce bien pour une raison identique ? Après tout, il n'est pas évident, en morale, que les conséquences prévues d'une action peuvent, tout comme les conséquences intentionnées, m'être imputées. C'est ce que conteste, par exemple, la doctrine dite de l'acte à double effet, utilisée notamment par la théologie morale catholique pour justifier l'euthanasie passive : le médecin administrant des analgésiques à un mourant pour le soulager prévoit que cela va hâter la mort ; cependant, dit la doctrine, cette connaissance ne vaut pas intention et donc l'acte est licite.

Il serait alors quelque peu naïf de ne voir dans la notion de responsabilité pénale qu'une version, formalisée et plus rigoureuse, de la notion de responsabilité morale. C'est pourquoi il convient de chercher d'abord dans le droit lui-même, comme pratique institutionnalisée de sanctions, les raisons justifiant le lien entre responsabilité pénale et intention.

**La responsabilité pénale et l'esprit des sanctions.** La fonction la plus évidente d'un système de droit pénal est la prévention de comportements socialement dangereux ou indésirables. Le droit entend garantir un comportement conforme aux lois en menaçant de conséquences désagréables tout contrevenant potentiel. En cas de délit accompli, la sanction est appliquée pour sauvegarder la crédibilité de la menace. Le rôle de défense sociale joué par le droit pénal étant incontestable, il est tentant d'y voir le principe justificatif, du moins le seul principe justificatif rationnellement défendable, de l'institution de la responsabilité pénale. C'est la position défendue par Jeremy Bentham (1748-1832), le fondateur de la pensée utilitariste.

En ce qui concerne plus particulièrement l'élément d'intentionnalité, Bentham estime que sa présence dans la définition de la responsabilité pénale s'explique non par un souci de se conformer à une supposée responsabilité morale, mais parce que, sans lui, les sanctions seraient inutiles et dépourvues de sens. Ainsi, si l'on ne retient pas la responsabilité des déments ou des mineurs, c'est parce que la menace d'une sanction n'a aucun pouvoir dissuasif sur eux, ces personnes ne comprenant pas ce qu'elles font ou n'ayant pas le contrôle de leurs actes. De même, si le droit accepte l'excuse de la contrainte, de l'ignorance ou de l'erreur invincibles, c'est parce que, là encore, l'agent, incapable d'éviter l'acte illicite, n'aurait pas pu en être dissuadé.

Par ailleurs, la sanction ne saurait être justifiée, dans ces cas, par sa fonction dissuasive à l'égard de tout contrevenant potentiel, car le propre de ces situations est précisément qu'aucun agent rationnel et raisonnablement prudent et avisé n'eût pu éviter l'acte illicite. Cela distingue ces cas de la simple négligence. Certes, l'agent négligent n'est souvent pas conscient du risque encouru par autrui et, au vu de cette inconscience, la menace d'une sanction est forcément inopérante. Toutefois, on estime qu'il aurait pu éviter les conséquences néfastes de son acte en faisant preuve d'un degré raisonnable de prudence. Dès lors, il est sensé de sanctionner les actes de négligence : d'une part, on incite l'agent à faire preuve dorénavant d'une vigilance accrue, et, d'autre part, on signifie aux autres membres de la société le degré de prudence attendu.

Dans cette approche, le droit ne se préoccupe pas de savoir si les agents sont réellement ou moralement responsables; il les déclare responsables selon certains critères, et ces critères sont fonctions de la rationalité sociale des sanctions. La responsabilité ne fonde donc pas la sanction, c'est, à l'inverse, la sanction qui définit la responsabilité, ce qui permet à Bentham d'écrire, en envisageant un cas-limite où la sanction serait socialement inutile : «*La prévention générale devrait être le but principal de la peine, comme elle en est la raison justificative. Au cas où un délit pourrait être considéré comme un fait isolé qui ne reviendra plus, la peine serait en pure perte, ne fai-*

*sant qu'ajouter un mal à un autre.»* (1) L'hypothèse de Bentham est incompatible avec certaines évolutions du droit, pourtant socialement acceptées. Prenons le cas de la définition légale de l'irresponsabilité psychique. Le droit pénal anglo-américain a longtemps refusé l'équivalent de la notion de «contrainte irrésistible» du Code Napoléon (*«de l'incapacité à contrôler ses actes»*, comme le dit à présent le code pénal de 1994), et ne définissait l'irresponsabilité que par le seul critère, cognitif, du défaut de discernement, de l'incapacité à *«distinguer le bien du mal»*. Une des raisons de cette réticence était que, face à un prévenu plaidant l'irresponsabilité, on s'accorde plus facilement sur la réalité de l'absence de discernement – pour qu'un agent ne sache plus discerner le bien (légal) du mal (légal), il doit être atteint d'une perturbation mentale qui se manifeste par des signes cliniques assez évidents – que sur le critère, volitif, de l'incapacité à contrôler ses actes. Les individus profondément perturbés mis à part, comment décider avec certitude que l'acte criminel d'un individu à la vie plus ou moins normale était incontrôlable plutôt qu'incontrôlé ? Sur cette question, les batailles d'experts psychiatres et psychologues devant les cours d'assises sont notoires. Comment comprendre dès lors que le droit continental depuis deux siècles, et le droit anglais, depuis le *Homicide Act* de 1957, se soient imposés cette tâche difficile, voire impossible, de rendre justice envers ceux qui, sans nier qu'ils savaient ce qu'ils faisaient, affirment qu'ils n'auraient pas pu s'en empêcher ? La réponse à ces questions est sans doute – comme l'a argumenté avec force le philosophe du droit Herbert L. A. Hart (2) – qu'on ne peut réduire, à l'instar de Bentham, la fonction de régulation sociale du droit à un aspect purement disciplinaire. Evidemment, le droit cherche à garantir la société contre les agissements antisociaux, mais il préserve aussi l'individu des prétentions sécuritaires de la société. Le lien étroit entre la responsabilité pénale et la condition de l'intentionnalité s'explique surtout par ce dernier aspect. En effet, la prise en compte de cet élément équivaut, de la part du droit, à deux décisions implicites. D'abord, à une décision de ne s'autoriser une interférence dans la destinée sociale de l'individu qu'en conséquence d'un choix posé par ce dernier. Ensuite, à une décision d'accorder une confiance de principe à la capacité et à la volonté de chaque individu de respecter les lois et de cultiver un certain degré de prudence et d'attention à l'égard d'autrui. Nos systèmes de droit comportent ainsi, dit H. Hart, une option en faveur de l'individu autonome.

Dans la conception de Hart, le droit se présente comme un système de régulation rationnel et sobre, convenant à des êtres rationnels et jaloux de leur autonomie. La sanction pénale elle-même y est vue, de façon très détachée, comme le prix à payer pour un pari perdu. Un individu hésite entre gagner sa vie comme maçon ou comme trafiquant de drogue, et se décide pour la voie crimi-

1. «Principles of Penal Law», in *Works*, Bowring Edition, t. I, 1859.
2. *Punishment and Responsibility*, Clarendon Press, 1968.

nelle. Il est pris, on lui applique une sanction à des fins dissuasives et, éventuellement, on profitera de son emprisonnement pour le persuader et le mettre en mesure de gagner sa vie de façon légale par la suite. A la limite, il n'y a pas, ici, de coupable ; seulement quelqu'un qui, connaissant le risque encouru, a joué et perdu. On arrive ainsi à dissocier la sanction pénale de l'élément de désapprobation qui l'accompagne généralement. Ce n'est pas là, en soi, une faiblesse de cette conception, car il est possible que cette idée de désapprobation ne puisse pas être justifiée de façon rationnelle.

L'élément de désapprobation des sanctions pénales est généralement exprimé par l'idée de mérite. Au moins pour les délits graves, on estime que la sanction n'est pas seulement le prix à payer pour un mauvais choix mais on croit que l'auteur de ce choix mérite la sanction. Kant a donné une formulation radicale de cette idée rétributive : *« Même si la société civile devait se dissoudre avec le consentement de tous ses membres (si, par exemple, un peuple habitant une île décidait de se séparer et de se disperser dans le monde entier), le dernier meurtrier se trouvant en prison devrait préalablement être exécuté, afin que chacun éprouve la valeur de ses actes, et que le sang versé ne retombe point sur le peuple qui n'aurait point voulu ce châtiment, car il pourrait être considéré alors comme complice de cette violation de la justice publique. »* (3) L'idée de rétribution défendue dans ce passage ne dit pas seulement que le coupable mérite la sanction au sens où il serait juste mais non obligatoire de le sanctionner ; elle dit qu'en ne sanctionnant pas, on commettrait une injustice. Une injustice envers qui ? Kant invoque ici la *« justice publique violée »*, d'autres parlent de *« l'ordre moral lésé »* ou *« déséquilibré »* par l'acte criminel et devant être *« rétabli »* en infligeant une souffrance. Ces formulations sont sibyllines. Quel peut bien être ce mystérieux ordre moral, supposé survivre, rappelons-le, à la dissolution de la société ? Mais, surtout, comment comprendre le rapport entre le fait d'infliger une souffrance et le « rétablissement » de cet ordre moral ? La thèse rétributive comporte trop d'obscurité dans sa version forte pour être défendable. Aussi, ses partisans contemporains ne soutiennent plus l'obligation de sanctionner un criminel quand l'inutilité sociale de la sanction est certaine. Mais, ajoutent-ils, souvent l'élément rétributif a, précisément, une importance sociale essentielle. Supposons que, placés dans une logique préventive éclairée (comme celle esquissée par H. Hart), la sanction d'un acte criminel donné nous apparaisse inutile. Il ne s'ensuit pas pour autant que la sanction est dépourvue de sens. Car, outre sa fonction préventive, elle a également pour fonction d'exprimer une réprobation, un rejet et une condamnation morale de l'acte criminel. Si nous disons que le criminel mérite la sanction, c'est parce que nous concevons aussi la sanction comme l'expression de la condamnation de l'acte criminel par la société, condamnation d'autant plus forte si l'acte traduit, par sa malveillance et sa nature délibérée, un mépris profond

3. *Doctrine du droit*, II, 1, E.

des normes sociales (cette interprétation ne peut s'appliquer qu'aux délits graves; les partisans de la théorie rétributive admettent généralement que la loi suit une logique purement préventive dans le cas des délits mineurs, les actes de négligence notamment).

La présence, justifiée, d'un élément rétributif dans les sanctions ne signifie pas que la justice ne serait qu'un système sophistiqué de vengeance. D'abord, parce que le ressentiment éprouvé dans le commerce quotidien est rarement un désir de vengeance, et, moins souvent que ne l'a cru Nietzsche, une jalousie du faible par rapport au fort (4). Ensuite, et surtout, il est spécieux d'assimiler le jugement pénal, contrôlé, formalisé et entouré de garanties, à un acte de vengeance. Comme le disait le juge victorien James Fitzjames Stephen : *« La loi pénale est à la vengeance à peu près ce qu'est le mariage à l'appétit sexuel. »*

Nous avons atteint à présent la ligne de partage entre responsabilité pénale et responsabilité morale. Le droit ne demande pas si nos attitudes de désapprobation, de ressentiment et de condamnation morale sont, en elles-mêmes, rationnellement fondées. Il doit en prendre acte. Tandis que le problème philosophique dit « de la responsabilité morale » commence précisément ici : savoir si nous sommes autorisés, rationnellement parlant, à faire preuve de réactions d'approbation ou de désapprobation envers autrui. L'impact de cette question sur la notion de responsabilité pénale est à peu près nul. En revanche, elle peut affecter profondément l'image que nous avons de nous et de nos relations avec autrui.

### La responsabilité morale

**La responsabilité morale et l'hypothèse du déterminisme.** Dans la vie quotidienne, nous connaissons un certain nombre de situations où l'approbation ou la désapprobation nous paraissent injustifiées. Nous excusons l'agent (ou retenons une louange) lorsque nous croyons qu'il ignorait ce qu'il faisait, n'avait pas pu prévoir les conséquences de son acte, était soumis à la contrainte ou au chantage, ou n'avait pas le contrôle de ses mouvements corporels. Blâme ou louange ne sont pas justifiés dans ces cas, dit-on, parce que la personne n'était pas l'auteur de son acte : elle n'a pas véritablement voulu ou choisi de faire le mal (ou le bien), l'erreur, l'ignorance ou la contrainte rendant impossible le choix libre. Il n'y a pas de mérite d'avoir causé un bien sans le vouloir et il n'y a pas de démérite pour un mal impossible à éviter.

L'absence de la contrainte, de l'ignorance et de l'erreur suffit-elle à établir que l'acte procédait d'un choix libre, que l'agent eût pu agir autrement (notamment, s'abstenir d'un acte immoral) ? On peut en douter, à regarder les choses de plus près. En effet, il est d'opinion commune que nos choix s'expliquent à partir de nos désirs et de nos croyances, et peut-être aussi d'éléments plus obscurs, tels des états d'humeur, de vagues sympathies et des états affectifs plus ou moins structurés. Nos choix sont donc, semble-t-il, le résultat de l'interaction d'événements et d'états antécédents. Or, si l'on suppose – hypothèse *a priori* raisonnable – que l'être

4. *La Généalogie de la morale*, livres I et II, 1887.

humain n'est pas soustrait au déterminisme de la nature, où tout effet a une cause, elle-même effet d'une cause antérieure, on doit admettre que les facteurs déterminant nos choix sont eux-mêmes causés par des antécédents sur lesquels l'agent n'a guère prise. Mais si nos choix ne sont que la résultante de déterminants, internes et externes, cela n'a plus guère de sens, semble-t-il, de dire qu'ils eussent pu être autres. Ce qui enlève toute justification à l'ensemble de nos attitudes d'approbation et de désapprobation.

C'est une ligne d'argumentation maintes fois reprise en philosophie (5) et conduisant de nombreux penseurs à croire que l'hypothèse déterministe ruine l'idée de responsabilité morale. Qu'il y ait une telle incompatibilité n'est pourtant pas évident. On ne voit guère en quoi le déterminisme impliquerait, comme le sous-entend l'argumentation précédente, que nous ne sommes maîtres ni de nos choix, ni de nos actes. Après tout, cette thèse n'implique en rien que l'agent soit incapable de délibérer, de faire des choix et d'agir en conséquence.

Si le déterminisme laisse intactes les notions de choix, de délibération, etc., en quoi donc menace-t-il la notion de responsabilité ? La meilleure façon de saisir ce qui est en jeu ici est de faire un détour par la théologie et de voir comment ce problème s'est posé dans l'hypothèse chrétienne d'un Dieu créateur. Si Dieu a créé l'homme et le soutient dans son existence, ne doit-on pas penser qu'il est responsable du mal fait par sa créature ? Comme le formule saint Augustin : *« Si les péchés viennent de ces âmes que Dieu a créées, ces âmes venant de Dieu, comment les péchés ne sont-ils pas immédiatement reportés sur Dieu lui-même ? »* (6) Pour éviter cette remontée des péchés vers le Dieu créateur, il faut admettre, semble-t-il, la présence, en l'être humain, d'un pouvoir de choix inconditionné ; quels que soient les raisons d'agir et autres mobiles faisant pencher l'homme vers tel parti, il porte en lui le pouvoir de renverser cette préférence (et s'il ne la renverse pas, c'est qu'il y acquiesce). C'est l'hypothèse du libre arbitre ; par elle, l'être humain est instauré seul auteur de ses choix et seul responsable de ses actes.

On pourrait penser qu'avec l'abandon d'une perspective théologique, la nécessité de postuler le libre arbitre tombe. Ce n'est pas sûr. Certes, on n'aura plus besoin de ce postulat pour empêcher la responsabilité de l'homme de remonter vers Dieu ; cependant, s'il est vrai, comme le dit la thèse déterministe, qu'il y a continuité entre l'homme et la nature, comment empêcher la responsabilité de l'homme de se dissoudre dans la trame des événements naturels dont l'acte humain n'est qu'un effet ?

Cependant, il faut nuancer. Nous avons vu précédemment que l'hypothèse déterministe préserve les notions d'agent, de choix, de délibération, etc. Cela est suffisant pour fonder des jugements de responsabilité d'un certain type : essentiellement ceux que prononce le droit pénal et ceux que nous prononçons, de

5. On en trouvera une présentation vigoureuse dans Kant, *Critique de la raison pratique*, I, I, 3, 1788.
6. *Du libre arbitre*, I, II, 4.

## Le déterminisme et la prévisibilité de nos choix

Max Planck, le créateur de la théorie des quanta, a élaboré un argument intéressant montrant que, même si nos choix étaient scientifiquement prévisibles, ils ne sauraient l'être pour l'agent lui-même, ce fait étant suffisant pour garantir la notion de choix. Supposons, dit Planck, qu'un individu disposant d'une information complète tant sur lui-même que sur le monde, et connaissant les lois du psychisme, prédise son choix dans une circonstance donnée. Cette prédiction modifie évidemment l'état cognitif de la personne (elle sait à présent une chose de plus qu'avant). Supposons alors qu'elle passe à l'acte. Cet acte correspondra à ce qui était prévu ou n'y correspondra pas. S'il n'y correspond pas, cela signifie que l'agent a la capacité d'agir contrairement à ce qu'il avait prévu de façon certaine, et cela ruine la possibilité de principe de prévoir ses propres actes. Or, cette conclusion suit également du cas où l'acte est bien conforme à la prévision. En effet, cette conformité n'est qu'apparente, étant donné que, entre la prévision et le passage à l'acte, l'état mental du sujet s'est modifié : la personne connaît le choix prévu. Dès lors, si elle accomplit l'acte prévu, c'est parce qu'elle a décidé de l'accomplir tel que prévu. Or, cette décision n'avait pas été prévue.

Ce raisonnement peut être réitéré où cas où l'on soutiendrait que le sujet aurait également pu prévoir sa décision de s'en tenir à sa (première) prévision. On aurait alors une nouvelle prévision, s'ajoutant à l'état cognitif de l'agent. Mais là encore, s'il s'en tient à cette seconde prévision, ce sera en vertu d'une décision, non prévue, de s'en tenir à la prévision, et ainsi de suite. Autrement dit, la connaissance ne parvient pas à rattraper la volonté, qui garde toujours un pas d'avance, et cela suffit pour assurer un sens à la notion de choix.

---

Voir : Max Planck, *Vom Wesen der Willensfreiheit*, Fischer.

manière plus ou moins réfléchie, dans la vie quotidienne. Ces jugements assurent une certaine justice à nos sanctions, au fait de blâmer ou de louer, dans la mesure où nous ne sanctionnons que les actes intentionnels et où nous excusons l'agent quand certains aspects de son action lui ont échappé.

Mais cette justice paraît toute superficielle, s'il est vrai que même nos actes les plus réfléchis sont déterminés par des facteurs que nous ne contrôlons pas. Liant la responsabilité à la seule intentionnalité, nos jugements n'avalisent-ils pas du coup tous les aspects contingents et aléatoires des choix d'un individu ? Dès lors, que faut-il penser de la justice profonde de nos attitudes de blâme et d'éloge ?

**Le problème de la justice des sanctions morales.** C'est la question de la justice profonde de nos attitudes d'approbation ou de désapprobation qui est au fond du problème de la compatibilité de la responsabilité avec le déterminisme. La notion de libre arbitre permettrait, justement, de garder un sens aux notions de mérite et de démérite et à l'idée d'une justice fondamentale de nos sanctions. Quels que soient les éléments de hasard – dus aux circonstances, aux particularités psychologiques de la personne et de sa situation sociale – faisant pencher l'agent vers tel parti, ils sont annulés du moment que l'homme possède une capacité d'autodétermination inconditionnée. L'homme serait l'auteur de ses actes en un sens absolu, car, grâce à son libre arbitre, il eût pu, en toutes circonstances, choisir d'agir autrement.

L'hypothèse du libre arbitre a évidemment quelque chose d'insatisfaisant : c'est un postulat, une chose qu'on ne peut ni prouver ni réfuter. Aussi, le meilleur argument en sa faveur a toujours été que, sans ce postulat, il est impossible de fonder nos jugements de responsabilité. Or, de ce point de vue-là, précisément, il y a de bonnes raisons de croire que la thèse du libre arbitre fait fausse route. En effet, il est à tout le moins douteux que nos jugements de responsabilité présupposent, comme le présument les partisans du libre arbitre, que l'agent eût pu agir autrement dans un sens absolu. Supposez qu'un voleur à la tire vous expose qu'il trouve sa façon de gagner sa vie tout à fait acceptable, qu'il préfère cela à un travail régulier, qu'il en tire de nombreuses satisfactions, etc. Vous penserez certainement que cet homme est responsable de son genre de vie et vous le mépriserez peut-être. Vous croirez aussi fondés votre jugement et votre attitude. Si c'est là votre position, l'adoptez-vous vraiment parce que vous croyez à l'existence du libre arbitre ? Si l'on vous démontrait que cet individu a opté pour la vie de voleur et y prend goût suite à des circonstances sur lesquelles il n'a pas prise, ou encore qu'il souffre, à son insu, d'une sorte de dérèglement mental qui ferait qu'au cas où il voudrait ne plus voler, il lui serait impossible d'arrêter, cela vous inciterait-il à changer d'avis ? Sans doute pas, et pour cause, car, face à une personne acquiesçant pleinement à ses actes, il serait véritablement absurde de ne pas la tenir pour responsable.

Cela indique – comme le pense une tradition philosophique prenant son inspiration dans la notion stoïcienne de l'assentiment, tradition à laquelle on peut rattacher des penseurs comme Abélard, Descartes ou Spinoza – que le fondement de nos jugements de responsabilité ne réside guère dans une possibilité de choix inconditionnée. Il suffit que le sujet acquiesce à son choix, quelles qu'en soient les contingences initiales.

**La notion d'assentiment.** Elle ne permet pas de resoudre le problème de théodicée exposé plus haut. Etant donné que l'assentiment donné par un sujet à ses actes peut lui-même venir de facteurs indépendants de lui, cette notion ne saurait faire barrage à la remontée des péchés de la créature vers son auteur. Cependant, à un niveau purement humain, elle paraît satisfaisante. Ce qui ne signifie pas qu'on aurait ici une critère de responsabilité clair et infaillible.

Ce critère est partiellement opaque, et cette opacité explique le sentiment, connu de nous tous, que dans certains cas il y a impossibilité à juger. L'une de ces situations est la tentation. En cédant à la tentation après avoir lutté, consent-on à son acte ? Il est souvent difficile ou impossible de se prononcer, et cela non seulement pour quelqu'un d'extérieur, mais pour le sujet lui-même. Afin de savoir si on a « vraiment » voulu ce qu'en un sens on a voulu certainement (puisqu'on l'a fait), il est inutile de tourner le regard vers sa propre intériorité : ce regard n'est pas forcément aveugle (il ne l'est pas pour les situations non ambiguës), mais souvent l'intériorité elle-même est confuse.

L'opacité partielle de la notion d'assentiment n'entraîne-t-elle pas une impossibilité générale de juger, sinon pour l'agent lui-même, du moins pour toute personne extérieure ? Si quelqu'un nous dit, à propos d'un acte accompli intentionnellement, qu'il l'a voulu sans y consentir pour autant, nous sommes bien souvent obligés de le croire. Dès lors, chacun n'est-il pas en fin de compte juge de sa propre responsabilité, ce qui viderait cette idée de son sens, dans la mesure où il suffirait à chacun de pratiquer une sorte de mauvaise foi sélective pour se disculper de ses actes répréhensibles ?

Cette objection touche juste pour des actes isolés, où il est parfois impossible de savoir, pour autrui et pour le sujet lui-même, si l'agent consentait ou pas à son acte. En conséquence, la notion d'assentiment est inutilisable par le jugement pénal, les juges (humains) ne pouvant, contrairement à ce que dit la théologie du juge divin, sonder les cœurs et les reins de l'homme. Et si, comme nous le croyons, l'assentiment est au centre de la notion de responsabilité morale, on a ici la raison profonde de l'écart entre responsabilité morale et responsabilité pénale.

Il ne faut toutefois pas exagérer l'imprécision de l'idée d'assentiment. Une personne ne peut pas prétendre ne pas avoir consenti à un acte sans en donner, à autrui et à elle-même, des preuves. Pour un acte isolé, cela peut être impossible. Mais cette impossibilité même oblige le sujet à un certain comportement futur : si un toxicomane nous dit se droguer parce qu'il est victime de sa dépendance, tout en prétendant ne pas consentir à son assuétude, on est obligé de le croire, dans un premier temps. Mais on ne continuera pas à le croire, et le toxicomane ne se croira plus lui-même si, par la suite, il ne fait aucun effort pour s'en sortir, ne saisissant aucune opportunité offerte et se complaisant apparemment dans sa situation. De même, un individu prétendant être en désaccord avec ses actes accomplis à l'intérieur d'une structure collective, ne peut à la longue se contenter de la répétition de cette seule affirmation sans qu'elle ne devienne suspecte. Il doit rendre ce désaccord crédible, à nous et à soi-même. Pour cela, il doit poser des actes de distanciation vis-à-vis de la structure, en commençant par refuser les satisfactions qu'elle lui offre.

**Sommes-nous responsables du mal que nous n'empêchons pas ?** Nos conceptions morales – communes ou élaborées en systèmes philosophiques – font une différence nette entre, d'une part, causer intentionnellement un mal, et, d'autre part, s'abstenir (intentionnellement) d'empêcher un mal (par exemple, ne pas intervenir pour aider un passant importuné par des voyous) ou – tels le prêtre et le lévite dans la parabole du bon Samaritain (7) – s'abstenir de venir en aide à quelqu'un frappé de malheur.
L'individu causant intentionnellement un mal – celui qui vole, médit, attente à la vie ou à l'intégrité physique d'autrui – en est tenu pour responsable et sanctionné. Celui qui s'abstient de toutes ces choses n'en est pas loué pour autant. On considère qu'il ne fait que respecter une sorte de minimum moral. Cette moralité minimale, celle des « honnêtes gens », est compatible avec un égoïsme bien compris. C'est essentiellement ce minimum moral, indispensable à la vie sociale, que les systèmes juridiques tendent à assurer.
La pensée morale, en revanche, demande à l'individu non seulement de respecter ces « devoirs négatifs » (lui interdisant de faire le mal), mais d'agir conformément à des « devoirs positifs », de faire le bien. Ainsi, la morale évangélique enseigne qu'au jour du jugement dernier, les damnés le seront aussi pour leurs omissions : « *Car j'ai eu faim et vous ne m'avez pas donné à manger, j'ai eu soif et vous ne m'avez pas donné à boire, j'étais un étranger et vous ne m'avez pas recueilli, nu et vous ne m'avez pas vêtu, malade et prisonnier et vous ne m'avez pas visité.* » (8)
Il n'est pas rare, actuellement, de voir ces « devoirs positifs » exprimés en terme de responsabilité : il serait de notre responsabilité de venir en aide aux victimes d'une catastrophe naturelle ou d'une guerre dans une contrée éloignée, ou encore de soulager la misère dans notre pays ou dans les pays du tiers-monde. L'introduction de la notion de responsabilité dans ce contexte traduit soit une thèse philosophique précise bien que contestable, soit la confusion de pensée.
La thèse philosophique – présente surtout dans la philosophie morale anglo-américaine (9) – affirme que le mal que nous n'empêchons pas nous est imputable, en principe, au même titre que le mal que nous faisons. Concrètement, ne pas venir en aide à un homme blessé (sans être à l'origine de son état) nous rend responsables de sa mort, comme si nous l'avions blessé intentionnellement ou par négligence grave. Cette thèse n'avance donc pas uniquement que nous sommes responsables de non-assistance à personne en péril. La non-assistance est bien un délit puni par la loi mais l'auteur de ce délit n'est pas jugé responsable de la mort de la victime. Tandis que la thèse philosophique en question dit que la non-assistance est moralement équivalente à l'homicide volontaire.

7. « Luc », X, 29-37.
8. « Mathieu », XXV, 31-46.
9. L'un des meilleurs exposés est S. Kagan, *The Limits of Morality*, Clarendon Press, 1989.

Cette affirmation est en contradiction avec nos jugements intuitifs : faire le mal est, pensons-nous, autrement plus grave que s'abstenir de l'empêcher. Mais ces jugements intuitifs ne résistent guère à l'analyse rationnelle, prétendent les tenants de cette thèse. L'analyse rationnelle montre, selon eux, qu'il n'y a pas de différence moralement pertinente entre un acte intentionnel et une omission intentionnelle. La démonstration de cette thèse fait appel à des considérations complexes de philosophie de l'action, et il n'est pas possible d'y entrer ici (10).

De toute façon, ce n'est le plus souvent pas à cette position philosophique précise que se réfèrent ceux qui entendent nous encourager à une action altruiste ou humanitaire en faisant appel à notre « responsabilité ». Ce discours n'affirme pas l'absence de différence morale entre faire le mal et ne pas l'empêcher. L'idée, assez vague, est que si nous pouvons empêcher un mal ou venir en aide à autrui, nous devons le faire et que, restant passifs, nous devenons, à un certain degré, responsables ou coresponsables de ce mal.

Cette position est inconsistante. Supposons : un homme décide de s'inscrire sur une liste de donneurs de moelle. Un jour, on le contacte parce qu'il s'avère compatible avec un enfant souffrant de leucémie et en attente de greffe. Dans l'immédiat, il est le seul donneur compatible, il le sait, mais il refuse, parce que, à présent, il redoute l'anesthésie générale à subir (le risque de mourir lors d'une anesthésie générale est de 1 sur 10000). Prétendre que cette personne est, par son refus, responsable de la mort de l'enfant serait un non-sens.

**Quelques suggestions de lecture**

**Textes classiques**

- Aristote, *Ethique à Nicomaque*, Livre III.
- Abélard, *Ethique ou connais-toi toi-même*, trad. M. de Gandillac, Le Cerf, coll. « Sagesses chrétiennes », 1993, Livre I, i-xii.
- D. Hume, *Enquête sur l'entendement humain*, VIII.
- E. Kant, *Critique de la raison pure*, « Troisième antinomie des idées transcendantales ».
- A. Schopenhauer, *Essai sur le libre arbitre*, trad. S. Reinach, Alcan, 1903, rééd. Aujourd'hui, 1977.
- J.-M. Guyau, *Esquisse d'une morale sans obligation, ni sanction*, Fayard, « Corpus des œuvres de philosophie en langue française », 1985, Livre III.

**Auteurs du xx^e^ siècle**

- P. Amselek, *Science, déterminisme, éthique, liberté*, Puf, 1988.
- M. Conche, « Existence et culpabilité », dans *Orientation philosophique*, Puf, 1996.
- E. Levinas, *Totalité et Infini*, LGF, 1971.
- M. Neuberg, « Contingences et responsabilité », dans *Raisons Pratiques* 6, Editions de l'EHESS, 1995.
- M. Sperber, « L'homme et ses actes », dans *Les Visages de l'histoire*, trad. O. Mannoni, Odile Jacob, 1990.
- B. Williams, *La Fortune morale*, trad. J. Lelaidier, Puf, 1994.

En effet, si cet homme est responsable, que dire de tous les donneurs potentiels (en fait, chacun de nous en bonne santé) jamais inscrits sur une liste ? Rendre cet individu seul responsable reviendrait à reporter sur lui seul la faute de tous. Par ailleurs, il est insensé de rendre tous les donneurs potentiels également responsables de la mort de l'enfant. Le concept de responsabilité devient alors creux, chacun étant à chaque instant responsable d'une infinité de choses.

La méprise fondamentale dans cela est de parler de responsabilité à propos de

10. On en trouvera un exposé et une discussion dans M. Neuberg (dir.), *La Responsabilité. Questions philosophiques*, Puf, 1997.

l'aspect de la moralité qui concerne les devoirs positifs. Bien sûr, la décision du donneur ci-dessus est détestable, et une décision contraire eût été méritoire, comme l'action de tous ceux qui se dévouent à une cause humanitaire. Mais ce qui fait la beauté et le mérite de leur action, c'est justement qu'ils décident d'agir alors qu'il n'y a aucun jugement de responsabilité qui les y oblige.

Il est certain, ou du moins probable, que la Terre serait un endroit plus agréable à vivre si elle comptait un plus grand nombre d'habitants ayant la générosité du cœur. On peut se demander, à cet égard, si l'omniprésence de la notion de responsabilité dans le discours moral actuel ne cache pas finalement, sous un dehors d'hypermoralité, un scepticisme fondamental quant à la nature morale de l'homme : n'est-ce pas parce qu'on croit ou ressent que la modernité n'est plus capable d'inspirer la richesse de cœur dont découlent les bonnes actions, qu'on veut garantir ces dernières par quelque obligation confuse ?

Mais on ne rend pas la bonne volonté obligatoire, et, en le voulant, on risque bien de faire ce que Nietzsche (11) reprochait à tous les moralistes : de pratiquer l'art inverse de l'alchimie, de transformer l'or en plomb, de déprécier ce qu'il y a de plus précieux.

11. *Le Gai Savoir*, sect. 292.

# Annexes

# MOTS CLÉS

**Adorno, Theodor W. (1903-1969)**
Avec Max Horkheimer, T. Adorno fut l'un des chefs de file de l'école de Francfort. Né dans une famille musicienne, il voulut être lui-même compositeur. Il se tourna en fait vers la philosophie mais consacrera une grande partie de son œuvre à la théorie esthétique musicale.
T. Adorno s'interroge sur la perte du sens dans un monde moderne où la rationalité (scientifique, technique, technocratique) tient une place dominante. Dans sa *Dialectique négative* (1966), il veut élever sa critique de la société au plan philosophique. L'ordre social n'est pas irréductible à un ordre unique qui exprime la Totalité, l'Unité, et donc nie les différences. Il a également dirigé des travaux empiriques de psychologie sociale sur «la personnalité autoritaire» et l'écoute radiophonique.
Principaux ouvrages : *Minimia Moralia* (1951), *Notes sur la littérature* (1958), *Dialectique négative* (1966), *Théorie esthétique* (1970).
→ *voir Francfort (école de)*
→ *voir l'article p. 109*

**Althusser, Louis (1918-1990)**
Dans *Pour Marx* (1965), *Lire* Le Capital (1965), L. Althusser s'est attaché à construire un marxisme teinté de structuralisme. Le philosophe communiste parle de «rupture épistémologique» pour distinguer deux périodes dans l'œuvre de Marx : une première période engluée dans une philosophie hégélienne où Marx est encore tributaire d'une vision idéaliste et humaniste de l'histoire. Puis une période de maturité – qui conduira au *Capital* – où le matérialisme devient une pensée véritablement scientifique propre à décrire la logique du capitalisme. L. Althusser a décrit l'idéologie et les institutions (famille, Ecole) comme des «appareils idéologiques d'Etat» au service de la reproduction du capitalisme.
Ayant fait sa carrière à l'Ecole normale supérieure, où il fut un professeur influent auprès d'une génération marquée par le gauchisme, L. Althusser s'est entouré de jeunes philosophes comme Etienne Balibar, Roger Establet, Pierre Macherey, Jacques Rancière.

**Analytique (philosophie)**
La philosophie analytique ou «philosophie du langage» est une école philosophique anglo-saxonne née en Angleterre dans les années 30. Elle est inspirée par l'œuvre de Bertrand Russell (1872-1970) et par le positivisme logique du Cercle de Vienne, installé à Cambridge à partir de 1929.
Proche de la logique formelle et de la linguistique, la philosophie analytique

rejette toute prétention à trouver une vérité ultime. Elle s'intéresse plutôt aux énoncés du langage. Le rôle de la philosophie est donc d'élucider le sens du langage, de clarifier les énoncés et les concepts utilisés dans la langue usuelle. Le courant anglais de la philosophie analytique (ou philosophie du langage ordinaire) est représenté par l'école d'Oxford : John L. Austin (1911-1960), Gilbert Ryle (1900-1976), Alfred Ayer (1910-1989). Aux Etats-Unis, elle est représentée par des auteurs comme John Searle et Willard V. Quine.

→ *voir Cercle de Vienne*

**Apel, Karl Otto (né en 1922)**

Philosophe allemand. Dans *L'Ethique de la discussion* (1994), il soutient que la science n'est pas une activité purement rationnelle et individuelle. Elle suppose une « communauté d'argumentation » et donc une « éthique de la discussion ». Que se passerait-il en effet si les scientifiques mentaient ? Tout dialogue, toute construction d'un savoir rigoureux serait impossible.

La réflexion de K.O. Apel s'inscrit dans les débats actuels (notamment avec Jürgen Habermas) sur la nécessité de construire un monde commun, une communauté de référence entre les hommes qui ne s'appuie pas sur une rationalité universelle (position de Kant ou de John Rawls) mais sur des règles communes de communication.

**Arendt, Hannah (1906-1975)**

Philosophe allemande. Elle fut l'étudiante de Heidegger (dont elle devint l'amante) et de Karl Jaspers (dont elle deviendra l'amie). Juive, elle fuit l'Allemagne pour rejoindre la France, puis les Etats-Unis où elle a passé toute sa carrière universitaire.

Dans *La Condition de l'homme moderne* (1958), H. Arendt tente de cerner la condition de l'homme comme être agissant sur le monde (la *vita activa*). L'auteur distingue trois formes principales d'action : le « travail » (*labor*), qui est une activité nécessaire à la survie et est soumis au cycle de la vie, à la routine ; l'« œuvre », qui est une activité créative, comme dans l'art, l'artisanat, l'écriture ; l'« action », troisième forme d'activité spécifiquement humaine, qui concerne l'univers politique. L'action politique met en rapport les hommes entre eux et crée un « espace public ».

H. Arendt s'interroge alors sur les liens entre ces trois types d'activité dans le monde moderne où le travail a pris une importance essentielle. Elle s'inquiète du fait que le cycle production-consommation prenne le pas sur l'« œuvre » et l'action politique.

Dans *Les Origines du totalitarisme* (1951), H. Arendt met l'accent sur l'idéologie totalitaire qui s'est construite sur un terrain précis : le nihilisme du début du siècle, l'antisémitisme et l'individualisme croissant. Les totalitarismes fascistes ou stalinien se distinguent radicalement des anciennes formes d'oppression traditionnelle (despotisme, dictature). Ils reposent sur une idéologie (la « logique d'une idée » ou « idéocratie ») marquée par la volonté de domination totale sur la société et d'expansionnisme. Un autre trait est l'invocation des « lois scientifiques » (la supériorité de la race, les lois de

l'histoire) pour justifier son action.
Principaux ouvrages : *Les Origines du totalitarisme* (1951), *Essai sur la révolution* (1963), *La Crise de la culture* (1968).
→ *voir l'article p. 155*

**Aron, Raymond (1905-1983)**
Philosophe et sociologue, sa philosophie de l'histoire est inspirée d'auteurs comme Max Weber ou Alexis de Tocqueville. R. Aron ne croit pas à une lisibilité totale de l'histoire. L'importance et le sens d'un événement ne peuvent se juger dans l'absolu, car ils évoluent au fil du temps. Par exemple, la naissance de Jésus est un événement non significatif à l'échelle de l'histoire antique jusqu'à l'essor du christianisme où, rétrospectivement, on peut considérer qu'il s'agit d'un phénomène majeur de l'histoire.
R. Aron défend une vision ouverte de l'histoire, irréductible à quelques lois, ouverte aussi à l'interprétation, même si le rôle du penseur (sociologue, historien) est de faire la part entre le probable et l'implacable (*Dimensions de la conscience historique*, 1960).
Redoutable polémiste, R. Aron a mené un combat intellectuel contre le marxisme, considéré, avec le fascisme, comme une « religion séculière ». Ses polémiques contre Jean-Paul Sartre, son ancien « petit camarade » de l'Ecole normale, et contre les idéologies sont restées célèbres.
R. Aron fut aussi un sociologue (*18 leçons sur la société industrielle,* 1962 ; *Les Etapes de la pensée sociologique*, 1967) et un spécialiste des relations internationales (*Guerre et Paix entre les nations*, 1962).

**Auto-organisation**
La notion d'auto-organisation a été développée à la fin des années 50 par les chercheurs du Biological Computer Laboratory de l'université d'Illinois, fondé par le cybernéticien Heinz von Foerster. Elle désigne la propriété de certains systèmes physiques, chimiques ou biologiques de produire des comportements plus complexes que ceux de leurs éléments, et donc de se structurer eux-mêmes, par interaction avec leur environnement. Un automate capable de se programmer lui-même, un œuf capable de se développer en embryon puis en organisme sont des modèles d'auto-organisation.

**Axiologie**
Etude des valeurs éthiques.

**Bachelard, Gaston (1884-1962)**
G. Bachelard est la figure emblématique du philosophe : grande barbe, œil malicieux, pantalon de velours, culture encyclopédique... Son parcours est exceptionnel. Entré tardivement à l'université, il a mené de front des études littéraires et scientifiques. Son œuvre abondante scrute à la fois la pensée scientifique (*La Formation de l'esprit scientifique*, 1938 ; *L'Activité rationaliste dans la physique contemporaine*, 1951) et la pensée poétique (*L'Air et les Songes*, 1942 ; *La Psychanalyse du feu*, 1938 ; *La Poétique de l'espace*, 1957).
Car G. Bachelard envisage la pensée humaine sous ses deux faces contradictoires : l'*animus* et l'*anima*, la raison et l'imagination. La science doit se défaire de la puissance évocatrice de l'imagination pour attendre une rationalité abs-

traite. Une *«psychanalyse de la pensée scientifique»* aboutit ainsi à lever les obstacles épistémologiques qu'importent les images au sein du discours scientifique.
La connaissance se construit contre l'évidence ; les faits scientifiques sont des constructions (la masse, le système héliocentrique) qui se forgent contre les données immédiates (le poids, le Soleil qui tourne autour de la Terre). L'erreur est au cœur de l'esprit scientifique : *«L'esprit scientifique se constitue sur un ensemble d'erreurs rectifiées.»* L'erreur est aussi au cœur de la méthode scientifique : celle-ci consiste plus à dépister des erreurs qu'à trouver des vérités. La science est une lutte permanente contre l'erreur, l'image trompeuse. Elle ne progresse qu'en s'opposant et n'évolue jamais sur une terre ferme et assurée.
→ *voir l'article p. 205*

**Bouveresse, Jacques (né en 1940)**
Professeur au Collège de France, il a introduit l'œuvre de Ludwig Wittgenstein en France et l'a abondamment commentée. Farouche adversaire des maîtres à penser, des donneurs de leçons et des bricoleurs de concepts, il défend les droits de la raison contre les auteurs «postmodernes», relativistes et sceptiques (*Raison et Cynisme*, 1984). Pour autant, il ne croit pas, avec L. Wittgenstein, que tous les problèmes de l'homme peuvent se résoudre dans le seul univers de la théorie (*Le Mythe de l'intériorité. Expérience, signification et langage privé chez Wittgenstein*, 1976). Dans *L'Homme probable. Robert Musil, le hasard, la moyenne et l'escargot de l'histoire* (1993), J. Bouveresse analyse la philosophie de l'histoire de Robert Musil, à une époque où l'écrivain est fortement influencé par l'application du calcul des probabilités aux phénomènes humains. Car c'est bien l'idée d'«homme moyen», de massification et de monde probable qui domine *L'Homme sans qualités*. *Le Philosophe et le Réel* (1998) est un livre-entretien qui peut servir de bonne introduction à son œuvre.

**Canguilhem, Georges (1904-1995)**
Successeur de Gaston Bachelard à la chaire d'histoire des sciences de la Sorbonne, il a étudié l'histoire de la biologie et de la médecine, dont il recherche les soubassements conceptuels. Dans son maître livre, *Le Normal et le Pathologique* (1966), il s'intéresse à la notion de maladie. Pendant longtemps, la pensée médicale a considéré la maladie comme un état de déséquilibre (excès ou manque) par rapport à une situation normale. Ce n'est que depuis une époque récente que la biologie considère que la maladie peut résulter d'un fonctionnement équilibré de l'organisme. Les représentations et concepts scientifiques sous-jacents à une époque vont guider les recherches, les découvertes, et les thérapies qui en découlent. L'œuvre de G. Canguilhem a fortement inspiré celle de Michel Foucault dont il fut le professeur.

**Castoriadis, Cornélius (1922-1998)**
Après une période où il fut révolutionnaire, militant trotskiste, puis fondateur du groupe Socialisme ou Barbarie en 1948, C. Castoriadis s'est écarté du marxisme et avec lui du matérialisme

économique. Dans *L'Institution imaginaire de la société* (1975), il affirme que l'imaginaire, le symbolique – que l'on retrouve dans les religions, les idéologies politiques, etc. – sont des piliers constitutifs de tout ordre social.
L'un des thèmes dominants de cette pensée foisonnante – qui touche à la psychanalyse, au fondement de la démocratie, à la nature du capitalisme ou à celle de l'Union soviétique – est la notion d'«autonomie» du social. Comment se produit une société, un individu? L'autonomie des sociétés consiste à concevoir l'organisation sociale comme une autocréation. Sur le plan théorique, cette auto-institution suppose de penser le social sans recours à des lois immanentes (la Nature, les lois de l'his toire, les lois économiques). La constitution de la société suppose une «autogestion» qui permette à la fois l'ordre, la création et la réorganisation consciente par les hommes eux-mêmes.
→ *voir l'article p. 163*

**Cavaillès, Jean (1903-1944)**
Répétiteur à l'Ecole normale, il s'est consacré à la philosophie des mathématiques (*Remarques sur la formation de la théorie abstraite des ensembles*, 1938). Résistant, il fut arrêté et fusillé par les nazis à la fin de la guerre.

**Cercle de Vienne**
Le Cercle de Vienne a rassemblé dans les années 30, autour du philosophe allemand Moritz Schlick (1882-1936), des philosophes (Ludwig Wittgenstein, Rudolf Carnap) et des logiciens (Kurt Gödel, Franck Otto Neurath, Hans Reichenbach). Karl Popper était aussi proche du groupe.
Le Cercle publie en 1929 un manifeste, «La conception scientifique du monde», qui dénonce la philosophie spéculative et la métaphysique qui prétendent connaître le monde mais ne sont que des jeux de l'esprit. Le manifeste prend position en faveur de la science et de la raison. Les connaissances sont de deux ordres. Il y a, d'une part, les propositions analytiques : elles relèvent de la logique, et ne sont pas liées à l'expérience. Il y a, d'autre part, les énoncés qui portent sur les faits. Le but du Cercle est de constituer un langage scientifique fondé uniquement sur deux ordres de vérités : celui de la logique (connaissances analytiques) et celui des faits (connaissancces positives). Voilà pourquoi la doctrine du Cercle de Vienne est nommée «positivisme logique».
Le Cercle de Vienne se dissoudra assez tôt. Il n'est pas certain en effet que ses membres avaient une réelle unité de vue, leur commun dénominateur étant le rejet de la métaphysique allemande et leur intérêt pour la logique. Cepen dant, K. Gödel démontre dès 1931, dans son fameux théorème, l'impossibilité de forger une logique totalement cohérente et unifiée. En outre, la montée du nazisme va contraindre plusieurs des membres du groupe à émigrer en Grande-Bretagne et aux Etats-Unis. Ils auront une influence décisive sur la philosophie dans ces pays.

**Châtelet, François (1925-1985)**
Il fut à la fois un historien des idées et un intellectuel engagé : militant progressiste, il a participé au mouvement anticolonialiste et fut très impliqué dans

les luttes étudiantes, syndicales, féministes, etc., des années 60-70.
Excellent pédagogue, esprit encyclopédique, il veut relier chaque doctrine philosophique à son contexte social et à son historique de naissance (*La Naissance de l'histoire*, 1961 ; *Histoire de la philosophie* (dir.), 8 vol., 1972-1973 ; *Une histoire de la raison*, 1992).

**Cioran, Emile Michel (1911-1995)**
Né en Roumanie, après des études de philosophie à Bucarest il émigre à Paris à la fin des années 30 (tout comme d'autres jeunes intellectuels roumains tels Eugène Ionesco ou Mircea Eliade). Penseur pessimiste, influencé par Arthur Schopenhauer, il partage avec ce dernier une vision cynique et désabusée de l'humanité où l'amertume côtoie la misanthropie : *« se répéter à soi-même mille fois par jour "rien n'a de prix ici-bas" »* (*Précis de décomposition*, 1949).
Même si l'on ne partage pas sa vision pessimiste du monde, il faut lire le *Précis de décomposition* ou *La Tentation d'exister* (1956), ou encore *Histoire et Utopie* (1960), au moins pour la beauté du style et son humour corrosif.

**Communautariens**
En 1982, Michael Sandel publie *Le Libéralisme et les limites de la justice* qui est une réponse critique à la théorie de la justice de John Rawls. Dans cette lignée, ceux que l'on va désormais appeler les communautariens (M. Sandel, Charles Taylor, Alisdair MacIntyre, Michael Walzer) s'opposent au sujet libéral, désincarné et soulignent l'importance de la communauté. Un individu ne doit pas être coupé de ses attaches communautaires, représentées par une histoire, des valeurs, des relations, des solidarités qui donnent sens à son existence.

**Complexité**
*« Je tiens pour impossible de connaître le tout sans connaître chacune des parties, ainsi que de connaître les parties sans connaître le tout »*, affirmait Pascal. Edgar Morin désigne, à travers la notion de « complexité », plusieurs défis auxquels est soumise la pensée contemporaine. Comment penser les phénomènes naturels, sociaux, humains, où interagissent une multitude de facteurs eux-mêmes interdépendants ? Comment recomposer une vision de la réalité qui relie les savoirs dispersés sans pour autant les fondre dans une hypothétique synthèse globale ? Comment intégrer le désordre, l'incertain, l'inattendu, le hasard dans la connaissance du réel ? Comment accepter la part d'irréductible et de subjectivité dans l'étude des phénomènes humains sans renoncer à l'exigence de rigueur ? Comment surmonter les clivages entre modèles rivaux (sujet/objet, individu/société, nature/culture) ?
La pensée de la complexité se présente comme un nouveau paradigme en cours d'élaboration. Parmi l'outillage intellectuel destiné à affronter la complexité, E. Morin met en avant les notions d'interaction, de *feed-back*, de boucle récursive, d'auto-organisation, d'émergence, de dialogique.
Du point de vue de la méthode, il faut aussi apprendre, nous dit E. Morin, à marier les regards objectif et subjectif, l'explication et la compréhension, la

démarche rigoureuse de la démonstration et l'art du diagnostic.
→ *voir l'article p. 255*

**Comte-Sponville, André (né en 1952)**
Avec *Le Mythe d'Icare* (1984), tome 1 du *Traité du désespoir et de la béatitude*, A. Comte-Sponville réhabilite une vision de la philosophie comme art de vivre, dans la lignée des sagesses grecque et orientale. Il professe un matérialisme humaniste. Il n'existe aucun espoir raisonnable en un Dieu salvateur, en une révolution libératrice ou en un bonheur idéal. Tout l'art de la philosophie est d'apprendre à donner un sens à sa vie sans rêver d'une raison supérieure, à faire le bien sans croire au « Bien ». Comme en leur temps les « nouveaux philosophes » (Bernard-Henri Lévy, André Glucksmann), A. Comte-Sponville fait partie des philosophes prisés par les médias, mais qui attirent la foudre des philosophes académiques…
→ *voir l'entretien p. 185*

**Dagognet, François (né en 1924)**
Médecin et philosophe des sciences, spécialiste de la pensée médicale et biologique, il se situe dans la lignée de Georges Canguilhem et Gaston Bachelard et est l'auteur de nombreuses études sur l'histoire et les méthodes des sciences biologiques.
Alors que la philosophie a tendance à s'intéresser à des entités supérieures (l'Etre, l'Existence, l'Homme, etc.) et à l'essence de toute chose, F. Dagognet prend le contre-pied de cette attitude métaphysique et invite à s'intéresser à la surface des choses (*Face, surface, interface*, 1982), au concret (*Une épistémologie de l'espace concret. Néo-géographie*, 1977), à la matière (*Rematérialiser. Matières et matérialisme*, 1989), aux objets (*Eloge de l'objet, pour une philosophie de la marchandise*, 1989). Par exemple, dans *Philosophie de l'image* (1984), il étudie comment l'on se représente et l'on découvre le monde à travers les cartes, les radiographies, les photographies, les images reconstituées des microscopes, les chiffres du recensement, etc. Il réhabilite ainsi les « images persécutées » qui sont pourtant notre seul rapport au réel.

**Déconstruction**
Le terme « déconstruction » a été introduit en philosophie par Heidegger. Il correspond à son projet d'ébranler les fondements de la métaphysique occidentale. Reprise et réinvestie par Jacques Derrida, la stratégie de déconstruction vise à déstabiliser un système théorique en révélant ses soubassements, son impensé, en « ébranlant » ses bases. Elle vise notamment à mettre au jour des couples d'oppositions, du type « esprit-matière », dont chaque notion n'a de sens que par rapport à l'autre.

**Deleuze, Gilles (1925-1995)**
Il y a plusieurs facettes dans l'œuvre de Deleuze. Tout d'abord, le Deleuze professeur de philosophie, commentateur de Kant, Nietzsche, Spinoza, Hume, Bacon, Bergson. Il y a aussi le Deleuze essayiste polémiste, auteur, avec son ami Félix Guattari, d'essais qui eurent un grand retentissement tel *L'Anti-Œdipe* (1972), qui affirme le primat du désir, de la force pulsionnelle créatrice, des

*« machines désirantes »* que sont les humains contre les visions de l'homme dominées par l'idée de manque (Freud). Le style est délibérément provoquant : *« Ça respire, ça chauffe, ça mange. Ça chie, ça baise »*, lit-on en ouverture… Il y a encore le Deleuze amateur de cinéma, qui livre dans *Cinéma 1. L'image-mouvement* (1983) et *Cinéma 2. L'image-temps* (1985) ses analyses esthétiques. Enfin, il y a le Deleuze qui déploie la philosophie de la différence dans *Différence et Répétition* (1969) ou dans *La Logique du sens* (1989), ouvrages ardus.
G. Deleuze propose une vision anti-systématique, anti-hégelienne de la pensée. La pensée classique divise le monde en deux : le réel et sa représentation. Penser, c'est tenter de faire concorder les choses avec un concept, de produire ainsi une vérité. Mais les concepts que nous employons sont réducteurs, unificateurs. Ils veulent enfermer la diversité du réel, sa variété, sa création, ses singularités, dans le monde clos et figé de la représentation. S'opposant radicalement aux pensées unificatrices qui ont voulu dissoudre le singulier, l'événement, le particulier dans le moule unique de la Raison, du Système, G. Deleuze affirme le primat de l'individuel, du singulier, de l'unique. A la question *Qu'est-ce que la philosophie ?*, titre d'un de ses derniers livres (1991, en collaboration avec F. Guattari), G. Deleuze répondait : *« c'est l'invention de concepts »*.

**Dennett, Daniel C. (né en 1942)**
Cet Américain est l'un des principaux protagonistes du débat sur la philosophie de l'esprit. D.C. Dennett réfute l'idée qu'il existe quelque chose que l'on nomme la conscience. La conscience, les intentions ne sont qu'une façon commode de désigner un dispositif d'opérations mentales diverses et complexes.
Dès lors, il n'y a pas à créer une barrière infranchissable entre les capacités mentales des humains, des machines ou des animaux. Il faut simplement expliquer comment les processus mentaux, des plus simples aux plus élaborés, sont nés au cours de l'évolution, et peuvent être reproduits partiellement par des machines. Cela constitue la tâche du scientifique. Quant au rôle du philosophe, écoutons ce qu'en dit D.C. Dennett : *« Je suis un philosophe, pas un scientifique, et les philosophes sont davantage doués pour poser des questions que pour fournir des réponses »* (*La Diversité des esprits*, 1996).
Principaux ouvrages traduits en français : *La Stratégie de l'interprète* (1990), *La Conscience expliquée* (1991), *La Diversité des esprits* (1996).

**Derrida, Jacques (né en 1930)**
J. Derrida est l'inspirateur d'un courant de critique littéraire et philosophique, le déconstructionnisme, dont le projet est de repérer les ambivalences, les contradictions, les impasses au sein des textes de la philosophie occidentale. La déconstruction est une forme de critique de la pensée qui se veut trop cohérente et rigoureuse et donne ainsi l'illusion de l'unité, de l'absolu, de la vérité.
→ *voir déconstruction*
→ *voir l'encadré p. 118*

**Desanti, Jean-Toussaint (né en 1914)**
Philosophe des mathématiques, formé à la phénoménologie d'Edmund Husserl. Dans son livre majeur, *Les Idéalités mathématiques* (1968), il étudie en épistémologue un épisode particulier de l'histoire des mathématiques : le développement de la théorie des fonctions de variables réelles. Il s'interroge sur le mode d'existence et de production de nouveaux objets mathématiques.

**Dewey, John (1859-1952)**
Philosophe et pédagogue américain, il est, avec William James et Charles S. Peirce, l'un des représentants du pragmatisme. La philosophie de J. Dewey est une philosophie de l'expérience. La connaissance ne progresse que par la démarche expérimentale de confrontation entre les concepts et le réel. L'éducation doit être basée sur l'expérimentation, la confrontation de la pensée au milieu environnant et non sur l'assimilation de leçons toutes faites. C'est une conception de l'école-laboratoire.
C'est encore une conception expérimentale qui inspire sa vision de la démocratie. La société est un laboratoire où s'affrontent des idées contradictoires et s'expérimentent des solutions.
Principaux ouvrages : *Psychology* (1891), *The School and Society* (1889), *How We Think* (1910), *Democraty and Education* (1916), *Human Nature and Conduct. An Introduction to Social Psychology* (1922).
→ *voir l'article p. 249*

**Dialogique**
Au sens courant, «qui est en forme de dialogue». En linguistique, l'idée de dialogique a été introduite par le Russe Mikhaïl Bakhtine (1895-1975). Pour lui, la signification d'un mot n'est pas le reflet d'une essence (objet ou pensée) unique. Le langage est avant tout le produit du dialogue et les mots sont eux-mêmes traversés de sens divers qui leur sont attribués par l'interaction verbale. *«Le mot est une sorte de pont jeté entre moi et les autres. S'il prend appui sur moi à une extrémité, à l'autre extrémité, il prend appui sur mon interlocuteur. Le mot est le territoire commun du locuteur et de l'interlocuteur»* (*Le Marxisme et la Philosophie du langage*, 1929).
Le principe dialogique conduit à envisager les doctrines et pensées comme le produit d'un dialogue, parfois implicite, qui se déroule entre les œuvres qui se répondent les unes aux autres. Elles s'empruntent des concepts, se constituent en s'affrontant et se répondant. Chaque œuvre n'est pas à comprendre en elle-même mais comme imbriquée dans ce réseau d'interactions.
Edgar Morin emploie plus généralement la notion de dialogique pour désigner cette idée qu'en toute chose humaine coexistent et se déploient des logiques diverses et irréductibles à l'une seule d'entre elles : *«Le mot dialogique veut dire qu'il sera impossible d'arriver à un principe unique, un maître mot, quel qu'il soit»* (*La Méthode*, t. 2).

**Différence**
On regroupe parfois sous l'étiquette de «penseurs de la différence» des auteurs comme Jacques Derrida, Gilles Deleuze, Jean-François Lyotard, Michel Foucault. Leur point commun serait une critique des philosophies de la totalité, des pensées unificatrices qui enferment

le réel dans le cadre d'une seule détermination : la société, l'histoire, la nature. Contre la tendance à l'unification conceptuelle, contre les systèmes clos qui enferment le réel dans un cadre monolithique, la pensée de la différence valorise l'unique, le singulier, le « différent ». On pourrait lire politiquement cette philosophie comme une défense des minorités, des déviants, des marginaux... de tous les êtres qui, dans une société, marquent leur différence.
Les penseurs de la différence sont aussi, et c'est bien normal, tous différents... J.-F. Lyotard valorise le « différend » (au sens de litige) contre la culture du consensus ; il revendique l'expression des conflits qui expriment et traduisent la diversité des intérêts, des représentations, des identités que la culture universalisante voudrait abolir. J. Derrida préfère définir sa pratique philosophique sous le nom de « différance » (avec un a)... sans doute pour marquer sa différence...

**Dualisme**
Corps/esprit, inné/acquis, nature/culture, féminin/masculin... bien des doctrines psychologiques, anthropologiques ou philosophiques sont fondées sur la coexistence de deux principes explicatifs antagonistes. Les systèmes de pensée qui intègrent deux éléments opposés (ou distincts) sont dits « dualistes » par opposition au « monisme » qui rend compte de la réalité à partir d'un principe unique.
En philosophie de l'esprit, le dualisme est une doctrine qui oppose le monde de l'esprit à celui de la matière (on parle ainsi du « dualisme cartésien »).

**Empirisme**
Une connaissance est dite empirique si elle se rapporte à l'expérience. Le philosophe anglais John Locke (1632-1704), le père de la philosophie empirique, s'était opposé au rationalisme de Descartes selon lequel il existe en nous une raison innée. Pour J. Locke, nos idées et connaissances dérivent directement de l'expérience. David Hume (1711-1776) est, avec J. Locke, l'autre grand philosophe de l'empirisme « classique ». L'empirisme contemporain est représenté par le Cercle de Vienne (appelé aussi « positivisme logique »).
→ *voir rationalisme, Cercle de Vienne*

**Epistémologie**
Synonyme, en français, de philosophie des sciences. En anglais, le terme désigne plus généralement la philosophie de la connaissance.
→ *voir l'article p. 199*

**Eschatologie**
Ensemble des croyances relatives à la fin du monde et de l'homme. Désigne souvent soit la vie éternelle (dans un sens religieux), soit l'avènement d'une société idéale (dans un sens laïc).

**Esprit (philosophie de l')**
L'essor des sciences cognitives a ravivé le débat sur le fonctionnement du psychisme humain et la nature de la connaissance. Les machines pensent-elles ? Quels liens se nouent entre la pensée et son support matériel : le cerveau ? Les animaux ont-ils des intentions ? Voilà quelques-unes des questions abordées par la philosophie de l'esprit contemporaine qui s'est surtout

développée dans les pays anglo-saxons. Signalons que le terme «esprit» (*mind*) n'a pas, en anglais, la connotation spiritualiste qu'il peut avoir en français.
La prégnance actuelle de la philosophie de l'esprit anglo-saxonne ne doit pas faire oublier que l'Europe possède une riche tradition de philosophie de l'esprit avec notamment Friedrich Hegel, Edmund Husserl, Henri Bergson ou Hans-Georg Gadamer.
→ *voir l'article p. 227*

**Ethique**

*«Tu ne tueras pas», «tu ne voleras pas», «tu aideras ton prochain»* : les morales des grandes religions définissent les devoirs et les interdits par l'intermédiaire d'un code dicté aux hommes par Dieu. Les philosophes de la modernité ont cherché comment fonder une éthique qui soit à la fois universelle mais se passe du recours à la tradition ou à la transcendance divine. Ainsi Emmanuel Kant, dans *La Critique de la raison pratique* (1788), a-t-il défini un «impératif catégorique» (*«Agis toujours de telle sorte que la maxime de ton action puisse être érigée en règle universelle»*) qui est une règle universelle qui doit s'imposer raisonnablement à tous.
L'idée que la morale puisse être fondée sur la raison a été contestée par David Hume : *«Il n'est pas contraire à la raison de préférer la destruction du monde entier à une égratignure de mon doigt. Il n'est pas contraire à la raison que je choisisse de me ruiner complètement pour prévenir le moindre malaise d'un Indien ou d'une personne complètement inconnue de moi»* (*Traité de la nature humaine*, 1739). Pour D. Hume, la morale n'a pas de fondement ultime autre que l'émotion, la subjectivité des sentiments.
Le problème contemporain de la morale est que l'on ne croit plus vraiment en une vérité supérieure : Dieu, la raison ou la nature. Dès lors, faut-il accepter le nihilisme (*«Si Dieu est mort, alors tout est permis»*) ? Ou faut-il admettre que la morale n'a pas besoin de valeur supérieure pour se justifier, qu'elle trouve en elle-même sa propre justification ?
Face à la difficulté, les morales contemporaines affirment soit un certain relativisme (idée de pluralité des sphères morales), soit une autonomie de l'éthique. Les animaux doivent-ils être utilisés pour l'expérimentation médicale ? A-t-on le droit d'euthanasier des enfants souffrant de handicaps graves ? La peine de mort est-elle justifiable ? A-t-on des devoirs vis-à-vis de la nature ?... Autant de questions morales que suscitent les évolutions de nos sociétés. Aujourd'hui, de nouveaux problèmes émergent, qui poussent à définir des règles de morale : la procréation artificielle (bioéthique), la protection de l'environnement.

**Existentialisme**

L'existentialisme correspond à une famille de pensée, à un courant philosophique et non à une «école» aux frontières très précises. On y inclut généralement des penseurs comme Søren Kierkegaard, Martin Heidegger, Karl Jaspers, Jean-Paul Sartre, Nicolas Berdiaeff, Gabriel Marcel. Ces auteurs ont en commun plusieurs thèmes de réflexion : la condition humaine, l'homme face à la mort, la liberté, la subjectivité individuelle. L'existentialisme s'intéresse aux vécus du sujet, à ses états d'âme ; celui-ci ressent l'angoisse, l'ennui, le désespoir, la culpabilité, etc. Il est confronté à sa liberté, au temps qui passe et la mort. Le sens de l'existence est au cœur de la problématique existentialiste.

**Ferry, Luc (né en 1951)**

Spécialiste de philosophie politique, il a réhabilité les notions de sujet et d'individu, contre les maîtres à penser de la «pensée 68», qualifiés d'«anti-humanistes». Il s'interroge sur les formes de l'individualisme contemporain (*Homo Æstheticus*, 1990 ; *L'Homme-dieu ou le sens de la vie*, 1996) et sur les droits de l'homme dans une société démocratique (*Philosophie politique*, 3 vol., avec Alain Renaut, 1984-1985).

→ *voir l'entretien p. 49*

**Feyerabend, Paul (1924-1994)**

Physicien et philosophe des sciences, P. Feyerabend a enseigné à Berkeley et à Zurich. Il montre, en s'appuyant sur des exemples précis de l'histoire des sciences, que beaucoup de théories scientifiques (celles de Galilée, de Newton, de la relativité) se sont imposées contre certains faits expérimentaux, parfois des incohérences internes, et en dépit de faiblesses avérées. «*La théorie de gravitation de Newton fut assaillie dès le début par des difficultés si graves qu'elles pouvaient fonder une réfutation. (...) La théorie de la relativité restreinte fut retenue malgré les résultats expérimentaux indubitables de Kaufmann en 1906 et malgré la réfutation de D.C. Miller*» (*Contre la méthode*, 1979). Il en conclut que les grands physiciens se sont affranchis des règles de la méthode pour faire avancer les sciences. Conclusion : en matière scientifique, il n'y a pas une méthode idéale qui s'impose et «*tout est bon*». Cette théorie anarchiste de la connaissance correspond bien à la personnalité non conformiste et provocatrice de P. Feyerabend.

→ *voir l'article p. 215*

**Fonctionnalisme**

En philosophie de l'esprit, la théorie dite fonctionnaliste est née en réaction aux «théories de l'identité» (ou *mind-brain identity theory*) selon lesquelles cerveau et esprit sont une seule et même chose. Le fonctionnalisme défend, sur le plan méthodologique, une séparation entre l'étude des «actes mentaux» et celle de leur support matériel.

Les activités mentales peuvent être analysées de deux points de vue : soit sous l'angle du support matériel, en termes d'activités physiologiques ; soit sous l'angle des états mentaux, en termes d'opérations logiques. Le rapport entre le cerveau et l'esprit est le même qu'entre un logiciel et un ordinateur. Transformer la logique des opérations mentales en termes physiques n'est pas forcément utile. On peut effectuer un calcul mathématique avec des supports aussi différents qu'un boulier, une calculette électronique, un crayon et du papier, etc.

Les états mentaux sont alors considérés comme des opérations fonctionnelles qui peuvent se traduire en termes d'algorithmes, de suites d'opérations mentales et de propositions du type : «*Jacques aime voyager*», «*L'Inde est un beau pays à visiter*» donc «*Jacques aimerait visiter l'Inde*».

**Foucault, Michel (1926-1984)**
Philosophe et historien des idées, son œuvre se développe autour de deux axes : la critique des présupposés de l'humanisme moderne (*Les Mots et les Choses*, 1966) et l'histoire de l'exercice du pouvoir, à travers les institutions psychiatriques et carcérales (*Histoire de la folie à l'âge classique*, 1961 ; *Surveiller et punir*, 1975). Sans constituer une doctrine, ses idées sur la force des discours comme instrument de pouvoir ont marqué les années 70 en Europe et sont aujourd'hui réactivées aux Etats-Unis par le courant postmoderne.
→ *voir l'article p. 85*

**Francfort (école de)**
Ce courant de pensée né en Allemagne a rassemblé des années 20 jusqu'à la fin des années 70 un groupe de philosophes : Max Horkheimer (1895-1973), Theodor Adorno (1903-1969), Walter Benjamin (1892-1940), Herbert Marcuse (1898-1978), Erich Fromm (1900-1980) – qui prendra ensuite ses distances avec l'école puis, plus tardivement, Jürgen Habermas (né en 1929), le principal héritier de cette école.
Inspiré par le marxisme, ce courant a proposé une « théorie critique » qui veut dévoiler, derrière l'illusion d'une Raison universelle, le discours dominateur de l'efficacité, de l'expertise et d'une idéologie aliénante.
→ *voir l'article p. 109*

**Gadamer, Hans-Georg (né en 1900)**
Elève de Husserl, disciple de Heidegger, H.-G. Gadamer a publié son grand livre *Vérité et Méthode* à l'âge de 60 ans. L'idée centrale de cet ouvrage est que la méthode scientifique se présente à tort comme la démarche unilatérale pour atteindre la vérité. Les sciences aspirent à l'objectivité et à la démonstration rigoureuse. Mais il existe une autre façon de connaître, de « comprendre » l'être humain. Car la plupart des activités humaines passent par le langage, la parole, l'écriture, l'art. Or le langage n'est jamais transparent, il ne se réduit pas à un code à décrypter. Par exemple, le texte que vous êtes en train de lire sera peut-être perçu différemment par une autre personne. Et il n'est pas sûr que ce que le lecteur y piochera soit exactement l'idée que l'auteur a voulu y mettre. Comprendre les conduites humaines suppose toujours une interprétation. Ce travail d'interprétation, c'est ce que H.-G. Gadamer nomme l'herméneutique. *« Fondamentalement, le rapport de l'homme au monde est langagier et, par conséquent, de l'ordre de la compréhension »* (*Vérité et Méthode, op. cit.*).

**Habermas, Jürgen (né en 1929)**
Héritier de l'école de Francfort, J. Habermas a d'abord poursuivi le projet d'une critique de la raison occidentale, conçue comme l'expression de la technoscience dominatrice et aliénante. Avec la *Théorie de l'agir communicationnel* (1987), J. Habermas recherche les conditions d'un espace social légitime. Considérant que le langage, en tant qu'il sert à communiquer et à justifier nos actes, est l'un des fondements premiers de la société et des connaissances, il importe d'en élucider les fondements. Reconstruire les bases d'une communication (ou argumentation)

libre, non «pathologique», c'est reconstruire les bases d'une société plus libre. L'agir communicationnel permet de construire les ponts entre des univers mentaux (des cultures, des valeurs, des conceptions du monde) différents, sans recourir au mythe d'une raison fondatrice universelle.
Principaux ouvrages : *Connaissance et intérêt* (1976), *Théorie de l'agir communicationnel* (2 vol., 1987).
→ *voir l'article p. 101*

**Heidegger, Martin (1889-1976)**
Philosophe allemand, il fut l'élève et l'assistant d'Edmund Husserl, dont il reprit le poste à l'université de Fribourg où il a passé toute sa carrière. En 1933, il adhère au parti nazi et devient recteur de l'université. Il se retire de toute vie politique vers 1934. Par la suite, il gardera le silence sur les questions politiques.
Heidegger a rédigé une œuvre immense (ses œuvres complètes comptent une centaine de volumes) et difficile : elle suppose d'abord une connaissance des auteurs de la philosophie classique et elle est écrite dans une langue artificielle que l'auteur a construite à partir de concepts nouveaux (par exemple, le *Dasein* ou «être là», le *Sein-in-der-Welt* ou «être dans le monde»).
*Etre et Temps*, publié en 1927, est son livre le plus important. Il s'agit d'une méditation sur le rapport de l'homme au temps, sur la condition humaine, sur le sentiment d'inachèvement, sur l'angoisse face à la mort. L'existence humaine – ou le *Dasein* – est marquée par la temporalité.
Projeté dans le monde et dans le temps, l'être humain est d'abord un être ouvert et inachevé. Le sens de sa vie n'est pas fixé par avance. D'où une préoccupation (*Besorgen*), une inquiétude fondamentale, constitutive de son être. L'inachèvement, qui est notre part de liberté, provoque aussi une profonde inquiétude. La situation du *Dasein* lui impose de prendre en charge son existence, de «s'engager» dans la vie.
Mais l'homme «authentique», selon Heidegger, est celui qui ose regarder sa propre mort en face, qui ose même l'anticiper. C'est à ce prix qu'il perd sa tranquillité d'esprit mais connaît le vrai prix de la vie et peut la vivre pleinement.
A partir des années 30/40, Heidegger s'engage dans une nouvelle voie : la critique de la métaphysique occidentale. Selon lui, les philosophes n'ont pas su distinguer «l'Etre» des «étants». Les sciences s'occupent des étants (les choses concrètes), la philosophie s'occupe de l'Etre lui-même. Du coup, toute la métaphysique occidentale est à revoir. Il se lance donc dans une vaste entreprise de réévaluation de la métaphysique et dans une tentative pour penser l'Etre. On trouve aussi chez Heidegger, qui vivait à la campagne, retiré de la ville, une exaltation de la nature, de la poésie, et une «haine de la technique» et du monde moderne.
Principaux ouvrages : *Etre et Temps* (1927), *Qu'est-ce que la métaphysique ?* (1929), *Chemins qui ne mènent nulle part* (1950), *Introduction à la métaphysique* (1953), *Qu'appelle-t-on penser ? Qu'est-ce qu'une chose ?* (1962).

**Hégélianisme**
Georg Wilhelm Friedrich Hegel (1770-1831) est sans doute la figure de la phi-

losophie allemande dont l'héritage a le plus compté pour les penseurs du XX^e siècle. La phénoménologie et le marxisme sont nés du commentaire et de la critique de son œuvre. On en fait souvent le philosophe de la modernité, parce qu'il a érigé en système deux grandes idées : celle d'un devenir du monde dirigé vers une Raison absolue et celle d'un développement dialectique de la pensée. Hegel est le théoricien de l'historicisme, à savoir de l'idée que le devenir de la pensée est mû par une logique : chaque état de l'humanité l'entraîne vers un état supérieur de conscience. Marx reprendra le même schéma, mais en replaçant cette dynamique au niveau des rapports entre les hommes.

**Herméneutique**
A l'origine, l'herméneutique est la science de l'interprétation des textes sacrés. Très peu de théologiens lisent aujourd'hui au premier degré le récit de la Genèse (*«Au début Dieu créa le ciel et la Terre...»*) comme l'histoire réelle de la création du monde. Même les croyants s'accordent à penser qu'il s'agit d'un mythe, d'une métaphore dont il s'agit d'interpréter le sens caché : la toute-puissance de Dieu. La lumière ne représente pas la lumière physique. Elle peut être le symbole de la Vie, de la connaissance divine, de la foi, etc.
Paul Ricœur définit l'herméneutique comme une «science des interprétations». L'herméneutique considère la réalité apparente et ses manifestations comme un ensemble de signes qui renvoient à un sens latent qu'il s'agit de décrypter. L'herméneutique s'est étendue aujourd'hui à d'autres disciplines comme la psychanalyse (qui interprète les rêves, les actes manqués à partir de la logique de l'inconscient qui échappe au sens manifeste) ou la sémiotique (qui décrypte la signification des signes de la vie quotidienne). L'interprétation consiste à décrypter les phénomènes observables de la réalité comme des signes d'une réalité cachée.
Dans *Le Conflit des interprétations* (1969), P. Ricœur a montré qu'un même ensemble de faits est susceptible d'être soumis à une pluralité d'interprétations toutes cohérentes. Se pose alors la question de la validité et du contrôle des interprétations.

**Historicisme**
Ce mot a reçu différentes acceptions. Il désigne tout d'abord la thèse selon laquelle toute doctrine est «historique» : elle est issue d'une société donnée à une époque donnée et doit être comprise comme telle. En ce sens, l'historicisme est une forme de relativisme historique.
Karl Popper appelle «historicisme» les conceptions de l'histoire qui envisagent les sociétés, les régimes politiques, les cultures sous l'angle du développement d'une loi historique. Hegel, Marx, Auguste Comte peuvent, de ce point de vue, appartenir à ce courant. Dans *Misère de l'historicisme* (1956), K. Popper affirme que l'histoire humaine n'est pas prévisible parce que la société n'est pas soumise à un déterminisme strict. La société est «ouverte», riche de potentialités diverses. Par ailleurs, la connaissance que nous avons du réel ne peut être absolue, totale; elle n'atteint

pas l'essence des choses mais cherche à approcher la réalité par approximations successives.

**Humanisme**

L'humanisme est une doctrine qui proclame que l'homme est la valeur suprême. Sa destinée ne peut être subordonnée à une loi – divine, naturelle ou historique – qui lui serait supérieure. L'humanisme est donc associé aux philosophies du sujet qui mettent l'homme, sa liberté et son bonheur au centre de leurs préoccupations morales. La naissance de l'humanisme est associée à la Renaissance et à la philosophie d'Erasme et de Montaigne.

Tout un courant de la philosophie contemporaine, héritière de Nietzsche et de Heidegger (Michel Foucault, Jacques Derrida, Louis Althusser, Gilles Deleuze), a été qualifié d'« anti-humaniste » car considérant l'idée de « sujet » ou d'« homme » comme une fiction.

**Husserl, Edmund (1859-1938)**

Philosophe allemand, père de la phénoménologie. Mathématicien de formation, E. Husserl s'est d'abord intéressé à la notion de nombre.

→ *voir phénoménologie*

**Immanence**

En philosophie, caractère de ce qui est inhérent à un être et qui ne provient pas d'une cause extérieure (contraire de transcendance).

→ *voir transcendance*

**Individu, individualisme**

L'individualisme est, avec la Raison, l'égalité, la liberté, l'une des valeurs cardinales de la modernité. L'individu, s'étant émancipé des attaches traditionnelles que sont la religion, la famille, les pouvoirs, a conquis son autonomie. Dès lors se pose la question centrale : comment bâtir une société, une morale, une vie commune, dans un monde qui ne serait fait que d'individus autonomes ? Les philosophes des Lumières ont tenté de résoudre la question avec la théorie du contrat social.

Après la Seconde Guerre mondiale, le thème de l'individualisme a décliné en philosophie. Les structuralistes avaient proclamé la « mort du sujet ». En 1983, avec *L'Ere du vide*, Gilles Lipovestky annonce une « *seconde révolution individualiste* » marquée par l'hédonisme et le narcissisme. En 1987, Alain Renaut et Luc Ferry publient *68-86, Itinéraires de l'individu*. Ils opposent à l'individu narcissique et égoïste la figure militante, engagée, de l'individualisme telle qu'elle est présentée par Alexis de Tocqueville ou Benjamin Constant, par exemple.

Dans les sciences humaines, l'optique individualiste a repris de la vigueur avec l'individualisme méthodologique promu en sociologie et en sciences politiques, ou avec la redécouverte de l'acteur en histoire.

Les communautariens ont critiqué l'idée d'un individu libéré de toutes attaches. Selon Charles Taylor, l'individu ne peut s'accomplir sans autrui (*Les Sources du moi*, 1989).

**Intentionnalité**

« *Le mot intentionnalité ne signifie rien d'autre que cette particularité foncière et générale qu'a la conscience d'être conscience de quelque chose* », écrit

Edmund Husserl, le père de la phénoménologie, dans ses *Méditations cartésiennes* (1929). Descartes méditait sur le *Cogito* («je pense»). Pour E. Husserl, on ne peut isoler le «je pense» de ce à quoi l'on pense : «je pense à ma mère, à un problème de mathématique, à une pomme»...

Notre pensée est donc toujours orientée vers quelque chose. Les idées qui en résultent ne sont ni un reflet de la réalité, ni des concepts abstraits coupés de notre relation au monde. Ainsi, lorsque je pense à un chien (un animal domestique qui a quatre pattes, qui aboie), ou quand je me réfère à des idées plus abstraites comme le temps (vécu comme une suite d'instants irréversible), l'espace (perçu comme un volume vide, à trois dimensions, avec un haut un bas, une gauche et une droite), cette pensée est liée aux relations que j'entretiens avec le monde. Elle exprime mon expérience vécue plus que des propriétés objectives du monde.

C'est cette représentation finalisée qu'exprime la notion d'intentionnalité. Le terme «intentionnalité» a été emprunté par E. Husserl au psychologue Franz Brentano, qui fut son professeur.

→ *voir l'entretien avec P. Jacob p. 237*

**James, William (1842-1910)**

Médecin, psychologue et philosophe américain, frère de l'écrivain Henry James, W. James était un esprit enthousiaste et éclectique, ouvert à tout. Il voulut être peintre, puis chimiste, puis médecin. Après ses études de médecine, il s'oriente finalement vers la psychologie qui lui semble réconcilier son goût pour la science et celui pour les lettres. Il entre à Harvard en 1872 comme enseignant en physiologie et crée le premier laboratoire de psychologie expérimentale aux Etats-Unis en 1875. Il rédige ainsi son *Principles of Psychology* (1890). La pensée de W. James n'est pas d'une grande cohérence interne. C'est plus un observateur ouvert au réel qu'un théoricien soucieux de la logique interne d'un système. Il devient le principal vulgarisateur du pragmatisme, dont son ami Charles S. Peirce est le fondateur.

W. James défend un «empirisme radical» : une idée doit être appréciée dans ses conséquences pratiques. Plus que sa vérité, c'est son efficacité qui décide de la validité d'une pensée. Cela vaut autant pour la science que pour les idées morales.

W. James est un anti-idéaliste (il s'oppose fermement à l'hégélianisme). Pour lui, il n'y a pas d'unité ni d'existence séparée de la conscience. Celle-ci est un «flot» continu d'images et de représentations liées à l'expérience. W. James pense que la conscience a une «fonction adaptative». Elle est un produit de l'évolution et sert à l'individu dans son milieu. Nos idées, nos pensées sont sélectionnées en raison de leur plus ou moins grande fonctionnalité. Les idées ont une valeur instrumentale; elles visent à résoudre des problèmes pratiques.

Principaux ouvrages : *Principes de psychologie* (1890), *Les Variétés de l'expérience religieuse* (1902), *Le Pragmatisme* (1907).

**Jankélévitch, Vladimir (1903-1985)**

Quelqu'un a fait remarquer à propos de la musique de Jean-Sébastien Bach que, lorsqu'on a fini de jouer l'un de ses morceaux, *«le silence qui suit est encore de lui»*. C'est peut-être cela, le «presque rien» dont parle V. Jankélévitch dans son fameux livre *Le Je-ne-sais-quoi et le presque rien* (1957). V. Jankélévitch était un mélomane, amateur de Gabriel Fauré, Claude Debussy, Maurice Ravel, compositeurs sur lesquels il a beaucoup écrit (*Debussy et le mystère de l'instant, Fauré et l'inexprimable, Ravel*). On ne peut pas bien comprendre sa philosophie et les notions de «presque rien» et «je-ne-sais-quoi» sans référence à la musique.

Au point de départ, il y a une question : comment définir l'existence ? J'existe, la Terre existe, ce livre existe. Mais comment définir l'existence elle-même ? L'Etre est, nous dit V. Jankélévitch, un je-ne-sais-quoi : quelque chose d'indéfinissable mais dont je ressens la présence (comme un air de musique).

Cet Etre, on l'oppose classiquement au «néant», c'est-à-dire le vide, le rien, le silence, l'indicible. Mais, entre l'Etre et le néant, se manifeste toute une série de phénomènes intermédiaires qui apparaissent de façon parfois fugitive. Voilà ce que V. Jankélévitch nomme le «presque rien» : cette note de musique qui s'évanouit, ce silence entre deux notes qui n'en est pas un. Tout le livre de V. Jankélévitch, *Le Je-ne-sais-quoi et le presque rien*, est une méditation sur les modalités de l'Etre, intermédiaires entre la présence et l'absence, entre l'Etre et le néant.

Principaux livres : *Ravel* (1939), *Traité des vertus* (1949), *Le Je-ne-sais-quoi et le presque rien* (1957), *Debussy et le mystère de l'instant* (1976).

**Jonas, Hans (1903-1993)**

Elève d'Edmund Husserl et de Martin Heidegger, ce philosophe allemand est l'auteur d'un grand livre : *Le Principe responsabilité* (1979). H. Jonas y pose une question nouvelle pour la morale : celle de la responsabilité vis-à-vis de la nature. La société moderne, avec le développement des sciences et techniques, met en péril la nature. Alors que la morale traditionnelle porte sur les relations entre les hommes, il s'agit désormais de songer à notre responsabilité vis-à-vis de la nature. Alors que la morale classique porte sur le présent, il s'agit de penser notre responsabilité à l'égard de l'avenir. Mais le propre de l'avenir est d'être inconnu. Comment agir alors qu'on ne connaît pas les conséquences futures de nos actes ? Par le «principe de responsabilité», affirme H. Jonas, qui nous impose de préserver l'humanité future.

**Kojève, Alexandre (1902-1969)**

Philosophe, haut fonctionnaire, espion, A. Kojève a été tout cela. Russe de naissance, neveu de Kandinsky, il suit des études de philosophie en Allemagne, puis vient s'installer en France (tout comme Alexandre Koyré dont il épouse la belle-sœur en 1927). Au début des années 30, il donne un éblouissant commentaire de la phénoménologie de l'esprit de Hegel. Il y défend avec conviction une thèse étonnante : la fin de l'histoire, annoncée par Hegel, se réalise sous nos yeux. Le règne de l'individu qui trouve sa reconnaissance dans la société de consommation met fin à la lutte pour la reconnaissance que Hegel avait décrite dans le fameux passage de la dialectique du maître et de l'esclave. L'individu roi, c'est la fin de l'esclavage, de la servitude. C'est aussi la fin de l'histoire (*Introduction à la lecture de Hegel*, 1947). Cette thèse sera reprise avec éclat par Francis Fukuyama dans *La Fin de l'histoire et le dernier homme* en 1992. Après la guerre, A. Kojève devint haut fonctionnaire au ministère de l'Economie – il sera l'un des négociateurs du plan Marshall – et à la CEE. On l'a soupçonné ensuite d'espionnage au profit de l'Union soviétique.

**Koyré, Alexandre (1892-1964)**
Russe d'origine, il a quitté la Russie après la révolution et est venu s'installer en France. Historien et philosophe des sciences, il a étudié les transformations de la physique à l'époque galiléenne dans *Etudes galiléennes* (1939), puis la cosmologie contemporaine dans *Du monde clos à l'univers infini* (1957). A. Koyré est de ceux qui ont montré combien la pensée scientifique évolue au sein de structures mentales qui rendent à chaque époque certains phénomènes «pensables» et d'autres impensables.

**Kuhn, Thomas S. (1922-1996)**
Philosophe et historien des sciences américain. Après des études de physique, il s'oriente vers l'étude de l'histoire des sciences. Il est alors très influencé par certaines œuvres de philosophie des sciences françaises. Il a enseigné à Chicago, puis au Massachusetts Institute of Technology (MIT).
Son livre majeur, *La Structure des révolutions scientifiques* (1962), est fondateur de tout un courant «relativiste» en théorie des sciences. Selon T.S. Kuhn, la science n'évolue pas de façon continue mais «par bonds». A chaque époque, on constate en fait l'existence d'un modèle dominant ou «paradigme». Un paradigme est un corpus d'hypothèses structurées entre elles qui forme le cadre de réflexion d'une «communauté» de savants à un moment donné. Installé au sein d'un paradigme donné, le travail du scientifique ne consiste pas à mettre en doute la théorie mais à résoudre des énigmes (ou «puzzles») dans le cadre des hypothèses de ce paradigme. La «science normale» fonctionne ainsi jusqu'à ce que ce modèle entre en crise et qu'un nouveau modèle vienne s'y substituer. C'est ainsi que l'on est passé de la physique newtonienne à la physique relativiste au XX^e^ siècle.
→ *voir l'article p. 221*

**Lefort, Claude (né en 1924)**
Philosophe du politique. Les penseurs marxistes ont longtemps nié l'autonomie du système politique dans toute société, considérant que le pouvoir d'Etat n'était au fond que l'expression de la classe dominante, et la politique une superstructure de l'économie. Ce faisant, ils ne pouvaient penser ni la nature des phénomènes totalitaires, ni la nature de la démocratie.
La démocratie, elle, admet la *«division sociale»*, selon l'expression de C. Lefort, c'est-à-dire cette séparation entre de multiples instances : entre société civile et Etat, vie privée et vie publique; entre les classes sociales antagonistes; au sein de l'Etat entre le pouvoir exécutif, législatif et judiciaire. Dans *La Complication. Retour sur le communisme* (1999),

C. Lefort critique les thèses idéalistes qui expliquent le communisme à partir de la seule idéologie.
→ *voir l'entretien p. 167*

**Levinas, Emmanuel (1905- 1995)**
Inspirée par la phénoménologie de Husserl et de Heidegger ainsi que par la pensée juive talmudique, la pensée d'E. Levinas, d'accès difficile, porte sur les sources transcendantes de nos intuitions éthiques, notamment sur l'existence d'un autrui (*Totalité et Infini,* 1961).
Principaux ouvrages : *Le Temps et l'autre* (1947), *Humanisme de l'autre homme* (1972), *Les Imprévus de l'histoire* (1994).

**Lyotard, Jean-François (1924-1998)**
Après avoir fondé le groupe Socialisme ou Barbarie avec Cornélius Castoriadis et Claude Lefort, avoir dérivé *Autour de Marx et de Freud* (1973), J.-F. Lyotard s'éloigne du marxisme et devient le penseur de la postmodernité (*La Condition postmoderne*, Minuit, 1979 ; *Le Postmodernisme raconté aux enfants*, *Moralités postmodernes*, 1993). La postmodernité est définie comme une époque de l'histoire contemporaine marquée par la « fin des métarécits » de la modernité, c'est-à-dire la croyance en la vertu du progrès, de la raison, de l'avenir meilleur.
→ *voir postmodernité*
→ *voir l'article p. 113*

**Merleau-Ponty, Maurice (1908-1961)**
Il fut, avec Jean-Paul Sartre, la grande figure de la philosophie française d'après-guerre. Ils avaient fondé ensemble la revue *Les Temps modernes*. Professeur au Collège de France, M. Merleau-Ponty est un philosophe de la phénoménologie, qui s'est préoccupé d'explorer le rapport que l'homme conscient noue avec le monde.
Dans *Phénoménologie de la perception* (1945) et *Le Visible et l'Invisible* (1964), M. Merleau-Ponty rappelle que notre expérience du monde est d'abord corporelle. Notre perception du réel est intimement liée à ce corps. On peut dire que la pensée est « incorporée ». Il faut donc abolir le clivage entre esprit et matière. Car la matière est pensante, et la pensée est inscrite dans la matière. On peut dire que M. Merleau-Ponty a donné une formulation philosophique aux théories psychologiques qui envisagent la perception non comme une photographie du réel, mais comme une « visée » en perspective.
Avec *Humanisme et Terreur* (1947) et *Les Aventures de la dialectique* (1955), il s'interroge sur le projet révolutionnaire et prend ses distances avec le marxisme. De cette époque date la brouille avec son ami J.-P. Sartre.

***Mind/body problem***
Le *mind/body problem* (problème du corps et de l'esprit) porte, en philosophie de l'esprit, sur l'articulation entre cerveau et esprit, matière et idées : peut-on réduire les états mentaux à des processus physiques ? Plusieurs positions – le dualisme, le mentalisme, le matérialisme, le fonctionnalisme – se définissent en fonction de la réponse à cette question.
→ *voir l'article p. 227*

**Misrahi, Robert (né en 1926)**
Philosophe du bonheur et de la joie de vivre, dans la veine spinoziste. Le bonheur repose sur la transformation de ses représentations, l'exercice de sa liberté, et l'amour de l'autre (*Traité du bonheur*, 1981 et 1983).
→ *voir l'entretien p. 287*

**Morin, Edgar (né en 1921)**
Sociologue et philosophe, il s'attache à construire une méthode de pensée qui permette d'affronter la complexité du réel (pluralité des logiques qui s'enchevêtrent, indéterminisme, auto-organisation, interaction entre sujet et objet).
Principaux ouvrages : *Science avec conscience* (1982), *La Méthode* (4 vol., 1977-1993).
→ *voir l'article p. 255*

**Nietzschéisme**
Friedrich Nietzsche (1844-1900) est le philosophe du «nihilisme affirmatif» et de la volonté. Son œuvre s'oppose radicalement aux traditions kantienne et hégélienne. Pour Nietzsche, le réel n'est ni rationnel, ni en devenir : il est une suite de phénomènes vécus et perçus subjectivement par les individus. Il n'existe donc pas de vérités et de valeurs en soi : l'être consiste dans sa volonté.
Nietzsche appelle «nihilisme» les religions et les croyances que l'homme se bâtit pour fuir devant son propre désir de vivre. Mais, avec la «mort de Dieu», le sens de ces croyances s'est perdu. L'homme est condamné à vivre en créateur et en poète, à s'affirmer par lui-même.

**Nihilisme**
Le nihilisme est un mouvement de pensée profondément pessimiste et désabusé, qui s'est d'abord développé en Europe à la fin du XIXe siècle. Le point de départ est le constat de *«la mort de Dieu»*. Si Dieu est mort, comme l'affirme Nietzsche (*Le Gai Savoir*, 1881-1887), alors le monde n'a pas de sens. Il n'y a pas d'au delà et pas de fondements ultimes à nos valeurs. On ne peut croire en rien (*nihil* = rien en latin). Le nihilisme proclame donc la vacuité des valeurs transcendantales : Dieu, la Vérité. Le nihilisme peut conduire au désespoir, au sentiment de l'absurde, au cynisme ou à une forme d'anarchisme intellectuel qui soutient, comme un personnage de Dostoïevski, que si *«Dieu est mort»* alors *«tout est permis»*.

**Nominalisme**
*«Je vois bien le cheval, je ne vois pas la chevalité»*, déclarait le philosophe grec Antisthène, s'opposant à l'idée selon laquelle les principes universels auxquels nous avons recours pour penser ont une quelconque réalité. Pour le nominalisme, les concepts utilisés en philosophie ne sont que des mots, des signes, des catégories linguistiques. La réalité n'étant composée que d'individualités, toute catégorie générale et abstraite n'est dès lors envisagée que comme une construction du langage, incarnée dans un nom. Les concepts ne sont que des outils de pensée.
Né durant l'Antiquité, le nominalisme s'est déployé au Moyen Age (Roscelin, Abélard, Guillaume d'Ockham) et s'est prolongé durant l'âge classique (avec Thomas Hobbes, John Locke, Etienne

Condillac, George Berkeley). Au XXe siècle, il retrouve une certaine actualité avec les philosophies du langage anglo-saxonnes selon lesquelles toutes nos connaissances sont tributaires d'un système de concepts qui n'ont d'autre valeur que de signes (Willard V. Quine).

**Peirce, Charles Sanders (1839-1914)**

Philosophe et logicien américain, il fut, avec John Dewey et William James, le fondateur du pragmatisme. Il est aussi le père de la sémiotique, la science des signes. C.S. Peirce est d'abord un logicien et c'est en logicien qu'il aborde la pensée. Il établit une théorie des *«catégories de l'esprit»* (ou «phanéroscopie»), très sophistiquée, et qui connaîtra plusieurs formulations successives. De cette théorie découle une science des signes ou «sémiotique».

Le signe lui-même est composé de trois éléments : le signe en tant que tel ; l'objet auquel il renvoie ; l'interprétant qui réalise la médiation entre signe et objet. Le lien unissant signe et objet n'est pas unilatéral. Un même signe peut renvoyer à divers objets. Ainsi le mot «racine» peut-il renvoyer à plusieurs idées : celles d'origine, de tubercule, de racine d'une dent, etc. Il n'y a donc pas de fermeture du sens. Le système des signes n'est pas clos, il renvoie toujours à un ensemble de significations nouvelles.

Dans *Search for a Method* (1893), C.S. Peirce introduit pour la première fois la méthode du pragmatisme (même si le mot n'apparaît pas encore). Il y affirme, contre Descartes, que la condition pour rendre nos idées claires n'est pas l'évidence mais la vérification expérimentale.

De son vivant, C.S. Peirce n'a publié qu'un seul livre : *Recherches photométriques* (1878), recueil d'articles d'astronomie, de géophysique et de mathématiques. Ses autres ouvrages sont des recueils d'articles, publiés après sa mort. Parmi ceux-ci, signalons *A la recherche d'une méthode* (1867-1893), *Ecrits sur le signe* (1885-1911).

**Phénoménologie**

Courant de la philosophie européenne dont Edmund Husserl (1859-1938) est le fondateur. Pour lui, la phénoménologie propose une nouvelle voie pour la connaissance philosophique qui se démarque explicitement de la science et des sciences humaines. La science prétend connaître le monde objectivement : les planètes, les roches, les plantes, les nuages et les oiseaux. La psychologie voudrait comprendre les phénomènes subjectifs : la perception, les désirs, l'intelligence. Or, pour E. Husserl, des «phénomènes» comme les nombres, le temps, l'espace, ne sont ni des «choses» objectives, ni des impressions subjectives (et donc variables d'un individu à l'autre). Ces phénomènes existent dans les relations que l'homme noue avec le monde. L'approche phénoménologique récuse donc le clivage sujet/objet et s'intéresse aux expériences vécues du sujet en tant qu'elles sont orientées vers le monde. E. Husserl parlera d'«intentionnalité» pour exprimer ce rapport finalisé que l'homme entretient avec les choses. Une statue, un air de musique ne valent pas comme objets «en soi» ; ils ne prennent sens que

parce qu'on est là pour les apprécier. Et, pour accéder à la signification profonde de ces choses, il faut inventer une démarche de pensée nouvelle : la phénoménologie.
La philosophie de Heidegger, celle de Hans-Georg Gadamer sont issues de l'héritage phénoménologique (même s'ils vont poursuivre leur propre cheminement à l'écart du maître). En France, la phénoménologie a directement inspiré des auteurs aussi éminents que Maurice Merleau-Ponty, Jean-Paul Sartre, Emmanuel Levinas, Paul Ricœur, Jean-Toussaint Desanti.
→ *voir ces auteurs*

**Positivisme**
Le positivisme est une philosophie de la science apparue au XIXe siècle qui rejette la métaphysique comme un exercice purement «spéculatif» ne pouvant rien nous apprendre de solide. Seule la science peut nous apporter des connaissances valides parce que fondées sur l'observation des faits et des résultats d'expériences.
Auguste Comte fut le premier à employer le terme «positivisme» pour désigner sa doctrine. Par la suite, le «positivisme logique» du Cercle de Vienne désignera un groupe de logiciens et philosophes installés à Vienne dans les années 30. Le Cercle affirmera également vouloir reconstruire une science unifiée, rejetant la métaphysique, et qui s'appuie sur deux types de connaissances : celles fondées sur les faits (positivisme) et celles fondées sur les vérités logiques (d'où le terme «positivisme logique»).
→ *voir Cercle de Vienne*

**Postmodernité**
*«Auschwitz est le crime qui ouvre la postmodernité»,* écrit Jean-François Lyotard dans *Le Postmodernisme expliqué aux enfants* (1988). La modernité, qui débute avec la Renaissance et se déploie avec la pensée des Lumières, avait foi en la Raison. Celle-ci devait abolir les croyances et superstitions anciennes et apporter, avec la science et les techniques, le progrès économique et social. Mais les désastres causés par les technosciences, les abominations des guerres mondiales, le nazisme mettent fin au «métarécit» de la modernité : la croyance en un progrès irréversible.
L'idée de postmodernité a connu son heure de gloire aux Etats-Unis à partir des années 80. Sur le plan sociologique, le postmodernisme implique la critique de la science et de la pensée occidentale comme valeurs suprêmes. Elle met donc sur le même plan les cultures et les valeurs. Elle vante le métissage, le mariage des genres.
→ *voir l'article p. 113*

**Putnam, Hilary (né en 1926)**
Professeur de mathématiques modernes et de logique à Harvard, il est l'un des théoriciens des sciences cognitives et de la philosophie de l'esprit. Il adopte, comme Richard Rorty, une vision de la science et de la connaissance héritée du pragmatisme. La science n'atteint pas la vérité : elle progresse par *investigations*, par essais et erreurs, vers des connaissances, plus ou moins justes, adaptées ou utiles. Cette méthode vaut autant pour les sciences de la nature que pour les sciences sociales et la philosophie.

Principaux ouvrages : *Philosophical Papers* (3 vol., 1975-1983), *Représentation and Reality* (1988).

**Quine, Willard Van Orman (né en 1908)**
Ce philosophe américain a mené toute sa carrière à Harvard. Ses recherches portent sur la logique et sur la théorie de la connaissance. Elève de Rudolf Carnap, il fait partie du courant du « positivisme logique ». Il a pourtant porté un rude coup à la version radicale de l'empirisme dans un article de 1951 intitulé « The Two Dogmas of Empiricism ». W.V. Quine y récuse l'opposition classique entre connaissances analytiques (fondées sur la déduction logique) et connaissances empiriques (fondées sur l'expérience). Il affirme par ailleurs qu'une proposition théorique ne peut jamais être totalement prouvée par l'expérience. En d'autres termes, aucune expérience n'est jamais totalement probante et ne suffit à infirmer ou à confirmer une théorie. C'est ce que l'on nomme l'hypothèse « Duhem-Quine » – du nom de Pierre Duhem (1861-1916), philosophe français qui avait formulé la même idée au début du siècle.
Principaux ouvrages : *From a Logical Point of View* (1953), *Word and Object* (trad. française : *Le Mot et la Chose*, 1960), *Philosophie de la logique* (1970), *The Time of my Life. An Autobiography* (1985).

**Rawls, John (né en 1921)**
Philosophe américain. Sa *Théorie de la justice* (1971) a connu un extraordinaire retentissement sur la philosophie anglo-saxonne. Le but de cet essai est de fonder un contrat social juste qui concilie liberté et justice. Sa méthode : construire une fiction où des individus placés en « position originelle », c'est-à-dire libres et solitaires, sont chargés de définir les règles d'une société à construire.
A partir d'une telle situation, J. Rawls déduit que tout homme cherchera à forger le système le plus équitable possible. Ce système répond à deux principes : le « principe de liberté » affirme l'égalité des droits dans l'accès aux libertés fondamentales ; le second principe ou « principe de différence » tolère les inégalités mais sous certaines conditions. La première condition est que l'accès aux positions favorisées soit ouvert à tous : l'égalité des chances doit donc être assurée. La seconde condition est que la société doit aider les plus défavorisés à être le mieux lotis qu'il soit possible, c'est-à-dire améliorer au mieux leur sort dans le cadre de cette société. La théorie de J. Rawls justifie donc le recours à une politique de redistribution en faveur des plus démunis en s'appuyant sur un mode de démonstration propre à la théorie du choix rationnel : celle du contrat librement passé entre individus rationnels.
De nombreuses critiques y ont été apportées. A sa gauche, les communautariens lui ont reproché de faire de l'individu le socle premier de la société, alors que ce sont les communautés qui sont la cellule de base de la société. J. Rawls s'est attaché à répondre à ses critiques dans *Political Liberalism* (trad. française : *Le Libéralisme politique*, 1993).
→ *voir l'article p. 135*

**Ricœur, Paul (né en 1913)**
Héritier de la phénoménologie, il a publié une œuvre abondante dont le dénominateur commun est la réflexion sur l'action humaine.
Principaux ouvrages : *Le Conflit des interprétations* (1969), *Temps et Récit* (1983-1985), *Soi-même comme un autre* (1990).
→ *voir l'entretien p. 59*

**Rorty, Richard (né en 1931)**
Philosophe américain, théoricien du «néo-pragmatisme», il fut influencé à la fois par la philosophie de John Dewey et par la philosophie analytique.
Pour le pragmatisme, il n'existe pas de vérité absolue et universelle mais des connaissances plus ou moins fiables, plus ou moins utiles.
De la même façon, pour un organisme, il n'existe pas de «santé parfaite» dans l'absolu, mais des états de plus ou moins bien-être physique (et inversement de maladie).
Le pragmatisme de R. Rorty est une école de relativisme. Pour lui, les connaissances, théories et sciences ne peuvent prétendre être un «miroir de la nature». Ce sont des constructions humaines plus ou moins fiables.
La philosophie pragmatique de R. Rorty est une philosophie de la démocratie, de la libre discussion, qui récuse toute vision d'une vérité ou d'un bonheur absolu. D'où un ton ironique à l'égard des prétendues vérités universelles.
Principaux ouvrages : *L'Homme spéculaire* (1990), *Conséquence du pragmatisme* (1972-1980), *L'Espoir au lieu du savoir. Introduction au pragmatisme* (1995).

**Sartre, Jean-Paul (1905-1980)**
«Le» représentant de la philosophie française d'après-guerre. Philosophe, écrivain, intellectuel engagé, sa philosophie, l'existentialisme, est justement celle de l'engagement et de la liberté.
J.-P. Sartre refuse toute vision «naturaliste» et déterministe de l'humain qui l'enfermerait dans un destin qui le dépasse. Ni Dieu, ni la nature, ni les lois ne commandent à l'homme ce qu'il est et ce qu'il doit faire. La vie humaine est dépourvue de sens et contingente. Raison de plus pour en profiter ! Cette contingence, ou «facticité», est le fondement de la liberté humaine mais aussi son angoisse.
Peut-on vraiment comprendre l'existentialisme de J.-P. Sartre sans connaître le personnage lui-même : l'écrivain boulimique, le militant engagé, le séducteur, l'esprit non conventionnel ? Passionné par la vie et l'écriture, rétif aux conventions sociales, il ne «s'installera» jamais comme professeur, père de famille ou académicien. Il a d'ailleurs refusé le prix Nobel de littérature en 1967. Rappelons que l'existentialisme fut aussi, dans les années 50, une mode, une façon de vivre.
Principaux écrits philosophiques : *L'Etre et le Néant* (1943), *L'existentialisme est un humanisme* (1946), *Critique de la raison dialectique* (1960).

**Schmitt, Carl (1888-1985)**
Elève de Max Weber, philosophe du droit et de la politique, C. Schmitt définit la politique comme l'art de constituer une communauté politique en distinguant l'ami et l'ennemi.

**Searle, John Rogers (né en 1932)**
Philosophe américain, disciple de John L. Austin. Dans *Les Actes de langage* (1969), J.R. Searle défend une théorie « pragmatique » du langage. Celui-ci n'est pas d'abord un système de symboles qui comportent des significations en soi : il est un instrument de communication qui produit des effets. Communiquer, c'est transmettre des informations, des messages qui modifient les réalités et ont un certain effet sur un interlocuteur. Le langage n'est pas vrai ou faux, il est performant ou non.
Principaux ouvrages : *Les Actes de langage* (1969), *Sens et Expression* (1982), *Du cerveau au savoir* (1985), *La Redécouverte de l'esprit* (1994).
→ *voir l'encadré p. 234*

**Serres, Michel (né en 1930)**
Philosophe et historien des sciences, voyageur de la pensée, il montre comment les connaissances s'enrichissent des rencontres, des croisements, de la transgression des frontières disciplinaires : entre les sciences de la nature et les sciences humaines, entre la culture scientifique et humaniste. Sa vision de la pensée est à mille lieues d'un univers clos, aseptisé, abstrait. Le savoir scientifique est inscrit dans la culture, les savoirs sont reliés les uns aux autres, les idées circulent, les systèmes théoriques sont toujours ouverts. Bref, la pensée se situe sous le signe d'Hermès, le dieu de la communication (*Hermès*, 5 vol., 1969-1980). Sa conception de l'éducation et de la culture valorise elle aussi le métissage, le mariage des genres, la diversité (*Les Cinq Sens*, 1985 ; *Le Tiers instruit*, 1991).

**Stoïcisme**
Le stoïcisme est une doctrine morale et philosophique qui a eu une très grande influence dans l'Antiquité. Ce courant de pensée ne correspond pas à un seul auteur ou à une seule doctrine mais à un vaste mouvement de pensée qui s'est déployé sur cinq siècles et comporte des auteurs grecs (Zénon de Cittium, Antipater de Tarse) et romains (Sénèque, Epictète et l'empereur Marc Aurèle).
Sur le plan théorique, le stoïcisme est une forme de naturalisme. Le monde est uniquement matériel, gouverné par des lois. En matière morale, la doctrine stoïcienne prône les vertus d'une « vie simple et naturelle ». Bien vivre, c'est vivre en harmonie avec la nature, et pour cela maîtriser ses passions, repousser les fantasmes et produits de l'imagination qui nous égarent.

**Strauss, Leo (1889-1973)**
Philosophe allemand. Après ses études en Allemagne où il est profondément influencé par Heidegger, il émigre aux Etats-Unis dans les années 30. D'Heidegger, il retient la critique des illusions de la modernité et du progrès. Pessimiste, il se refuse pourtant à céder au nihilisme. Il consacre une partie de son œuvre à relire les auteurs classiques, Platon, Machiavel, Montesquieu, etc., et y puise des réflexions qu'il juge éternelles sur les conditions politiques de la vie en commun. En effet, L. Strauss refuse l'historicisme de Heidegger selon lequel chaque époque a ses problèmes. Il croit à l'existence d'un « droit naturel » qui transcende la diversité des sociétés.
Plutôt conservateur, L. Strauss est à la

fois un opposant à la tyrannie, sceptique à l'égard de la démocratie et jugeant parfois sévèrement la « tyrannie du plus grand nombre ». Cette tension mal résolue entre démocratie et autoritarisme le conduit à formuler une conception aristocratique de la politique.
Principal ouvrage : *Droit naturel et histoire* (1949).
*→ voir historicisme*

**Structuralisme**
Empruntée à la linguistique de Ferdinand de Saussure (1857-1913), la notion de structure formelle s'est appliquée à l'ensemble des sciences humaines à partir des années 40 et 50. Claude Lévi-Strauss en anthropologie, Roland Barthes en théorie littéraire, Jacques Lacan en psychanalyse, Jean Piaget en psychologie en ont, chacun à leur manière, fait l'outil principal de leurs analyses. Philosophiquement, l'idée structurale, telle qu'elle s'est développée dans ces années-là implique que le sens des mots, des actes et des idées se constitue sur la base de règles de composition formelles qui s'exercent en amont de la conscience du sujet. Le sens est donc le produit d'un ordre caché, sans rapport ni avec les intentions humaines, ni avec le ressenti. Le structuralisme est parfois décrit comme un antihumanisme en raison de la faible importance qu'il accorde à l'individu et à ses capacités de connaître et de juger. L'influence du structuralisme a commencé à décroître après 1975.

**Théodicée**
Terme créé par Gottfried Wilhelm Leibniz (1646-1716) et qui désigne la justification de la bonté de Dieu par la réfutation des arguments issus de l'existence du mal.

**Tournant linguistique**
On dénomme ainsi la réorientation de la pensée anglo-saxonne vers les questions du langage à partir de la Seconde Guerre mondiale sous l'impulsion de la pensée de Ludwig Wittgenstein et de Willard V. Quine.

**Transcendance**
Ordre supérieur de réalité se situant au-dessus du monde sensible. Ce terme s'applique fréquemment à la divinité.

**Utilitarisme**
Doctrine morale développée par Jeremy Bentham (1748-1832) et John Stuart Mill (1802-1873) selon laquelle une action ne peut être jugée bonne ou mauvaise qu'en fonction de ses conséquences sur le bonheur des individus concernés. Au-delà de ce principe commun, la question de savoir si le bonheur est celui de l'individu ou celui de la collectivité, et à quels critères il se mesure, a donné lieu à de nombreux développements. En définissant le bonheur comme une donnée quantifiable et totalisable (une « utilité »), J. Bentham et J.S. Mill ont fait entrer l'utilitarisme dans le champ de l'économie politique. La version moderne de l'utilitarisme définit plutôt le bonheur comme l'ensemble des préférences (relatives) des individus.

**Weil, Eric (1904-1977)**
Dans sa *Philosophie politique* (1956), il montre que l'Etat, à défaut de se

conduire en agent « rationnel » représentant l'intérêt général (comme l'imaginait Hegel), est devenu une institution raisonnable qui permet de faire fonctionner une communauté politique et de prendre des décisions.

**Wittgenstein, Ludwig (1889-1951)**

La pensée de L. Wittgenstein, exprimée dans le *Tractactus logico-philosophicus* (1921), a fortement influencé le courant du positivisme logique du Cercle de Vienne. Notre connaissance du réel est tributaire du langage. Or, le langage repose sur des enchaînements logiques qui sont cohérents entre eux mais ne reflètent que fortuitement la structure du monde. La plupart des discours que nous tenons sur le monde sont, en règle générale, non vérifiables. Le rôle de la pensée authentique ne vise pas à atteindre une connaissance vraie ; il est d'élucider les propositions de notre langage.

Dans ses écrits postérieurs, L. Wittgenstein remet en cause sa vision du langage-image. Il aborde le langage sous l'angle de sa fonction de communication. Le langage n'est pas destiné à représenter le monde, mais, le plus souvent, à agir sur autrui. Cette « seconde » philosophie de L. Wittgenstein sera à l'origine du courant de la philosophie du langage anglo-saxonne et de la théorie des actes de langage défendue par John L. Austin et John Searle.

→ *voir Cercle de Vienne*
→ *voir l'article p. 263*

# BIBLIOGRAPHIE GÉNÉRALE

*Nous avons sélectionné ici les ouvrages de synthèse qui présentent les courants et tendances de la pensée philosophique. Les œuvres majeures des principaux philosophes de notre temps sont citées dans les mots clés (p. 319).*


## Philosophie contemporaine

J.-M. Besnier, *Histoire de la philosophie moderne et contemporaine* (1993), rééd. Le Livre de poche, 2 vol., 1998.

R. Bodei, *La Philosophie au XXᵉ siècle*, Flammarion, coll. Champs, 1999.

C. Delacampagne, *Histoire de la philosophie au XXᵉ siècle*, Seuil, 1995.

G. Hottois, *De la renaissance à la postmodernité. Une histoire de la philosophie moderne et contemporaine*, De Boeck Université, 1998.

J. Lacoste, *La Philosophie au XXᵉ siècle*, Hatier, 1988.

J. Roman, *Chronique des idées contemporaines. Itinéraire guidé à travers 300 textes choisis*, Bréal, 1995.

J. Russ, *La Marche des idées contemporaines*, Armand Colin, 1993.

## Philosophies occidentales

G. Deledalle, *La Philosophie américaine*, De Boeck, 1998.

V. Descombes, *Philosopher par gros temps*, Minuit, 1989.

D. Folscheid (dir.), *La Philosophie allemande de Kant à Heidegger*, Puf, 1993.

A. Guy, *La Philosophie en Amérique latine*, Puf, coll. Que sais-je ?, 1997.

R. Klibansky et D. Pears, *La Philosophie en Europe*, Folio Gallimard, 1993.

M. Meyer (dir.), *La Philosophie anglo-saxonne*, Puf, 1994.

## Philosophie de l'esprit

P. ENGEL, *Introduction à la philosophie de l'esprit*, La Découverte, 1994.

J.-N. MISSA, *L'Esprit-cerveau. La philosophie de l'esprit à la lumière des neurosciences*, Vrin, 1993.

D. PINKAS, *La Matérialité de l'esprit, un examen critique des théories contemporaines de l'esprit*, La Découverte, 1995.

## Philosophie morale

N. BARAQUIN, *Les Grands Courants de la morale*, Armand Colin, 1998.

M. CANTO-SPERBER (dir.), *Dictionnaire d'éthique et de philosophie morale*, Puf, 1996.

J. RUSS, *La Pensée éthique contemporaine*, Puf, 1994.

P. SINGER, *Que dois-je faire ?*, Bayard, 1997.

« Les nouvelles morales : éthique et philosophie », *Magazine littéraire*, numéro double, janvier 1998.

## Philosophie politique

P. RAYNAUD et S. RIALS, *Dictionnaire de philosophie politique*, Puf, 1996.

M. TERESTCHENKO, *Philosophie politique*, 2 vol., Hachette, 1994.

« Le renouveau de la philosophie politique », *Magazine littéraire*, numéro double, octobre 1999.

## Crise de la Raison

M.M. CARRILHO, *Rationalités. Les avatars de la raison dans la philosophie contemporaine*, Hatier, 1997.

B. SAINT SERNIN, *La Raison au XXe siècle*, Seuil, 1995.

## Philosophie des sciences

D. LECOURT, *Dictionnaire d'histoire et de philosophie des sciences*, Puf, 1999.

R. NADEAU, *Vocabulaire technique et analytique de l'épistémologie*, Puf, 1999.

## Philosophie iconoclaste et impertinente

J. BAILLET et J.-P. DEMARE, *Examen critique et raisonné des philosophes contemporains, de leurs doctrines et opinions*, Les Belles Lettres, 1999.

F. SAVATER, *Dictionnaire philosophique personnel*, Grasset, 1999.

## Dictionnaires & encyclopédies

S. AUROUX et Y. WEIL, *Dictionnaire des auteurs et des thèmes de la philosophie*, Hachette, 1991.

N. BARAQUIN et coll., *Dictionnaire des philosophes*, Armand Colin, 1997.

D. HUISMAN, *Dictionnaire des mille œuvres clés de la philosophie*, Nathan, 1993.

D. HUISMAN (dir.), *Dictionnaire des philosophes*, 2 vol., Puf, 1984, rééd. 1993.

A. JACOB (dir.), *Encyclopédie philosophique universelle* (vol. I. *L'Univers philosophique* ; vol. II. *Les Notions philosophiques* ; vol. III. *Les Œuvres philosophiques* ; vol. IV. *Le Discours philosophique*), Puf, 1990-1992.

D. KAMBOUCHNER (dir.), *Notions de philosophie*, 3 vol., Folio Gallimard, 1995.

## Sur l'enseignement de la philosophie

L. FERRY et A. RENAUT, *Philosopher à 18 ans*, Grasset, 1999.

F. MARCHAL (coord.), *L'Enseignement de la philosophie à la croisée des chemins*, CNDP, 1994.

L. PINTO, *Les Philosophes entre le lycée et l'avant-garde. Les métamorphoses de la philosophie dans la France d'aujourd'hui*, L'Harmattan, 1987.

B. POUCET, *Enseigner la philosophie. Histoire d'une discipline scolaire, 1860-1990*, CNRS Editions, 1999.

# INDEX THÉMATIQUE

# INDEX DES NOMS DE PERSONNES

Achevé d'imprimer en décembre 1999
sur les presses des imprimeries Quebecor
N° d'impression : 996553
Imprimé en France

Dépôt légal : 4ᵉ trimestre 1999